创新

实验室里的成长超越

——基于课程的创新实验室之实践探索

上海市教育委员会教育技术装备中心

上海教育出版社
SHANGHAI EDUCATIONAL
PUBLISHING HOUSE

图书在版编目（CIP）数据

创新实验室里的成长超越：基于课程的创新实验室之实践探索 / 上海市教育委员会教育技术装备中心编.— 上海:上海教育出版社, 2017.1(2019.3重印)
ISBN 978-7-5444-7418-4

Ⅰ. ①创… Ⅱ. ①上… Ⅲ. ①中小学—教学研究
Ⅳ. ①G632.0

中国版本图书馆CIP数据核字(2017)第012403号

策划编辑　张志筠
责任编辑　沈明玥　李　祥　黄　伟
装帧设计　王　捷
美术编辑　金一哲

创新实验室里的成长超越
——基于课程的创新实验室之实践探索

上海市教育委员会教育技术装备中心　编

出版发行　上海教育出版社有限公司
官　　网　www.seph.com.cn
地　　址　上海市永福路123号
邮　　编　200031
印　　刷　上海盛通时代印刷有限公司
开　　本　787×1092　1/16　印张 27.5　插页 2
版　　次　2017年2月第1版
印　　次　2019年3月第2次印刷
书　　号　ISBN 978-7-5444-7418-4/G·6109
定　　价　132.00 元

如发现质量问题，读者可向本社调换　电话: 021-64377165

编 委 会

序

在课程引领之下的创新之举

创新实验室诞生之初，围绕创新的对象是"实验室"还是"实验室里的创新"曾引发热烈的讨论。在质疑与期待中，这一新生事物和上海基础教育改革中不断涌现的其他新生事物一样，表现出了一种自下而上的实践智慧与自上而下的政策设计相互作用与结合的创造性张力，稳稳地扎根于高中、初中和小学校园，迅速地聚集资源、改善环境、腾挪搭建出一方全新的教育平台，为全市中小学生放飞人生梦想、实现自主学习提供了一条新路径。截至2016年上半年，全市共建成创新实验室一千多个，覆盖了全市所有行政区和学段。

一

创新实验室来源于创新的实践。早在21世纪之初，上海的一些学校围绕创新素养培育，基于校本课程实施，自主建设了一批不同于传统意义的实验室。这些实验室的活动内容涉及生命科学、物理、化学、工程技术、地理、音乐、金融等众多学科和领域，活动方式不再是简单预设的"重现"和"验证"，而是一种张扬个性、激发兴趣、放飞想象的实践体验。"丰富教学实践环境、满足个性化学习需求、注重学生创新能力和实践能力培养"是这些实验室的共同出发点。

基于实践,《上海市中长期教育改革和发展规划纲要(2010—2020)》明确了"加强研究性学习和实验实践环节,提高学生科学思维能力,培养激发学生的创新意识和实践能力"的要求,将"建设若干个区域性中小学生创新实验室和50所高中专题创新实验室"列为新时期上海教育的重点发展项目。

2010年和2012年,上海市教育委员会(简称"市教委")先后两次面向全市中小学征集基于专题和探索、强调创新和动手的校本课程案例,同时征集服务于特定课程的实验室建设案例(通常把这类实验室称为"创新实验室"),从中遴选出83个成功案例,编辑出版了《创新实验室里的时代脉动》和《创新实验室里的梦想之光》,向社会展示了改革实践的初步成果,在全国同行中引起了广泛的关注,同时也充分发挥了先进学校的引领作用。

2014年,市教委将"基于课程的中小学创新实验室建设行动研究"列为上海市教育科学研究重点项目,由市教委教育技术装备中心组织各区县60多所中小学进行系统研究,编制了《上海市中小学创新实验室建设指南》,进一步提高了全市创新实验室建设工作的质量,也扩大了影响范围。

2015年10月,上海市教育委员会与上海市发展和改革委员会等九部委联合发布《促进本市城乡义务教育一体化的实施意见(暂行)》,要求"加强中小学创新实验室建设",至2020年,上海市每一所中小学至少要建有一个创新实验室。由此,上海市中小学创新实验室建设进入全面普及的新时期。

二

创新实验室的建设与学校的课程改革紧密相关,是一项理念与操作同步变革的创新工程。课程是学校一切教育教学活动的总和,通过改革课程体系提高课程的多样性和选择性,是目前世界各国课程改革的共同趋势。上海市"二期课改"确立了"以学生发展为本"的理念,整体设计了基础型、拓展型、研(探)究型等三类课程。创新实验室在三类课程的实施中,根据学生发展的不同需求,提供了多元化的工具载体和设施服务,而这种载体和服务,有时不仅改造或"颠覆"了传统的课堂教学形式,更是一种对既有课程的超越和"重构"。

上海市上海中学等名校立足于国家未来发展所需拔尖人才的培养,实验室课程往往以世界前沿课题为抓手,让学生在课程实施中将自身的发展志向与对社会的理想、信念、责任联系在一起。上海市上海中学的环境工程实验室，配置了相当多的国外先进仪器和设备，使学生能够在环境方向课题的学习和研究过程中，整合调用已学的数学、物理、化学和生命科学等方面的基础知识；对与环境相关的学科、高新技术的发展及应用前景有所了解，具备一定的课题探究和技术开发的综合能力。

上海市静安区景凤路小学是一所普通的公办小学，学生大多来自工薪阶层家庭。基于校情，创新实验室推出的"光影MAGIC"特色课程，以日常生活中丰富多彩的光现象为载体，让学生在自主性与探索性很强的渐进式主题活动中，逐步感悟科学知识的奥秘和技术创新的魅力，从而提升学生的科学素养，激发他们的创造潜能。

所有创新实验室课程的一大特点，就是让学生有了丰富的动手实践机会。科学研究成果表明，人的左右脑是有分工的，学生动手将有助于加强对右脑的刺激，促进左右脑的协调发展，提高智慧潜能和创造能力。动手实践中重视定性分析，可以增强学生对事物整体的把握，实现"数形"结合，有助于他们把握事物本质、理解规律。可以这样说，丰富的动手实践活动是基础教育现代化的一个重要标志。

三

越来越多的高科技产品正在进入我们中小学校的课堂，但先进的仪器装备不等同于创新实验室。创新实验室已不再局限于"实验室"的传统概念，它为学生开辟了一个崭新的学习环境。在这个环境里，学生的发展需求是第一位的，学校根据学生的不同体验需求提供多样化的课程和学习资源，注重促进每个学生的行动和思维的协调发展，培养敏锐的洞察力和统筹能力；学生可以自主地选择感兴趣的课题，灵活运用学习工具（包括仪器设备）和组织课程资源，在教师的协助下求证或寻找探究事物的规律性；这种学习是开放的并具有生成性，因而这个环境也是开放的。

学习环境的变化，往往会产生意想不到的效果或者诞生奇迹。有资料统计显示，目前上海市约75%的公办高中已经建立了创新实验室，188所高中的高二年级学生做到人人有课题，约占全市高中总数的74%；全市高二学生拥有课题12057项，其中9553项已经结题。仅上海市七宝中学的学生就先后获得发明专利467项，每年从创新实验室走出的"青铜小子""地图达人"和"数学才女"等一批"学有专攻"的创新型学子,不仅为学校揽入各类创新大赛的奖牌,更是成为备受海内外著名高校关注的可塑人才。复旦大学附属中学的"机器人小屋"创新实验室培养的数十名学生毕业后全部进入国内外著名大学,他们在所研究的领域表现出超越一般同龄人的卓越能力,研究成果达到较高水平并产生一定的影响力。

上海市宝山区高境镇第三中学的创新实验室以车辆模型项目为抓手,通过学生的不断动手实践,培养学生的科技竞技能力、独立思考能力、团队合作能力和心理抗挫能力。曾经有这样一位学生,他说:"我在班级中一直默默无闻,甚至看起来略显木讷,说话也总是很轻,好像是一个犯错的孩子在认错一般。"然而他在报名加入车辆模型社团之后,不仅成为学校社团的骨干,还通过竞选成为车辆模型竞技队的队长,他的性格也变得自信、开朗,学习成绩等各方面都取得了进步。在高境镇第三中学的学生个人成长档案里,创新实验室成为不可或缺的一页,每个人都书写了与众不同的成长经历。

四

创新实验室的创办和持续发展没有定式。与学校的传统融合、聚焦学校的特色建设,是很多中小学成功建设创新实验室的一大经验。上海市大同中学为进一步提升学校课程品质,满足学生日益多元的个性化发展需求,提出了 CIE 课程的概念。CIE 课程是"创造 Creativity、创新 Innovation、创业 Entrepreneurship"三个英文单词首字母的缩写,课程跨越学科边界,带领学生在拟真环境下基于问题解决,感受从问题提出、方案设计、头脑风暴直至创新转化的全过程。创新实验室本着"课程引领、普惠于生"的建设宗旨,通过对课程学习环境的拟真,利用各类技术手段为学习者提供一个沉浸式学习环境,从而为校本课程的丰富、学生培养方式的多元化提供了有力支撑。而地处崇明岛的崇东中学和裕安小学的创新实验室因地制宜,遵循教育为社会发展服务、为当地经济建设服务的原则,利用居民废弃的缸甏和校舍周围的乡土田园推出了绿苑生态型课程和"金凤蟹韵"校本教材,同样让学生感受到科技创新的喜悦,培养了现代人不可或缺的生态文明意识。

基于信息化环境开发新课程是创新实验室的一个发展趋势。上海交通大学附属中学在建成了机器人实验室(VEX、FTC)、结构设计实验室、能源电子实验室、风洞实验室、创意设计中心、金属加工实验室等一批工程类实验室的基础上，水到渠成地建成了"数字化加工中心"，让数字化技术和设备帮助学生形成完整工程的概念，体验工程表达对于构建设计方案以及最终实现设计的重要性。上海市娄山中学的"创客园地"借助传感器、三维造型板、可视化编程、3D打印等创客工具帮助学生把他们的想法变为现实，让学生们在体会发明创造乐趣的同时，提高科学素养与动手能力，成为具备自主学习能力和热情的小创客。有了"互联网＋"思维，"分享与合作"正在逐步成为创新实验室发展的主旋律，上海市卢湾高级中学等学校在学区内注重优质资源共建共享，而普陀区、黄浦区等教育行政部门都在强化创新实验室的共享机制方面加大研究和推广的力度，为全市推进集团化办学和中小学全面普及创新实验室奠定了扎实的基础。

教育是一项备受社会关注的民生工程，充分利用一切有利于开展创新活动的校内外资源，是成功建设创新实验室的一大保障。几乎所有的创新实验室都有与沪上高校、科研机构或城乡社区合作的经历，几乎所有的成功案例都表明"拓展学习时空、完善学习方式"对学生的成长很重要。实践证明，充分利用和盘活社会资源才能满足广大学生个性化、多元化的发展需要，全社会的支持和关爱是保证创新实验室常态化运作的有力依托。

五

人才培养模式的创新，是上海基础教育改革的重头戏。创新实验室的建设，以培养学生动手实践能力为切入口，服务于课程改革的目的，为创设适合学生的课程、满足学生个性发展提供了快车道。事实证明，广大中小学校长、教师和学生已经普遍认可了这一新事物，正在用热情投入和勇敢践行拓宽着创新人才培养的发展内涵，提升创新实验室的育人品质。

未来并不遥远，正如《学习的革命》所说："今天你如果不生活在未来，那么，明天你将生活在过去。"我们可以预见，不远的未来，学校环境建设将越来越贴近学生学习和生活的需求，为学生营造一个多样发展的舒适空间。每一个学生在这样的环境里，都能在天赋允许的范围内充分发展并像海绵一样积极地吸收自己感兴趣的各种外界知识，从而丰富自我、完善自我、展现自我，彰显人格魅力、人生价值和生命意义。

云计算、移动学习、图形计算器等先进学习设备正在成为基础教育的应用方向，我们传统的图书馆、实验室、教室都在发生重大的变化，学校的数字化环境越来越凸显它的重要性。我们教育工作者必须做好充足准备，迎接未来科学技术带来的更大机遇和挑战。大数据时代的到来和学习分析技术的运用将使基础教育的装备配置从硬件为主转向软件为主。在创新实验室里，学生动手实践和动脑思考过程都会成为被记录下来的数据，实现学习评价从一把尺子到多把尺子的转换，这是创新人才培养的必由之路，也是未来教育的一个发展趋势。

　　创新实验室的建设是一个与时俱进的动态过程，它将在发展中不断完成超越自我的嬗变，成为中小学校园里最受学生喜爱的伊甸园。

上海市教育学会会长

尹后庆

2016 年 12 月

目录

【小学篇】

"现代巴学园"里的神奇巴士
——上海市黄浦区蓬莱路第二小学
公共汽车教室

004

课程：触景生情的校本课程
环境：模拟现实的巴士教室
教学：寓教于境的体验教学

自主学习的多彩课程
——上海市徐汇区高安路第一小学
创智空间

013

课程：自主选择的多样化课程
教学：务实求真的教学方式

历久弥新的小公民教育
——上海市静安区第一中心小学
小公民科创中心

023

课程：反映"活教育"理念的课程系列
环境：因课而设的教学场景
运行：多管齐下的运行机制

追光逐梦　光影探秘
——上海市静安区景凤路小学
光影 MAGIC 创意梦工坊

034

课程：充满趣味性的探究课程
教学：任务驱动式的教学模式

与机器人共舞
—— 上海市普陀区洵阳路小学
"人形机器人"教室

043

课程："高精尖"课程的小学化改编

环境：多领域实验教室的一体化

百变魔术　创新之旅
—— 上海市虹口区第六中心小学
"魔法奇幻秀"实验室

055

环境：一室两用的魔术舞台

运行：创新的宣传平台和评价策略

为儿童提供生活化的场景
—— 上海市杨浦区平凉路第三小学
儿童金融工作坊

067

课程：学以致用的课程设置

环境：模拟真实场景的环境布置

运行：多渠道资源的借力发展

梦想从民俗文化科技教育起航
—— 上海市嘉定区徐行小学
"朝花夕拾"文化科技创新园区

074

环境：具有乡土及地域特色的文化科技
创新基地

运行：多维评价的创新

纸艺畅想　筑梦田园
—— 上海市闵行区田园外语实验小学
纸循环生态创意园

089

课程：校本课程的转化与进阶

环境：贯通教室与走廊的"三室三区"

安全伴我在校园　我把安全带回家 / **098**
——上海市青浦佳禾小学
　　地震与避险创新实验室

课程：重视科学探究的生命安全教育

教学：临场机智能力的培养

童瞳观气象 / **106**
——上海市金山区朱行小学
　　童瞳气象站

课程：兼顾普及与提高的阶梯化课程设置

运行：课程融通上的顶层设计

绿色田野上的自主小达人 / **115**
——上海市崇明区裕安小学
　　生态田园

课程：菜单式的课程方案

环境：因地制宜的场地布置

【初中篇】

"设计"与"制作"中的创意对接 / **126**
——上海市尚文中学
　　"构成设计"创意工坊

课程：设计与制作相融

教学：最新科技实现艺术创想

物联网中的创意生活
——上海市娄山中学
"实验感知"创客园地

137

课程：动手实践—设计应用—发明创造

环境：充满互动的智能物联网实验室系统

教学：问题从故事中来，成果用表演展现

STEM 理念引领下的机器人课程
——上海市延安初级中学
机器人创意工坊

147

课程：任务驱动的 STEM 三维课程

教学：用情境学习理论，用实践解决实际问题

艺术创新"链"接教育梦想
——上海市静安区实验中学
艺术联动项目创新实验中心

155

课程：课程开发，共建共享

运行：项目集群，区域联动

创设植物探索乐园
——上海市江湾初级中学
植物梦工场

164

课程：普及型 + 个性定制型 ——按需建设、形成系列

教学：再造流程 + 实践体验——教学相长、创意无限

环境：信息技术 + 功能区域——虚实结合、延伸课堂

运行：制度保障 + 优秀团队——持续优化、惠及师生

趣味物理打造实验达人
——上海音乐学院实验学校
创智空间

177

课程：从课本出发的"实验达人"课程

教学：任务驱动体验探索过程

创新实验室里的成长超越

享受与众不同的 RC 快乐
——上海市宝山区高境镇第三中学
IPA 车辆模型（RC）体验中心

184

课程：兴趣引领—充分表现—能力提升
环境：利用现有场地打造专业赛场
教学：队长引领共成长，积分系统功能多

在校园中探寻自然之美
——上海市建平实验中学
现代生态体验创新实验室

195

课程：科学与技术、人文、生活结合
环境：无线网络打造未来教室
运行：跨学科合作，资源共享

"创客"热情，从这里萌发
——上海市嘉定区迎园中学
无线电创客中心

203

课程：STEM 进阶课程打造小创客
环境：从科普到实践全覆盖
教学：家校合作共进步

享经天纬地之魅　育文理兼通之人
——东华大学附属实验学校 GEO 乐园

211

课程：文理并重，全面发展
环境：课程与环境巧妙互动
教学：开放的学习环境、时空、过程

以剪为媒，传播大爱
——上海市廊下中学
剪纸艺术研究与创新中心

220

课程：传统教育、文化熏陶与艺术教育结合
环境：集自然、人文、艺术美于一体的校园文化环境

学做小农娃　培育生态梦

——上海市崇明区崇东中学
绿苑创新实验基地

228

课程：贯穿所有学科的生态教育

教学：从观察、实践、体验中学习

运行：班主任参与的运行新模式

【高中篇】

绿色的心　绿色的未来

——上海市上海中学
环境工程实验室

240

课程："聚焦志趣、激发潜能"的培育链课程设计

环境：先进的环境监测仪器

教学：基于科学素养的模块化评价

在这里，遇见未来

——华东师范大学第二附属中学
人工智能实验室

250

课程：注重激发兴趣的三级进阶课程

教学："在学中做，从做中学"

运行：项目基金助力课题研究

以小见大　以微见著

——复旦大学附属中学
机器人小屋

257

环境：高端化的硬件设备

教学：项目引领、任务驱动

运行：导师指导下的学生自主管理

学生工程创新的孵化器
——上海交通大学附属中学
数字化加工中心（DDMS）

265

课程：与劳动技术、STEM 课程相融合的课程设计方案
教学：多形态教学形式
运行：社团自主管理

我的梦想我创造
——上海市格致中学
FabLab 创智空间

273

课程：三位一体的课程设计
环境：本土化的麻省理工学院"创新梦工厂"
运行：团队化的管理模式

因课而来，与课程建设协力共进
——上海市大同中学
基于 CIE 课程的创新实验室

283

课程：从课题到课程的 CIE 课程开发
教学：沉浸式教学模式
运行：课程与实验室伴生

区域共享、学段贯通的开放式创意乐园
——上海市卢湾高级中学
机械工程创新实验室

292

课程：小初高一体化的课程模式
教学：完全开放式的自主学习
运行：小区联动、学段贯通

思维碰撞的理工平台
——华东理工大学附属中学
化学创新实验室

303

课程：大学课程的引领
教学：层层递进的教学方式

有创意、学编程、做应用
——上海市育才中学
新技术应用实验室

310

课程：案例组织 + 项目实践

环境：面向未来的智能教室

运行：用"外脑"解决问题的校企合作模式

依托双通　聚焦通讯　走向创新
——上海市华东模范中学
通讯创新实验室

323

课程："双通"教育课程体系

环境：现代化的通讯设施

校园实验场，玩转水世界
——上海市曹杨中学
水技术与环保实验室群

330

课程：分层递进设计，满足学生多元需求

环境：室内外一体化，全方位互动体验

运行：多位一体的综合管理模式

音乐创造精彩人生
——上海音乐学院附属安师实验中学
多媒体音乐创新实验室

340

课程：专业学习 + 创新实践
　　　应用技术 + 创新实验

环境：关注全新的现代多媒体艺术

运行：重视专家团队的引领

白浪飞舟　百舸争流
——上海市吴淞中学
方舟模型实验室

350

课程：面向"核心素养"培育的课程设置

教学：社团化的学习方式

建模走向创新，创新成就梦想
——上海市实验学校
ΣM 数学建模中心

358

课程：团队协作的课程设置
教学：跟队制度
运行：多渠道资源的借力发展

中西融合打开教育国际化视野
——上海师范大学附属中学
剑桥化学创新实验室

367

课程：剑桥化学实验课程
环境：精细化的布局设计
教学：注重实验过程和数据处理

工程教育筑梦工匠精神
——上海市洋泾中学
工程教育中心

376

课程："2+3"模式的工程教育课程
教学："创意—设计—制造"为导向的实践教学

**建设地理实验课程
搭建学生筑梦舞台**
——上海市七宝中学
地理创新实验室

386

课程：注重地理实验的课程方案
环境：开放的实验室
教学："做中学"

苍穹之上　天地之"间"
——上海市松江二中
数字天象馆

394

环境：高逼真的星空数字化模拟
教学：突破认知障碍的教学设计

在"中科院"培育学术素养 `403`
　　——上海市金山中学
　　　现代仪器分析化学实验室

> 课程："课题菜谱"式的课程设计
> 教学："点单式"实验课题教学模式

探索生命奥秘的小小农科院 `411`
　　——上海市奉贤中学
　　　多元创新阳光温室

> 课程：分层设计的课程模式
> 环境：多元化的现代阳光温室

创新

实验室里的成长超越

—— 基于课程的创新实验室之实践探索

小学 篇
Primary School

初中 篇
Secondary School

高中 篇
High School

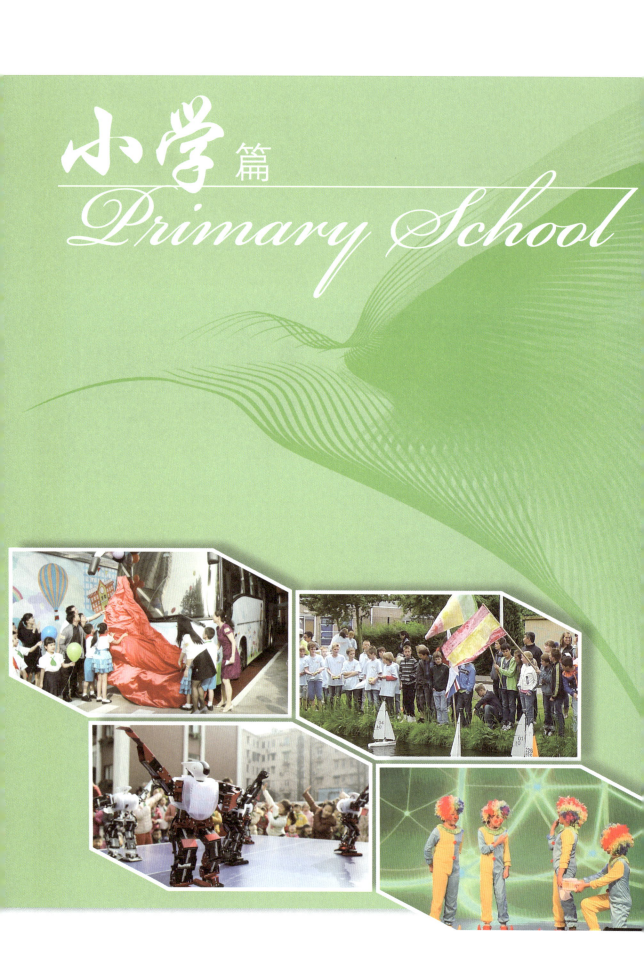

小学 篇
Primary School

　　小学段 12 所学校的创新实验室融入了人文、艺术、社会等诸多元素，跨越了传统学科的界限，塑造了繁花似锦的课程方案和教学情境。这里精选的每一个创新实验室，都能让我们感受到实践者的匠心独具和良苦用心。它们着眼于学生的兴趣激发与志趣培养，引导学生加强对生活、环境、文化与生命的认知与关怀，促进学生创新能力和人文素养的综合发展。学生们在这里，可以自由地与小动物们对话，尽情地感悟生命的美好；自主选择感兴趣的课题，任由自己的创意落地生根；畅快地举起望远镜仰望星空，用心聆听浩瀚宇宙的天籁之音……让我们一同来敲开这些令学生们向往的实验室大门，共同分享那些创意突破的故事。

"现代巴学园"里的神奇巴士

——上海市黄浦区蓬莱路第二小学公共汽车教室

 ## 实验室建设理念

公共汽车教室

"公共汽车教室"是以一辆改造过的废旧巴士为全新载体，面向全体学生开放的小型社会"模拟器"。它围绕公共汽车环境设计了一系列互动式、体验式的教学活动，最大限度地激发学生的创新意识，提升学生的实践能力，让他们在逼真的模拟空间中快乐地学习"小小社会人"的进阶课程。

蓬莱路第二小学地处黄浦，是一所百年老校。为了帮助学生早日认识社会、理解生活，学校把模拟现实环境的微型社会搬进校园，开发了名为"蓬莱小镇"的校本拓展课程，几年来收效显著。形式的创新带来的是对课程内核的思考，如何将真实社会浓缩进校园，从而为学生创造交往、启迪实践的机会？ 2015年，一间别具匠心的巴士教室破茧而出。它不仅让学生在这个社会化的小世界中自由交往、探索创新、发展个性，也在无形中促进了传统教学理念和教学方式的变革，真正实现了"玩中学、学中乐"的办学理念。如今，这个深受欢迎的微型社会模拟器已经成为推动校园创新的灵感源泉，在这里，处处涌动着无限的探索热情和创造生命力。

 ## 实验室学习环境建设

 ### 课程设置

2013年，基于美国著名教育家杜威的"学校即社会、教育即生活"理论创建的"蓬莱小镇"校本拓展课程诞生了。它涵盖了5个年级、42门不同职业、不同兴趣的课程，成为全体学生体验、学习、探索、协作、创新的乐土，逐步实现了学校教育对低年龄阶段学生的社会化启蒙和教化。作为社会化教学的另一个重要元素，它注重引入现实化的场景来优化教育环境、强化教育效果。公共汽车教室于是应运而生。公共汽车教室既是"蓬莱小镇"课程的一部分，也是学校根据学生愿望选取的具象世界在孩子心目中的映射载体。

公共汽车教室作为校园创新课程实验基地，其核心课程是校本拓展课程"镇公交公司"及与之相关的社会生活类课程，同时也将学科类基础型课程和其他活动类课程作为有益补充。

"镇公交公司"的任课教师结合全新的巴士教室的模拟情境和选修该课程学生的年龄特点，设计开发出了一系列新鲜有趣的新课题，其中包含以下十讲内容。

在学科类基础型课程内容的设计上，教师们兼顾了汽车教室独特的空间体验和以此

第1讲 公交车的诞生
第2讲 车厢的小秘密
第3讲 我的创意车厢
第4讲 安全乘车小常识

第5讲 模拟驾驶员
第6讲 多级车票的设置
第7讲 城市与交通

第8讲 道路规划师
第9讲 我的公共汽车站
第10讲 未来的公交车

"镇公交公司"十讲

为延伸的创意元素。比如从公共汽车教室的圆梦经历，引申到鼓励学生大胆追求梦想的英语课 *I have a dream*（《我有一个梦想》），利用特殊环境向小豆豆原作者黑柳彻子女士致敬的创意作文课《给黑柳彻子女士的一封信》。

其他活动类课程也多以"汽车"为主题，如汽车椅套设计赛、汽车万象博览会、汽车教室音乐会、公交劳模讲述车厢的故事……丰富多彩的课程和活动充分调动起了学生在这个新环境里创造梦想、实现梦想的热情。

📍 场地设备

　　之所以选择公共汽车作为迷你小镇中现实社会的代表，主要基于以下几点考虑：首先，公共汽车是大千世界的一个缩影，在这里每天都有形形色色的人发生各种各样的联系；其次，"蓬莱小镇"中恰好有一门"镇公交公司"的课，这里的孩子始终有一个梦想——希望有朝一日能在一辆真正的公共汽车里上课；最后，巴士教室的雏形在日本知名作家黑柳彻子女士所著的《窗边的小豆豆》中就曾出现过，书中有一间孩子们都喜爱的汽车教室，能一边学习一边"旅行"。公交车是孩子们再熟悉不过的日常交通工具，在这样亲切的生活场景中学习探索一定别有乐趣。就这样，一辆从设计到功能汇聚了全校学生创意的巴士最终走入了校园。

　　公共汽车教室由一辆废旧的大巴改造而成，车身外部是学校吉祥物企鹅蓬蓬、莱莱的卡通彩绘，车内基本保留了公共汽车原有的结构。车的头部和中部增加了3个显示器用于教学媒体的演示，车头挡风玻璃处安置了80英寸的触摸显示屏，调整后的移动式座椅可以满足各种课堂教学模式的需要，两侧车窗下安装的软木板可供展示学生的作业，后侧增设一排兼具座椅和储物功能的方凳。汽车的尾部空间被改造成了一个藏有旋转式书架的小图书馆——Little Free Library，便于校园书籍的漂流。公共汽车教室周围还延伸打造了红绿灯、横道线和车站，并用小栅栏围成公共汽车教室区域。

公共汽车教室

公共汽车教室设施设备一览表

序号	系统	设备名称	数量	说明
1	多媒体教学系统	交互式液晶显示器	1 台	80 英寸
		计算机	1 台	
		音箱	1 套	
2	学生显示系统	车载显示屏	2 台	学生用
3	扩音系统	壁挂音箱	6 只	
		定压功放	1 台	扩大功率
		无线话筒	2 支	
4	仿真驾驶系统	LED 显示屏	1 台	仿真驾驶
		驾驶员座椅	1 套	
		驾驶员设备柜	1 套	
		售票员操作台	1 套	
5	仿真公交站台系统	室外显示屏	1 台	站台显示屏
		车载 LED 显示屏	2 套	报站显示屏
6	其他	学生座椅	40 套	
		固定书架	1 张	
		尾箱及旋转书架	1 组	
		尾部储物箱	1 套	
		软座沙发	1 组	
		车门控制气泵	1 套	
		刷卡计费器	1 套	上车刷卡

📍 教学变革

不管是在校本拓展课程，还是在基础型课程的实施过程中，公共汽车教室主要采用的都是情境式体验教学模式，学生在教师引导下通过自主探究发现问题、解决问题。教学空间的转变，带动了学生对未知事物构建新经验的创新能力的发展，而全新教育空间的特殊性也促使教师必须不断调整教学目标、教学内容和教学方法，帮助学生在课程中实现更多的体验和交往。

"镇公交公司"的任课教师围绕新教室开发的十讲主题，重新调整了教学形式。例如，在"车厢的小秘密"一课上，教师会下发给每个学生一张任务单：公共汽车里到底藏着哪些小秘密？教师先引导学生在自主观察中发现问题。然后，学生们纷纷展开小组行动，有的找到了控制车门的开关，有的发现了两扇车窗中间的安全锤，有的探究起怎么调节中央空调……接着每位学生都会分享发现、讨论交流，并结合现实生活中的经验解读车厢的基本功能和构造，充分发表见解。在接下来"我的创意车厢"一课中，教师会先选择聚焦一组国内外新鲜奇特的车厢照片，而学生则将继续交流上一课的发现和心得，参考校园公共

学生在测量座椅的高度

汽车教室的改造案例，对传统的车厢进行一场从形式到功能的创意大策划。于是，学生们有的说座椅要能自动调节温度，有的说吊环拉手要可以对话问路，有的说车厢要变成巨大的 4D 电影院，还有的说车顶应该设计成一个大花园……所有这些有趣的创意和想法都被学生们通过画画或手工的形式表现了出来，配合"小设计师的话"这个点睛之笔让创新在车厢内外得到拓展和延伸。

巴士教室的出现也推动了传统基础型课程教学的改革，"重创新、重体验、重实践"成了课程优化的三大方向。三年级的数学课"分米的认识"被搬到新教室里，教师让学生们通过使用皮尺亲自测量公共汽车教室座椅、车窗和车门的高度和宽度来解决分米的概念问题；二年级的学生通过学习模仿语文课本中的《微波炉的话》一课，在教师的引导下先体验观察，之后按照"我的样子""我的本领""我的朋友"和"注意事项"等多角度自主完成一篇生动有趣的拟人化作文《公共汽车的话》；一年级的小朋友则在音乐老师的

课堂教学掠影

带领下通过体验模拟驾驶、设置多重音乐任务来感受不同的节拍。

　　创意化教学绝不应仅仅局限于授课，而是应在校园文化建设中随处可见，融合在学生的日常点滴中。早在项目初期，学校就发起了"我是公共汽车教室设计师"的活动，不少优秀的学生创意被纳入最终的改造方案中，如在车内体验模拟驾驶，在教室里建一个小型图书馆，在巴士旁搭建一个遮风挡雨的车站……成形后的巴士教室车厢内处处可见学生DIY 的作品，就连椅套也是由 40 位学生自己设计的。学校还在学生的建议下开设了"午间汽车吧"，举办了"巴士音乐会"，推出了"小镇公交卡"。

　　新环境、新课程、新任务，情境式的体验学习让一切变得轻松而高效，无形中也提高了学生创造性地解决问题的意识和能力。

 ## 运行机制

　　公共汽车教室对全校教师实行预约开放式的管理制度。各学科教研组根据各年段的课程标准，结合教学内容展开教研活动，研究哪些教材主题适合在公共汽车教室开展教学。课程设计制订后，教师按课时安排在德育室预约巴士教室的具体使用时间和要求。而公共汽车教室附属的图书馆 Little Free Library 则实行学生自主管理的制度，由高年级学生统一进行书籍及午间汽车吧的管理，学校对每班定期发放一定数量的"午间阅读券"作为激励机制供学生自由支配使用。

 ## 实验室建设成效

　　"公共汽车教室"一面世，就受到《解放日报》《环球时报》《新民晚报》等各大媒体的热议。落成至今，来自全国、市、区的教育界同仁纷纷前来观摩学习，学校接待了数十批兄弟学校师生的参观访问。这间不一样的教室，不仅体现了蓬莱小镇的课程特色、办学梦想，而且充分体现了它作为互动体验式创意空间的目标——在实践中激励学生的创新意识和加速提升他们的创新能力。

　　自从有了公共汽车教室，我们的小镇生活充满了创意。午间，在休闲汽车吧里，我和同学们一边品尝小茶艺师泡制的好茶，一边自由阅读 Little Free Library 中的图书，原来看书可以这样享受！我们都不知不觉爱上了阅读。但最难忘的还是在这间真正的电车教室里上的一堂作文课，我和全体五年级学生一起给最爱电车教室的豆豆奶奶写了一封信，邀请她来小镇参观，这样的作文课可是前所未有的！当看到杂志上我们真情流露的文章变成了一个个铅字时，我激动不已，这不仅成了我毕业前珍贵的回忆，还让我储备到了人生宝贵的正能量——勇敢执著才能实现梦想。

——五（6）班马露宁

作为一名语文教师，我一直在研究基于小镇课程的小学生创意作文教学。当公共汽车教室遇上创意作文实践，便成就了五年级学生的一篇创意作文——《一封给黑柳彻子女士的邀请信》。我与学生在公共汽车教室里先赏析了《窗边的小豆豆》，再鼓励学生对彻子奶奶发出诚挚的邀请，在信中大胆发表认识和见解，充满个性地表达自我。这堂课让我收获了无数篇具有真情实感的好文章。作为语文教师，我欣喜地看到了学生在新环境下的新潜力，而我也在一次又一次这样特殊的教学过程中实现了自我突破。　　——语文教师周琪敏

"妈妈，妈妈，我们学校马上会有一辆巴学园里的电车教室啦！"这是我从女儿口中第一次听到巴士教室的名字。自从当了学校的义工妈妈，我有幸亲眼见证了这辆童话大巴从改建到落成的全过程。慢慢地，女儿的生活越来越离不开公共汽车教室：她如愿地选到了"镇公交公司"课程，学到了许多实用的交通安全常识；她养成了收集"午间阅读券"的小习惯，每次回家都如数家珍地告诉我自由小书屋又多了哪些新书；她的"未来汽车设计图"被光荣地选中陈列在教室车厢里，她说以后想成为一名真正的汽车设计师……感谢蓬二这座不断创新、永不完工的现代巴乐园赋予孩子们的快乐。我想，公共汽车教室一定会成为蓬二学生珍贵童年记忆的一部分，被他们永久珍藏。　　——二（6）班卢祈安的妈妈

给黑柳彻子奶奶的一封信

亲爱的黑柳彻子奶奶：

　　您好！

　　我们是中国上海市黄浦区蓬莱路第二小学的学生。虽然我们从没见过面，但是我们从《窗边的小豆豆》里认识了慈祥又可爱的您。我们知道您不仅是日本著名作家、著名电视节目主持人，还是联合国儿童基金会亲善大使呢！

　　我们真喜欢您写的小豆豆，每当读到"海的味道，山的味道"，我们总会馋涎欲滴。最让大家百看不厌的就是"电车教室"啦，那新奇有趣的课堂，也是我们每一个小读者的梦想！

　　三十年后，您一定不会想到，就在我们学校——上海市蓬莱路第二小学也拥有了一间公共汽车教室。它是由我们全校师生共同设计，由一辆废旧的大巴改装而成的。车身外壳白色的背景上印着漂亮的蓬莱小镇和可爱的蓬蓬、莱莱。

　　（哦！豆豆奶奶，这里有必要向您介绍一下蓬莱小镇。每个星期五下午，我们学校就会变成一座欢乐的小镇。小镇里有医院、银行、超市、警察局等42门有趣的课程，我们和老师都是小镇的镇民，分别扮演着

医生、警察、邮递员、消防员等不同的角色。我们每一个小镇民都有护照、货币和存折，学校就像一个小小的社会。您一定还想问蓬蓬、莱莱又是谁，它们是一对憨态可掬的小企鹅，也是我们学校的吉祥物喔！）

我们的公共汽车教室可有意思啦！车门边有个刷卡机，教室里整齐排放着 40 把椅子，和公共汽车上的椅子一模一样。驾驶员座位前的挡风玻璃处有一块大大的电子触摸屏，我们可以坐在公共汽车教室里上课、阅读、开会、活动，还可以模拟驾驶呢！汽车尾部藏着一个秘密小天地——Little Free Library（自由小书屋），汽车外面有真正的横道线和会闪的信号灯，还有一个可以挡风遮雨的温馨小车站。它是 72

在自由小书屋阅读

变的校园超级明星，时而变身创意课堂，时而变身图书角，时而变身会议室，时而又变身报告厅，您要是来看看，一定会喜欢！

豆豆奶奶，前不久我们学校还举行了一个"小镇汽车节"的活动，其中最热闹的就要数"疯狂汽车日"了。活动规定当天全校师生必须统一穿戴有汽车元素的服饰出现。一大早，校门刚一打开，一大波穿着奇装异服的小小"汽车人"就横空出世，眨眼间，整个校园就被各种大的、小的、圆的、方的、稀奇的、古怪的汽车元素攻占，成了一片汽车的海洋！

身着奇装异服的"汽车人"

同学们有的戴着五彩汽车黏土手链，有的贴着汽车卡通文身，有的拎着酷酷的轮胎造型包包，有的头上顶着塑料方向盘，有的身上挂着纸质大汽车，有的打扮成小警察和小警车，警车上还有警灯在闪闪发光。还有一位夺人眼球的男生头戴金属面具、手拿特制盾牌、双臂绑着小轮子、背后背着塑料大玩具车，活脱脱一个真人版的"钢铁侠汽车人"！就连老师们也加入了这支疯狂的队伍。他们有的挂着汽车胸针，有的戴着汽车耳钉，有的玩起了汽车彩绘，有的自制了小汽车图案的口罩和手套，还有的特意为我们烘焙了可爱诱人的汽车造型巧克力饼干。

音乐会上的表演

汽车节里，我们把自己精心设计、手工制作的未来汽车布置在公共汽车教室里，将整个教室变成了一个充满未来感的高科技汽车博物馆；我们还在公共汽车教室里举行了一场别开生面的音乐会，这时的教室又好像变成了一个令人陶醉的超大八音盒……

我们就这样在玩乐中，在实践中，在创造中，兴奋地摘取一个个创意的果实，然后把它们一个个地吞入肚中，我们的大脑变得顺滑，脑筋转速如光；我们的大脑变得充实，里面充满了创造和梦想。当年，您来到了巴学园，就如我们现在来到了蓬二小一样，小林宗作爷爷就如我们拥有大大的梦想并且充满童心的余校长。我们的学校，并不普通：它是一座让大家共同相处、学习的梦幻游乐园。我们觉得，我们的学校就是一所现代巴学园。

豆豆奶奶，我敢保证，您在我们的学校里一定可以找到您的童年，所以，我们全体五年级的小朋友一起给您写了这封信，向您发出诚挚的邀请，欢迎您到我们学校来玩。我们希望能带您到我们的蓬莱小镇游一游，带您到我们的公共汽车教室里坐一坐。相信这次全新的"巴学园"之旅会让您回忆起小时候的美好时光，正如您在后记里写道的那样"如果小林先生在世的话，一定会非常欣慰的"。

亲爱的豆豆奶奶，欢迎您到我们学校来做客！这是我们每一个小镇民的共同梦想，虽然梦想有些遥远，但是我们期待着梦想变成现实的那一天……

祝您新年快乐！

一群热爱"巴学园"、热爱"蓬莱小镇"的蓬二小学生

2015 年 12 月 24 日

（执笔：余　祯）

自主学习的多彩课程
——上海市徐汇区高安路第一小学创智空间

 ## 实验室建设理念

　　高安路第一小学充分认识到具有特色的科技教育的重要性，并把创新实验室建设作为科技教育的重要抓手。在校长的直接领导下，学校进行了大胆探索，积极依靠社会资源促进学校的创新实验室建设教育工作。学校与上海市华侨事业发展基金会——青少年创智科技专项基金——联动，在本校设立了上海市青少年航海模型教育唯一的小学基地。学校也因此成为上海市唯一具有大型固定海模水池和创新实验室的小学。在"创智空间"这个创新实验室里，航海模型、电路、传感器等丰富多彩的课程内容，给予了学生最大程度的学习选择权和活动自主权，不仅充实了学生的知识储备，培养了他们扎实的探究能力，而且更为重要的是，激发了学生大胆设想、勇于实践的科学精神。学生在"做中学"教学理念的引领下充分享受着学习的快乐，为未来创新能力的发展奠定坚实基础。

　　学校深知培养的学生将是服务社会、服务身边人的未来公民，因此，树立正确的人生观，培养生活独立性、学习白主性、践行公益的自觉性，始终是学校的育人宗旨，也是"创智空间"科学教育的努力方向。以全面建设创新实验室为基点，学校充分调动发挥科技教师团队的积极性和创造性，组织完成了科技教育课程，并能借助有利资源自编科技教育校本课程和科技类辅导材料，现已编制完成涵盖"航海模型"教育内容的"创智空间"全套课程。

 ## 实验室学习环境建设

 ### 课程设置

　　为了能够贴合学生的学习兴趣和实际需要，"创智空间"课程的内容设计主要依据了各门学科的课程标准以及各个年龄段的认知特点。并且，通过整个团队的讨论，教师对内容进行了反复修改和调整，除了优化极富特色的航海模型外，在授课的过程中仍不断地完善课程内容。创智空间课程的学习分为三个年级，课程安排如下。

"创智空间"课程

	三年级第一学期	三年级第二学期
第一单元	电子技术在人类历史中的发展	世界各国的电器常识
第二单元	简单电路知识	生活中的用电常识和安全常识
第三单元	航模舵机的控制和工作原理	模型充电电池的使用方式和注意事项
第四单元	航模 2.4G 遥控器工作原理	Mini-ECO 模型船的比赛规则
第五单元	Mini-ECO 模型船的操作与维护	Mini-ECO 模型船的比赛技巧与训练
第六单元	学生展示创新作品并予以阐述,教师评析	学生展示创新作品并予以阐述,老师评析

	四年级第一学期	四年级第二学期
第一单元	电路基础知识普及	航海模型的制作,包括外部美化装饰
第二单元	面包板电路搭建原理介绍	电烙铁的使用
第三单元	检修航海模型电路:光控电路、磁控电路、水银开关电路	航海模型和环保电路的结合:太阳能电池 +USB 充电电路、LED 光控电路……
第四单元	运用电路设计图,学生展示创新作品并予以阐述,教师评析	综合所学航海模型和电路知识,学生展示创新作品并予以阐述,教师评析

	五年级第一学期	五年级第二学期
第一单元	机械制图与加工	船体浮力知识
第二单元	人类航海历史和帆船介绍	S550 模型帆船比赛规则
第三单元	S550 模型帆船的介绍	S550 模型帆船的比赛航线训练和维护
第四单元	S550 模型帆船的操作和维护	学生展示创新作品并予以阐述,教师评析
第五单元	学生展示创新作品并予以阐述,教师评析	

在实施"创智空间"课程的过程中,学校遵循了 3 条重要原则。

1. 开放性原则

　　创新实验室要给学生营造一个宽松自由的环境,要给学生的创造性和能动性提供广阔的空间,使他们有一个充分发挥想象力和自我表现的机会。在开放性的创新实验室里,学生自主选做实验内容,自行查文献进行设计。这种"自助餐"式的实验方式有利于发挥学生的主动性和创造性,也有助于促进学生的个性发展。

创新实验室的开放不能局限于时间和空间上的开放，更重要的是教学管理体制、教学内容、教学方法、教学手段、教学观念的开放，真正体现出以人为本、重在人才培养的核心内涵。根据具体情况的不同，实验室开放的形式可以有 3 种：时间上的开放，利用学校拓展课、社团和课后实践实施，即学生可以自主选择做实验的时间，但在不同的阶段实验内容是固定的；内容上的开放，即学生可以自主选择实验的内容，但实验的时间有时是教师安排好的；时间和内容全部开放。

2. 多元化原则

在创新实验室里，多种形式的创新实验内容是必不可少的。创新实验室要建立多元化的开放性实验模式，既要有面向低年级学生的相对固定的实验内容（如航海模型的制作），也要有面向有一定基础的学生的富有弹性的实验内容（如太阳能动力），还要有面向高年级学生的科研性实验内容（如 3D 打印机对船身的加固），更要有培养学生人文素质的实验内容（如绿色能源的运用），这样才能从多方面、多角度培养学生的素质和能力。

3. 激励原则

创新实验室的建立，其中一个重要目标是创造条件调动学生参与的积极性。但是只凭良好的主观愿望，不考虑实验学生的因素，就很难调动学生参与的积极性。良好的激励机制是创新实验室良好发展的重要保证。要发挥创新实验室的良好作用，调动教师和学生的积极性，学校必须出台良好的激励机制支持创新实验室的建设。

📍 场地设备

1. 学生活动区

该区域主要是教师组织学生学习知识和实际操作的活动空间。配备的椅子和桌子都较轻，学生可以自行移动，增加了这间教室的灵活性和可变性。需要统一讲解知识时，教师可让学生搬动座椅聚集到一起。分组讨论、实践的时候，又可以让他们回到与小组对应的桌子旁边去。分散开的小组，可以减小组与组之间的相互影响，给每一组足够的空间和安静的环境进行学习讨论。

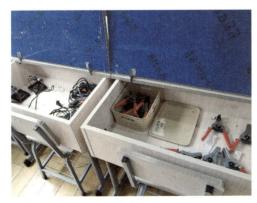

材料存放区

学生活动区

2. 操作设备和材料存放区

该区域主要存放学生制作小作品所需的设备和材料，如热胶枪、电烙铁、焊锡丝、台虎钳、剪线钳、剪刀、美工刀等。教师将设备、材料按类别整齐地放在指定的地方，每次上课时由学生自主去拿，下课后归还，形成了良好的自主学习、自行整理的氛围。

3. 半成品暂存区

学生在规定时间内没有完成的"半成品"创意作品，可以暂时存放在指定的货架上。其他学生也可以利用课余的时间看看其他学生的作品，取长补短，改进自己的作品。

半成品暂存区

4. 作品展示区

学生完成的创意设计和小制作经过评比之后，可以放在教室中的陈列架上集中展示，学生们可以自由参观。随着课程的不断推进，作品也越来越丰富。因为有机会被展出，学生参与制作的积极性很高，大家的团队合作、相互竞争的意识也较强。

作品展示区

📍 教学变革

1. 课程整合，提高成效

"创智空间"涵盖的内容很多，并且各部分的内容相互关联，共同组成了一个统一的整体。教师可以在这个统一的整体的基础上进行适当延伸和扩展，这是我们实施课程的最基本观点。由此，"创智空间"把学生学到的各学科知识转变成一个探究世界相互联系的过程。

在"创智空间"课程学习中，学生需要收集、分析数据，设计、测试和改进一个解决方案，然后与其同伴交流研究成果。这样的教学要求为学生发展出更为有效的学习方式创造了条件。

2. 合作学习，开拓思维

合作学习是指几个人互相配合，通过讨论、动手操作、调查研究等方式共同解决问题的学习方式。

"创智空间"课程中，一般是以四人为一组的小组合作学习。小组成员可能来自不同的班级，能力水平上也有强弱差别，并且打破了性别的界限，这样"混编"的目的在于让学生感受到所有人都同样重要，许多活动需要依靠合作才能完成。这样的小组合作学习的模式，为学生营造出一种平等、互助、相互珍视、彼此尊重的氛围，充分调动了每一位学生的参与热情。大家共同分担学习任务，集思广益，各抒己见，人人都尽其所能。

"头脑风暴"是合作学习的另一种表现形式，能有效开拓学生的思维，激发他们的灵感。例如，"人体感应电路"一课，通过"头脑风暴"的形式，让学生思考人体自动感应的其他用途，并让他们从所想到的众多用途里选择一种，为其制作广告单页。学生们拿着便签条写下一个个用途时，脸上洋溢着成功的喜悦。不到10分钟时间，一堵便签墙就形成了。

"头脑风暴"能让学生更好地审视他人的观点。现在的学生在家里往往备受宠爱，其中不少养成了唯我独尊的习惯。他们看别人往往都是缺点，而"头脑风暴"的形式则要求他们尝试用积极的眼光看待他人的想法，用积极的态度补充他人的观点。这样就无形中营造出了一种自由思考的氛围，让他们消除拘束感，产生更多新奇的想法，其中不乏一些打破常规思考方式的富有建设性的新观点。

学生实践活动

3. 探究活动，师生成长

探究活动包含以下六个环节：提出问题，作出假设，制订计划，实施计划，得出结论，表达交流。在平时的课程中我们发现，学生的探究活动往往只包含部分环节，学生很少经历完整的探究过程。而"创智空间"课程强调的是完整体验探究的全过程，并教给学生比较、分析、设计、制作、测试、改进、分享等探究技能。课程内的制作不再是单纯的变废为宝，而是让学生学会用科学的思维发现问题、用学科的知识解决问题。

通过一线教学活动，我们深切地感受到，发现问题是一种创新，更是一种能力，是一种从外界众多的信息源中，寻找自己所需要的、有价值的问题信息的能力。而解决问题是一种执行力，是一种共享智慧的过程。学生在制作、测试、改进等过程中可以发挥集体的

学生绘制花盆的三视图

智慧，不断调整思路来完成作品。而教师在整个课程中扮演的是学习者、引领者的角色。承担课程的教师，对于以前从未涉足过的知识，总是利用课余时间虚心地请教其他老师，比如学制图的基本要素。掌握了相关知识后，再根据学生的认知水平，采用恰当的教学方式，让学生了解主视图、俯视图和左视图的特点，并根据花盆的尺寸完成制图。

在课程的教学过程中，学生的参与是以活动、项目、问题解决为基础的，它提供了一种动手做的课堂体验。而教师是学生的学习伙伴，引领着他们运用所学到的知识来应对各项挑战。

运行机制

高安路第一小学在建设创新实验室的过程中，坚持"两手同时抓"的原则，一手抓硬件建设，一手抓软件建设，不偏废任何一方。在硬件建设方面，学校加大了实验室仪器设备、实验室用房和设施建设。在软件建设方面，学校加强了实验教学内容改革、实验教学手段和实验教学方法改革、实验队伍建设以及实验室的运作机制、管理方式改革等。

同时，学校依托校外有力的社会支持拓宽课程建设思路，邀请、外聘志愿教师群，结合区域资源、社区资源、家长资源，通过微课、慕课等形式，尝试开展内容广泛的课程活动，并形成了良好的教育资源的储备和专家咨询机制。

为了保障"创智空间"课程的正常开展，学校成立了专门的领导小组，由校长任组长，分管教学的副校长任副组长，教导处主任负责全程管理和实施工作。学校选拔了优秀的自然课教师同时担任该项目的任课教师，负责具体的教学工作。在学生管理方面，学校倡导学生的自我管理。例如，"创智空间"教室的工具取用和归还都由学生自行操作，并由每组的小组长进行监督和检查。同时在每个学期的期中、期末，都会进行学生的考评，基于学生的日常学习规范和作品的完成度给予相应的奖励，激励学生的学习兴趣。

实验室建设成效

1. 获奖情况介绍

实验室建设 8 年来，学校共有 5 名学生获得全国青少年航海模型锦标赛冠军和国家级比赛前三名，在上海市教育局、科委、青少年科技活动中心等组织的上海市航海模型各大比赛中，共获奖83次，成为上海市荣获航海模型奖项最多的学校。学校在航海模型课程上取得的成绩得到家长与社会的一致公认，课程也大大提高了学生对科技创新的兴趣。

2016年，在波兰举办的第18届世界航海模型动力艇锦标赛（由世界航海模型协会主办）中，杨牧凡同学凭借着高超的技术、稳定的心理素质和出色的临场发挥，最终战胜了来自各国的强手，获得冠军！他在接受媒体采访时说道："我自小就读于上海市高安路第一小学，每周参加创智科技平台的航海模型训练，风雨无阻，刻苦训练，最终才有机会凭借自己的努力成为一名优秀的航海模型运动员。"

在复旦大学举行的第31届上海市青少年科技创新大赛中，经过组委会严格遴选与现场展示演讲等激烈的竞争角逐，我校郑承熙同学充满人文关爱的科技创新作品《可预警盲杖的设计与应用》荣获第31届上海市青少年科技创新大赛科技创意类一等奖，同时获得了由上海科学创新教育研发中心设立的创新研发单项奖，并以科技创意项目推荐入选全国青少年科技创新大赛。

学生获奖照片

2. 学习与交流

结合社区及学校交流资源，高安路第一小学每年都有计划地安排有关师生参加科技教育专题培训和访问交流活动，去世界前沿的科学研究机构参观学习，接受先进理念和知识，从而提高学生的科学素养和教师开展科技教育的能力。

在上海加快建设具有全球影响力的科技创新中心的背景之下，学校把创建科技学校看作是一个不断实践、不断探索的过程。一系列重要奖项的获得体现了高安路第一小学近年来在科技创新实验室教育方面所取得的长足进步。学校重基础，重视日常扎实的自然学科教学，并依托旨在鼓励学生发现问题、积极动脑动手、开展探究的系列校本课程，努力使学生的创新意识得到发挥，实践能力得到培养，综合素养得到全方位提升！我们还要通过更多的学习和实践，力求做到更好，一如既往地把创新实验室作为特色的科技教育工作推向一个更新、更高的台阶。

访问荷兰皇家飞利浦公司总部

访问欧洲学校

海牙市长（中）参加了本校与荷兰学校间的姐妹学校签约仪式

与欧洲学校的学生一同参加比赛

2013 年 7 月，在荷兰参加世界机器人比赛，荷兰王妃亲临现场

我和盲杖的故事

2016 届学生　郑承熙　　指导教师　骆　晨　奚铉宙

　　大家好，我是五（3）班的郑承熙。我参加学校里的创智空间拓展课已经 3 年了，在这里学到了许多航海方面的知识，学会了使用电焊焊接，知道 LED 在生活中的实际运用，还通过自己的设计制作了船舶周边照明的灯带。

　　在学习关于航海使用的雷达定位时，我突发奇想，这种雷达可不可以运用在别的地方呢？比如小范围的定位？然后我去问爸爸妈妈，但他们没有给我更多的启发。直到有一天回家的路上，我看到一个盲人在使用盲杖走路，这引起了我的注意。盲人是利用盲杖敲击前方的物体来判断路况的。如果碰到台阶，他们是怎么办的呢？带着好奇我继续跟了一路，只见他小心翼翼地敲击着路面，发现敲不到了地面了！原来是一样的方法，只不过速度很慢。咦！雷达不是可以探测吗？那如果在盲杖上装一个雷达，不就可以帮助盲人探测前方的路了吗？

有了这个方法之后，我去寻求"创智空间"课程老师的帮助。我们一起讨论，打算通过激光测距的原理，将测距仪安装在盲杖底部，测量路面落差，通过蜂鸣器及振动器模拟转换为不同强度的警示信号，以提前预警路况，达到预防意外伤害的目的。

我们在市场购买了需要用的盲杖、激光测距仪（汽车测距配件）、蜂鸣器及振动器，并通过电路连接测距仪。但是制作过程远没有想象中的那么简单，如何去固定几个部分、如何连接电路、如何控制重心等，问题层出不穷。不过我始终没有放弃，在之前的"创智空间"课程中我学会了不骄不躁，静下心来思考解决办法，而且我也确实这么做了。最后，用螺钉将激光测距仪

通过3年的创智空间学习，我不单单了解了航海知识，学会了焊接电路制作手工作品，展开想象亲自DIY设计，更多的是磨炼了面对困难不退缩、迎难而上的意志，开拓了知识面，激发了创新和批判思维，学会了借助他人的帮助来进行团队合作，我想这才是创智空间真正的魅力所在吧！

牢靠地固定于盲杖底部，并使用硅胶保护，让它用着既顺手又安全。

做好盲杖的我仍不敢懈怠，因为我不知道它到底行不行，有没有用。紧接着我就开展了实验，检测它的可用性。首先我用手边可利用的大盒子搭了一个阶梯，自己假装盲人站上去并尝试使用这个盲杖。万事开头难，怎么感觉不对，为什么报警器一直在鸣叫呢？难道是哪里计算错误或者是报警器有问题？经过多次试验，我发现是因为激光测距仪高出地面太多和可测范围太广所导致的。后来我缩小了它的可测范围，并且适当地调整了离地的高度，问题就迎刃而解了。

解决了基本问题之后，在老师的引导下我发现既然这根盲杖要实际使用，一定还会遇到许多复杂的情况，比如积水坑洼的路面和对于听力

有障碍的盲人，那怎么去实现可用性。我查阅了许多资料，在爸妈和老师的帮助下，又对盲杖进行了设想：对于积水坑洼路面，是否可根据回声强度的不同，设计不同的蜂鸣振动警示信号，提前警示盲人积水坑洼路面等特殊路况。对于听力障碍的盲人，可借助不同频率的振动提示预警路面状况。

我凭借《可预警盲杖的设计与应用》的科技创新作品设计参加了上海市青少年科技创新大赛，最终在比赛中拔得头筹，获得了多数只有中学生才会获奖的科技创意一等奖。在 2016 年 3 月 19 日的现场展示过程中，许多评委专家、老师及科技爱好者都对我的作品表现出浓厚的兴趣。

通过 3 年的创智空间学习，我不单单了解了航海知识，学会了焊接电路制作手工作品，展开想象亲自 DIY 设计，更多的是磨炼了面对困难不退缩、迎难而上的意志，开拓了知识面，激发了创新和批判思维，学会了借助他人的帮助来进行团队合作，我想这才是创智空间真正的魅力所在吧！

（执笔：姚俊岭）

历久弥新的小公民教育

——上海市静安区第一中心小学小公民科创中心

 实验室建设理念

我校是著名教育家陈鹤琴先生于 1930 年创办的,至今已走过 80 多个春秋,是实践其"活教育"思想的基地学校。在历任校长和广大教师的共同努力下,学校一直坚持"现代小公民、创新小能手"的办学理念,取得了丰硕的成果,得到社会的充分肯定。

在多年的发展过程中,我们不断完善"小公民教育"这一办学品牌,以"培育具有六要六会素养的现代小公民"为核心目标,围绕着"刚柔相济,建设有滋有味的课程;动静相宜,创造有情有趣的课堂;内外相融,开展有声有色的活动"的要求,不断给小公民教育注入新的生命活力。

我校的小公民楼也正是在这样的背景下于 20 世纪 90 年代诞生了。2013 学年,我们传承了陈鹤琴先生"一切为儿童"的办学宗旨,确立了"培育现代小公民"的育人目标,提出了具有我校特点的"五指课程+"(主要包括科学、艺术、健康、社会、阅读五个方面)为总线索的课程框架,与"六会"和"六要"核心目标相对应,体现教育教学的核心价值。学校的小公民楼也与时俱进,更名为"现代小公民楼"。

为了更好地服务于"五指课程"、服务于培养现代小公民,位于现代小公民楼内的科创中心也正式成立。"小公民科创中心"是一个让学生体验、探究科学的场所。在这里,不同层次的学生都能感受科学带来的乐趣,从体验科学游戏到开展实践探究,小公民科创中心为学生提供了提升科学素养的平台。小公民科创中心并不是一个单独的实验室,而是一个实验室群。在这里,各类课程相互交织、相互融合,让学生通过体验、学习、探究等一系列活动来感受创新的无穷魅力。

小公民科创中心外景

实验室学习环境建设

课程设置

小公民科创中心总共有包括"探索地带""创客工坊""头脑风暴""宇宙星空""恐龙世界"等在内的 5 个实验室，课程涵盖了基础型、探究型课程，每个实验室都有相对应的特色课程。

1. 基础型课程

小学自然是一门综合性基础学科，是上海市中小学科学"综合—分科—综合"课程体系的重要组成部分，以全面培养学生的科学素养为宗旨，承担对小学生进行科学启蒙教育的任务。我们根据不同年龄段学生的特点，对实验室的功能进行区分："恐龙世界"实验室针对一、二年级段的学生，"宇宙星空"实验室针对三—五年级段的学生。

2. 探究型课程

（1）"生物大冒险"课程

它是一门面向三年级学生开设的科学类探究型课程，每周五在"恐龙世界"实验室开展活动。其核心育人价值是"对自然充满好奇、体验生物多样、珍爱生命"，具有"快乐体验、合作探究"的特点。

该课程旨在引导学生在探究中了解生物、体验自然魅力；在实践中掌握基本探究技能，发现自然奥秘；在活动体验中激发兴趣，提高探究能力，形成良好的实验、合作习惯。学生在一次次探索生命的过程中，感受自然的神奇，感悟生命的价值。

该课程根据学生的知识基础、技能要求等要素，设计了 15 课时的内容。

1. 世界各地的植物
2. 解剖种子
3. 种子发芽
4. 蚕豆宝宝观察日记
5. 认识各种各样的叶

6. 制作叶脉书签
7. 认识花的结构
8. 花中的色素
9. 一朵菊花就是一个花篮
10. 蚕的探究

11. 神奇的植物酸碱指示剂
12. 昆虫的一生
13. 显微镜观察标本
14. 鱼
15. 恐龙大追踪

"生物大冒险"课程结构

（2）"脑力激荡"课程

该课程的教学在"头脑风暴"实验室中进行。"脑力激荡"课程以深受青少年喜爱的头脑奥林匹克活动（Odyssey of the mind，简称 OM）为基础，其目标是让学生成为知识的探索者，在未知的道路上漫游，用自己的创造力把居住的世界变得更美好。

"脑力激荡"课程已成为提高学生综合素质的重要动力之一，并提出了"探索者"（让学生成为在未知的道路上漫游的知识探索者）和"建设者"（用自己的创造力将世界变得更美好）双重目标体系。该课程面向三年级学生，该学段的学生较低年级段学生而言具备更好的动手操作能力，并且具有丰富的想象力，易于在课堂中通过动手、动脑，手脑结合地用独特的方法完成任务，从而为今后高学段的学习打下基础。该课程包含 15 课时的内容。

1. 我们的脑力激荡
2. 我们的小队
3. 疯狂小车
4. 高耸入云
5. 建造大桥

6. 悬臂结构
7. 拖链
8. 纸结构承重
9. 纸绳拖重
10. 标杆的高度

11. 谁的测量最精确
12. 遥感测量
13. 分类堆放
14. 母鸡装蛋
15. 分类进箱

"脑力激荡"课程结构

3. 社团活动

小公民科创中心每周还有丰富的社团活动，如"科科龙学院"、车模、简易机器人、生物小实验、头脑 OM 等，不同的社团也会根据自己的需求使用不同的实验室。

"创客工坊"主要针对有一定动手能力，且有一定创新意识的学生。在这里会不定期地开展一些制作活动，将学生的奇思妙想变成现实，也会为一些科技赛事做准备，制作各种道具。

"探索地带"是我校的科技馆。在场馆中，各种有趣的展品中都蕴含着丰富的科学知识，这些科学知识会在同学们动手操作、游戏的过程中潜移默化，浸入人心。

📍 场地设备

小公民科创中心实验室群中不同的实验室也有不同的设计，以满足不同课程的教学需要。

1. 恐龙世界

该实验室针对一、二年级学生，墙壁上、橱柜上及教室后方等区域内栩栩如生的恐龙展具仿佛将学生带回到侏罗纪时期。教室后方的霸王龙感觉就要破墙而出，不要以为它只是一个笨拙的大个子哦，它还能动能叫呢！在它的脚底隐藏着一个感应器，当人们走入这个感应器的范围内，它就会立刻动起来，还会发出吼叫，好像在向人们宣告这是它的地盘。不少人都被它"惊喜"到了哦。同时，这个实验室也是探究型课程"生物大冒险"的上课教室。

"恐龙世界"实验室

2. 宇宙星空

"宇宙星空"实验室

该实验室的使用对象是三—五年级的学生，实验室内共有 6 套课桌椅供 36 人使用，可以满足日常自然课教学的需求。每张桌子也可以拆分开来，分为 2 人一组进行活动。在实验室中，还配备了 3D 投影及眼镜，用以播放 3D 影片。这些影片与课程内容相联系，能够帮助教师更好地完成教学任务，也能使学生更有兴趣地接受科学知识。

3. 头脑风暴

"头脑风暴"实验室是探究型课程"脑力激荡"和头脑奥林匹克社团的专用教室，这里有足够的空间容纳 20 名学生上课和活动。在教室周围的橱柜中，摆放着各种课程需要使用的材料与工具，学生可以根据自己的需要进行取用。

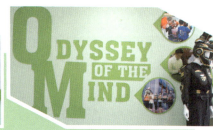

"头脑风暴"实验室

4. 创客工坊

创客工坊是学生们动手实践的好去处。在创客工坊中，车床、台虎钳、电钻、电锯等工具一应俱全，小创客们如果有什么奇思妙想，就可以在这里和老师们共同研究，动手创造，将他们的想法变成现实。

创客工坊

5. 探索地带

探索地带是学生们探索科学奥秘的好场所，这里的科学展具每一件都蕴含着丰富的科学知识。无皮鼓通过红外感应发出声音；辉光球产生静电现象；"怦然心动"能测量心率，让学生们在游戏的过程中感受科学、理解科学。

探索地带

6. 其他环境

不仅实验室的设计和设备体现着科技的元素，科创中心的每个角落都散发着科技的魅力：在楼梯上，了解一下学校最新的科技活动和赛事成果；能力风暴墙前，自己动手搭建机械结构；乐高墙上，展示出自己的作品；涂鸦板上，留下自己的奇思妙想。

科创中心其他场地

教学变革

无论是哪一类课程，在小公民科创中心，教师们都十分重视学生探究的过程，让学生经历提出问题、分析问题、解决问题的过程。这里以"脑力激荡"的一节课为例进行说明。

滑坡车是"脑力激荡"课程的经典教学内容，学生们要根据得到的材料完成相应的任务。而今年，随着动画电影"疯狂动物城"的大热，教师也别出心裁地设计了一堂趣味盎然的"滑坡车"。

1. 引出问题

在课堂起始阶段，教师让学生们搓搓手，然后交流各自的感受，很多学生都觉得手在发热。教师再让学生们边用力压边搓手，再交流感受，学生们都感觉这时候手很难移动，从而引出了生活中一个十分常见的力——摩擦力。

2. 呈现任务

教师结合当前流行的动画片"疯狂动物城"，呈现情境：狐狸尼克要翻山越岭卖冰棍，可是，当他的货车准备下山时，车子坏了，轮子没有了；正当尼克一筹莫展的时候，朱迪警官出现了，朱迪警官告诉尼克她能帮助他，并带来了各种材料。这一任务吊足了学生们的胃口，他们都迫不及待地想要帮助尼克将他的货车送下山。此时，教师给出了任务：学生必须使用教师给定的材料将尼克的货车和货物顺利地送下山，同时货物不能掉出车外。

3. 实验探究与交流

此时，实验用的材料也呈现在了学生面前，有滑坡车、轮子、玻璃胶带、砂纸等。教师利用斜坡模拟山坡，利用滑坡车模拟了尼克损坏的货车，用钩码模拟货物放在"货车"上。对于如何利用这些材料完成任务，学生们表现出了浓厚的学习兴趣和愿望，纷纷动手尝试解决问题，并且饶有兴趣地向同学们展示自己用了什么方法帮助尼克解决问题。

4. 小结

在学生们充分交流之后，教师也适时地将学生们的发现进行整理、总结，使学生系统地了解哪些因素会影响摩擦力，怎样可以减少摩擦力。通过这样一堂有趣的探究课，学生的思维能力和实验能力在动手操作中得到了提升。

运行机制

1. 课程整体推进

小公民科创中心涵盖了各类课程，我们对不同课程提出了不同要求。基础型课程的要求是夯实基础、适当拓展、校本解读、有效执行。拓展型课程的要求是对接目标、凸显特色、提供选择、分层递进。探究型课程的要求是激发兴趣、鼓励尝试、注重体验、内外衔接。我们修订了学校教学基本规范和各个学科教学基本规范，配备专职、兼职教师，形成相应的教研团队。我们通过加强教学常规管理，保障课程规范落实，提升课程实施品质。

2. 依托专家团队

在实验室建设中，注重软实力的提升，聘请市、区教研员等专家，经常性地指导实验室运行及课程实施。

3. 选择引进优质课程资源

在实验室配套课程资源建设中，进一步开阔视野，根据时代需求和学生发展需求，选择并引进优质课程，提升课程内涵与品质。

4. 研发编制校本教材

结合学校办学理念与课程目标，开发并编写适合本校学生发展的校本科目，尝试编制教材，开展课堂实践，凸显校本特色。

5. 着力开发校外资源

拓宽课程建设思路，邀请、外聘志愿教师群，结合区域资源、社区资源、家长资源、热心公益企业等，组织家长微课程、中学名师微课程等，共同参与小公民科创中心课程建设。

实验室建设成效

小公民科创中心自成立以来，得到了教育界内外人士的充分肯定，几乎每周都要接待来自不同国家及兄弟省市的教育同行。在小公民科创中心这片沃土中，学生的科学素养不断提升，硕果累累。仅 2015 学年第二学期，就在各类科技赛事中屡获佳绩。其中，在上海市创新大赛中获得二等奖 2 项、三等奖 2 项；在上海市环球自然日活动中获二等奖 2 项、三等奖 2 项，其中 1 项进入全国总决赛；在上海市机关王挑战赛中获二等奖 2 项、优秀指导奖 2 项。这些成绩都激励着我们将小公民科创中心越办越好。

互动交流

现代小公民楼里的"发明家"

2016届学生　南平真希

　　每当乘坐公交地铁的时候，我就有些担心：因为身材矮小无法拉住公交地铁上面的拉手，一旦遇到急刹车、拐弯或者紧急制动等情况，容易摔倒甚至碰伤。为此，我在心中萌发了一个想法：为身材矮小的儿童开发公交地铁助拉器！

　　怎样制作一个既轻巧又方便随身携带的助拉器呢？我首先想到了以下四个方案：

　　1. 钩子：每逢下雨天，当我撑着雨伞走在上学的路上，我总喜欢把放水壶的小包挂在伞柄的钩子上……伞柄的钩子倒过来正好可以用来钩住公交、地铁的挂钩。那么助拉器能否采用钩子的结构呢？

　　2. 啪啪圈表带：我发现同学们很喜欢带一种啪啪圈表带，啪啪圈依靠了钢片的反弹力原理，一条笔直的金属弹片啪啪圈轻轻地拍打在手腕上，它立即就会根据手腕大小卷曲成漂亮的手环表带。

　　3. 项链和手链上的弹簧扣：如何能将助拉器牢固地连接在拉手上呢？项链和手链的弹簧扣有机械开关。当拉下开关时，弹簧扣就被打开，可以将它挂到拉手上；需要拿下时，只要再次打开就可以了。

　　4. 自拍神器的伸缩杆：如何让助拉器方便携带呢？当今社会，手机自拍无处不在。当我们外出郊游时，自拍神器可以轻易地根据拍摄位置调整拍摄杆长度，达到最佳拍摄效果……如果助拉器也能够伸缩，同学们可以根据自己的身高自动调整手臂到公交、地铁固有挂钩的长度。

弹簧扣

伞柄的钩子　　　　　　啪啪圈表带　　　　　　自拍器的伸缩杆

　　带着这些思考，我和老师一起咨询了专家。专家听了我的想法后，给予了充分肯定，认为我的想法十分符合同学们的需求，这也正是公共交通的问题之一。在看了我的设计方案后，专家对我的方案提出了相应的意见：

1. 钩子：钩子钩在车子上时是否会滑动？会影响使用效果吗？经过实践，我发现钩子有这样的缺陷：钩子弯曲的弧度比较大，钩子本身比较粗，易打滑，与公交地铁拉手之间的位置不好固定。

2. 啪啪圈表带：表带虽然能牢固地套住公共交通的拉手，但是当车子刹车时，由于要站稳保持重心，人们会用力地拉助拉器，表带就被拽下来，无法起到助拉的作用。

3. 弹簧扣：弹簧扣需要手动打开开关，当使用助拉器时，弹簧扣离自己身体较远，应该如何打开呢？另外，弹簧扣打开的幅度是有限的，能否挂上拉手呢？

4. 自拍神器的伸缩杆：伸缩杆方便携带，而且能调节高度，适合各类身高，是一个很好的想法。

在听取了专家的意见后，我和老师也确立了一个基本的思路：需要寻找一种合适的结构，既要方便钩到公交和地铁的拉手上，同时又要牢固、不易滑动或脱落，还要方便取下。助拉器采用伸缩结构，方便携带。

带着这一基本思路，我们在"创客工坊"实验室中开始了助拉器的制作。首先是寻找适合挂在拉手上的结构。怎样的结构既方便勾取又稳定牢靠呢？一次偶然的机会，我发现了一个多功能夹，当握住手柄时，夹子夹紧，松开手柄时，夹子松开，这不正是我们需要的结构么？于是我们对夹子进行了拆卸。

完成拆卸后，我对夹子进行了打磨处理，方便夹子与伸缩杆的连接。

我发现夹子是由钢丝绳控制的，当用力向下拉钢丝绳的时候，夹子就会夹紧，松开钢丝绳后，夹子就会松开。为了方便控制，我利用旧钥匙圈制作了一个拉环，同学们可以通过拉环控制钢丝绳。在拉环的外

制作助拉器

面，我小心地包上一圈胶带，这样既保护了手指不被拉手或钢丝绳擦伤，也使得拉手更为美观。

制作完夹子以后，就需要安装一个伸缩杆了。我和老师找来一个自拍神器，拆掉了手机架，对原先的手机架平面进行打磨，为钢丝绳预留线位，并且利用两根金属棒将夹子和伸缩杆进行固定，利用胶带将夹子和伸缩杆固定好。一个公交地铁助拉器就基本完成了。

我迫不及待地对初版的助拉器进行了测试，问题也随之而来：我们需要向下拉钢丝绳，夹子才会夹紧，但是调整好伸缩杆长度拉钢丝绳时，夹子没有夹紧，伸缩杆却收了回来。原来，由于伸缩杆拉开后无法锁定，当受到向下的力量时，就自然收缩了。怎样才能解决这个问题呢？我和老师展开了头脑风暴，假设了许多方案：在夹子边上再安装一个钩子，先用钩子勾住拉手，这样，在拉手环时伸缩杆就无法收缩了。但是这个方案马上遭到了否定，夹子是从下至上勾住拉手的，而钩子要从上往下或者从侧面勾住拉手，两者会互相影响，无法挂上拉手。那怎么办呢？我想到家里浴室挂浴帘的横杆，有一次横杆掉落了，在将横杆安装回去时，只要旋转横杆就行了。我马上对这个横杆产生了兴趣，为什么只要旋转横杆就能将它固定在两堵墙间呢？原来这种横杆也是伸缩的，当它旋转时，横杆伸缩，当它达到两堵墙之间的距离后就能固定住了。我找出了挂衣服的旋转伸缩杆，发现旋转确定长度后，向下拉横杆时，横杆不会伸缩，正好解决了问题。

试验助拉器

于是我将夹子和旋转式伸缩杆连接，完成了现在的公交地铁助拉器。当它完全拉开时，可以长达1米，全部收起时只有40厘米。并且它能在这两个长度间任意调节，既符合不同身高同学的需要，又方便携带，同学们平时只要将它放在书包里就可以了。

带着助拉器，我再一次来到公交车上进行了实地测试。当我拉紧拉环，夹子也能紧紧地夹住公交车的拉手，即使车子刹车，我也能比较平稳地站立，起到了比较良好的拉手效果。我想，助拉神器实现了以下价值：

1. 解决了目前儿童乘坐公交地铁的一大安全隐患，儿童的出行将变得更安全、方便，同时也符合绿色环保出行的理念。

2. 设计理念清晰，实现难度不大，对于身材矮小的儿童出行确实起到了实质性帮助。

3. 儿童完全可以单独操作，不需要大人帮忙。

在完成了实地检测后，我也对这个项目进行了思考，如何能将它在今后做得更好？在实地测试时，我发现这样一个问题：夹子的联动结构比较紧，需要比较大的力量才能拉动，这对于女孩子或者比较小的孩子来说有些困难。因此，下一步要对夹子的联动方式进行改进，使它更省力，更便于同学操作。另外，现在的夹子除了可以在公交地铁上帮助我站稳以外，它和家里使用的晾衣叉架是相似的，我们也可以在家里用它代替晾衣叉架使用，这也引发了我的思考：能不能开发多功能的儿童神器，并且根据功能的不同更换相应的功能件。

我的项目参加了上海市创新大赛，获得了二等奖的优异成绩。我觉得，能取得良好的成绩，好的想法固然重要，但实践更是必不可少。小公民科创中心就为我提供了一个实现自己想法的平台，它将我们对科学的懵懂认知转变为自己宝贵的实践财富。我相信小公民科创中心将帮助更多的同学实现自己的梦想。

（执笔：郑巳程）

追光逐梦　光影探秘

——上海市静安区景凤路小学光影 MAGIC 创意梦工坊

 ## 实验室建设理念

　　"光影 MAGIC 创意梦工坊"是以培养未来工程师所必需的技术创新意识和创新能力为目标的创意设计"工厂"。它以日常生活中丰富多彩的光现象为载体,通过以"问题解决"为主要特质的、以任务驱动为主要形态的特色课程,使学生在自主性与探索性很强的渐进式主题活动中,逐步感悟科学知识的奥秘和技术创新的魅力,从而提升学生的科学素养,激发他们的创造潜能。

　　景凤路小学地处彭浦新村,是一所普通的公办小学,学生大多来自工薪阶层家庭。基于校情,我们提出了"快乐体验、感悟成长"的办学理念和"会守礼、会健身、会学习、会生活、会交友、会探究"的"星光少年"培养目标,打造师生共同体验和亲历成长的快乐校园。"光影 MAGIC"特色课程,改变了传统的教学模式和行为,为体验式、自主性、探究性的教学实践提供了良好的机遇,为师生搭建了共同发展、共同成长的快乐舞台。特色课程的实施激发了学生科学探究和技术创新的兴趣和意识,使他们初步学会了一些探究的方法和思想,获得了因成功而带来的积极情感体验。

 ## 实验室学习环境建设

📍 课程设置

　　光学是物理学的重要分支,其研究内容十分丰富,如光线的传播方向、光的反射、光的折射、光与物质的相互作用、光的本性等都属于光的研究范畴。对于小学生来说,光,既是熟悉的,每天都会遇到;但又是抽象的,难以理解和把握。学生对隐藏在光影背后的科学奥秘的渴望,给了我们揭开它神秘面纱的动力。我们借鉴了自然学科教材中"光"这一单元的内容(如"光的直线传播""光的折射""光的反射"),运用了劳动技术学科中剪刀、美工刀等工具的安全使用技能,并结合学生已有的生活经验,研发了光影 MAGIC 特色课程。这一课程利用日常生活中的常见材料，将科学性的小实验与趣味性的自主探究活动进行有机融合，让学生在轻松快乐的活动任务中，感悟科学的神奇，体验创意成功的愉悦。

在总共 15 个系列探究活动中，活动的任务是富于挑战性的，包含多个限制条件；活动的材料大都是生活中常见的，如大小不同、形状各异的镜子，脸盆，油烟机管道等；活动的趣味性和探究性融合在一起，既能激发学生对光的浓厚兴趣，又能培育他们的创新意识和探究能力。

"光影 MAGIC" 课程由 3 单元 15 个任务组成。

第一单元 光的传播	1. 娃娃去哪儿了 2. 山洞探秘 3. 神奇的魔术柜	4. 五光十色万花筒 5. 你能让光"拐弯"吗
第二单元 光与颜色	1. 七彩阳光 2. 消失的数字	3. 会变色的光 4. 彩色不见了
第三单元 光与影像	1. 奇妙的镜子 2. 镜子里有几个娃娃 3. 谁能看得远	4. 移动的影子 5. 让画面动起来 6. 影子消失了

"光影 MAGIC" 课程

📍 场地设备

光影 MAGIC 创意梦工坊是一座以"光"系列等创新活动为主，探究型、拓展型课程活动为辅的多功能、综合性创新实验室。实验室将 120 平方米的教学用房合理地划分为四大功能区域。

1. 学生活动区

该区域主要是教师组织学生对课堂任务的解决方案进行创意设计、验证设想的活动空间，由 24 套单人课桌椅组成。这些课桌椅既可以单独使用，也可以轻松挪动任意组合，如组合成 4～6 人的活动小组。椅子还可以根据活动任务的需要叠起来，以扩大活动场地，满足学生活动需求。

学生活动区

2. 操作设备和材料存放区

存放区

该区域主要存放学生开展创意活动所需的设备和材料。教师自主开发了很多操作设备，比如可以任意调节灯光强弱的发光二极管调光盒，由 1.2 米长油烟机管道制作的山洞模型，用手电筒模拟光源的无影灯系统……这些设备有的集中摆放，有的分散摆放。镜面贴纸、支架、手电筒、水棱镜等活动耗材，主要摆放在工坊靠墙周侧设置的材料架上。

3. 半成品暂存区

学生在规定时间内没有完成的"半成品"创意作品，可以暂时摆放在架子上。

4. 作品展示区

学生完成的创意作品经过评比认可后，可以在这里的陈列架子上集中展示。随着任务的不断完成，学生作品会陆续更新。

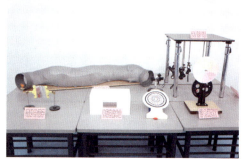

作品展示区

📍 教学变革

"光影 MAGIC"的授课模式采用的是任务驱动下的学生活动，学生采取团队合作的方式，自主结队挑战并完成活动任务。在这里，教师不再单纯地向学生传授知识，而完全变成了活动的组织者，负责提供任务单和即时指导。例如，学生若对某一方面内容感兴趣，教师便为其提供相关图书等资料供其参考；一体化电视机为学生提供各类光学视频资料，便于学生搜索找到科学原理；实验室里的演讲台为学生提供信息发布的平台，大家在这里共同分享研究成果。原来学科式的教学模式已经不再适用，"探索—发现"式的创新授课模式在这里应运而生。

例如，在设计"神奇的魔术柜"活动时，我们原来的想法是：制作一个魔术柜，把演员藏进去后，从观察窗内只能看到内部的完整结构，却看不到演员了。但由于柜子的体积大，占地面积多，会缩小学生的活动空间。因此，我们制作了瘦身版的魔术柜，用两个相对的正方形和四个长方形所组成的特殊长方体替代魔术柜，再以小巧的发声器替代演员，展开探究活动。整个活动过程主要包含以下 4 个环节：

1. 任务呈现

　　任务呈现的目标是提高学生兴趣，留下悬念。由教师提供一组魔术师大变活人的图片，迅速将学生带入神秘的魔术场景之中，激发学生对于新任务的兴趣。

2. 分析问题

（1）解读任务

　　在这个环节，教师充分通过阅读、讨论等手段聚焦活动的核心目标，让每一个学生认识任务并真正理解任务的本质与特点，知道要做什么，激发其探究兴趣。老师播放视频，以魔术表演的方式，帮助学生在阅读材料单时更加明确所要完成的活动任务，借助一些其他背景或者资源来帮助学生理解。需要特别提出的是，所谓理解任务，并不是指能用"规范"的语言来表述或描述任务，而是真正理解任务的特质。

阅读学习材料

（2）方案交流

小组交流设计方案

　　学生可以根据面临的任务到材料区选择完成任务所需的耗材。选择材料时，学生拿着学习单可以对所选材料进行模拟演示，说明预设方案的理由。

　　在这里，教师要组织学生将自己小组的设计（设想）与全体同学进行交流。这个交流不同于一般意义上的"发布"，不同团队之间要有真正意义上的思维"碰撞"。同时，这个交流也不同于一般意义上的"叙述"，应该包含"发布者"的独特思想（包括如何理解任务的、我们是怎么想的、怎么成功的、为什么可以这么做等）。各小组倾听后，调整方案，以利于任务达成。这一举措旨在鼓励学生搜索原有的知识经验、技能，针对活动的目的和条件，建立关于方案的预设。这个预设不但要符合逻辑，还要有所创新和突破，初步树立方案论证的意识。

3. 动手实践

为了更科学、更有说服力地验证方案，学生按照预想的设计方案，利用限定材料和工具，采用各种方法进行多次尝试操作，直至成功。在这一环节，教师也要在巡视过程中始终关注学生，让学生始终保持对学习活动的兴趣，并给予适当的指导。

进行实验操作

4. 小结拓展

展示交流探究成果

任务完成的程度总有失败和成功。成功完成任务的小组成员自主上展示台交流，与他人分享经验，拓宽思路，运用多种方法完成任务；未成功的小组在接收其他小组的成功信息后，修正自己的方案，利用课余时间探究直至完成任务。我们提供条件让学生在课后仍然有机会能继续完成，维持学生探究的兴趣直至开启下一任务模式。

在这个环节中，交流时不能仅仅停留在"发布者"的演示与叙述中，要充分地解释其合理性，即各种道理，而非"概念"。同时，其他团队要对任务完成的情况做出评价，比如问题解决的合理性如何。

"光影 MAGIC"课程以学生自主活动为主，体验参与课程的乐趣。也许有教师会问：学生都能自主学习了，还需要教师做什么？以本次活动为例，教师的工作重点的变化是显而易见的：课前，教师准备学生的学习材料、设计学习单；课上，教师巡视指导，组织交流。一句话，对于培养学生的自主学习能力而言，教师的积极引导作用仍是不可或缺的。

运行机制

1. 校校联手，区域推进

"光影 MAGIC"是彭浦教育学区"科技大本营"共享课程的组成部分。项目依托上海师范大学小学教育研究所和彭浦教育学区的办学优势，形成了高校引领、区域多校合作的发展模式。共享课程由学区内第四中心小学、田家炳小学、科技学校、民办彭浦实验小学和景凤路小学五所试点学校为基点，合作研发了水、力、光、结构、能共五个主题活动单元的课程教材、教师指导手册；活动所需的设备及实验耗材均实施打包整体配送至所有小学，确保每一个学生都能参与活动，便于在学校推广；课程实施过程中的教师培训由教育学院统一安排，发挥优质教育的集聚与辐射功能。此项目被评为区域教育 2014—2015 学年度最有影响力的事件之一。

创新实验室里的成长超越

2. 专家引领，团队合作

学校光影 MAGIC 创意梦工坊聘请高校专家担任项目指导，由校长及综合学科的骨干教师、青年教师组成攻关小组，一边研发课程，编写学材及活动方案，开发教具和学具，一边将相对成熟的方案投入课堂实践，进一步修改调整，形成了一种滚动式课程研发模式。

3. 课时保证，完全开放

为了保障课程的实施，学校为每个年级都制订了详细的课程计划，配备了专门的授课教师。另外，考虑到创意活动的复杂性，某些活动任务可能无法在一个教学单位时间内完成，于是我们以班为单位制订了创意梦工坊的课外开放时间表：周一——周五，中午和下午放学后 1 小时，方便学生课余时间继续从事创意活动。

 ## 实验室建设成效

光影 MAGIC 创意梦工坊是融青少年科技创新和实践教育功能于一体的阵地。它的建

"光影 MAGIC 创意梦工坊"取得的部分专利成果

设超越了传统教育中单一固化的教室教学环境，拓展了学生自主学习的空间。

在实验室建设过程中，研究团队发挥集体协作的合力优势，共同编写活动方案、研发课程、自制实验教具，并在课堂教学的实践中不断完善提高。我们设计的配套教具"光纤通道""灯光盒""无影灯"和"水棱镜"均获得国家专利局的"实用新型专利"。

"光影 MAGIC 创意梦工坊"实验室为学生提供了施展才艺的空间，为学生创新意识和实践能力的培养搭建了平台。在"JA 全国中小学生绿色创意展示活动"中，学生利用一次性纸杯、筷子、灯等废旧材料自主设计的环保制作获得最佳营销奖；在"梦想·未来Dream&Future"上海市学生艺术设计展活动中，"绿色仙人掌"灯罩荣获"小小设计师"称号；多位学生在上海市、区学生模型比赛中获得各类项目的奖项。

"光影 MAGIC"课程和创意梦工坊资源不仅实现了彭浦教育学区的学校共享，而且据此开发的"小学'快乐 300 分'活动丛书"《创意梦工场·光》作为区域共享课程的教材，以及配套的教具、学材，在全区多个学校推广。此外，我们还公益性地向第一聋哑学校开放课程资源，产生了良好效果。

"光影"路上，我们痛并快乐着！

陈梓康

多年传统课堂教学的实践，使我对学生听为主、教师讲为主的课堂模式习以为常。不过，在第一次到"创意梦工坊"上"光影 MAGIC"课时，我却懵了。记得那天，我滔滔不绝地叙述任务要求后，却发现学生丝毫没有兴趣。他们好像变成了我提线的木偶，我让动就动，我让说就说，一点没有主动兴奋的状态，完全没有预想的热烈效果。"为什么学生会有这样的反应？""这课到底该怎么上？"

之后，我在光影小组的教研活动上向小组老师发出了"求助"。

"我觉得'光影 MAGIC'课程，注重的是培养学生自主学习的能力，在活动体验过程中，提高学生发现问题、解决问题的能力。"

"你的课，感觉有点像脱口秀，学生参与度不够，学生都没动起来！"

"你要课堂活跃，上课就要动静结合，讲的内容要有启发性，时间要多留给学生思考、交流和操作。"

"是不是可以利用身边的材料制作一个模型小屋，用手电筒模拟太阳光，同时提供一些支架、彩泥、凹凸镜、平面镜等简易材料，让学生自己尝试通过将手电筒的光从一楼传播到地下室照亮娃娃，主题就改成

'娃娃去哪了'。这样是不是更能引发学生兴趣?"

在热烈的讨论中,我对"光影MAGIC"课堂模式有了全新认识,我成了第一个吃螃蟹的人。再次上课时,我调整了教学环节和节奏,按自己的理解设计和组织活动。课始,我不再用简单直白的语言直接出示课题,而是通过创设一个情景导入活动主题:点点在地

在热烈的讨论中,我对"光影MAGIC"课堂模式有了全新认识,我成了第一个吃螃蟹的人。再次上课时,我调整了教学环节和节奏,按自己的理解设计和组织活动。

学生在"探寻"娃娃

下室玩,不小心把布娃娃滚到了床头柜后面,可是地下室光线太暗,点点找不到娃娃。不过一楼有太阳光,同学们,你们能不能把一楼的太阳光引到地下室,帮助点点找到娃娃?学生们显得非常兴奋,很快地进入学习状态,自主找到今天所需要完成的任务。接着,我组织学生根据学习单上提供的材料和工具,小组合作讨论设计任务的最佳方案。设计时,有的同学离开座位走到实验室两侧的堆放材料的区域"巡视"材料,自由选择;有的拿起铅笔在学习单上写写画画"奋笔疾书";还有的三三两两凑在一起"头脑风暴"。

很快他们就忙了起来。只见他们熟练地打开手电筒,桌面上铺满了形形色色的材料,一会儿平面镜,一会儿又换成凹凸镜,不时还用彩泥和支架进行固定,争先恐后地和光较起了劲,在反复尝试的过程中验证自己方案的可行性,忙得不亦乐乎。一旁的我密切观察着每个小组的进展,适时地给他们一点帮助和提示,大家都玩在了一起。最后,很多小组都自主地走到演示台向大家进行成果展示,他们一起论成功、谈失败,分享经验与收获。

下课了,看着一个个活动起来的身影,一张张洋溢着成功喜悦的笑脸,听着学生嘴里说着"老师,我发现了……","老师,我还有更好的方案……","老师,我还想再来"的话语,我惊喜地发现他们是兴奋的,我也是兴奋的,今天的课堂是学生的,每一个小组都有任务,每一名成员

都有分工。我用身边随处可见的材料引导学生探索到一些未知的领域，充满了成就感。

第二天，有一个家长给班主任打来了电话："孩子昨天在学校上了什么课了？他拿了我的镜子对着太阳照了好久，而且还要我再买几块不同的镜子。他说上课好玩极了。他从没有对一样东西这么好奇过，对这样的教学方式我全力支持。"

也许这就是"光影 MAGIC"课程的独特魅力，它把时间留给学生，用创新点燃学生，把快乐带给学生，在合作中体验科学。它也把创新和突破带给了我和我的团队，教师也要具备创新意识和创新能力，我们也在体验中感悟成长！

（执笔：潘倩青）

与机器人共舞
—— 上海市普陀区洵阳路小学"人形机器人"教室

 实验室建设理念

　　洵阳路小学的创新实验园是一个集科学小实验、开心农场、建筑模型、机器人、3D打印机、科技体验馆等多个领域实验室为一体的综合创新实验园。秉承着"为每个孩子寻找最美的曙光"这一办学理念，学校努力打造一切能为学生提供学习、实践和体验机会的平台。2014年，学校以现有资源为载体，以特色项目为抓手，通过不断挖掘活动资源、开发活动课程、丰富活动形式、整合科技类创新实验教室，建设了面向全体学生开放的创新实验园。

创新实验园

　　而"人形机器人"教室作为2015年加入创新实验园的新成员，因其拥有触摸前沿科技的人形机器人，深受学校师生以及参观者的喜爱。人形机器人是近年来发展比较迅速的高新科技项目，小学生一般很少接触，更不用说亲自组装以及编程实践了。因此，"人形机器人"教室的建设，揭开了前沿科技的神秘面纱，让高科技不再如"阳春白雪"，曲高和寡。它不但满足了学生对于高端科技的好奇心，而且让学生走近科技、亲近科技、喜欢科技。在"人形机器人"课程学习中，以教师层层推进式引导、学生小组自主探索为主要教学形式，充分运用重放录像、示范模仿、伙伴合作等方法，解决在组装和编程过程中遇到的生成性问题，让学生初步体验科学研究的一般过程，锻炼动手能力和逻辑思维能力，感受创造带来的喜悦。

实验室学习环境建设

课程设置

人形机器人

"人形机器人"集机、电、材料、计算机、传感器、控制技术等多门学科于一体，是一个国家高科技实力和发展水平的重要标志。而"人形机器人"课程一般作为理工科大学的一项研究项目开展，在小学中进行本课程的尝试有着非常大的难度。小学生无论是在动手、思维、理解等能力方面，还是在电学、计算机、材料学等知识方面，都与大学生有着非常大的差距。因此，在小学开设"人形机器人"课程，面临着巨大的难度和挑战，而化繁为简、化难为易、化整为零，是本课程的教师首先要做的。

2015 年 2 月开始，为了让小学生也能"玩转"人形机器人，课程教师开始了不断的探索与实践，并尝试设计"人形机器人"校本课程实施方案。经过两个学期的实践与修改，课程设计初见雏形，并积累了一定的配套资源。

本课程的三维目标定为：知识与技能方面，让学生了解人形机器人的主要构造和基本的组装方法，学会使用 roboBASIC MF v2.80 软件对人形机器人进行简单的编程设计，培养学生的逻辑思维能力。过程与方法方面，在教学过程中，充分运用重放录像、示范模仿、动手实践、伙伴合作等方法，解决在组装和编程过程中遇到的生成性问题，让学生初步体验科学研究的一般过程；学生参与小组合作，从而学会合作，了解合作的重要性。情感态度价值观方面，培养学生仔细、耐心的品质，坚定克服困难的决心。

课程内容主要包括三个板块：机器人理论知识（课程实施的第 1 年为组装人形机器人，以后改为机器人理论知识的学习），单片机、舵机控制和编程软件，系列目标动作的编程。课程共计 40 课时，分两学期实施，每学期 20 课时，每课时活动时间 80 分钟。在课程学习中，学生通过"我了解""动一动""走一走"和"会编程"四个目标过程的学习，逐渐加深对机器人知识的了解，学会简单的编程设计。

"人形机器人"课程计划

板块	目标	课程		课时
机器人理论知识	我了解	机器人的构造和全身机械结构原理		1
		机器人电路板硬件基础		1
		人形机器人机体参数		1
单片机、舵机控制和编程软件		单片机知识	机器人控制端口定义	1
		舵机知识和简易舵机控制	机器人各舵机控制分布	1
			机器人舵机 PWM 信号（脉宽调制信号）控制精度制定	1
	动一动		单舵机拖动及调速算法	1
			8 舵机联动单周期 PWM 信号指令算法	1
		roboBASIC 编程：单腿控制	左腿机械结构和舵机转动正方向制定	1
			左腿半周期运动程序	1
		roboBASIC 编程：双腿控制	双腿蹲起动作解析	2
	走一走	roboBASIC 编程：行走	机器人行走步伐函数解析	0.5
			机器人前进步伐特点	0.5
			机器人前进程序解析（左腿半步子程序）	0.5
			左、右腿半步子程序	1.5
			向左侧身子程序	0.5
			向右侧身子程序	0.5
			左侧身＋落左腿子程序	1
			右侧身＋落右腿子程序	1
			左侧身＋抬右腿子程序	1
			右侧身＋抬左腿子程序	1
			右前左后前进子程序	1
			左前右后前进子程序	1
系列目标动作的编程	会编程	欢迎词、自我介绍、创新实验室介绍、校歌舞蹈等		18
总课时				40

本课程以社团活动课程的形式实施，社团招募对象为中高年级学生。因课程学习难度较大，对参与课程学习的学生有一定的要求：数学及逻辑思维能力较强，有一定的信息技术能力，并对高新科技感兴趣。另外，将学校已有的校本课程——"乐高机器人"课程（低年级）作为机器人课程梯队培养序列的起始课程，而"SMART 智能机器人"课程（中高年级）及本课程作为梯队培养序列的后续课程，"人形机器人"社团优先从机器人课程梯队培养序列中招募学生。

在课程建设中，过程性评价和总结性评价也是鼓励学生成长和进步的一个重要方法。每个月，教师安排学生个人进行包括"态度""方式""兴趣"和"绩效"四个方面的过程性评价。过程性评价以积星方式进行，关注学生的参与程度、学习方式、积极性和完成度。而学生个人的积星评价计入小组评价中，统计小组总星数，评选明星小组。学期末的总结性评价则以学生小组展示本学期的成果，讲述自己的成功体验和互相帮助的故事为主，不再进行定质、定量的评价，关注的是学生心灵的成长。最后，结合学校"阳光银行"评价机制，根据学生和小组的积星和奖项，给予相应云币的奖励。

📍 场地设备

"人形机器人"教室在创新实验园中占地 25 平方米，分为教学区、调试区、表演区、陈列区四个功能区域。

1. 教学区

该区域主要是学生组装人形机器人并对人形机器人进行检修、编程的活动空间。它由四组颜色各异的桌椅组合构成圆环形，教师在圆环中心进行指导，学生分成四组分布在圆环外圈进行实践活动。

2. 调试区

该区域主要供师生对编完程序的人形机器人进行调试。因人形机器人的动作对工作平面的要求较高，且对动作设计的平衡性要求极高，稍有不慎就会失去平衡而跌倒。因此，在此区域特制了 2 个边缘固定有机玻璃挡板的矮柜，供师生进行人形机器人动作的调试。

教学区

调试区

3. 表演区

由舞台和背景板组成。人形机器人在舞台上完成欢迎、自我介绍、舞蹈等动作展示，它是"人形机器人"社团向全校师生以及校外参观人员展示自己学习成果的主要舞台。

4. 陈列区

每个小组的人形机器人、笔记本电脑、教材、电动螺丝刀等工具以及本课程所需要使用的其他物品，在不需要使用时，都放置在此区域的指定位置。

表演区 　　　　　　　　　　　　　　陈列区

5 台人形机器人是教室里最重要的设备。现代的人形机器人是一种智能化机器人，在机器的各活动关节配置有许多个伺服器，具有很高的自由度，还配以设计优良的控制系统，通过自身智能编程软件便能自动地完成整套动作。学校使用的是 MF-17 型人形机器人，全身包括 17 个伺服电机（舵机），即机器人有 17 个可 180 度转动的关节，由 ROBONOVA-II 型机器人控制板进行控制。

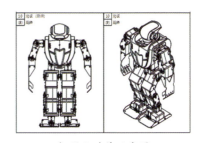

机器人控制板 　　　　　　　　　　机器人关节示意图

📍 教学变革

课程实施以任务来驱动，在主要任务下分设各课时的小任务，化整为零，降低任务难度。教师授课采用层层推进式引导，给难度较大的任务设置阶段性目标，每次推进的难度增幅不能太大，争取化难为易。而学生活动以小组合作、自主探索为主，教师指导学生小组进行分工，每名小组成员分摊繁琐的组装或编程任务，做到人人动手、化繁为简。

以"人形机器人的线路连接"任务环节为例，简单讲述课程的实施。

"人形机器人的线路连接"是"人形机器人"课程中"人形机器人的拼装"的最后一个

认识机器人线路

环节，分6课时完成。这一课主要让学生通过本课的学习，知道如何分辨线路的正负极和信号线，学会连接每个舵机和感应器等电子元件至控制板，并使用扎带和固定片整理线路。

本环节共有三个阶段性任务："认识线路""连接线路"和"检查线路"。

"认识线路"阶段中，教师引导的第一个层次是回忆机器人的构造；第二个层次是出示线路连接图和示意图进行讲解；第三个层次是观看线路连接视频；第四个层次是利用已连接好线路的人形机器人实物来讲解如何分辨线路的正负极和信号线，如何连接每个舵机和感应器等电子元件至控制板，并使用扎带和固定片整理线路。四个层次由抽象到具体，层层推进。

"连接线路"阶段中，教师化整为零，把人形机器人的线路分为：双腿、双手、头部和其他电子元件。教师分部分对线路连接进行详细讲解，并做示范，学生小组分工，每人负责一部分进行线路连接。

"检查线路"阶段中，教师帮助学生小组给人形机器人通电检查，测试每个舵机和感应器是否连接正确。若有错误，则学生小组在教师的指导下，自主改正连接错误。

检查机器人线路

设计教学时，教师时时注意化繁为简、化难为易、化整为零，把课程的难度降低到小学生能够接受的范围。实施教学时，以学生动手实践、合作学习为主，教师指导为辅，充分发挥学生的自主性；在小组完成制作的环节中，强调学生的团结合作；在整个过程中，更加关注对科学研究所需优秀品质的培养。

运行机制

"人形机器人"课程作为洵阳路小学40多门阳光课程中的一门，由学校课程管理研究室进行管理，已制订详细的课程实施方案。学校根据每学期末的社团展示情况，以及学生学期末的网上投票情况对课程进行综合评价。另外，学校还联合校外机器人公司，为教师提供专业指导和设备检修。

实验室建设成效

1. 丰富教学活动，提升教学质量

当人形机器人第一次进校园进行展示时，师生们就对这些高科技的机器人朋友表现出了极大的兴趣。伴随着"人形机器人"教室在创新实验园里安家落户，师生也跟着这些"机器伙伴"一起成长着。

课程开发伊始，一线教师对课程的开设都心存疑虑。看着学生们因机器人动起来而洋溢的灿烂笑容，对教师而言，无疑是一次教育信念的重塑。一届又一届的社员们通过该课程的学习，实现了对电学、力学、机电学方面的初步了解，并对人形机器人有了比较全面的认识。在"人形机器人"教室，学生收获的不仅仅是动手能力的提高、科学素养的提升，最重要的是自信心的增强。"人形机器人"教室记录着每一位成员的成长故事，他们是如此的阳光、自信、与众不同。同样，"开心农场""建模乐园""智慧之光""乐高天地"……每一个创新实验园中的教室都是洵小的孩子们寻找生命中最美曙光的起点。

2. 成为宣传我国教育质量的重要窗口

近三年来，我校接待了多次国家教育部领导的督导视察，在梳理自身教育发展特色与优势的同时，与国家总体教育发展规划保持高度的一致性。同时，本校与国际上多个国家、地区的教育机构间形成了良好的互动交流，如英国"影子校长"（2014.4）、澳洲小记者团（2014.4）、巴巴多斯教育代表团（2014.10）、加拿大参观团（2015.11）、"华文教师"代表团（2016.6）等，成为向国外教育学者展示我国教育发展状况的重要窗口。

互动交流

3. 促进学校课程建设

人形机器人在表演中

对于教师们来说，"人形机器人"校本课程的成功开发带来了这样一个重要启示：学生是有着无限可能的，对于学生们感兴趣的一些高精尖课程，只要勇于尝试，这样的课程对孩子们的成长更有价值。当机器人一次又一次地向参观团展示《洵阳之歌》集体舞时，参观者们赞叹不已地频频举起相机，这是对我们的课程最大的肯定。

因此，学校在开发校本课程时，更加富有创新精神。学校的课程改革脚步也在之后发生了改变，学校更支持一些非"传统"的校本课程开发，计划把现有的国家课程也做一定的融合、调整。学校还给教师提供了更多的"兴趣"培训机会，鼓励教师把个人兴趣开发成新课程。

I believe，I can do！

——记"人形机器人"课程的几个第一次

初　见

"哇，好厉害！机器人会跳舞！"

"还能翻跟头！"

"它们跳的《小苹果》真有趣！"

……

2015年1月21日，洵小（编者注："普陀区洵阳路小学"的缩写）的操场上来了一批特殊的客人，它们有着冰冷的金属外表，闪着亮光的眼睛，具备高超的运动能力……它们是"人形机器人"。在孩子们的欢呼声中，机器人们通过3个舞蹈的表演，彻底折服了我们。它们虽然由金属做成，却动作灵活，跳起舞蹈来与真人相比毫不逊色，甚至还能做出人类无法完成的高难度动作。伴随着《小苹果》的音乐，孩子们和机器人一起翩翩起舞，脸上洋

人形机器人进行舞蹈表演

溢着欢乐。

孩子们被吸引的同时，也在憧憬着，如果能让这些机器人朋友们一直待在学校那该多好啊！

初 次 纠 结

看着机器人的离去，我们依依不舍，孩子们想着亲手把玩机器人，而老师们则想留住孩子们眼中灼热的目光。创新实验室老师们在校长的召集下，开了一个紧急会议，商讨把"人形机器人"请进我们校园的可行性。

我们都知道"人形机器人"课程一般作为理工科大学的一项研究开展，它的编程需要在掌握 Visual Basic 程序设计语言的基础上，学习 roboBASIC 编程软件，才能完成编程。别说小学生了，哪怕对于高中生、大学生，这也是非常难的一件事。课程的难度成了我们第一个纠结点。

而第二个纠结点在于师资。"人形机器人"集机、电、材料、计算机、传感器、控制技术等多门学科于一体，要想开展这门课程，意味着需要一名具备较多机器人知识，尤其是掌握 VB 语言编程技能的教师。

另外，机器人昂贵的价格也是实施这门课程的一大障碍。

面对着如此多的困难，我们沉默了。在我们学校开设"人形机器人"课程究竟行不行，谁也说不准。

在反复思考了一周后，我向校长申请承担这门课程。虽然我不是计算机或机器人相关专业毕业，只是业余自学编程，我也没有给这样的"人形机器人"进行过编程设计，但我想要试一试。回想起高中时，我参加了机器人社团，那时的机器人还很原始，完全无法跟现在的相比，可是，当我编程后让机器人写下我的姓氏，看着那歪歪扭扭的字迹，那一刻，我内心的激动和喜悦，至今仍记忆犹新。我想让孩子们也能获得这样的体验！

我相信，我一定能开出这门课程；我相信，孩子们一定会喜欢上这门课程！

初 号 机

2015 年 2 月初，5 个大盒子被运进了洵小的校园。打开盒子一看，天啊！这哪是人形机器人，这分明是一堆零件！我瞬间心里打鼓，即便我能够把这些零件组装成机器人，孩子们行吗？

人形机器人零件

初号机

抛开内心的忐忑，我着手开始了第一台人形机器人的组装工作。根据图纸和组装视频，一枚枚螺钉，一个个舵机，一块块金属片……这些零件渐渐组成了机器人的手、脚、躯干……3天后，零件一个个归位，只差连接上线路，初号机就正式诞生了！

此时，我已经有了信心，我相信孩子们也能像我一样成功！

初 次 成 功

带着未连线的初号机和四套机器人零件，我开始了"人形机器人"社团的第一节课。社员们看着那一堆堆零件，都怀疑起来，要把这些零件组装成机器人，自己行不行。我给孩子们打气：相信自己，一定行！

2015年3月初，学生们在我的指导下，开始了"人形机器人"的组装。一枚枚螺丝，一个个舵机，一块块金属片……复杂而又繁琐的组装过程并没有熄灭他们的热情，他们期待着机器人能从他们的手中诞生。

3月底，我开始了初号机的线路连接和调试工作。

4月，我成功了。

9月初，经过一个学期对于roboBASIC机器人编程软件的自学，我开始给初号机进行洵小校歌——《洵阳之歌》舞蹈动作的编程。10月，初号机开始

调试好的人形机器人

了舞蹈。与此同时，第一台学生小组组装的人形机器人连线并调试成功！11月，调试好的5台机器人能够同时起舞！

信心，建立在成功经验的基础上，而成功，自信心是必不可少的。在这一次次的成功之后，我相信，我一定行！我们相信，我们一定行！

初 次 编 程

有了组装机器人的经验，我开始尝试构思编程课的实施方案。

人形机器人的编程使用的是基于Visual Basic程序设计语言制作的roboBASIC机器人编程软件。要使用这个编程软件，掌握Visual Basic程序设计语言是很重要的。可别说小学生了，大学生也不一定学得会啊！而且，社团里的孩子们根本没有接触过编程，一点概念也没有，怎么学？

我想到了几年前我组织学生参加过一个 LOGO 语言的编程比赛。这是一种早期的编程语言，它通过"绘图"的方式来学习编程，是儿童学习计算机编程最好的一种语言。因为 LOGO 语言是面向儿童制作的编程语言，能使儿童在认知与技能上得到较大的发展。我想，通过 LOGO 语言的学习，孩子们对于编程会有一个比较清晰的认识。

重复命令的嵌套

Logo 语言中的重复命令可以嵌套使用，所谓嵌套就是指一个重复命令里面还有重复命令，一层套一层，在嵌套过程中只要旋转适当的角度，会得到许多美丽的图形。

例：画一个空心八角星，旋转8次。

DRAW

REPEAT 8 [REPEAT 8 [FD 30 LT 90 FD 20 RT 45] LT 45]

HT

我带着"人形机器人"社团"元老级"社员，开始了 LOGO 语言的教学。这时，课程已经变得有些难度了，好多的社员都学得头昏脑涨。三年级的小李同学非常好强，学不会，回家后甚至还哭鼻子了。我也烦恼着"人形机器人"编程教材的编写，要让孩子们学习编程，没有书怎么上课？可是，不管有多难，我们都没有放弃，因为，人形机器人们还等着我们给它们编程，让它们动起来呢！

2016 年 3 月，"人形机器人"社团招新，我们迎来了一批三年级的新社员。经过 LOGO 语言的学习，编程"初级班"毕业的"元老级"社员们带着新社员，开始了我们"痛并快乐着"的编程课程。即便是有了编程基础的老社员们，在第一次看见一万两千多行的命令字符串时，也不由得心里打鼓，更不用提新加入的三年级社员了。小肖同学看着电脑屏幕，足足呆了半分钟。我带着孩子们，边学习教材，边尝试"翻译"几段编程语言。"举起右手""黑客帝国""向前站起""自我介绍"……从一份"翻译"作业要花整整 80 分钟，到 50 分钟就能搞定一张作业。社员们的自信心越来越强，劲头也越来越足，他们相信，编程难不倒他们！

从初见结缘，到初次纠结、初号机的完成、初次上课、初次编程……我们经历了那么多"初次"的感动。成长路上，这样的"第一次"还有很多，我们满怀信心，为了变成更好的自己，继续前行。

5 月开始，我们在 roboBASIC 机器人编程软件上进行了第一套程序——"机器人自我介绍"程序的编写工作。根据我的指导，社员们一丝不苟地完成程序的编写。我把社员们的声音录入机器人的记忆卡中，让机器人使用编程社员的声音来做自我介绍。当蓝组第一个完成编程，1 号机按照程序动了起来，小容的声音从机器人身上传出，我看见了孩子们眼中激动的泪水。

我们，成功了！

从初见结缘，到初次纠结、初号机的完成、初次上课、初次编程……我们经历了那么多"初次"的感动。成长路上，这样的"第一次"还有很多，我们满怀信心，为了变成更好的自己，继续前行。

还记得课程开发伊始，校长和同事们都有疑问：人形机器人，我们的孩子们，行不行？当时，我犹豫，没有给出回答。可是现在，我可以很自信地说："行！只要相信他们，他们一定行！"相信是一种很神奇的力量，陈景润强调攻关的科学战士要攻克科学难关，需要巨大的动力和百折不回的毅力，而"相信"，就能给人带来克服困难的勇气和信心！愿洵小的孩子们能永远保有这一份信念：I believe, I can do!

（执笔：曹雯婷）

百变魔术 创新之旅

—— 上海市虹口区第六中心小学 "魔法奇幻秀" 实验室

 ## 实验室建设理念

虹口区第六中心小学在"让每一个孩子的童年生活有意义"的教育宗旨引领下，推出了快乐活动日的特色课程——"趣乐园"。自2015年起，学校又建立了"魔法奇幻秀"创新实验室。该实验室以学生兴趣为本，针对小学生心理和年龄特点，传承魔术精华，组织学生进行系列魔术课程活动，探索"趣乐园"拓展课程的校本特色创新之路。通过魔术系列教学活动，实验室不仅为爱好魔术的孩子们提供绚丽多变、健康愉快的成长环境，更为他们搭建了寻找自我、发现自我、释放自我、展现自我、成就自我的广阔舞台。学生在学学玩玩魔术的过程中，乐于继承并弘扬魔术文化，逐步养成仔细观察、大胆想象、合理分析、崇尚科学、巧手制作、勇于表现、善于表现等综合能力。

"魔法奇幻秀"实验室的创新特色主要体现在实验室环境建设和教学管理方式两个方面。在因校制宜、因地制宜的建设理念上，实验室合理地改建了原有多功能室，发挥其灵活作用，一室两用，兼顾魔术活动及学校会议两大功能。在实验室教学管理方式上，学校大胆采用新资源、新评价、新宣传等方式，为孩子们掌握魔术基本手法和表演技能，提高自信心，养成探究意识，形成辩证人生观和积极向上、健康有爱的品质打下基础。

 ## 实验室学习环境建设

 ### 课程设置

1. 课程目标

（1）知识与技能

① 知道魔术与科学不可分割，了解与魔术相关的科学知识。

② 模仿习得基本魔术手法（左右手传递、藏匿、偷渡、假装、偷取等）。

③ 会制作及运用简单的魔术道具。

（2）过程与方法

① 通过观察、讨论、操作实践等方式探究魔术的秘密。

② 通过合作，设计道具及表演，并不断探索改进的方法。

（3）情感态度与价值观

① 乐于欣赏魔术表演，尊重表演者。喜欢与他人交流接触，乐于了解他人的想法。

② 能潜心于多次反复练习魔术技能和耐心制作及改进魔术道具，愿意在练习中不断反省以达到令人满意的效果，并从中获得乐趣及自信。

③ 渴望透过现象看清事物本质，初步形成辩证的人生观。

2. 课程内容

一个熟练的魔术技巧，魔术师练习几百次甚至上千次也是很正常的。许多技巧性的魔术表演是有难度的，即使成人也需要长期操练才会成功。小学生心智发展还不成熟，短期内难以掌握过于复杂的动作技巧，并且学生回家练习的时间也不会很多，儿童的心理特点也决定了他们不可能坚持长期反复枯燥的训练。同时，学生如果没有正确的表演手段，只是拥有精良的道具也是没有用的，只有很好地掌握技法和表演这两个本领，一个迷人、自信的小魔术师才会诞生。因此，魔术课程结合学生的年龄特点，以学习简单道具魔术为主，结合一定的手法训练，添加表演元素进行训练，通过魔术表演体验成功。这样使学生不仅习得魔术的基本技巧，更能掌握表演方式，展现自我。

根据以上特点，实验室的"魔术与表演"课程选用了硬币、手帕、绳子、袋子和糖果共5种常见的物品作为活动道具。每单元围绕一个道具设置了2个递进式的小魔术，操作和表演难度由浅入深。单元最后以考级形式进行小结，学生通过表演考级活动，反思调整自己的魔术表演，从而潜移默化地提高魔术技巧和表演能力，为下一单元的学习做好技术准备。

魔术1：多出来的硬币（难度：★★☆☆☆）
魔术2：逃走的硬币（难度：★★★★☆）

魔术1：手帕换色（难度：★★★☆☆）
魔术2：会跑的手帕（难度：★★★★☆）

单元1：硬币的魔法

单元2：手帕的魅力

单元3：绳子的秘密

魔术1：剪不断的绳子（难度：★★★☆☆）
魔术2：棉线提冰（难度：★★★☆☆）

单元4：袋子的故事

单元5：糖果的乐园

魔术1：百宝袋（难度：★★★☆☆）
魔术2：乾坤袋（难度：★★★★☆）

魔术1：报纸变糖（难度：★★☆☆☆）
魔术2：万花筒（难度：★★★★★）

"魔术与表演"课程

3. 课程评价

　　每位魔术班的小学员均有为他们量身定做的一本小小魔术师资格证书。每个单元结束后，分别以师评及自评的方式进行魔术师考级活动，并记录在证书中相应的单元册页上。同时，每学期以互评方式进行"最佳魔术搭档"评选活动，选出"合作最棒小组"，记录在证书上，并颁发奖状。

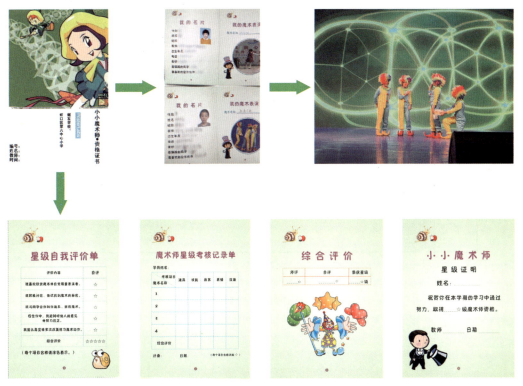

小小魔术师资格证书

　　每次考级根据技能评价（5 星）、过程评价和情感评价（5 星）三项内容对学生的魔术表演进行综合评定（共 10 星）。学员由综合评定分数（0 ～ 10 星）获得相应等级（0 ～ 10 星级）魔术师称号，记录在证书上并颁发相应标志佩戴。

📍 场地设备

　　课程的良好实施必须建立在优质环境的土壤上，学校开创性地将教学楼三楼多功能教室（面积约 150 平方米）改建为魔术教学和学校会议的一室两用场所。学校针对会议及教学两用特点，对多功能教室进行了改造：重新设计了多功能教室的四周墙面及墙顶；重建舞台、会议用灯光及线路，增加 LED 广告标语灯；改建后台化妆间为道具存储间、化妆间两用室；改建文印室为控制、文印两用室。

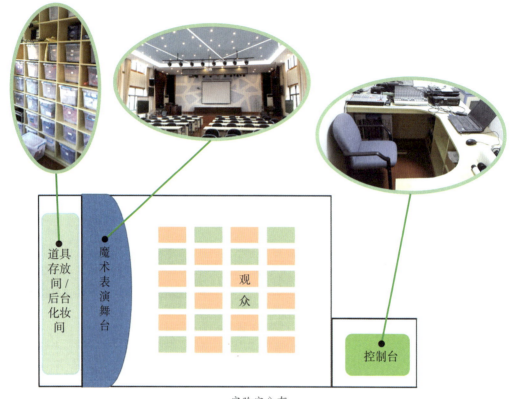

实验室分布

"魔法奇幻秀"实验室区域功能

区域	魔术教学	魔术演出	学校会议
舞台	师生互动练习场地（可席地而坐）	小演员演出	专家、领导演讲区
观众区	师生互动学习场地（折叠课桌供制作、摆放道具、记笔记用）	观众入座（撤去折叠桌）	听众区（根据会议需要提供折叠桌）
控制操作室	练习时远程摄像记录，远程调控灯光、音响等设备	远程调控舞台灯光、音响等设备；远程调控摄像、转播等	远程调控会议用灯光、音响等设备；电脑操作员办公室；学校文印室
后台化妆间及道具存放室	存储魔术道具服装、图书资料、舞台背景等设备	小演员换服装、化妆候场	会议用桌椅存储室

　　麻雀虽小，五脏俱全，"魔法奇幻秀"实验室因其实用精致的特点而小有名气。著名海派魔术师周良铁老师一直致力于上海市的"魔术进校园"活动，他在参观"魔法奇幻秀"实验室后赞叹道："六中心的'魔法奇幻秀'实验室是上海魔术教学第一室！"

教学变革

实验室"魔术"课程每学期招收约 30 名二一五年级喜欢魔术、善于表现的学生。招生方式采用宣传动员、自主报名、考核选拔、择优录取的方式。上课时间为每周三下午放学后 70 分钟。一学期共 18 周左右。

要创新，首先得继承。中国魔术作为表演节目，至少在 2000 多年前就已经出现了（公元前 500 年，我们祖先便有了"连环"的记述）。中国的古彩戏法（魔术）有四个经典节目：剑（吞宝剑）、丹（吞丹丸、铁蛋）、豆（仙人摘豆）、环（九连环）。这些魔术瑰宝，自汉代以前就由我国众多的民间魔术师创造和发展起来了，至今仍在世界魔坛上产生巨大的影响。由于学校教师专业水平有限，为更深入地传承优秀魔术文化、组建与实验室教学环境相匹配的师资队伍，我校在任教教师学习钻研的基础上，充分利用社会专家资源，聘请众多魔术表演艺术家两周一次前来指导教学。

校外辅导员简介

校外辅导员	简　　介
周良铁	原上海市杂技团副团长，著名海派魔术表演艺术家
钱　青	中年魔术表演艺术家，致力于魔术进校园工作
许　扬	青年魔术新秀，获国际青年魔术大奖

老中青三代魔术艺术家齐聚一堂，为"魔术"课程设计提供技术支持，为学生学习活动带来专业指导。有了魔术专业大师的指止和辅导，各种魔术道具被充分利用了起来；《魔术与表演》校本教材的编写深入推进；孩子们的眼界得到开阔、技艺得到历练、素养得到提升。在学校以及社会各界组成的智囊团的共同努力下，"魔法奇幻秀"实验室的课程教学系统而又全面地展开着。

表演前各种准备工作：
锻炼谨慎、细心的思维习惯

循序渐进的手法练习：
培养坚韧、强大的人格

舞台表演的手眼身法：
锻炼得体、高雅的形象气质

当众展示的艺术特点：
培养勇敢、乐观的开放性格

魔术技巧的藏掖挫引：
培养敏捷、沉稳的性格

道具制作的亲力亲为：
锻炼认真、细致的动手能力

 运行机制

1. 新管理

"魔法奇幻秀"实验室管理有着逐层民主管理的制度保障。学校成立了民主管理中心小组，由决策层、管理层和实施、活动、保障层三方面组成。实验室的大小事情都通过"决策和管理"中心小组进行团体决策。

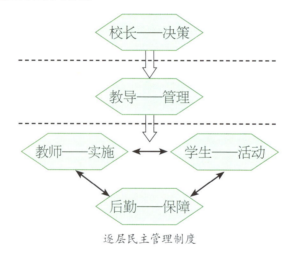

逐层民主管理制度

2. 新宣传

学校利用现代信息技术手段，开拓"魔法奇幻秀"创新实验室的时空领域，及时与家长和社会取得沟通交流，更好地为学生和家长服务。通过课程互动界面，非魔术班学生可以及时了解该课程的教学内容和最新动态；学校组建了"小小魔术师"微信群，开拓实验室家校交流时空，及时沟通实验室活动需求，反馈交流教学情况，使家长能参与支持魔术班的活动。此外，学校还充分利用信息技术，搭建家校互动合作桥梁，提高了实验室的活动效率和知名度。

实验室建设成效

1. 走向社会，奉献爱心

在做实魔术教学的基础上，为了进一步做活魔术实践活动，学校不仅把专家请进来，还组织学生走出去，在各个层面上展示才能、锻炼自我，并为社会献出自己的爱心。小魔术师们先后在校电视台、五年级毕业典礼、三年级10岁生日、义卖活动、六一儿童节中崭露头角，还在广中敬老院、红日老年公寓、白玉兰幼儿园、杨浦实验中学、同济实验学校等地大显身手。他们还参加了虹口区"温暖阳光"公益活动演出、区科协科普文艺汇演。在一次次的展示交流中，同学们巩固了技能、锻炼了胆量、成就了演员梦。最为重要的是，他们为家庭、为校园、为社会奉献了自己的爱心！

走向社会，奉献爱心

2. 锻炼成长，心路历程

三（2）班 乔屹峻：看着台下一张张欢乐的笑脸，我觉得一切付出都是值得的！

二（1）班 黄子译：一开始，扇子很"调皮"，它常常"东瞧瞧，西看看"，一不小心就让老师发现了。经过反复调教，它终于"听话了"。

三（4）班 顾一凡：我一到"魔法奇幻秀"实验室，就完全感觉不到教室里的紧张气氛，取而代之的是快乐的笑声和精彩的表演。

三（2）班 黄雅真：魔术，我爱你！

五（2）班 姜来：真正在台上有完美的表演并不像我想象中的那么容易，即使练得再熟练，上台也要调整好自己的心态，做好最坏的打算。

三（3）班 管仲毅：魔术表演让我得到了非常大的快乐和满足，希望我们在魔术道路上越走越远，小管和同学们一起加油！

五（2）班 江奕舟：长大以后，每当我们想起这段充满快乐但不乏艰辛的魔术往事，一定会从心底里感激母校，期待着再次站上母校的舞台。

四（4）班 文质彬：原来舞台上的光环不是那么容易得到的，只有坚持不懈的努力，才会赢得最终的掌声。

二（3）班 张文卿：老师的付出＋妈妈的配合＋我的努力＝一定成功！

三（2）班 杨澍：虽然没能参加魔术表演，但我明白了：每个人都会犯错误，最重要的是勇敢面对、弥补错误。今后我一定要努力做一个勇敢的孩子！

小魔术师心得

3. 点滴进步，收获多多

2012—2016 年部分荣誉

时间	荣　誉
2012 年	"魔术"课程获虹口区拓展型科目方案评比一等奖
	"魔术"课程方案汇编入《虹口区小学拓展型科目方案汇编》一书
2013 年	"魔术"课程代表学校参加上海市快乐活动日展评活动
	魔术论文《魔术做中学，手脑双并用》获上海市学陶论文评比三等奖
2014 年	"魔法奇幻秀"申报上海市创新实验室获成功
	"学会小魔术，增添生活情趣"申报校本素养课程获成功，已实施
2015 年	魔术模拟课堂"棉线提冰"于上海市教育博览会中成功展示并获好评
	"乾坤袋"魔术课向嵊泗、云南教师做展示交流活动，获得好评
	数位学生的魔术心得在校刊以及《东方少年报》上发表
	"乾坤袋"魔术课在虹口区拓展探究学科教研活动中成功展示，并向全区做创新实验室主题介绍，获得好评
	学生兰宇博魔术《剪不断的绳子》获区科普艺术展演活动演出奖
2016 年	学生团体魔术《源源不断》获区科普艺术展演活动演出奖
	学生何佳城获全国"金长城杯"小魔星魔术比赛暨全国擂台赛网络比赛优秀奖
	学校"博物馆奇妙月"微课程活动中，学生代表介绍巴黎魔术博物馆，并进行精彩演出
	学生团体魔术向新加坡学生代表团展示交流
	向新加坡学生代表团开设"袋子的秘密"互动体验课

魔术伴我行

2016 届学生　何佳城

大家好！我是虹口区第六中心小学五（1）班的何佳城。现在，我就来和大家聊聊我的魔术成长之路。

兴　趣

虽然"魔龄"只有 1 年，但我从小就喜欢魔术。去年，我进入了"魔法奇幻秀"创新实验室。从此，我走进了神奇的魔法世界：数不尽的魔术

道具、神奇的魔术书籍、法力超群的魔术老师们，还有丰富多彩的魔术活动……用妈妈的话来形容我当时的感觉，就是小老鼠掉进了米缸里！

刚开始学习的魔术像硬币、剪绳之类的，我感觉挺简单的，只要稍许练练就能表演了。因此，我总爱往魔术中加点个人风格。哎！谁叫我天生就是魔术师的料！凭着"迷人"的身材、搞笑的上海方言和灵活的头脑，我总能在实验室里独领风骚，赢得同学和老师的关注，人称"魔术小百搭"。

可一到正式表演时，平时生龙活虎的我，面对台下黑压压的观众，居然会舌头打结、缩头弯腰。看来，学好本领，光靠兴趣是不够的。台上三分钟，台下十年功。只有把每一分钟甚至每一秒钟的表演都设计和排练完善了，才有可能自信地站在舞台上。

突　破

上学期学校结业式，我们有一场魔术秀，我得到了独立表演"变色杯"的机会。太好了！英雄有了用武之地！我绝对拎得清，练习时加倍努力，力争技术熟练过关，没有漏洞。可是彩排时，同学们还是提出了不少意见：动作连着做、没停顿，交代不清楚，没表情。哎！道理我虽然明白，但每次彩排，脸上就僵了，不知为什么我这个"小滑稽"就是放不开。这时祝老师给我出了个主意，把表演想象成给台下观众讲故事，要有情节内容。于是我就把这个表演设计成：我觉得口渴，想起自己身边有水，看了看却对这杯水不满意，便一次次地用魔法改变颜色，直到变成白开水，我才满意地喝下。接着，我按这样的情节表演，尝试用表情和动作演绎这个故事。慢慢地，镜子里的我表情丰富了，动作也自然了。

眼看还有两天就要正式演出了，祝老师有点着急，和妈妈说了这事。于是晚上，全家围着我进行了强化训练。妈妈毫不懈怠，一个一个

> 从此，我走进了神奇的魔法世界：数不尽的魔术道具、神奇的魔术书籍、法力超群的魔术老师们，还有丰富多彩的魔术活动……用妈妈的话来形容我当时的感觉，就是小老鼠掉进了米缸里！

动作抓，凡是不到位的，就停下单独练，这样反复练，果然好了很多。

突破了瓶颈，正式表演果然很成功！这可是我那么多次表演以来最棒的一次！我站在台上，听到掌声，看到同学们惊讶的表情和老师、妈妈的笑脸时，我感到很自豪！学习要手脑并用，才能真正入门！

探　究

本学期，新加坡伊丽莎白小学的师生们来我校游学，我们很荣幸地作为压轴进行表演，而我将要单独表演染帕和变色杯这两个魔术！说实话，我在这两个魔术技术上完全没问题，所以看着学弟学妹们排练时漏洞百出，心里很是得意，排练的时候不以为意，回家也没好好练。祝老师看到我这样，严厉地批评了我。我终于意识到：每次练习，如果只是简单地重复，怎么能有进步啊！老师还说，练习时环境、道具会经常出现新情况。如果我能不断探究，掌控这些变化，灵活地作出调整，让自己的表演更有戏剧性，那才是真正的高手！

于是，我又反复认真地练习了起来。每次练习，我都琢磨着还可以尝试哪些新表情和新动作，怎样更出彩。我突然发现甩帕比染帕舞台效果更好，就和祝老师谈了我的想法。没想到，一向严谨的老师居然鼓励我大胆尝试创新。

表演前反复练习

甩帕表演

还有两天就要演出了，这对我来说真是一种挑战。还好，我有妈妈做坚强的后盾。于是，我们抓紧时间不停地练习。练着练着，我又有了新点子：出场掏帕子的动作有些单调，可以尝试抛蜘蛛丝作掩护，这样会有惊喜的效果。妈妈马上用视频拍下我的新尝试，通过"小小魔术师"微信群和老师商量。结果出来后，我们发现已经十点半了！明早就要正式演出了！为了梦想，我豁出去了……

所有的努力都不会白费，第二天我们的演出很成功，听到台下新加坡小朋友发自内心的惊叹声和掌声，我为自己感到骄傲！这次挑战，我又战胜了自己！

收　获

回首我的魔法奇幻之旅：有成功的喜悦，也有失败的教训，更有来自老师、家长和同学的关心与帮助。"魔法奇幻秀"创新实验室带给我的不仅是魔术技巧和表演知识，最大的收获是：走出实验室的我，对生活充满信心，能勇敢地面对生活，更能创造生活！

（执笔：尹　杰　祝一兰）

为儿童提供生活化的场景

—— 上海市杨浦区平凉路第三小学儿童金融工作坊

 ## 实验室建设理念

当今，小学生的消费水平日益提高，而他们的经济来源全是监护人或长辈提供的，如何指导小学生健康消费成了全社会共同关注的议题。因此，如何帮助学生树立正确的消费观、科学的金融观，培养学生形成正确的财富观、高尚的价值观，是一项值得深入研究的重要教育课题。

依据学校的实际状况和办学特色，本校开发了"小财迷"校本课程，旨在向少年儿童传授金融的基础知识，并融入了银行理财、拍卖投资、超市消费、货币汇率等内容。这也恰好符合学校所提倡的"建设一所师生共同喜爱的、生动发展的学校"办学理念。学校期望通过本创新课程的推进，使教师树立全新的教学理念，减轻学生的课业负担，改变重"育分"、轻"育人"的教育现象。

为了协调好"小财迷"课程的教、练、学、做等实际教学活动，学校开发建设了"儿童金融工作坊"。实践证明，这是一个能模拟真实场景的创新实验室，既能很好地配合实现"小财迷"校本课程的教学目标和教学内容，又能为培养学生从小建立金融概念和意识，形成正确的财富观、价值观打下良好的基础。

 ## 实验室学习环境建设

 ### 课程设置

与金融理财相关的知识是学生生活必备的常识，在小学各个学科的教学中也有所涉及，如《品德与社会》三年级中的"小小储蓄卡"单元，《数学》一年级第二学期第二单元的"人民币的认识"、第六单元的"小练习（3）"（解决郊游活动中遇到的购物、游乐项目消费等问题）等。所以，我们整合了不同学科中所涉及的相关内容，并根据小学生的特点，开发了"小财迷"课程。它包含了 7 个"主题内容"和 3 个"财富实践活动"。

"小财迷"课程内容

个人与财富	第一单元 欢迎认识圆圆
	第二单元 每件物品都有价值
	第三单元 家庭是我的宝贵财富
	第四单元 友谊是我的宝贵财富
钱币与价格	第一单元 认识钱币
	第二单元 认识价格
理性消费	第一单元 钱去哪儿了
	第二单元 必要与想要
	第三单元 零花钱追踪器
财富实践活动	组织一次班级出游（购物游戏）
储蓄与分享	第一单元 有钱以后怎么办
	第二单元 做节约的阿福童
	第三单元 会分享的人最快乐
财富实践活动	模拟银行活动
理财小拓展	第一单元 身边的消费知识
	第二单元 生活中的金融知识
	第三单元 难以忽略的广告
计划与时间	第一单元 认识时间
	第二单元 认识计划
	第三单元 制订零花钱使用计划
选择与预算	第一单元 小鬼当家
	第二单元 礼物的选择
财富实践活动	拍卖活动与义卖活动

　　为了让学生更直接地了解金钱在生活中的作用，我们还引入了国内首本儿童理财教育漫画书《神探贝妮和威力哥哥金融行动》，并根据漫画书的内容，开设了"神探贝妮"金融理财课本剧的课程，使学生在读漫画、演课本剧的过程中感受理财其实就在我们身边。

📍 场地设备

　　"儿童金融工作坊"创新实验室划分为四个体验实践区域，在其中学生能学习金融、理财的基本知识，能在模拟的场景中进行实践操作，能感受到学习理财的必要性，并逐步树立正确的价值观和人生观。

1. 青苹果金融小学堂

学生在这个区域中将学习金融理财的基本知识，如货币的认识、货币的兑换、记账是什么意思、什么是信用卡……为后续的实践操作打好基础。

2. 青苹果小小银行

让学生了解银行，知道银行是国家非常重要的金融机构，并体验银行为我们提供的各项服务，如存款、汇款、兑换货币，等等。

青苹果金融小学堂

青苹果小小银行

3. 青苹果小小超市

在小小超市中，学生将分别扮演超市经营者和消费者。作为经营者，为了创造更高的销售额，必须经营有道，要考虑如何吸引顾客，提供优质服务，并控制成本、提高收益等。作为消费者，要学会怎样理性消费，合理控制开支等。

4. 青苹果跳蚤市场

每个孩子都有一些闲置的小物品，怎样使这些物品重新发挥作用呢？在这里将长期设置学生跳蚤市场，定期开放。学生在活动中感受交易的必要性，并懂得遵守一定的规则。

青苹果跳蚤市场

📍 教学变革

"小财迷"的教学模式是围绕主题活动开展的全浸润的体验式学习。在每个主题活动中，学生们根据自己的需求分成若干体验小组，根据活动要求，担任不同的角色，承担不同的任务，完成主题活动。

教育学意义上的"体验"既是一种活动的过程，也是活动的结果。作为一种活动过程，它指学生亲身经历某事并获得相应的认识与情感；作为一种活动的结果，它指学生从其亲历中获得的认识结果和情感体验。"体验式学习"是指在教学中，教师积极创设各种情景，引导学生由被动到主动、由依赖到自主、由接受性到创造性地对教育情景进行体验，并且在体验中学会避免、战胜和转化消极的情感和错误认识，发展、享受和利用积极的情感与正确的认识，使学生充分感受蕴藏于这种教学活动中的欢乐与愉悦，从而达到促进学生自主发展的目的。它是一种关注学生个体特征的学习方式。

例如，在学习"必要与想要"这一课时，首先将实验室环境进行布置：在青苹果小小超市内，布置真实的货架，展示学生日常可能用到的消费品（如食品、玩具、学习用品等），并提供购物篮，在小超市入口处设置收银柜台等。

然后从 4 个环节开展学习。

1. 教师创设生活化的情景，鼓励学生自由表达

师：同学们，今天如果给你足够的钱，让你去超市进行购物，你会想要买些什么呢？先在小组内交流，说说自己的想法。

学生受所处创新实验室环境的激发，纷纷表达自己的想法：

生 1：我想买薯片、玩具汽车。

生 2：我要买可爱的毛绒玩具。

生 3：我会买巧克力。

生 4：如果真给我足够的钱，我想把整个超市买下来，这样想要什么就有什么了！

……

在青苹果小超市里进行教学

2. 学生初体验

师：看来，同学们想要的东西可真不少啊，可在现实生活中，我们往往要根据实际需求进行一定的选择。

师：下周四，我们即将进行秋游活动，同学们想一想，我们该为秋游活动采购些什么物品呢？刚才我们提出想要购买的物品是否适合秋游活动呢？请同学们 2 人一组自由组合，进入我们的"青苹果小小超市"采购物品。

学生们采购了丰富的商品，准备进行结账了。

3. 引导学生进行反思

师：同学们，看着自己为秋游做的准备一定都很满足了吧！有的同学的购物篮都快装不下啦！

生：哈哈……

师：为秋游做准备，必须带足所需要的食品。老师看到你们购买的大多是食品，非常好，说明你们能根据需要来选择商品。

师：马上要结账了，你们看看自己的购物篮，现在有什么想法吗？

生1：我买的都是吃的，因为要秋游了么，可是我估计要花掉100多元。

生2：哎呀，刚才就只顾着往购物篮里装好吃的了，看到别的同学购物篮里有饮料，我想起来了，还必须买一些饮料和水啊！

......

4. 学生二次体验，作出合理选择

师：同学们，那么现在再给大家一次调整的机会，你们谁购买的物品能得到大家的认同，就推选他为今天的"收银员"，怎么样？

生：好的，好的，我要争取当收银员......

学生们纷纷提着购物篮投入到我们的购物实践环节中去。孩子们在小超市中商量着，挑选着，比较着，俨然成了一个个小大人。往日教学这一内容时，只是在普通教室中进行，孩子们参与的热情虽然也很高涨，但是总觉得是"纸上谈兵"。学生只能凭与父

在小超市中购物

母外出购物时的经验来口头描述，而一些比较缺乏生活经验的孩子则退缩在一边，没有学习的热情，或者根本插不上嘴。在我们的多次实践购物活动中，孩子在超市的仿真环境中进行有选择性的练习，并遇到了许多实际情形，如取放物品时要轻拿轻放，饮料尽量竖着放，购物时还应关注生产日期等。诸如此类的细节问题都让学生们在实际操作中互相启发、共同进步。真实的购物情境中，孩子们还要抗拒商品的诱惑，选择必需的物品，这对孩子们今后面对生活实际情境也是非常有帮助的。虽然我们采用"青苹果虚拟货币"进行交易，但是孩子们已经感受到了金钱的概念。所以，儿童金融工作坊的建设一定要满足学生实践金融校本课程教学内容的需要，也要能起到激发学生主动学习金融知识的兴趣。

运行机制

1. 形成校际联盟，促进整体推进

"小财迷"是杨浦区共享课程之一。在杨浦区"区域创新实验室联合运作体系建设"项目的引领下，本校与上海财经大学附属中学、上海同济大学附属存志学校、上海市建设中学等三所学校共建为联盟校。在跨学段、跨学科、校际联动培养创新人才的基础上，联盟校共同开展基于学生创新素养培育的课程、创新实验室和教师团队建设的机制与路径的探索，使创新实验室项目的实践真正成为撬动学校课程改革、激发教师教改动力、实现学生创新素养培育目标的助力器。

2. 依托专业团队，完善主题活动

本校还与百特教育、花旗银行合作，在原有本校教师设计的主题活动基础上不断进行扩充，并增设了"神探贝妮"金融理财课本剧的课程。"神探贝妮"通过戏剧，把原本枯燥

难懂的理财知识表演给小学生看，在欢声笑语中学生们学到一些基本的理财观念和知识。这一拓展的主题活动课程受到了学生们的欢迎，通过不同层面的表演，使我们的儿童金融工作坊受到了更多孩子们的关注。

3. 给予课时保证，与学校大型活动相结合

我校作为城市少年宫基地学校，"小财迷"课程就包含在"青苹果拓展课"中，每周有1.5课时的授课时间，每学期"青苹果拓展课"上就有480人次的小朋友在儿童金融工作坊里开展学习活动。同时，学校在"庆祝六一""新春义卖"等大型活动中，儿童金融工作坊也会向全体学生开放，最大限度地发挥它的作用，让更多的学生了解金融理财。

实验室建设成效

经过近一年的建设，儿童金融工作坊的4个实践活动区域都已实现预期设计，为"小财迷"课程的有效开展提供了活动空间和硬件上的保障，先后已有500多人次的学生在这里上课和参与体验活动。

儿童金融工作坊的建设，离不开具有创新精神的指导教师，所以我们组织了一支来自不同学科、在教学上乐于不断尝试与创新的教师队伍，以保障实验室的建设与完善。在此期间，团队中的教师们，共同设计课程框架，不断完善课程内容，挖掘自身学科优势，设计实践活动方案。教师们在不断付出的同时也在不断收获着，撰写的案例纷纷获得一、二、三等奖。

儿童金融工作坊的建设，也为孩子们搭建了更多展示的舞台。2015年11月，我校承办了全国财商交流展示活动，活动中"小财迷"社团的孩子们进行了学习成果的展示，获得了与会专家和老师们的高度评价。

儿童金融工作坊的"再设计"

"设计后的再设计"是指教室在建成后，留有适宜的展示和重新组合的空间，一来教师可以根据课程的需要进行环境布置和空间调整，二来可以让学生在欣赏之余，根据所学内容自行布置和空间重组，激发学生主动学习课程知识的欲望。我们的"儿童金融工作坊"就具有"设计后的再设计"的功能。

在教学"认识钱币"一课时，我先将儿童金融工作坊的环境进行了如下布置：在青苹果金融小学堂四周的墙壁上，展示了常见的一些国家的货币模型、中国古代货币的演变、中国已经发行的五套人民币的介绍以及货币是如何产生的图解。然后在教学第一环节就让学生们先自由

参观，并交流所了解到的关于钱币的知识。看着学生们饶有兴致地参观着、讨论着，我都不忍心打断他们，原本的 8 分钟的自由参观时间，延长至了 15 分钟。接着，我告诉学生，今天的主要任务是认识我国的人民币；要求学生，再仔细观察目前使用的第五套人民币，说一说有什么发现或疑问，可以把它们记录在我提供的卡纸上，并贴在

从学生互相间的交流中，作为执教老师的我也能更精准地找到学生对钱币知识的盲点和关注点，为进一步开展有效的教学提供了参考。

展示墙上。如果看到有自己会回答的问题，可以将答案写在卡纸问题的下方。

看着学生们在儿童金融工作坊中，兴趣盎然地自主学习着钱币的相关知识，变原先的"要我学"为"我要学"。他们看着陈列的各种介绍和模型，可以自由地拿起观察欣赏。这与以往在教室中放 PPT 给学生看的效果大不相同。学生自由自在地近距离观看模型，这样的体验充分激发了学生的学习兴趣。从学生互相间的交流中，作为执教老师的我也能更精准地找到学生对钱币知识的盲点和关注点，为进一步开展有效的教学提供了参考。

儿童金融工作坊营造了一个相对独特的具有可再设计、更贴近教学内容的授课环境，能多方位展示、宣传、介绍各种范畴的金融知识。除了进行实用主义的环境布局设计外，实验室还提供了学生展示的平台和空间，为更好地进行有效教学提供了保障。同时，儿童金融工作坊创设的场景体验区为学生提供了模拟银行、超市的真实感受，使学习活动更富有现实意义。这样的教学模式打破了传统课堂的种种限制，在有限的时空内为学生创设了无限的学习体验，并且教师退居幕后，让学生真正成了学习的主人。

虽然儿童金融工作坊已经建成，但是我们在使用过程中，还需要不断进行反思和改进，以便更充分地利用好这一资源。由于场地的关系，我们的儿童金融工作坊占地面积不大，但是麻雀虽小，五脏俱全。在小小的空间中，包含着四大功能区，便于学生在不同的生活情境中学习金融理财知识和相关技能。接下来，我们可以考虑在有限的空间中进行"再建设"。例如，我们的青苹果跳蚤市场可以是流动的，结合每学年的"青苹果新春义卖"活动来进行。再如，青苹果金融小学堂除了可以进行平台操作外，还可以成为学生自主活动、自主学习的空间，一个区域可以拓展多项功能。

（执笔：徐　音）

梦想从民俗文化科技教育起航

——上海市嘉定区徐行小学"朝花夕拾"文化科技创新园区

 实验室建设理念

"朝花夕拾"文化科技创新园区，是具有乡土及地域特色的综合教育活动基地，集教学、实践、体验和辐射于一体。在建设理念上，它与"民族、乡土、智慧、活力"的学校文化核心和"仁爱、敏学、强体、特立"的办学理念相匹配。在建设目标上，它借鲁迅之经典题名，希望至少达成三个意图：一是植于土壤，提供适宜学生学习、实践与体验的舞台；二是精于课程，满足多群体学生拓展兴趣的愿望；三是实于创生，孕育全体学生民族、家乡、校园的情愫。

创新园区的预期目标：第一，张扬学生的个性发展。在知识技能上，拓宽知识面，开阔视野；在学习方式上，提高积极性，掌握信息搜集方法；在能力发展上，提升语言表达能力，发展动手和社会交往能力；在情感态度上，增强自主探究、团结协作意识，凝聚热爱家乡情结。第二，促进教师的专业发展。创新园区的开发建设，促进教师在校本课程建设中发挥聪明才智，开发个性化课程，体现生命价值，形成个人特色和风格，提升为师的成就感和幸福感。第三，推动教学的资源发展。创新园区的建设，最大限度地开发学校的课程资源，为民俗文化科技教育提供实践体验的空间。第四，展现学校的可持续发展。创新园区的建设，将创造良好的人文环境，加强学校与社会的联系，实现教育特色更加凸显，办学思路更加清晰，适应新课程的学校课程机制更加完善。

 实验室学习环境建设

 课程设置

学校以绿色指标评价改革为契机，探索基础型课程、拓展型课程和探究型课程的校本化实施战略，提升教师的课程执行力，完善学校课程结构，凸显各类课程的育人价值。通俗地说，基础型课程是了解基础、初步掌握，拓展型课程是触类旁通、举一反三，探究性课程是深入理解、学会运用。

　　课程建设的总体要求为：①学生培养方面：在绿色整体办学理念的指引下，以个性化课程引领学生个性化发展，以特色化项目辅助学生个性化发展。即课程引领、项目培养、个性发展、素养培育，实现"仁爱、敏学、强体、特立"的育人宗旨。②教师发展方面：创设和谐学术氛围，内化教师个性研究行为，激励教师品牌化发展，建设一支有爱心、有追求、有责任感、有执行力、有创造力的教师队伍。③学校特色方面：将绿色教育理念融入教育教学的实践之中，奠定传承文化、引领人生、启迪智慧、发展个性的教育价值观，在现代视野与民族情怀紧密融合的文化自信中，凸显学校特色，打造学校品牌。

基础型课程实施基本要求

相关学科	与学科教学整合的具体要求
语文	有机渗透乡土文化语言类知识，合理运用本土语言（方言、民谣、谚语、歇后语等）。挖掘家乡名人及文化轶事，了解家乡文化。增加生活经历，丰富写作素材，提高写作能力
品德与社会	有机渗透乡土文化历史类有关知识。挖掘家乡名人及文化轶事，向名人学习
自然	了解家乡特色农作物知识，参与黄草种植的全程观察和实验活动，掌握家乡传统工艺的有关常识
唱游／音乐	有机渗透乡土文化艺术表演类有关知识，采用生动有趣的艺术表现形式进行民谣、民歌等的表演和创编，发展艺术才能
美术	引导家乡主题的美术绘画和创作活动，实施校本课程"跟我学蜡染"教学，提升民俗艺术鉴赏力
体育与健身	加强两大传统特色项目——花式跳绳、踢毽的技能训练，进行乡土民间游戏。实施校本课程"武术"教学，提升运动能力、体育素养和意志力
信息科技	上网搜集和浏览相关家乡知识，学会制作简易电子小报
劳动技术	学会简单的民间传统工艺制作方法，增强传承家乡特色工艺的意识

基础型课程实施

拓展型课程实施计划安排（节选）

项目分类	项目名称与内容	建议实施年级	学期课时数
科学与技术	草编设计	四—五年级	10
	气象小达人	四—五年级	5
	玩转风筝	三—五年级	8
	农耕制作与发明	三—五年级	8
	小小饲养员	一—五年级	10
	护绿小使者	一—三年级	10
	创意巧手坊	二—三年级	10
科学与技术	嘉定特产栽培与管理	四—五年级	18
	我爱多肉植物	三—五年级	5
	果树病虫害防治与管理	四—五年级	6
	地震科普小达人	三—五年级	5
	黄草处理技术	四—五年级	5
	二十四节气与生物	三—五年级	5

探究型课程实施基本要求（节选）

年级	探究主题	年度实践内容及探究目标
四年级第二学期	黄草种植探究	1. 学习校本课程"徐行草编"和"草编工艺" 2. 探究黄草下种：认识黄草种子、了解下种时间（3月）、对土壤要求、下种方法 3. 探究下种对比试验（传统淤泥与熟土）、黄草苗期管理与气温的关系对比试验（自然气温与人工温室） 4. 探究黄草移栽：了解移栽时间（6月）、移栽方法、注意事项、移栽后管理和施肥方法 5. 探究黄草收获：了解收获时间（8月）、收获步骤与方法、晾晒要求与方法、收藏要求与方法 6. 撰写连续观察实践小日记，汇编成册
五年级第一学期	气象观测与种植	1. 学习校本课程"气象知识我探究" 2. 气象数据采集分析 3. 探究气温与园区种子发芽、植物生长的关系，进行分组对比实验；对实验地块作气象与植物生长情况记录，撰写观察日记 4. 探究气候与盆栽植物的关系，对气温、空气湿度、风力、土壤湿度作记录，撰写观察日记 5. 在教师的指导下撰写小组实验报告，评比表彰"气象小达人"

对学生的评价，一般在学期学习结束阶段填写，以学生自评为主，结合同学、教师和家长意见，要求学生用"涂星星"的方式参与评价，达到真实有效。学校还通过第三方问卷和访谈来评判课程开设的价值。

"朝花夕拾"创新实验室学生学习多维评价表

_____ 年级 _____ 班　课程：_____　姓名：_____

指标	超赞五星 ☆☆☆☆☆	炫彩四星 ☆☆☆☆	亮丽三星 ☆☆☆	自我评价	同学评价	教师评价	家长评价
认真	认真听讲，作业认真，参与讨论态度认真	认真听讲，作业按时完成，有参与讨论	有时听讲，欠交作业，少参与讨论				
积极	积极举手发言，积极参与讨论交流，大量阅读课外读物	能举手发言，有参与讨论与交流，有阅读课外读物	少举手，少参与讨论与交流，少阅读课外读物				
自信	大胆提出和别人不同的问题，大胆尝试并表达自己的想法	有提出自己的不同看法，并做出尝试	少提出和别人不同的问题，少尝试和表达自己的想法				

指标	超赞五星 ☆☆☆☆☆	炫彩四星 ☆☆☆☆	亮丽三星 ☆☆☆	自我 评价	同学 评价	教师 评价	家长 评价
合作	善于与人合作，虚心听取别人的意见	能与人合作，能接受别人的意见	缺乏与人合作的精神，难以听进别人的意见				
思维	能有条理地表达自己的意见，清楚解决问题的过程，做事有计划	能表达自己的意见，有解决问题的能力，但条理性偏弱	不能准确表达自己的意思，做事缺乏计划性、条理性，较少独立解决问题				
创新	具有创造性思维，能用不同的方法解决问题，独立思考	能用教师提供的方法解决问题，有一定的思考能力和创造性	思考能力不够，缺乏创造性，较少独立解决问题				
我对自己说：							
伙伴对我说：							
教师对我说：							
家长对我说：							

📍 场地设备

"朝花夕拾"文化科技创新园区是一个集教学、实践、体验和辐射于一体的具有乡土及地域特色的文化科技创新基地，主要包含非遗体验区、植物栽培区、嘉定特产区、自然科普区、气象观测区、动物饲养区和农耕科技区。

1. 草编科技馆

本馆为国家级非遗项目"徐行草编"的展览和实践馆，分设草编文化介绍区、草编精品展示区、学生作品陈列区、草编社团活动区和黄草种植培育区，其主要功能是供学生认知、鉴赏、操作和体验。

草编科技馆

2. 四季植物馆

本馆的建筑面积约 500 平方米，层高 7 米，设无土栽培区、无土育苗区、高科植物区和多肉植物区。其中无土栽培采用人工配制培养液，自动供给植物营养需要，主要技术为水培、雾（气）培和基质栽培。这样获得的幼苗生长迅速，苗龄短，根系发育好，幼苗健壮、整齐，定植后缓苗时间短，易成活。同时，无土育苗还可避免土壤育苗带来的土传病害和线虫害。

四季植物馆

3. 守信气象站

它是在嘉定气象局的指导下建立的，自动气象监测系统可以实时监测显示各类数据。重点监测环境温度、环境湿度、露点温度、风速、风向、气压、降雨量、地温、土壤湿度、二氧化碳浓度等气象要素。气象站监测数据主要为园区和社区服务。

守信气象站

4. 嘉定特产种植区

塑料大棚与自然种植结合，主要栽培嘉定白蒜、嘉定白蚕、徐行黄瓜、朱桥草莓及徐行地区常见的蔬果植物和农作物，供各年级段分季节实践体验。

嘉定特产种植区

5. 自然科普馆

自然科普馆分为地震科普、节气科普和农技科普。其中地震科普设时空隧道、灾难现场、解密地震、穿越断裂带、震前防御、应急与救援六个部分；节气科普让学生了解地球围绕太阳运动的过程，了解节气是季节变更的重要标志，对农业生产非常重要；农技科普探究基本的前沿技术，诸如转基因技术、农作物化控技术、生物防治技术、节水保水技术、农业信息技术等。

自然科普馆

6. 动物探究园

认养禽类、食草类动物，探究饲料与饲养标准、饲养管理、生理指标、生态适应性、消化特征、行为特征、繁殖特性等生物学特性以及常见疫病防治。

动物探究园

7. 农耕体验馆

体验农业文化，探索和谐、环保、低碳的农耕理念，考察传统农业中看得见和看不见的科技，研究传统农业科技的许多未解之谜，增强对传统农耕文化、农耕技术的坚守意识与创新精神。

农耕体验馆

📍 教学变革

教学的基本理念是让民俗文化科技教育走进课堂，让居住在徐行的新一代了解具有乡土地域特色的文化，感受具有浓郁地方特色所带来的那份特有的纯朴之情，充分挖掘"朝花夕拾"实验室资源，培养学生的学习兴趣，激发学生热爱家乡的情感。例如，自然课"植物需要能量"（四年级第二学期），我们对教学过程与内容进行了创新设计，取得了良好的效果。

"植物需要能量"是不同形式的能量可以相互转化知识的表现之一。以前这一课通常用一盆天竺葵加一段视频进行教学的，有了创新实验基地后，我们对这一课的教学设计进行了全新的尝试。

在学习本课时内容前，学生已对"能量"有一些粗浅的感性认识，如"生活需要能量""人需要能量""动物需要能量"，以及人和动物通过吃食物补充能量。而"植物需要能量"对于学生来说，理解起来还是比较困难的，因为绿色植物不像动物那样吃东西，而是从阳光中获取能量，自己制造食物。在上这堂课之前的 2 个月内，把全班学生分成 8 个小组，每个小组 4—5 人。每一小组栽培一种植物并进行观察，对于栽培的生菜、甜菜、榨菜、莴笋、花菜、卷心菜进行遮光与不遮光的对比实验，最后观察这些植物的生长情况；对于栽培的土豆，则进行叶片减半及全部摘除的实验，最后观察挖出土豆块茎的总量；对于草莓，用黑卡纸遮住一半或全部叶子，观察草莓结果的情况。在课堂上让每一个小组交流其实验结果，得出结论：植物生长也需要能量；植物通过叶子吸收光能，自己转化能量，并把多余的能量输送到植物的各个部分；在没有光的情况下，植物会慢慢地死亡。由于课前实验充分，因此，课堂表现精彩纷呈。

【教学片段一】

生 1：我们小组选择了塑料大棚里种植的生菜为实验对象。我们选择两棵大小相近、

(a)   (b)   (c)

(d)   (e)   (f)

生菜生长情况

位置相邻的生菜，分别测量了它们的高度、宽度，插上①、②标签，并进行拍照。然后用不透光的盒子把②号生菜罩住，用照度计测量盒子内、外的光照度，把测得的数据记录在实验记录表内。以后每隔几天进行一次观察。图（a）—（c）是有正常光照的①号生菜生长过程，图（d）—（f）是罩在盒子内的②号生菜生长过程。表1是我们记录生菜生长的数据及状况，从表中可以看出，②号生菜开始几天还是在长高、长宽，过了几天后才开始萎缩，到32天后完全死亡。所以，我们推断：植物生长需要光。而在四年级第一学期时，我们已经知道光是有能量的，因此，我们小组得出结论：植物需要能量。

表1　生菜生长情况汇总表

		第1天 （3.16）	第4天 （3.19）	第8天 （3.23）	第18天 （4.2）	第25天 （4.9）	第32天 （4.16）
①号	高（厘米）	12.9	13	14.5	21	25	31
	宽（厘米）	12	13	14	22.5	23	23.5
	颜色	绿	绿	绿	绿	绿	绿
	照度（勒克斯）	19876	19548	21523	22645	23871	8653
②号	高（厘米）	18	18.5	18	16	14.2	1
	宽（厘米）	19	24	25.5	13	10	8
	颜色	绿	泛黄	黄	白	超白	褐白
	照度（勒克斯）	0	0	0	0	0	0

【教学片段二】

　　生2：我们小组选择了玻璃阳光房内的水培甜菜做实验。我们的实验方法和生菜小组是一样的，为了区别两棵甜菜，分别插上了⑦、⑧标签。⑦号甜菜不遮光，⑧号甜菜遮光

| | （g） | | （h） | | （i） |
| | （j） | | （k） | | （l） |

甜菜生长情况

处理。其他小组的实验材料，如生菜、花菜、榨菜、莴笋、卷心菜等植物，遮光处理30天后都死亡了，而我们遮光的⑧号甜菜经过了50多天才死亡。图（g）—（i）是有正常光照的⑦号甜菜生长过程，图（j）—（l）是罩在盒子内的⑧号甜菜生长过程。表2是我们记录甜菜生长的数据及状况。通过实验，我们小组产生了疑问：同样做实验，为什么我们的⑧号甜菜成活的时间比较长？

表2　甜菜生长情况汇总表

		第1天 （3.13）	第4天 （3.16）	第7天 （3.19）	第14天 （3.26）	第35天 （4.16）	……	第54天 （5.7）
⑦ 号	高（厘米）	27	28.5	30	25	31	……	31
	宽（厘米）	10	10	11	23	12	……	23.5
	颜色	紫	紫	紫	紫	紫	……	紫
	照度（勒克斯）	18739	21624	21367	11695	9135	……	20341
⑧ 号	高（厘米）	26	27	29	14.2	28	……	18
	宽（厘米）	10	10	11	10.5	9.3	……	8
	颜色	紫	紫	紫	泛绿	绿、叶脉紫	……	枯黄
	照度（勒克斯）	0	10	11	12	11	……	10

　　生3：通过比较表1、2的数据后发现：遮光的⑧号甜菜，它的盒子内光照度还有，接近10勒克斯，而其他遮光植物的盒子内的光照度为0勒克斯，也就是没有光。⑧号甜菜盒子内有微弱的光，甜菜还是能够进行光合作用的，只不过光合作用也很微弱，不能吸收足够的能量来维持甜菜生命，就像人一样，得不到足够食物补充会饿死的。所以，最后⑧号甜菜也死了。我想问：你们小组的⑧号盒子内为什么还有一点点光？

生4：我们小组选择的水培甜菜，它们是种在圆形的水管中的。为了实验方便，我们在两根水管上面搁了一张塑料泡沫板，然后把盒子盖在塑料泡沫板上。第一次观察时板是平的，后来板变形了，有了一定的弧度，而盒子口还是平的，罩上后留有一定的缝隙，因此，用照度计测量时，数值就不为0。

学生在亲身经历观察、实验、记录等活动后，课堂上很容易回答老师提出的问题：绿色植物生长过程中是需要阳光的。至于绿色植物为什么需要阳光，则需要老师作进一步讲解，当然也可以进一步做实验加以验证。学生亲历了这样的实验，对于绿色植物通过吸收阳光获取能量就有了深刻的理解。

自然课程的实施需要广泛的校内外教育资源的支持。"植物需要能量"对于小学生来说是一个比较抽象的概念。本案例中，教师通过布置学生课前在"朝花夕拾"创新园区中开展长周期探究观察的活动任务，组织学生进行关于植物需要能量的对比实验，指导学生对植物生长需要的条件进行观察记录，引发学生对植物生长条件的思考。这样的探究活动有了实践基地的支持，不仅使学生获得了知识，掌握了科学探究的方法，更丰富了他们的学习经历，激发了他们探索身边动植物奥秘的兴趣，培养了发现源于实践的科学态度。学生在这样真实而深刻的体验过程中能获得自然与心灵的完美结合。

📍 运行机制

"朝花夕拾"文化科技创新园区由区政府命名的先进集体——创新教育研究室负责管理，包括课程管理、项目策划、组织实施、日常指导、考核评价等。其组织结构及实施运行结构如下：

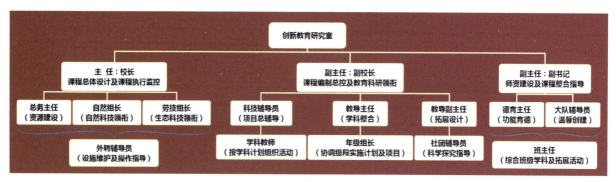

组织结构及实施运行图

 实验室建设成效

本实验室自创建以来，参加全国及市级经验交流 12 次、展演 25 次，接待国际、国内、市内参观考察团 72 个，接纳国内及市内学生社会实践活动约 8500 人次。学校积极发挥辐

射功能，每年寒暑假，创新园区对全市中小学生开放。学校与嘉定区 10 所学校、3 个社区签订了合作交流意向书，辐射 6 个校外教育机构。本创新园区属于上海市中小学创新实验室重点跟踪项目，是上海市中小学生社会实践基地、上海市非遗进校园十佳传习基地、上海市学生实践和创新基地建设优秀项目、上海市防震减灾科普示范学校、上海市乡村学校少年宫。

跟本创新园区建设成效相关的还有：代表上海市参加第五届全国中小学艺术展演；参加上海市第 12 届教育博览会展演（黄草编织）；获世界卫生组织"健康促进单位"称号；获上海市"节水型学校"称号。以下列举部分荣誉。

部分荣誉

学校荣誉	上海市第五届头脑奥林匹克创新学习活动亲子擂台赛小学组金擂奖
	第 29 届上海市青少年科技创新大赛青少年科技实践活动"校园气象 365"二等奖
	首届上海市"龙"文化全能赛风筝比赛小学组团体银奖
	上海市第七届青少年生物与环境科学小论文评比，获小学组二等奖
	嘉定区科技布点项目示范学校
	嘉定区科技创新项目示范学校
	自然教研组获区优秀教研组
师生荣誉	《以校园气象观测为载体，培养学生科学探究能力》及《自然实验中培养学生科学探究能力的实践研究》获中国教育学会科学教育分会全国小学科学优秀论文评选，分别获得一等奖
	《过高土温对种子萌发及幼苗生长的影响》获上海市第六届小学自然学科长周期探究项目评比三等奖
	上海市中小学"我是非遗传习人"教师组银奖
	"巧手坊"教工草编创意社团获嘉定区教育系统十佳"教工明星团队"
	《基于构建农村小学乡土科技课程链的实践与研究》获嘉定区第七届教育科学研究成果三等奖
	《电磁铁及磁生电演示》获嘉定区小学自然学科小学具评比一等奖
	《植物的叶》获 2014 年嘉定区第二届小学自然学科小学具评比二等奖
	上海市中小学"我是非遗小传人"比赛金奖、银奖
	"巧手囡"草编创作社团获全国优秀红领巾社团
	嘉定区第 29 届青少年科技创新大赛二等奖

部分荣誉

我是草编非遗小传人

2016届学生　朱晓懿

自立、自强、自信、阳光，勤奋好学，热爱草编，这就是我，一个扎着马尾辫，圆圆的脸蛋上总带着灿烂笑容的农家女孩。我名叫朱晓懿，是徐行小学五(1)班的文娱委员。

我出生在哪里，自己并不知道，因为我不知道爸妈是谁，是奶奶含辛茹苦地领养我长大的。不幸的命运并没有让我消沉。可以说，是草编活动彻底改变了我。

刚到徐行小学时，我还是一个懵懵懂懂的小孩子，一切都是那么的新奇，对校园里的一切都充满了好奇。徐行小学是一所环境优美的农村学校，没多久，我就爱上了上学，爱上了徐行小学。

那是我第一次看到大姐姐们在编黄草，我很好奇：就那么几根黄草，居然能编得那么精致、那么漂亮！难道老师是巴拉拉魔仙吗？那到底是怎么一回事呢？

一天，我惊奇地发现几个大姐姐在一间教室里坐着，她们每个人的膝盖上放着一个圆的磨具，双手在上面不断地飞舞……可把我给迷住了。当时的我一点也不懂，趴在窗户前，傻傻地在那里看着。那是我第一次看到大姐姐们在编黄草，我很好奇：就那么几根黄草，居然能编得那么精致、那么漂亮！难道老师是巴拉拉魔仙吗？那到底是怎么一回事呢？

几天后，杜老师来给我们上草编课。我认真地观看了"徐行草编"的录像，了解了草编历史，来到"朝花夕拾"园地，看到了地里正在生长的黄草。慢慢地，在老师的指导下，我学会了搓绳、编杯垫。读三年级时，我如愿以偿地参加了学校的草编社团。草编老师带我们参观了学校的草编科技馆，看到各种各样的草编织品，我为勤劳、智慧的徐行人民感到自豪……我深深地爱上了黄草编织，成了草编社团的一名小能手。

老师还带领我们到徐行文化中心去参加了草编 DIY 编织活动。我们先去观看草编老艺人的作品，比我当初在学校里看到的品种还要多，有编织精细的龙凤拖鞋、外形庞大的海宝提包、美丽精致的心形糖果盒，还有古色古香的"福"字挂件。老艺人给我们表演编织技艺，她们虽然已年逾古稀，但是她们的手艺可不减当年呢！老艺人手把手教我们草编技巧，还让我们开展了友谊比赛，在实践中，我增长了草编技艺。

在社团老师的培养下，我们的本领越来越大。我们学校草编社团到嘉定、上海市区参加了各种展示活动。每次我们的表演总能引起大家的关注，好多外国人看到我们的黄草编织都很好奇，怎么不像我们的包包呢？好怪呀！他们的脸上露出疑惑的表情，摸了摸黄草，问我们"What is it？"我自豪地回答："It is huangcao！"

我非常喜欢黄草编织。黄草编织，可以培养我的耐心、毅力，提高动手动脑的能力，让我心灵手巧，因此我的学习成绩也一直名列前茅。2014 年，我参加嘉定区"腾马杯"比赛，获得嘉定区"民族文化传承小先锋"称号。2014、2015 年的寒暑假，"草编——指尖捻出的梦想"中小学生草编实践活动在徐行小学举行，来自全市各区县及外省市的许多小朋友参加了草编活动。我作为学校的草编小志愿者，手把手地教他们草编的技巧，让更多的小朋友、家长了解到了徐行草编。

2015 年 9 月 19 日，上海市"我是非遗小传人"比赛在闵行区春申文化广场举行。我参加了制作类学生组比赛，当场编织了"红色梦想"提包，荣获上海市"我是非遗小传人"金奖。当记者采访我时，我自豪地说："我学习草编已经 5 年了，我希望一直把这项技艺传承下去。"

"我是非遗小传人"金奖

大家都说，在我的身上洋溢着青春朝气，洋溢着自信、自强。是呀，学习草编，在学习、互动、合作、探究、展演过程中，我变得开朗、大胆了。

2016 年 1 月 10 日，第八届上海艺术设计展在徐汇西岸艺术中心盛大开幕。我的作品《织梦苑》从全市 1000 多件学生作品中脱颖而出。作品以徐行特有的黄草为材料，通过精巧的手工技术，一个个色彩艳丽、图案优美的圆盘悄然诞生。我还特地编织出了一个秀丽的镂空圆筒，并在指导老师的点拨下组合成了一个未来建筑体，新鲜奇特。我也因此获得了"上海市学生艺术设计展——小小设计师奖"。

参加第五届全国中小学生艺术展

2016 年 4 月，我校草编实践坊的师生参加了在青岛举行的第五届全国中小学生艺术展，我有幸成为其中的一员。第一次乘飞机来到美丽的青岛，在 9 天的时间里，我和全国各省市的小伙伴交流、学习，我手把手地教大家学习草编，建立了友谊，那是一段快乐难忘的时光！

有了草编的陪伴，我的校园生活变得丰富多彩。老师向我们每个人征集梦想种子，我的梦想是：成为草编传承人，推广草编文化，让越来越多的人爱上徐行草编。草编陪伴我度过了小学时光，我将不断学习，将徐行非遗草编文化发扬光大。

（执笔：吴建秋　徐　敏　张加贤）

纸艺畅想　筑梦田园

—— 上海市闵行区田园外语实验小学纸循环生态创意园

 ## 实验室建设理念

"纸循环生态创意园"是一个以绿色环保、让废纸循环起来再利用为宗旨，整合艺术、人文、历史、信息、双语等多个领域的一体化的学生创意课程活动中心。通过"纸"这一学生最为熟悉的媒介，创意园设立全双语认知环境与中外纸文化演示平台，让全体学生都能参与到这一传承民族创新文化并立意生

纸循环生态创意园掠影

态循环的项目中来，在动手实践和探究创新过程中，引发学生对于纸循环的生态创意的应用与问题研究。

田园外语实验小学作为闵行区唯一的一所公办外语特色学校，提出了"让每一个孩子成为更好的自己"的办学理念和"身心健康、基础扎实、外语见长、综合发展"的培养目标。纸循环生态创意课程正是与学校的办学理念、培养目标相契合的，始终保持着旺盛的生命力和鲜明的校本特色，使古文明的创新力延展到信息化背景下的项目实施，为学生个性的发展、潜能的开发提供更多机会和更广阔的空间。它改变了传统的教学行为和教学模式，整合了众多领域一同推进和共生，为体验式、自主性、探究性的教学实践提供了良好的机遇，引导学生养成创新习惯、锻炼创新思维、培养创新意识、体现创新精神、塑造创新品质、展现创新成果。

实验室学习环境建设

课程设置

纸艺作品

纸循环生态创意课程是基于环境建设，丰富学生实践体验、创新探索的乐园。我们对科技、艺术、信息、双语、生态环保等多个校本课程进一步整合，将课程设定为进阶式的三个层面，让内涵与体验呈现多样化、具象化，适宜学生自主学习过程中的自我发展与选择。

第一层面——"制纸、集纸"。通过还原古法造纸术，全体学生都有机会认知体验并亲手制作纸；收集各类纸，认识其材质、形态及使用功能；融合纸的科学实验，让学生在实验过程中感知纸的构成与变化，感悟纸循环的可能与启迪自己对于纸的探索。第一层面的所有活动涵盖学校基础型课程的相关学科及内容。

第二层面——"剪纸、艺纸"。"颛桥剪纸"是上海非物质文化遗产，也是本地区的传统文化特色。纸艺是引导学生在纸的材质、形态上加以改变、创造，并进行大胆创新、制作纸循环艺术品的过程。它包含了中国剪纸、立体纸工、多样化的纸艺、纸浆立体化制作、衍纸花制作等内容，目前在美术课和拓展型课程中实施。

第三层面——"研纸、摄纸"。"研

多媒体设备

纸"就是探究纸，多媒体可以清楚地展示从造纸术到现代纸的形态与应用的演变过程。了解了这些知识以后，还可以在计算机上以选择题的形式进行小知识的测试。此外，教师还可以引导学生自主地进行生态环保探究，将信息化的数据采集与纸的循环探索整合为一体，帮助学生在活动中去研究"纸的一生"，达到过程的表现性互动与评价。"摄纸"是在研究纸的基础上，通过引导学生循环再创作，延展利用，制成纸循环的各类工艺品，并通过电子设备摄录，上传到更多的平台，在更大的区域中去展示，交流学生的研究成果。

📍 场地设备

纸循环创意生态园是一座多功能、综合性的创新实验室。通过打造贯通教室与走廊区域的整体环境建设，以及区域全信息化环境建设，创意生态园既能涵盖原有实验项目，又能结合学生过程化摄制与互动式评价，体现各类设施设备架构的运行与整合。实验室将教学楼二楼的3间教室加走廊合理地划分为三室三区。

科学实验室

1. 三室

（1）科学实验室

融合纸的科学实验，让学生将收集的各类纸张进行科学分析，做出有趣的科学游戏与实验，在过程中感知纸的构成与变化，在实验中感悟纸循环的可能性，启迪自己对于纸的探索。

（2）录播分享室

录播分享室有2种功能：分为云录播和精品课录播。

云录播：实现一键式录播，只需授课教师按一下键，就能轻松实现4机位多画面切换录制，可根据授课现场自动判断画面的切换。同时实现在线直播，只要开放直播功能，全国任何一个能联网的用户都能观看到上课现场的直播。

录播分享室

精品课录播：为了给学校优质课提供一个更好的录制条件和环境，我们对录播室的录制条件和环境进行了充分改造。

（3）艺术畅想室

"剪纸、艺纸"课程目前在美术课和拓展型课程中实施。通过纸的艺术创想，学生在自己制作的纸上书写、绘画，通过自己的创新实践将其变为美的艺

艺术畅想室

术，从而在艺术感知中大胆想象、勇于实践、不断创新。

2. 三区

（1）文化探秘区

活动内容：探究纸文化。它是基于对中华优秀传统文化的传承而开设的，利用各种多媒体设备、应用各种形式来展现纸的历史演变、纸的常识等。代表着中国古代辉煌灿烂的科技文明的纸，是中华民族创新精神的象征。它以木材纤维做主要原料，可以循环再利用，是现代生态环保领域的重要课题。

（2）纸艺畅享区

活动内容：探究纸循环。通过碎纸机将废纸粉碎，加入搅拌机后进行搅拌，形成纸浆；再将纸浆进行过滤，加入白胶形成混合体，即可进行纸艺的创作；根据学生各自的创作，制成各种形状、各种功用的作品。整个过程是以小组合作的形式进行的，并且全程摄录，呈现一体式的学习与研究体系。

（3）乐高创意区

活动内容：城市建筑我来搭。在二楼走廊的一整面墙上，我们设置了乐高墙，希望利用乐高益智类玩具来激发学生学习的兴趣，让科学教育不再单列呈现，引导学生在游戏中学习科学、养成创新习惯。

文化探秘区

纸艺畅享区

乐高创意区

📍 教学变革

纸循环生态创意课程，转变了学生与教师的学与教的方式，将探究融于动手实践、将全员浸润综合发展，实现了"学科课程、活动课程、环境课程"的三到位、"研究性学习、实践式体验、信息化延展"三结合。

1. 分析问题

在"纸的科学实验"区，进行纸牌搭建、纸桥承重等实验，撰写实验报告，探究实验中出现的问题。

2. 动手实践

在纸的艺术创想区，学生不仅能加深对纸文化的整体认知，更能亲身体验古法造纸术，并运用纸进行探究活动，开展打破形态的艺术创意制作，获取纸浆的衍生艺术品。

3. 互动体验评价和展示

通过探索纸的科学实验，配以实时的摄录展现，从而架构起纸生态循环、科学探究与艺术创意体验的全开放环境。学生完成的作品可以通过拍摄的视频上传到校园网、班级网，甚至社区网，从而实现师生、生生、家长的互动式沟通与交流。

动手实践

互动体验评价和展示

📍 运行机制

为保障创新实验室的正常运行，学校加强了相应的制度建设，其中包括：

1. 师资培训制度

在课程实施中，做好梯队教师培养与跨学科开展综合教学知识的储备，激励教师通过纸循环生态创意园的综合建设，加速知识更新，提高相互促进的力度，强化与学生的共同探究体验。教师的科学素养、创新精神在专家引领、同伴互助中逐步发展提高。

2. 制订课程实施与实验室使用效能评估方案

课程以优化教学活动为核心，科学评估、严格执行课程方案，有效扩大了学生在纸循环生态创意园的活动总量。结合云平台的建设，实现了过程化的互动式、表现性评价机制，构建了一种以学生发展为本的科学、合理的评价体系。课程将认知评价、情感评价和成长记录等方法综合，促进学生全面和谐的综合发展，确保课程项目的健康发展。

此外，学校还设立了激励制度，对在创新科技方面获得奖项的同学和老师进行奖励；设立设备使用及维护制度等。

 ## 实验室建设成效

纸循环生态创意园的创建营造了一个民主、平等、自由、宽容、和谐的学习环境，使学生的兴趣得到培养、个性得到尊重、潜能得到发挥、创新意识得到唤醒、创新思维得到加强、创新技能得到提升。在该环境中，师生关系、生生关系、团队合作都得到了进一步改善。

1. 激发了学生的创新意识

它有效地激发了学生的创新意识；同时，也有利于转变只以学生的学习成绩来评价学生的观念，从而推进多元化评价驱动的素质教育的实施。

2. 锻炼了学生的创新思维

通过开发适合创新实验室的校本课程资源，有效弥补了学生在传统课堂教学非认知学习中的不足。同时，校本课程资源增加了创新思维训练，强化学生思维，提高利用创新思维分析问题的能力，为创新技能的提高提供有利条件。

3. 提高了学生的创新技能

通过项目驱动的教学方式，实现了传统课堂教学方式的转变。学生在教师的引导下提出自己的设想，选择实验仪器设备和材料，亲自动手实验，分析解决实际问题来完成学习和探究，在这一过程中创新技能得以提高。

4. 提升了教师的创新素养

纸循环生态创意园的建设，促使教师不断提高自己的创新素养，因为只有这样才能对学生进行启发式和引导式教育，鼓励学生探索，真正教会学生如何创新。

百变纸浆任创想

纸浆工艺品，顾名思义，就是用纸作材料制作的工艺品。还记得班里淘气的男孩子经常会把纸弄湿后互相扔掷或者是糊到墙壁上，以此为乐，却让为师的我常常气愤不已。现在，把废纸变为宝贝，用纸浆做出精美的工艺品，不仅成为我们学校的一个特色，也让我从中受益匪浅。

传统的美术课上，我经常会教孩子们画画，教他们基本的技法，讲讲美术的基本流派，然后全班按照老师出示的样子画画。但我也常常发现，这样的课堂，提不起孩子学习的兴趣，甚至作业也交不齐，为此我非常苦恼。

纸浆工艺品

直到我带着孩子们第一次来到学校的创新实验室——艺术畅想室，看到一台台新奇的机器，看到陈列台上一件件精美的作品，纸浆脸谱挂件、纸浆花瓶、纸浆摆件……我这才发现，孩子们是如此充满活力，他们的脸上，闪着久违的求知光芒。真让我出乎意料。我问孩子们："同学们，你们会做哪些手工？哦，布贴画，橡皮泥，沙画，陶塑。真厉害，下面我们就来欣赏一些手工作品！"于是，我把自己喜爱的作品一一展现在他们眼前。大家啧啧称赞，这个摸一摸，那个说一说，有的学生都看入迷了，还有的学生说："想不到废纸还能做出这样的东西，真是太美了！老师，我们也要自己做！"其实，孩子们都有一双发现美

看到一台台新奇的机器，看到陈列台上一件件精美的作品，纸浆脸谱挂件、纸浆花瓶、纸浆摆件……我这才发现，孩子们是如此充满活力，他们的脸上，闪着久违的求知光芒。

的眼睛，只是我们常常忽略而已。

接着，我让孩子们观察这些作品，进行小组讨论，孩子们议论纷纷。"这个花瓶好古朴，感觉色彩真漂亮。""哦，你还想来摸一摸，有什么感觉？""表面有高有低，像浮雕。""你想知道这是用什么做的，怎么做的？"

制作纸浆工艺品

"应该是用纸吧，可是，纸又怎么变成了这么粗糙的呢？""同学们，其实他们都是用这些废纸或者卫生纸做的，我称它们为纸浆艺术品。"同学们一个个瞪大了眼睛，有一种不可思议的感觉，用废纸竟然能做出这么精美的艺术品。"老师，我们快开始吧，我也想在我的书桌上放一个这样的花盆，太好看了！""说得好，这么环保又美的艺术品，谁都想试一试。好，这节课我们就来做纸浆花瓶。"

"孩子们，看着桌子上这些准备好的工具，还有什么问题？你问镊子有什么用？你问牙签有什么用？哦，你还想知道怎么做纸浆？你们都很善于动脑筋，提出了一些制作纸浆工艺品的关键问题。真了不起，下面我们就一边探究一边来制作。"

做纸浆工艺品的主要材料是纸浆。大家都带来了不同的废纸，把废纸整理好后放入碎纸机中。然后打开开关，不一会儿，废纸全变成了一条条均匀整齐的纸条。

接着，把这些纸条放入搅拌机中，装入一定量的水，不停地搅拌，呈现泥状时，纸浆就做成了。现在的纸可是灰乎乎的，一点也不好看。

为纸浆花瓶画图案

此时，孩子们都到操作台上，小心翼翼地在纸浆中加入胶水、颜料。这样纸浆就有了黏性，还能呈现不同的色彩。当他们用搅拌工具把颜料、胶水放到小碗里调均匀时，平时大大咧咧的男孩子都显得那样专注，大气也不敢出，生怕出错。看来同学们都有小巧手的潜质啊！最后，我把预先收集好的饮料瓶拿出来，看，万事俱备，现在马上动手试一试吧。

大家各自想好要在瓶子上画的东西，然后根据需要选择适宜的工具，如小勺、牙签、镊子等。当然，如果你的手足够巧，手指也是不错的工具。在瓶身绘制好大概轮廓后，将做好的各色纸浆铺放，再捏塑出理想的形状，细致的部分可用工具来辅助，使画面看起来更精致。需要注意的是，为保持画面的立体感，不要把纸浆压平，应尽量保持它本身自然的质地效果。

最后，在瓶身上做完图案后，再将它平放在阴凉处自然风干，一只漂亮且独具风格的纸浆花瓶就制作完成了。如果再你动动心思，给它再上上色，那么这幅作品就更完美了，真的是属于自己的、独一无二的创意哦！最后一步，把每个人的作品在我们的展示区拍照上传，让其他班级的同学以及家长们也能看到我们的作品。

这节课很快就上完了，孩子们仍意犹未尽。他们的作品都是独一无二的，有美丽的花造型，也有涂着泥土颜色的怪兽……当我问他们打算把它们放在

绘制好图案的纸浆花瓶

哪儿时，有的孩子想放在桌子上当笔筒，有的想把自己的工艺品挂在墙上，有的想放在书柜里当艺术品。

这真是一个时尚、环保的小书房啊！做纸浆工艺品充满童趣，创意无限，又能美化我们的生活，同学们已经爱上了纸浆艺术。实验室里的镜头还将同学们的每一个精彩瞬间都记录了下来，让这一份美的体验得以永久保存。

从此，有关纸的环保创意还在继续，以后的每个星期一下午，孩子们都会早早地来到实验室，并且带来整理好的废纸。他们大胆创想，别具一格，每次都能做出令我意想不到的作品。还有家长给我打来了电话："老师，你们学校真是太牛了！最近我们家小丁双休日里自己打纸浆，我原以为孩子瞎胡闹，没想到做出来的纸浆花盆还真不错。邻居们都夸奖说有创意，现在变成了我们小区的活动了，校园网上展示的纸浆制作法我们都学会了。你们学校的这个活动真是有意义！"

这就是纸循环生态创意园的独特魅力。它把快乐带给孩子，把美的体验感染学生，把创新的意识传递给学生。我们也将在纸循环生态创意园的体验中健康成长，将环保创意进行到底！

（执笔：张　瀛　董　莉）

安全伴我在校园　我把安全带回家

—上海市青浦佳禾小学地震与避险创新实验室

实验室建设理念

"地震与避险创新实验室"是一个以项目为引领，重视宣传体验，以关爱生命为目的的育德型探究创新实验室。它以"减灾避险"为主题，坚持普及与提高相结合、课内和课外相结合、学习与实践相结合的原则，通过资料查找、社团学习、小品排演、技能探究等进行自主探究学习，并由社团的孩子通过班级宣传、学校宣传、家庭调查、社区宣讲等方式辐射更多的学生、教师、家长、社区。通过该项目的学习，学生能够增强自我保护的本领，增强意外发生时临场机智处理的能力；规避灾害带给生命的威胁，珍爱生命，同时提高自主探究学习的能力和综合运用知识的能力。

佳禾小学创办于 2004 年 9 月，是一所有朝气、有创新、敢实践的年轻学校。2006 年学校已被评为上海市防震减灾科普示范学校。经过多年积累，学校的办学理念逐步明晰，那就是"崇德尚文、厚积薄发，着眼孩子的终身，着力学生的每天"。为此，学校要求教师清醒地认识到自己肩负的责任——着眼孩子的终身，着力学生的每天，生命安全教育是教育之中的重中之重。一直以来，学校以创新实验室为载体，搭建起了更新、更高的体验和实践平台。我们以主题式的活动形式进行了长期的实践与探索，引领孩子感悟生命的珍贵，提高安全重要性的意识，并逐步发展成为学校的特色项目。

实验室学习环境建设

课程设置

实验室的课程主要以主题项目为引领，通过学校社区整合、学生家长联动的形式组织开展的。课程以生命教育为主线，以提升学生面临危险时的临场机智培养为重点，以正确认识地震这类自然现象为切入口，采用小调查、小观察、小实验等活动形式展开。课程中的"防震自救"系列体验活动，可以进一步增强全校师生防震、减灾、抗灾的安全意识和自觉性，提高灾害防御和自救互救能力，渗透珍惜生命、爱护生命、临场危险处理机智的育德功能。通过科学实验探究与资料考察等方法，学生可以了解地震及相关自然现象的成因，探讨如何从自身出发，保护环境、保护地球，减少一些自然灾害的发生；通过以灾害成因、防御为主线的系列科普教育活动，充分整合学校科普教育的资源优势，学生可以养成自主探究学习的能力以及对科学探究的持续兴趣，从而全面促进科学素养的提升。

"生命之帆——防震减灾"课程设置

课程单元	课时安排	主要内容
第一单元　认识地震	2	1. 什么是地震力？ 2. 地震时影响房屋破坏程度的因素是什么？ 3. 地震的类型及形成原因
第二单元　地震历史知多少	1	1. 历史中的事件 2. 历史上的数字
第三单元　地震前兆	1	1. 地下水异常 2. 动物异常
第四单元　防震准备	3	1. 家庭防震准备（一） 2. 家庭防震准备（二） 3. 家庭防震准备（三）
第五单元　应急避震	3	1. 避震要点 2. 灭火器的使用方法 3. 设计逃生路线
第六单元　应急自救	3	1. 遇到特殊危险时，怎么办？ 2. 如果被埋压，怎么办？ 3. 自救技能
第七单元　应急互救	2	1. 了解震后抢险救灾 2. 积极参与互救活动
第八单元　疏散演练	1	学校疏散演练

📍 场地设备

本创新实验室的面积约 70 平方米，根据功能不同，可以划分为四大区域。

1. 学生活动区域

该区域位于教室的中央，由 12 张小组活动的课桌组成，是教师组织学生进行探究活动的场所。

2. 自主学习区域

该区域位于教室两旁，配备了 12 台计算机，同时实现了无线网络全覆盖。该区域主要供学生在项目学习过程中，对于生成的问题能及时地进行资料查询，以及满足小组自主学习的需求。

学生活动区域

自主学习区域

3. 知识宣传区域

该区域存放了许多的宣传资料，主要是一些关于自然灾害类的版面宣传资料和主题网络学习资料。这些宣传资料不仅用于该教室的活动，还会不定期地在学校中进行展出，以及定期地进入社区进行宣讲。

专题学习资源

4. 探究技能材料区域

该区域主要存放探究地震形成、地震类型等活动的探究材料，以及包括自救互救的简易自救包。

简易自救材料

📍 教学变革

实验室是一个学习和实践的基地，但我们的教学并不局限在实验室中，而是拓宽到了社区，将实验室中的学习和实践辐射向更多的人群，让更多的人群受益。

例如，我们在设计"当地震来临时"主题系列活动时，就分成了这样几个阶段进行。

1. 利用网络搜索功能培养学生自主学习的能力

通过课前调查，我们了解到了学生已有的经验和对地震的认识：他们只是了解一些表层的知识，至于"为什么""什么原因"，学生还是了解甚少。为了把这个主题活动进行得更深入，教师先让学生进行"地震产生的原因""地震的分类""地震的级别"等相关知识的自学。学生利用实验室中的计算机，打开百度、搜狗等搜索引擎，查阅丰富的网络资源，大大充实了课前知识。

利用网络搜索资料

2. 合理使用媒体设备，提高课堂教学有效性

课堂中围绕着"当地震来临时，该怎么办？"，引导学生探讨是先逃还是先躲，躲在哪里，怎么躲，怎么逃。

（1）课堂演练，及时修正

学生通过学校的多次演练及课前的资料查询，已经了解了当地震刚来临时，先躲是一种比较安全的自救方式。学校演练时，学生通常是在自己的教室里，这次是在实验室。当学生听到警报声，他们一下子躲了起来，那么他们会选择什么地方躲藏呢，躲的方式又是怎样的呢。教师采用了多媒体的拍照手段，及时记录下了学生当时选择的躲藏地方，以及当时躲藏的方式，然后将视频资料上传到计算机上。当他们看到自己和同学当时的躲藏方式时，纷纷提出了各自的想法和建议，从而正确认识地震来临时应采取的躲藏方式。

课堂演练

观看演练录像，修正错误行为

（2）建构模型，帮助学生理解什么是生命三角区

学生知道当发生地震时，要躲起来，也了解要躲到桌子底下，但是至于为什么要躲到桌子底下，以及除了桌子底下，还有哪些地方适合躲藏，他们可能就不了解了。刚开始，孩子们都认为，如果是在家中，那么选择躲到家具的内部是比较安全的。同样，如果是在学校，他们就会选择教室中的陈列橱、讲台的里面……也就是说，他们对为什么要躲到桌底下的理解只是停留在因为桌子下面有个空间，人能藏在里面。其实最主要的原因是桌子能形成一个三角区，人在这个三角空间中，相对比较安全，那么怎么解决这个教学难点呢？为此，我们提供给学生模型，让其自主探究，从而帮助他们理解什么是生命三角区。

地面的承重物 ——

—— 高大的建筑物

生命三角区

生命三角区模型

实验说明：用 2 块积木，一块模拟地面的承重物，另一块模拟高大的建筑物或容易坍塌的高大家具。在发生地震时，它们能形成一个三角空间。这个空间相对比较安全，我们把这个空间叫作"生命三角区"。

3. 走出教室，辐射更多的人群

（1）小手牵大手，由学生活动向家长联动延伸

基于我校学生对防震避灾已有一定的认识基础，加上课外的资料收集和课堂的教学，学生对学校的平面图和逃生路线有了一定的了解。相比之下，现在的家长在防震避灾方面的意识比较淡薄，因此，利用"小手牵大手"，通过课后学习单的形式，架起了学生和家长沟通的桥梁，也架起了学校和家长沟通的桥梁。

> **学生课后学习单**
>
> 1. 画一画，自己家的房屋结构平面图。
>
> 2. 设计逃生路线，请在老师提供的图片（地震、火灾、煤气泄漏等）上标注逃生路线。
>
> 3. 请你和爸爸妈妈一起准备一套家庭应急自救包，并说明你们认为这些应急物品重要的理由。

（2）利用照相机的现场记录和记录单相结合形式，由课堂阵地向社区区域延伸

"安全出口"调查表

调 查 人：_____

调查地点：_____

调查发现：_____

_____

_____

调查建议：_____

_____

2012.12

青浦佳禾小学

自然学科兴趣组

在防震避灾方面，安全出口也是个非常重要的因素。新闻中经常会听到，发生火灾后，死亡人数很多，其中一个重要原因就是安全出口出了问题。那我们现在居住的小区，安全出口是什么情况呢？

于是，我领着学生，带着我们设计好的记录单和照相机，对附近的小区进行了调查。

我们在调查过程中发现，每幢楼的楼道里，居民们做得还是挺好的。2～5 楼的楼道中基本没什么杂物，但是在顶楼，有住户在门前堆积了很多杂物。我们还

发现，小区的大门一般都是紧闭着的，只留出一个供单人行走的通道；小区中车辆很多，使行走的道路变得特别狭小。基于调查发现，学生给出了很多的建议：小区大门的出口太小，大铁门用锁锁着，万一发生灾情，找不到开锁的门卫，安全出口就有很大的安全隐患，因此建议安装一种能自动开启的铁门，既方便又快捷；建议修建地下车库，把更多的道路留给行人……

车辆堵住小区大门　　　　　　　　　　楼道塞物

　　这是教师带着学生完成的一个活动任务，在此基础上，学生可以对自己居住小区的安全出口进行调查，拍下照片后上传到学校的网络平台。在这种基于事实的课题上，大家可以畅所欲言，提出各自的想法，从而给出更好的建议。

运行机制

　　创新实验室活动是在青浦区地震办公室及青浦区教育局小教科的指导下进行的，由学校校长室、教导处主管，校地震科普小组成员、自然教研组的教师负责具体工作的落实。

实验室建设成效

　　本实验室自创建以来，深受学生、教师和家长的关注和喜爱。减灾避险，珍爱生命，是每个孩子必须了解的。因此，在以创新实验室为主阵地的基础上，我们辐射更多的人群，受益人群包括所有的学生、家长和教师，以及部分的社区人员。在区级层面，我们也有一定的影响力，连续几次被评为区"防震减灾"特色学校、区科技特色学校、区科技特色项目。在2012年中小学校长论坛，

"当地震来临时"课堂教学展示

我们的课程"当地震来临时"参加了课堂教学的现场展示活动。

2012年，我校社团的学生作为青浦区小学代表，参与了上海市"识险避险、自救互救竞赛"：在真实的场地、限定的时间内，寻找存在危险的地方，并想办法及时排除；展示自救、互救的正确包扎方法……在活动中，学生们获得了优异的成绩。同时，学生"识险避险、自救互救"的综合水平得到了充分的锻炼和提升。

我在与众不同的实验室里学"项目"

2014届学生　顾吴琼

在我的印象里，学生上课就应该规规矩矩地坐在教室里，认认真真地听老师讲课。但是我参加的这个社团小组还真的与众不同，不仅不用一本正经地坐着，甚至我们的很多活动都需要走出教室。

参加这个社团时，我还只是个三年级的学生，并不了解这个社团是干什么的，只是在班主任老师的安排下懵懵懂懂地走进了这个教室。社团中还有高年级的哥哥姐姐，老师说这个社团成员组合是以大带小、传帮带。社团老师说，我们每个人只有一次生命，应当学会珍爱生命，爱惜自己，从每一件小事做起。我们不仅要自己先了解，还要去班级、去社区进行宣传。我们这些社团的同学，会按照年龄特点，大小结合，男女搭配，自由组合成小组。为了能以新颖的形式宣传，每个小组商量讨论宣传内容、宣传形式，在大组确认之后，我们就各自施展才能了。

在刚进入这个社团的时候，我是个胆小害羞的人，是那种平时上课很少举手的学生，而且我会的才艺也很少。当老师提出这些要求后，我有些害怕和胆怯了。但是好在这个社团主要是由我们学生自己做主的，一般是由高年级的同学做小组的主持人。当小组碰到难题时，老师才会出面协助我们解决。不是在老师的密切关注下活动，而是和同伴们在一起自由交流，这让我感觉轻松了许多。

还记得第一次，我们小组以"逃生通道勿堵住"进行了好多的活动。最有意思的是，老师还带领我们到学校旁边的小区进行楼道的检查，用拍照、笔记的方式进行记录。这是我第一次知道，原来我们可以

> 这个社团主要是由我们学生自己做主的，一般是由高年级的同学做小组的主持人。当小组碰到难题时，老师才会出面协助我们解决。不是在老师的密切关注下活动，而是和同伴们在一起自由交流，这让我感觉轻松许多。

学习的地方，不仅仅是在教室。在这个过程中，我感觉自己像个小主人，意识到了原来楼道中是不能随意堆放杂物的，这将关系到整幢楼居民的生命安全。在这个调查中，我们也发现了其实楼道堆物的现象真的有很多，特别是底楼和六楼。针对这些现象，老师叫我们小组商量怎样来改善这种现象。我们组的大姐姐就提出，按门铃，有人的话就和他们宣传楼道堆物的危害。没想到他们还真的挨家挨户地去按门铃了，刚开始我也只能躲在队伍里面，听他们宣传。我发现这些爷爷奶奶，看到我们这群小学生来给他们宣传安全事项，非常欢喜，直夸我们懂事。慢慢地，我也敢开口宣传了。不仅这样，我回家之后，还检查了自己一幢楼的楼道，对有安全隐患的叔叔阿姨家进行了宣讲。邻居们都夸我，年纪虽小却有安全意识。

一连几年，我都参加了这个社团。在这个与众不同的实验室里，我们有着丰富多彩的活动：我们会定期地进入班级进行安全知识的宣讲；我们也会在实验室里用实验室中的模型进行建模，了解地震的类型，寻找教室中的生命三角区；我们还会不定期地走进社区，拿着展板，向社区中的居民宣传安全的重要性。在这些活动中，我变得越来越自信，胆子也越来越大了，敢说敢唱敢宣传。有时候，遇到一些认为我们多管闲事的大人，我也敢跟他们理论了。

自从参加了这个社团，我对生命可贵的认识加深了，经常会关注家里的用电、用水、用燃气的安全；在马路上，我也时常会提醒爸爸妈妈不能闯红灯，开车不能超速，要注意安全。在每年的青少年创造发明设计方案的评选中，我综合考虑了安全的因素，设计的"感应式电插座"获得了区一等奖。

如今我即将离开母校，每每回忆起那些令人难忘的活动场景，总是让我感觉它们就像发生在昨天一样。我相信这段时间的学习和实践将会影响我以后的生活。感谢老师的鼓励，感谢有这样一个与众不同的实验室。

（执笔：陆志红　钱享栋）

童瞳观气象

——上海市金山区朱行小学童瞳气象站

实验室建设理念

童瞳气象站

"科技创造教育"是朱行小学的办学特色。本着"让每一个孩子插上创造的翅膀"的教育理念，自1992年起，我校对农村小学科技创造教育的方法和途径进行了探索研究；1996年，学校开展了"农村小学创造教育途径探索"的研究，开发了《农村小学创造教育理论与实践》自培基地教材，由此我校成为在本地区乃至上海市颇有影响的科技教育特色学校；1996年，我校被中国创造教育专业委员会授誉为"创造教育实验基地"；1998年，朱行小学被上海市教委授誉为"上海市科技特色学校"。

继往开来，为了进一步深化我校的科技创新教育，培养学生勤于探索的创新精神和乐于合作的行为品德，我们成立了"童瞳气象站"。童瞳气象站是我校进行科普教育的实践基地，是学生感受科学、发展综合运用实践能力和培养创新素养的平台。"童瞳观气象"课程的设计，是以贯彻新课程标准理念为前提，以提高全体学生的素质为目的，以各年级综合实践活动为突破口，以科学性、趣味性、探究性、实践性、创造性为原则，通过亲身体验让学生认知自我、了解自然、亲近学校和社会。

实验室学习环境建设

课程设置

"童瞳观气象"是我校开展特色课程"开启创造之门"中的重要内容，其研究内容十分丰富，如温度、湿度、风力、风向、PM2.5、噪音、降雨量、大气压强等都属于它的研究范畴。此外，为了提升学生的综合学科素养，我们把气象科学技术也作为本课程的教学内容，如温度计的制作、风速计和风向标的使用、PM2.5 的测量等，给学生提供了丰富多样的动手实践机会。本课程并不是一门独立的校本课程，在本校领导和各任课教师的共同努力下，课程知识也被融合到其他学科中，如数学课上对学生记录的天气数据进行研究，语文课上对学生观测过程进行作文教学，美术课上设计气象图标等，所以本课程也是一门综合类实践性的校本课程。

本课程在内容上可分为两个层级。

第一层是限定性拓展课程，名为"气象"，以气象科学科普内容为主，面向全体学生，教学计划安排在一个学期共 14 课时。该课程的目的是让学生了解常见气候与天气情况，初步了解组成地球气候环境的基本组成因素。通过了解各项气候以及天气变化，学生能够对气象变化有一个整体认识，理解天气变化与人类的重要关系，并将所学气象知识运用到实际生活中。

第二层是自主性拓展课程，名为"气象科学"，以气象科学为主题，安排在一个学期共 14 课时。其旨在满足对气象科学感兴趣的学生的学习欲望，进一步提供课程支持。

"气象"课程

章节	课时
气温	1
地表空气层	1
看云测天	1
水的旅行	1
云、雾、露、霜	1
制造彩虹	1
风的形成	1
灾害天气	1
雾霾	1
空气中的大气压	1
温室效应	1
天气与气候	1
奇特的天气现象	1
沿海与内陆城市	1
总计	14

"气象科学"课程

章节	课时
气象观测与发布	2
太阳高度角	2
温度计的奥秘	1
设计气象记录表	1
光的奥秘——研究彩虹	1
降雨量的测量	1
制作图表	1
噪音污染与测量	1
PM2.5 与空气污染	1
模拟天气预报	1
灾害天气与逃生	1
天气与人类	1
总计	14

📍 场地设备

校园气象站共分为三个部分：电力供给装置、传感器数据采集装置、手持式观测装置三个装置。

百叶箱

校园气象站装置

设施	功能	方式
电力供给装置	给气象站提供源源不断的电力	采用风力发电和太阳能发电互补的方式为各种设备提供电力。当风力发电和太阳能发电仍不能提供足够的电力时，就用蓄电池为设备提供电力
传感器数据采集装置	温度、湿度、大气压强、风速、风向、噪音、降雨量、PM2.5 的数据采集	百叶箱提供数据采集环境，传感器自动采集数据，并绘制变化图表和曲线
手持式观测装置	温度计、湿度计、风速计、风向标、最高和最低气温计、PM2.5 检测仪、噪音计、雨量器的数据测量	手动测量

📍 教学变革

"童瞳观气象"课程的教学环境主要在室外，所倡导的学习方式也由被动学习转变为主动学习。教师利用课堂传授基本的知识，激发学生的好奇心，并且创造学习机会让学生自主探究和实践。这样的授课模式，不但迎合了学生对气象科学的探究需求，实现对小学生的气象科学启蒙，而且还通过探究过程，让学生体验了基本的科学方法，形成科学意识和态度。

主要的教学内容有：观察每日气象数据，填入表格，分析数据，体会不同季节的气候特点；在分析气象数据的过程中，认识折线统计图，并知道其特征；初步学会绘制折线统计图，以此整理气象数据；学做科学实验，按照先后顺序把实验过程记录下来；参观气象站，按参观的顺序有选择地进行介绍和描写，有详有略，重点突出；养成写阅读笔记、观后感的好习惯，会运用描写的方法清楚、具体、生动地将实验过程写下来，并抒发自己的真情实感。

整个教学活动紧紧围绕四个维度。

1. 对外合作，知识科普

本课程教学的一个内容就是对气象科学知识的科普工作。本校与金山气象局合作，定期开展科普宣传活动，传播气象科学知识，增强小学生的公众气象意识，提高防灾抗灾的技能与能力，特别是拓展、延伸、补充课本知识。

参观气象站

2015 年 3 月，金山区气象局来我校开展了主题为"气候知识服务气候行动"的科普活动，讲解了每一个现代气象观测仪器的用途和原理，并分批带领学生们进入移动气象应急车内部进行参观。在气象数据的现场测量、移动气象站操作、应急车模拟现场指挥等活动中，学生与气象局的工作人员进行了良好的交流互动。

在校内与校外不同的学习环境中，学生转变了常规的学习方式，转换记忆模式，对气象科学知识有了更深的理解，提高社会文化观念。

2. 操作测量，动手动脑

师生探究活动

教学过程中，要求学生掌握相关测量仪器的使用，包括气温计、湿度计、风速计、风向标、雨量器、PM2.5 检测仪、分贝计等。

在每一年的开学初，教师都要让学生学会操作这些气象仪器。当学生刚看到这些新奇的仪器时，虽然兴趣很高，但许多人不敢去尝试，拿在手上也不知如何去用。在老师的指导下，学生们逐渐变得驾轻就熟，并且按照学习任务，定期主动地去进行探究活动。

学生在掌握测量方法的同时，也发展了动手能力和观测能力，弥补了小学生在课堂学习中缺乏动手机会的缺憾，有利于提高他们的综合素养。

3. 科学探究，锻炼科学思维

本课程教学的重点，就是培养学生的科学思维。为了达到这个教学目标，我们利用气象的知识内容作为教学平台，不断地让学生去经历科学探究过程。第一，明确主题内容，激发学生探索的欲望；第二，猜测结果，讨论分析探究结果的可能性；第三，小组合作分工，制订探究计划；第四，自主探究，观测并记录数据，把握探究过程；第五，分析数据，归纳结果，汇报交流；第六，拓展延伸，进行下一个探究学习。学生在经历科学探究的过程中，需要通过观察、实验、调查等活动寻求证据，并且对采集到的数据进行分析、比较、归纳、解释等，这样将促进学生运用科学方法解决问题的能力的发展，有利于学生的终身发展。

4. 探究真理，培养科学精神

除了知识之外，还要普及科学精神。教师主要利用课外实践活动，对学生进行潜移默化的影响。探索、怀疑、实证、理性，是科学精神不可分割的四个方面。本课程不仅宣传科学精神，而且号召学生追随科学家的脚步，一起像科学家那样追求真理。

例如，阿基米德在科学探究过程中，就利用了猜测、实验证明、得出结论的科学探究方式去研究浮力定律。对此，教师在激发起学生探究兴趣后，可以询问学生："小朋友们，那你们想不想和阿基米德一样，去做一名小小科学家呢？"然后提出"夏天低空中的高压天气会带来大雨倾盆"的探究命题，让学生通过采集、分析数据进行探究。

在兴趣的驱动下，学生更加理性地运用科学方法进行分析，并得出探究结论。在这样的过程中，学生经历的是一个探究真理的过程，是一种对求真精神的追索，渐渐形成了良好的科学素养。

 运行机制

1. 课程实施制度保障，提高学生科学素养

为了让"童瞳观气象"课程有效落实，学校课程计划中设立了拓展课与综合实践活动，在顶层设计中确保了课程的实施，做到普及与提高相结合的不同层次的教学。

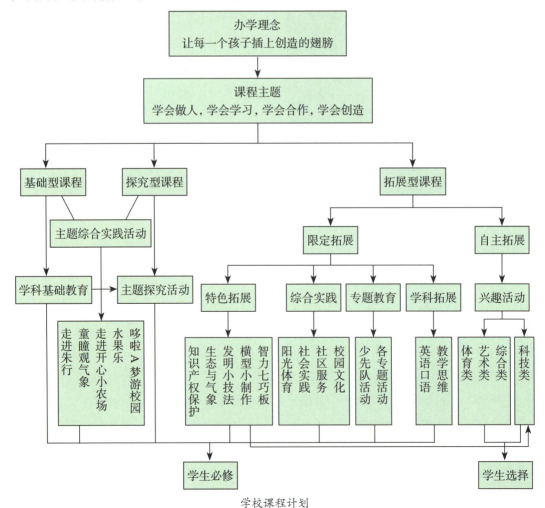

学校课程计划

创新实验室里的成长超越

限定拓展课程：全校设立每周一课时的科技课，分年级进行科技类教学，其中"童瞳观气象"课程在四年级中实施。

自主拓展课程：组建"气象科学"兴趣小组，在中、高年级中招收对气象有浓厚兴趣的学生，进一步满足有兴趣学生的学习欲望。

课堂教学

2. 三类课程融通，开展综合实践活动，提高综合素质

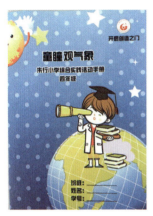

活动手册

为了有效提高学生综合能力，我校组织开展了面向所有学生的综合实践活动。

此活动共安排 9 个课时，并安排学生完成课外活动实践任务，完成时间由各课教师自行安排。主要任务有：以自主学习为主，要求在课外阅读、活动探究中了解简单的气象科学知识，认识简单的气象标志；参观气象站，了解气象站的日常工作等。

实施状况：每个四年级学生都会参与，每位任课教师也都参与进来，保证了综合活动的有效展开。各任课教师结合自己学科对教学任务进行安排。对于学生，每个班级自主分组，自主分工，民主选举组长，然后由组长组织活动任务。

3. 建立教师培训机制，师生共同发展

为了更有效地开展教学活动，学校建立了教师专业培训机制，共分为集中培训以及个体培训。集中培训主要以介绍气象科学知识和校园气象站的功能为主；个体培训主要针对任课老师的教学任务，为自己的教学任务作知识储备。

其中，集中培训有固定的培训时间，学校安排在周三和周五的中午进行培训，每次培训 30 分钟，共培训 10 次。个体培训时间则不固定，根据各项活动时间，由副校长室另行安排。

教师培训主要是让教师从全方位的角度去了解气象课程的建设，了解学生学习气象科学的意义，和学生一样学会测量各项数据，以及各测量活动的要点，提高专业气象专业水平。

学生实践活动

此外，学校建立了激励机制，对相关教师的教学任务都有相应的绩效考核奖励，激发了教师的积极性，提高了课程实施的质量。

实验室建设成效

　　童瞳气象站给学校所带来的不仅是学生自主探究的学习平台，更是学校校本课程建设的基本依托，是我校践行国家气象科普事业、践行上海市"二期课改"理念和对学生进行科学教育的应用平台。它的建设对学校校本课程的开发有着非常重要的作用，也大大提高了学生自主学习、自主规划的能力，培养了学生各类综合素质的发展。

　　在气象站的应用过程中，学生自主学习，观测各项天气数据，熟练操作各类天气观测仪器，并根据所测量到的数据进行记录。在多次的观测实践过程中，学生的观测能力、自主学习能力得到了提高，并养成了科学记录的良好习惯。

师生探究活动

　　"童瞳观气象"课程的实施，深入推进了我校创造教育的发展。课程实施中尝试的"三类课程融通"在区级层面进行了展示，实现了特色共享。在区级课程展示活动中，我校夏燕教师执教的"观云测天"一课，通过学生交流农谚、观察各种形状的云来判断天气变化等教学活动，培养了学生预测天气的能力，培养了关注天气的良好习惯；吴旭峰老师执教的"折线统计图"课上，学生通过观测和记录数据、制作与分析折现统计图，探究了气温变化的小秘密。学生不仅学习了折现统计图的制作方法，而且探究了天气数据与天气气候的对应关系。

"童瞳观气象"教学手记

　　气象站建设以来，在校本课程实施的过程中，我和学生一起度过了很多学习时光。在一周一课时的学习实践中，我深切地感受到，学生在气象站的学习已经不再局限于一门课程的范畴了。

　　比如，课程中有一个内容是探究太阳高度角与气温变化的对应关系，需要让学生知道测量太阳高度角的原理后，利用太阳高度角测量仪在操场上测量。一个学生手拿测量仪测量，另一个学生记录，重复多次，一次换一个地点，最后去掉一个最高值和一个最低值，算出平均值。

　　学生们得到学习任务后，十分高兴，拿着测量仪，走向操场就像是上战场一样，表情庄严而神圣。但课程的任务不仅需要浓厚的兴趣，更加需要学生的想象和思考。

　　如果找不到阳光的传播路径，就不能测量太阳的实际高度角，这是学生遇到的第一个困难。很多学生找不到阳光路径，就把测量仪放置在地上，感觉无从下手。

于是我让学生思考太阳公公是如何把自己的光芒发散出去的，并让学生回忆光的直线传播原理。加上一番空间想象后，学生基本想象到了太阳到操场这段阳光的照射路径，学生们的测量仪终于可以对准太阳，测量太阳高度角了。

> 课程的任务不仅需要浓厚的兴趣，更加需要学生的想象和思考。

这是一个持续性观察的探究项目，为了增加学生探究的自主性，我要求学生在周末也完成高度角的测量。此外，我让学生根据太阳高度角测量仪的测量原理，自己制作一台太阳高度角测量仪。当我公布这个任务时，学生开始沸腾起来了，因为在他们心中，觉得制作一台太阳高度测量仪是一件既有趣又很酷的事情。

但要利用其他工具去还原一台仪器的原理，这本身就存在很多困难。我让学生准备一根长的直尺、铅笔、细线、量角器，铅笔的顶端和量角器的0点用细线连接起来，铅笔用作制造影子，直尺的作用是使铅笔竖直于平面。在让铅笔的影子投影到量角器的原点之后，拉紧细线，就可测量出太阳高度角。

"老师，铅笔上怎么拴上绳子啊？""老师，量角器上我可以打个洞吗？""老师，这根绳子要多长啊？""老师，这根尺可以吗？"……这个时候，我发现自己其实是一个理想主义者，让学生自己独立完成制作，简直就是异想天开，困难太多，学生能力有限，怎么办？

我想到了流水线生产，全部同样的装备，细线切割，打洞，粘贴，两三个学生负责一个工作，在一番努力之后，终于顺利完成。

本来我觉得让学生牺牲周末来完成任务是一个奢望。但是结果却让人非常意外，几乎每个学生都完成了高度角的测量。周一每个学生看到我，都兴奋地告诉我他周末是如何测量的，测出来是多少度。这不但让我感到很欣慰，而且让我感受到了作为一名教师的价值所在。

以上内容是针对那些对气象感兴趣的学生设计的，课程内容相对较深，课程的重点目标由知识普及渐渐过渡到实验能力、探究能力以及数据分析和总结的能力的培养。

除了选修课，我校还开设了必修课。2015届学生是气象站建设以来的第一批参与此门课程的学生。每个星期，他们都会学习气象知识，包括气象数据的测量。我带着学生，进入校园气象站，拿出那些测量仪器，介绍气象站的工作原理，教给他们如何测量。学生这个时候的眼神都是放着光芒的，一反上课时的常态。

我对他们说："接下来的3个星期，我们班负责校门口的气象发布墙。你们要负责记录，并且把数据填到发布墙上，让全校的同学和老师都知道当天的天气情况。"然后分组，分工，实施。

"老师，今天的PM2.5到了200！达到了重度污染了！""老师，今天零下3℃，特别冷！""老师，今天湿度达99%！""老师，今天是12℃，穿衣指数怎么张贴？"……这是我几乎每天都能听到的话。我幸福地感受着学生心底里那真诚而炽热的探究热情。

有一次，在5月份测量降雨量的活动中，学生去气象站倒掉雨量器中的水，开始收集两节课的降雨量。这样的活动没有固定时间，学生自己挑时间去测量，自己去找时间，自己找同学合作，最后把记录的数据交给我。

气象站的课程实施目前虽然还只是处在探索阶段，但实际上几乎每个四年级学生都参与其中。有一次在班级门口，看到有学生走到我面前，敬礼并说道："气象老师好！"而我是一名自然教师，听到之后，心里十分感动。

几乎每天都有不同的学生参与气象实践学习，在他们看来，气象站不是一节课，不是一门课程，而是一个探究计划，一个探究任务；不是在完成老师布置的工作，而是在用一些不寻常的工具，完成一些非常特殊的科学实验。

在课程实施的实践活动中，大多形成了一个模式：安排任务—分组—分工—自主探究—分析总结，整个过程都是学生自己分组。民主推选队长，自主讨论活动职责，在了解的探究任务后，自主挑选活动时间，根据安排好的分工进行活动。

由于课程还在研究和探索的阶段，一些活动感觉像是即兴诞生的，学生也因此对气象站充满了好奇。课程实施开展一段时间后，就可以明显感觉到学生对气象科学的兴趣在增长，综合能力也在增长。现在我们的学生，又在以前的学习生活上多出了一项活动——"童瞳观气象"，不是上课，也不是玩，而是像一名真正的气象科学家那样，去采集数据，去探究，去发现天气变化中的一个个秘密。

（执笔：邬晓新）

绿色田野上的自主小达人

——上海市崇明区裕安小学生态田园

 ## 实验室建设理念

　　"生态田园"主要有三层意思：一是作为具有育人价值的德育追求，利用家乡生态教育资源，学习生态知识，培育生态文明人。二是作为生态环境中的田园，培养学生学习农业知识，培育垦拓精神，热爱三农的情感，提升"教学做"合一的动手实践能力。三是作为活动的途径，田园可以解读为在农村生活中学习。因此，"生态田园"是一个开放、真实、自然的实验室，也是一个丰富、自主、研究、探索、发现的实验室。

　　生态田园是以农村日常生活中丰富多彩的农村生活内容为研究对象，以小学生自主、体验、实验、实践为主要特征构建起来的课程体系。在课程活动中，充分发挥学生的自主探索精神，以长期体验的方式，让学生感悟农村生活的创意价值和田园生活的无限美好，从而提升学生的生态意识，培养学生的环保理念。

　　学校地处崇明区陈家镇新农村建设城乡接合部，是一所公办学校，有 2 个校区，学生大多是农村孩子和外来务工子女。基于学校发展历史和生源特点，我们提出"生态田园、融通生活"的教育理念，以"四有"少年为培养目标，建设一个生态田园，为师生发展搭建平台，用特色田园课程激发学生的生态意识，让他们学会一些农业的创新技能，获得生活中的经历。

生态田园掠影

 ## 实验室学习环境建设

📍 课程设置

　　"生态田园"课程，就是以陶行知生活教育的理论为导向，以课程理论为指导，促进学生快乐生活的生态教育课程。生态田园课程是以培育具有生态文明素养和乡土情怀的人为目标，以生态农业、生态养殖、生态人文、生态自然环境为课程内容，以在真实情景中学习为主要实施方式。它具有保护传承和创新本土文化的特殊功能，承担着传承乡土文化、传播生态文明的使命。

1. 教师提供课程菜单

教师从"生态农业、生态养殖、生态人文、生态自然环境"四个角度出发，开发了一系列的"生态田园"课程菜单。

"生态田园"课程菜单

生态角度	课程名称	实验场地	课时／学期
生态农业	"生态农业"试验园	生态农业实践园	15
	厨余垃圾"化"肥	生态堆肥场	15
	无土栽培实践	无土栽培玻璃房	15
	崇明水仙栽培	玻璃房	15
生态养殖	拾趣蟹苑	螃蟹养殖区	15
	蜂乐园	蜜蜂养殖区	15
生态人文	乡土音乐	乡之音体验馆	15
	崇明扁担戏	扁担戏体验馆	15
	崇明民间舞蹈	乡之音体验馆	15
	小小糕点师	乡之味体验馆	15
	甜香百年	乡之味体验馆	15
生态自然环境	崇明天气谚语	乡之谚体验馆	15
	变废为宝快乐 DIY	劳技室	15
	小脚丫走天下	室外考察为主	15
	植物工厂	B 校区体验场	15
	蝴蝶一生	B 校区体验场	15

2. 学生根据课程菜单选课

先由学生根据年级菜单进行选课，然后教师根据学生的选课情况进行分组，一般一个小组 15 人左右。学生根据教导处安排的时间、地点开展实践活动。

场地设备

学校有 2 个校区，周边有广阔的农田。A 校区特地开辟了面积约一亩的校内蔬菜种植实践园，主要用于蔬菜种植、生态堆肥、栽培实验。A 校区内还建立了养殖区，主要由养蟹操作实践区和蜂乐园组成，这里提供养蜂、养蟹实践操作场景、真实性湿地养蟹区。学校还建立了生态文化体验馆，每一个馆分为主题展览区、专项体验区。主题展览区以图片、文字的形式讲述乡土文化演进历史和活动方法；专项体验区陈列着各种实物，供学生实践体验。B 校区设有植物工厂、蝴蝶馆等体验场。

生态田园分布在 A、B 两个校区中，实验场地有 500 平方米（另有一排平房），由种植区、堆肥场、体验馆、养殖区、体验场等场地组成。

1. 种植区

近 280 平方米，用于生态种植，根据不同的季节栽种各类蔬果、谷物。

种植区 　　　　　　　　　　　　　　堆肥场

2. 堆肥场

堆肥场分成"蚯蚓堆肥场""无氧堆肥场""厨余垃圾有氧堆肥场"三个部分，其中有蚯蚓堆肥箱 2 个、无氧堆肥箱 1 个、有氧堆肥箱 10 个。场地还有雨水收集棚。

3. 体验馆

体验馆共分"乡之味体验馆""山歌体验馆""土布纺织体验馆"等 6 个有关生态文明体验的区域。

4. 养殖区

3 个养殖区，分别为"拾趣蟹苑"螃蟹养殖区、"蟹田米"水稻螃蟹混养区、"蜂乐园"蜜蜂养殖区。

5. 体验场

体验场分成三个实验场地，A 校区有无土栽培区玻璃房，B 校区有植物工厂和蝴蝶一生养殖场地。

养殖区

体验场

教学变革

基于生态田园，学校教师组织了丰富多彩的教学活动，课堂呈现出了变大、变实、变新、变远的新气象。

1. 创新实验活动课场地变大了

蟹塘考察

探究活动课的活动场地明显变大了，为"生态田园"课堂的开放性教学活动提供了空间。

例如，洪飞老师组织兴趣小组策划了一次蟹塘考察活动。活动时间安排在秋收季节，考察对象是螃蟹和水稻的共生项目。整个探究活动的安排主要由学生自主完成。在展示活动中，学生脸上洋溢着成功的喜悦，充分展示了在探究活动中他们是如何综合运用策划、联络、观察、记录、拍照等技能，以保障此次活动的正常进行。如果仅仅局限在教室中，也许他们的那些本领还不能被发现和认可，变大后的课堂显示出非凡的魅力。

2. 创新实验活动课内容变实了

"生态种植"实验场地中，学生在教师的指导下很快完成了种植活动。这样的切身体验对学生来说是一种难忘的经历，加深了他们对人与大自然间的密切联系、人们生活来之不易的认识。在

水仙种植

撰写活动日记的过程中，教师明显感受到了学生的这种改变，文章变得真实可感、触手可及了。

3. 创新实验活动课材料变新了

制作类活动更是发挥学生创意的绝佳平台，他们喜欢参与制作，在动手体验中学习。在材料方面，我校教师表现出了强大的迁移能力，将各式各样的材料交由学生去创作。学生利用这些材料制作成了独一无二的艺术品，从中也体验了一种生态环保的理念。例如，"崇明小点心""蟹壳制作""钓蟹渔具的制作"等课的开展，都是通过问题情境引导，加之新材料的探索、运用，从而让制作类活动大放异彩。

蟹壳制作作品

4. 创新实验活动课视野变远了

"无土栽培"实验探究活动，要求学生使用小葱的葱白自行配置营养液，然后进行无土栽培。在栽培的过程中，每隔几天，就要进行测量和记录。创新实验室为实验活动提供了长时间观察的可能，避免了许多不可控的因素。活动课的视野不是局限在学校，交流互动形式变得深远了。这个模拟大棚的设计，拓宽了学生的活动视野。

通过将创新实验室活动课程与基础型课程相比较，我们发现，虽然两者都是学生在老师的引导下进行的体验性、反思性、批判性、探究性的教学活动，是以理解为基础的体验生活和构建生活的过程，但"生态田园"课程却给了我们意想不到的教学惊喜：① 教学观念更注重"知能并重"；② 教学目标更注重"以方法为主"；③ 教学方法更注重"合作参与"；④ 教学过程注重"过程和体验"。⑤ 教学对象更关注"每一位学生"；⑥ 教学方式更加"变化多端"。

运行机制

教导处每学期都会根据开课和选课的情况，制订创新实验室课程活动安排表。根据这份安排表，校长室和教导处巡课检查落实情况，进行监督检查和评价考核。"生态田园"课程的教学时间一般是"快乐活动日"的半天，地点由学校统一负责安排。

实验室建设成效

　　生态田园是融合乡土课程开发和实践为一体的一个实验阵地，它深受学生和家长的喜爱，同时也得到了社会和同行的认可。"生态养殖"实验室课程"金风蟹韵"校本教材获市一等奖；"校本课程评价的研究"获长三角二等奖；"生态田园课程中培育乡土情怀""乡土课程实施"发表于市级刊物；"甜香百年"等获市级课堂教学一等奖。

　　在"生态田园"课程体系的"生态人文"课程中，乡土音乐、崇明扁担戏、小小糕点师等课程都在上海市取得了不错的反响。例如，乡土音乐之崇明山歌成为上海市"十佳非遗"项目，多次参加展演；崇明"小小糕点师"课程的师生参加上海市课程展，获得不少美誉和奖励。

"生态田园"教材

　　同时，教师也在生态田园的平台上不断成长：其中区域骨干教师 7 名，成长出了 1 名区学科带头人、1 名区学科教学标兵、2 名教学十佳之星；在市中青年课堂教学比赛中，共有 3 位教师获奖；教师撰写的 20 多篇论文在市、区级刊物发表。

捕捉"生态田园"里的快乐镜头

　　又是一周的快乐活动日，裕安小学"生态田园"课程正在如火如荼地展开，看见这一张张快乐的笑脸，让我们举起镜头，把这些欢笑一一捕捉下来。

镜头一：我是堆肥小达人
　　我们先把镜头推向"生态堆肥"场，看看张老师和学生们是怎么说的。

"堆肥?"很多人一听到这个词，就会联想到蚊子嗡嗡、苍蝇乱飞的场景。其实堆肥已经成为环保生活中的一种时尚。它既可以把原来作为垃圾丢弃的厨余变成肥沃的泥土，还把养分还给了大地，给绿色植物增添了活力。

蚯蚓堆肥

张老师经常从报纸上看到，黑心的菜农为了使蔬菜长得好，施很多的化肥、喷洒大量的农药。人们吃这些有害的蔬菜，怎么能保持健康呢？

听听小达人们的话："我对堆肥从一无所知到现在的堆肥小达人，感觉很骄傲。""我回家教给爸爸、妈妈。现在，我们家的阳台上都是用自己做的肥料种的蔬菜。"

有些学生刚参加这项活动时，觉得这些厨余垃圾太脏了，受不了它们散发出的臭味。但看到田园里用自己制作的堆肥种的蔬菜长势比其他蔬菜更好时，成功的喜悦油然而生，再脏再累也都愿意了。

张老师说："我的心里有一种说不出的快乐！因为我收获的不仅仅是知识，更学会了堆肥课程开发，带领学生们懂得了劳动的辛苦和快乐，又增强了责任心，让我们一起来做环保、健康地堆肥达人，将自然生态进行到底！"

镜头二：我是田园小院士

我们把镜头再一次推远，这是学校最后面的"生态养殖区"吧！洪飞老师又在蟹塘边的大树下给学生讲课……

"蝌蚪长大会变成青蛙？"不一定哦！听洪飞老师娓娓道来：记得五月的一天，我带领部分学生去学校的蟹塘，观察螃蟹的活动情况。有学生发现蟹塘内有许多小蝌蚪在游来游去，就好奇地问我，"小蝌蚪长大后会变成什么？"也许是自己受到小时候看过一部动画片《小蝌蚪找妈妈》影响，认为小蝌蚪慢慢长大后，都变成了青蛙，我不加思索地回

"生态田园"课堂里生活着一个生机勃勃的群体，产生了多少情感的激荡，跃动了多少个神奇的联想，闪烁着多少智慧的火花，无数个鲜活的生命在小小的课堂里蓬勃着生命的活力，汇成一个涌动着生命的"海洋"。

答："青蛙。"这时，有一个学生举手回答说："老师，小蝌蚪长大后，不一定都变成青蛙。"

"怎么会呢？还会是什么？"我疑惑地问。那学生回答："有可能是蟾蜍，我在网上见过。""对，我也在一本生物百科书上看到过，还有可能是其他的两栖动物。"

也有学生对蝌蚪的尾巴消失感到好奇，认为蝌蚪发育成青蛙后，尾巴就掉了。同学们都用期待的眼神望着我，想在我这里得到最后的答案。我一时很为难，不知如何向学生解释。

为此，结合课外科技活动，我带领着学生走出教室，走进大自然，采集蝌蚪，在野外观察的同时，进行蝌蚪饲养观察研究，做了详细的饲养日记，获得了丰富的蝌蚪养殖知识。由此，我们认清了两种蝌蚪的区别，澄清了蝌蚪只能发育成蛙的模糊认识，发现这些蝌蚪并不全部发育成青蛙，有些发育成蟾蜍，或其他的两栖动物。原来，不仅青蛙是由蝌蚪发育而成的，许多与青蛙相似的两栖动物都是由蝌蚪发育而成的，而发育成不同的两栖动物的蝌蚪，其大小、颜色、出现的时间也是不完全相同的。通过亲身实践，学生体验到了获取知识的成功喜悦，培养了勇于探究科学奥妙的精神。

我无限感慨地对洪飞老师和学生说："谢谢你们传递给我有关蝌蚪与青蛙、蟾蜍方面的知识，我一直认为课本上说的都是对的，是你们给了我这次学习的机会，我真高兴！"

"生态田园"课程不拘泥于书本，不慑于权威。

镜头三：我是小小糕点师

飘香的南瓜味道，是从乡之味体验馆里飘出来的。那里的学生正在曹老师的指导下做着南瓜糕点。他们把田园里长出来的南瓜制作成

制作汤圆

了南瓜饼、南瓜蛋糕、南瓜圆子……曹老师说："一种食材要做出多种糕点，需要我们不断地创新，这是用有机肥培育的南瓜，你们快来尝尝味道吧！"

各种美味，馋得我们真想去品尝一下这些小小糕点师们的手艺……

生态田园是这样一个注重

学生亲身体验、发掘学生的潜能、开启学生的创造力，以及培养学生科学精神和实践能力的快乐田园。每一个孩子都在这样的田园里获得一种求新、求实、自主、体验的快乐感受。这就是生态田园的理念，让每个孩子更加关注生活，关注我们的生态环境。同时，我们教师们也在飞速地成长，不断发现和创新，开发课程的能力也在不断地提升。

（执笔：沈　俭）

初中篇
Secondary School

　　初中篇中 12 所学校的创新实验室多选择了跨界合作。与小学跨越传统学科界限不同，初中的创新实验室多将视角锁定在某一领域，采用跨越各种固有限制的创新模式，为学生在高中进一步提升创新能力奠定基础。在这里，有通过科技手段学习艺术知识、实现艺术畅想的，也有用艺术形式展现科技魅力、呈现科技成果的；有跨校的课程设置，也有跨地域的学生交流；有突破虚拟与现实界限的学习方式，也有跨越古今中外的学习内容；有跨进校门的家长、专家，也有跨出校门的学生成果……让我们走进创新实验室，看看这里的教师如何跨越传统课程设置、环境营造、教学模式，以及运行机制的界限，为学生的发展谋求突破；看看这里的学生如何突破、跨越自己的极限，结出丰硕的果实。

"设计"与"制作"中的创意对接

——上海市尚文中学"构成设计"创意工坊

实验室建设理念

"构成设计"创意工坊

"构成设计"创意工坊是以培育未来创意人才所需的基本技能、创新意识和综合能力为目标的创新实验室。它以平面构成、色彩构成、立体构成等三大构成为教学脉络，以"体验"活化知识，以"探究"促进思维深刻性，以"创造"提升综合表现力，成为融"设计"与"制作"为一体的联系生活的创新实践场所，为学生提供多元发展的可能性。

"构成设计"课程在尚文中学已历经了20多年的探索与实践，先后编写了校本教材《构成设计基础》和《平面构成的设计与创意》。基于此，为了进一步强化平面构成、色彩构成、立体构成等三大构成与生活之间的关联，提升学生的创新思维和表现能力，"构成设计"创意工坊力求通过"设计"与"制作"相融合的教学环境的创建，凸显出"构成设计"融知识学习、能力培养与情感体验为一体的美术教学新形态；力求通过多样化的制作资源建设，促使学生具备创造性地运用各种知识和技能的能力，为未来的创意人才提供发展方向；力求通过现代化设计软件的配置，促进构成设计课程内容的深化，并逐步建立、完善含有具体教学内容的"设计"与"制作"互融的学习平台。

实验室学习环境建设

 课程设置

"构成设计"创意工坊的课程为拓展型课程，课程基于构成设计（平面构成、色彩构成、立体构成）的特征，对涉及的民间工艺与当代设计工艺的资源进行重组，联系生活，挖掘出构成设计各领域间的相互关联和综合表现方法，改变单一的设计课程实施形态。"构成设计"创意工坊按工坊类型分成设计坊和制作坊：设计坊专供学生进行手绘与计算机设计，制作坊专供学生进行产品加工与制作。

"构成设计"创意工坊的教学对象为六、七年级部分学生。自2015年9月建成至今，"构成设计"创意工坊围绕设计坊与制作坊的活动性质，开发了两门课程。

1."梦想照进现实　3D创客空间"设计坊课程

设计坊是借助3D打印技术为学生创建的体验式学习中心，是一个活化知识与激发创意的空间。在这里，学生需要主动参与到真实的实践活动中，并通过亲自动手操作获得直接的学习体验，提高解决问题的知识与技能水平，提升实践能力。

"梦想照进现实　3D创客空间"设计坊课程

模块	课题	主要内容及要求
模块一 走近 3D打印	初识 3D打印	了解基本的3D打印知识、材料成型原理和简单模型制作方法，初步形成空间想象能力
	安装操作 物体变换	学会用iPad下载并安装123D Design软件，认识界面、菜单，学会调整视角等视图操作，尝试组合、变形几何体
模块二 玩转 123D Design	陀螺比拼	分析陀螺的组成部分，用调整视角、移动物体、缩放物体、对齐物体、使用吸附工具等方法设计一个陀螺
	做个杯子	学会联合菜单、修改菜单中的倒角、抽壳，视图工具中的隐藏轮廓线，以及材质（上色）等方法对几何体拼切建模，制作马克杯、高脚杯等
	艺术花瓶	学会放样、抽壳、阵列，设计艺术花瓶
	设计笔筒	学会使用群组工具、直线陈列工具、吸附工具等设计生活中的实用物品，如笔筒、牙刷座、手机座等
	神奇徽章	学会使用文字工具、挤出工具、投影工具、偏移工具、镜像工具等，为自己做一枚个性化徽章
	硬币收纳	能按照尺寸精确地设计出基本形体。掌握用圆柱体切挖物体的方法，设计不同造型的硬币收纳盒
	手机外壳	掌握开孔、切挖的基本方法，结合自己的手机，设计一款个性化的手机外壳（保护壳）
	个性挂件	学会草图绘制，能将自己绘制的平面图形拉伸成3D模型，设计一款个性挂件，如钥匙扣
	校标设计	掌握草图绘制、组合、剪缺，并能融会贯通地应用，以学校平面校标为原型，设计制作一款3D校标
	创意无限	综合所学，进行设计，如文化创意类、游戏类、生活创意类、建筑类、工业类等。举办"梦想照进现实"3D打印作品展

2.“巧用'良材'创意空间”制作坊课程

制作坊是利用多媒材为学生创建的探究式制作中心，是一个促进思维深刻性的创意空间。在这里，学生需要结合场馆资源，尝试用不同的材料与方法，在手工化的制作过程中不断提升综合创造能力和实践能力。

“巧用'良材'创意空间”制作坊课程

模块	课题	主要内容及要求
模块一 纹饰制作	生活中的纹饰	了解纹饰内涵、特点及设计规律，利用多种材料和工具完成平面、色彩或立体的具有纹样装饰特点的物件作品
	有趣的皮影戏	
	服装巧搭配	
	海报设计	
	面具制作	
	废物为宝	
模块二 泥塑制造	多肉植物泥塑制作	结合场馆资源，掌握泥塑的相关知识与制作方法，在塑造中学会关注对象的造型、姿态等特征，发挥创意；增强对民间艺术的热爱，发展对知识的综合运用和创新能力
	动物泥塑制作	
	人物泥塑制作	
模块三 纸牌制作	搭建纸牌建筑	掌握基本的纸牌搭建方法，形成"发现问题—形成方案—遇到问题—谈论问题—修改方案—解决问题"的探究意识
	纸牌纹样创新	通过分析、比较、讨论等方法完成对纸牌纹样的再创
	有趣的纸牌人	以多种材料创作姿态生动的纸牌人
模块四 建筑与环境	各种柱形建筑	了解纸柱造型的艺术形式及特点，掌握纸柱造型的基本制作方法，关注纸柱造型建筑与生活的联系
	墙面创意制作	根据瓶盖的造型、色彩创作墙面图案
	未来城市新貌	选用适宜的纸材，合作制作"未来城市新貌"的局部平面图或模型；培养热爱生活的积极情感

上述两门课程并非独立存在，而是相互渗透的，特别是在课程资源的开发上是紧密相连的。以下以"巧用'良材'创意空间"中的"模块一　纹饰制作"细化内容为例，进行阐述（依据平面构成、色彩构成、立体构成等三大构成进行划分）。

"模块一 纹饰制作"细化内容

学习领域	课题	可涉及的内容（按学情自由选择）
平面构成	生活中的纹饰	纹样的寓意（牌匾文化、服饰文化、窗花艺术、青铜文化等）；古今纹样的比较；我喜欢的纹样；纹样的用途等
	有趣的皮影戏	皮影戏的相关知识（风格特点、表现形式、制作方法、材料工具等）；皮影人物设计（服饰、发饰等）；我们的皮影戏等
	实施建议：可利用设计坊的拷贝台、Photoshop 软件进行构思、创作。"生活中的纹饰"可利用制作坊的剪纸、泥塑以及印染等区域的设备完成产品的制作；"有趣的皮影戏"可利用 ArtRage 软件中的模板工具或纸雕机完成	
色彩构成	服装巧搭配	服饰文化探秘（元素、风格、功能等）；服装设计（款式、色彩、裁剪、缝制、饰品、搭配法等）；我们的服装秀等
	海报设计	探究海报的形式美感（文字、图形置换、图片排版、色彩搭配等）；"艺术节"海报（草图）设计；用不同材料制作海报等
	实施建议：可利用设计坊的 2D 设计软件完成对图像和色彩的设计。"服装巧搭配"中的制作内容，除了可利用纸雕机、纸或布拼贴之外，还可用彩泥来进行制作	
立体构成	面具制作	面具背后的故事；面具聚会；绘制面具；我创造的面具等
	废物为宝	发现身边的"美"；创意点子大汇聚；无用良材为我用等
	实施建议：这两项课程内容更关注制作过程，因此要充分利用制作坊的各区域功能，如在泥塑区域完成面具制作。"废物为宝"则要关注对各类材料的收集，包括可以对材料进行特别处理，如印染、雕刻等	

　　每一个"课题"会生成出不同的学习内容，这些内容都是学生感兴趣的探究内容，可供学生选择。在每个"学习领域"中都会有相应的"实施建议"，其中包含了多种计算机绘画设计软件的使用。由此可见，"构成设计"创意工坊的课程追求的是学生创造个性的发展，只有调动、整合所有课程资源，才能体现整个课程的基本原则：指导是为了让学生更好地进行设计与制作，而不是限制其自由。

📍 场地设备

　　"构成设计"创意工坊包含设计坊（面积约 50 平方米）和制作坊（面积约 100 平方米）。除了完成教学所需的多媒体设备的配置之外，"构成设计"创意工坊还增设了其他各类教学设备，其目的就是为不同层次学生的发展提供更多的、更有效的学习途径与方法。

1. 教师示范区

　　教师示范区主要配置了实物投影仪、计算机、电子白板、音响、控制台等多媒体设备，使师生间、生生间的互动交流更为便捷。此外，教师示范区中还配置了多功能的 123D Design 软件的建模设计、打印监控，其目的是与 iOS 或安卓系统进行无线互联，引导学生进行设计及产品制作。

教师示范区

2. 学生活动区

学生活动区分为设计区和制作区，均由 20～32 套单人课桌椅组成，便于学生自由组合形成活动小组。另外，活动区配置、安装了多组地插，充分满足了教师组织学生对课堂任务、方案设计、创意解决的需求。根据活动性质，学生活动区又可划分为 4 个区域。

（1）计算机设计区域

该区域主要配置了计算机、数位板、彩色激光打印机、Makerbot 第 5 代 3D 打印机等设备（不包括设计软件），实现了"平面构成"走向"立体构成"的思维发展。

（2）剪纸区域

该区域主要配置了印衫红纸雕机，达成了"设计即生产"的目标。

（3）印染区域

该区域设有操作台（水斗）、电饭煲、电熨斗、熨板以及耗材（布、染料等），达成了技法"探究与创新"共发展的目标。

（4）多媒材应用区域

该区域实现商业媒材和自然媒材的再利用，围绕选择的媒材类型进行设施配置，达成了"材料＋形态＋色彩＝综合表现"的目标。

学生活动区

3. 成果展示区

　　成果展示区设有可贴、可挂、可放的墙面展区、实物展柜、玻璃展柜等，供各类作品展示，构建出融操作、展示、交流功能三合一的立体空间。

成果展示区

📍 教学变革

　　由于"构成设计"创意工坊课程的教学对象为六、七年级的部分学生，这为统一授课带来了困难：基础不一，能力不同。

　　解决这一难点问题的核心在于：既要降低设计难度，又能使学生发挥主动权，让每个参与学习的学生都能迸发出思维的火花，让他们在知识"体验"中跨越设计障碍，在思维"探究"中自动生成设计图稿，在综合"创造"中迅速形成创意产品。

　　基于上述思考，3D 打印机被自然运用于"构成设计"创意工坊的活动中，这也是因为 3D 打印技术能帮助学生真实地经历从"平面构成"走向"立体构成"的实践过程，活化知识，促进思维深度发展，学以致用，真正体会到"设计"与"制作"融合的妙趣。

学习使用 iPad 进行建模

　　就实质来看，3D 打印机完成的是作品最后一环——输出，因此，学生前期的创意酝酿与思维碰撞的过程才是活动的关键。

　　但新的问题又随之出现，由于要使用 123D Design 软件建模，必须借助 iPad 进行设计，学生会使用 iPad 吗？经调查，近一半的学生都存在操作上的障碍。怎么办呢？最终我们采用了合作学习方式，围绕内容，先由手绘能力较强的学生完成设计稿，再由 iPad 操作能力较强的学生在 123D Design 软件中进行建模。事实证明，学生的合作往往能将设计内容的广度与深度达到较完美的统一，为后续制作打下基础。

　　以下以设计坊课程"模块二　玩转 123D Design"中的"陀螺比拼"课题为例，进行说明。设计这一内容的想法源自学生在课间聚在一起玩陀螺大战。从学生的兴趣出发，引导学生自己设计、组装一个陀螺，是不是更酷炫？我们将这一想法告诉学生之后，学生兴致满满……整个活动过程主要包含 4 个环节。

1. 情境体验

创设情境：出示若干个陀螺，比一比哪一个陀螺转动的时间最长。这一体验过程可以激发学生对陀螺设计原理的探究兴趣，营造自由、宽松的学习氛围。

2. 思考探究

比赛结果分析，得出初步结论：陀螺的重心、陀尖、摩擦、平衡等是关键因素。由此引发思考：如何在 123D Design 中设计一个强大的陀螺？陀螺的造型是怎样的？基于此类问题，引导学生利用手绘或 iPad 完成对平面图形的设计。

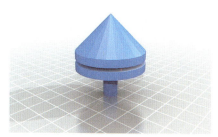

陀螺比拼

3. 创意设计

按照探究结果，设计陀螺的造型：主体（圆柱或圆盘）+轴（圆锥）+底部（圆锥）。计算机软件的"参与"，大大缩短了学生的设计时间，可以让学生有更多的时间和精力去思考陀螺的创新问题，比如如何通过立体构成的造型元素和色彩构成的视觉元素等方面来体现其"强大""新奇"的特点。

4. 综合实践

将设计好的陀螺用 3D 打印机打印出来，比一比、赛一赛，谁的陀螺最厉害。然后，在此基础上进行反思、优化，进一步调整陀螺的造型，让学生的创意灵感在每个阶段都能迸发出来。

用软件设计的陀螺模型

学生在"创意酝酿—思维碰撞—实践操作"的学习过程中，充分体会到了科技带来的快速与便捷，体验到了"创意空间尽收眼底"的乐趣，并通过平面构成、色彩构成、立体构成等三大构成的知识、技能的融会贯通，促进了自身创意想象力与实践能力的发展。

📍 运行机制

"构成设计"创意工坊的运行采用教师引导下学生自主体验与探究的学习方式。

"构成设计"创意工坊运行机制

"构成设计"创意工坊融"设计"与"制作"为一体，活动讲究创意性。由此，"构成设计"创意工坊必须创设成为既开放又有章可循的学习场所。在管理制度上，我们坚持做到四个"化"：制度化、系列化、自主化、经常化。

"构成设计"创意工坊管理制度四"化"

 ## 实验室建设成效

　　"构成设计"创意工坊的建设超越了传统教育中单一固化的教学环境，拓展了学生的学习时空，丰富了学生的学习经历。在实验室建设过程中，研究团队成员发挥各人智慧，在原有的校本教材《构成设计基础》《平面构成的设计与创意》的基础上，重新梳理，形成了两门与时俱进的特色课程，即"梦想照进现实　3D 创客空间"和"巧用'良材'创意空间"，深受学生喜爱。

　　"构成设计"创意工坊为学生提供了施展才华的空间，为学生的创新意识和实践能力的培养搭建了舞台。短短一年里，成果斐然。在第三届沪港台三地少儿美术作品展中，学生利用彩纸与手绘相结合的形式创造的《未来城市，崭新之旅》和用碎蛋壳粘贴的《未来世界 – 奇妙旅程》，于 2015 年 10 月 1 日至 10 月 31 日在中华艺术宫展出；在上海市第四届青少年科技节科幻画大赛中，学生利用色彩构成方式设计的手绘作品获三等奖 2 项；另有多位学生在黄浦区各类创意设计（绘画）大赛中获一等奖 4 项、二等奖 1 项、三等奖 3 项等。

"未来世界·奇幻旅程"现场授课

"未来世界·奇幻旅程"证书

"构成设计"创意工坊课程和实验室资源为我校课程改革推广创设了平台，实验室多次接待了新加坡教育团的来访与学习，并馈赠了我校学生制作的泥塑作品——《马勺脸谱》，深受赞赏。"构成设计"作为黄浦区共享课程，项目负责人在"第五届世界华人美术教育大会——大数据时代下的美术教育"、教育部"国培计划（2015）——体育美育骨干教师培训项目（中学美术教师）研修"中均对"构成设计"创意工坊的建设作了交流展示。此外，她还应邀在中华艺术宫进行了"玩转图形 创意设计"儿童艺术公益课程的讲授，反响良好。

超越课堂限制，实现创意对接

"'设计'与'制作'一体化的课程建设能否有效实施呢？"曾有一位关注设计类课程建设的教研员朋友这样问我。从"设计"到"制作"，其中包含着从发现、构想、创意、实施到评价、验证、完成等整个创造过程，这是一个极具挑战性的教学话题，要呈现"百花齐放"的效果很难。

真的很难吗？或许，我们可以从两堂课说起。

又到了每周三下午的"构成设计"创意工坊活动时间。咦，这是在上课吗？只见学生们一会儿窜进设计坊，一会儿又跑到制作坊，真够忙活的。走进设计坊一瞧，这还算是美术课吗？一群学生挤在计算机前，叽叽喳喳地讨论着什么；另一群学生正凑在一起画着什么。这样的课堂也太随意了吧!

再去看一看制作坊,只见有的学生在捏泥巴,有的在扎布,有的在剪纸……还有争执声。你看,根本没有统一的作业要求,学生太自由了吧! 这又是一节"糟糕"的美术课。

然而,如果我们把这两堂课放在"设计"与"制作"一体化课程的视野下,那么这两堂在传统课程体系下不合格的课就有了不可替代的意义。

再次走进设计坊,近距离地观察。原来,学生们都在围绕主题进行着设计。瞧,有的学生在利用绘画软件设计纹样,有的学生则在通过扫描技术把收集到的资料输入计算机进行纹样再处理。还有学生围坐在一盆绿萝边上进行写生,而教师正在一旁解惑、指导,如:如何对素材进行取舍、提炼与加工,如何围绕设计功能增强其纹样的美感,如何把情感融于纹样的表达上……这些帮助学生逐步形成了设计方案。

围绕着"纹样"主题,所有的活动都有了向心力和凝聚力,第二堂课的场景就是学生利用多种表现媒材进行纹样再创作,如:以金属皮浮雕制作青铜纹样、剪纸制作窗花纹样、泥塑制作兽面纹门环(器皿)、手绘制作脸谱纹样、扎染制作手袋纹样等。

可见,这两堂课的教学活动是借助设计和制作的一般过程的体验,促进学生从不同层面感知、获得学习中所涉及的多维度经验和价值,两者合一,让创意"落地开花"。

学生纹样再创作品展示

看到这里，有教师或许会问：“学生怎么会联想到用这些方法去制作作品的？”

　　学生的回答是：“在设计前，我们已利用网络搜集了大量关于纹样的知识，了解到了纹样有写实、写意、变形等多种表现手法。此外，我们还走访了上海博物馆、纺织博物馆等场所，对传统纹样的类别、意义等作了进一步的研究，并对现代纹样的形成要素作了分析，发现有创意的纹样的一些特点：色彩漂亮，与主题协调；题材新颖，与实际用途吻合；构成独特，充分展现设计的魅力。也正是因为每组都在追求独特与创新，所以形成的作品都会有新的突破……”

　　的确，生活体验是实现“设计”与“制作”创意对接的渠道，好的课程就应该有大胸怀，这个大胸怀应该超越课堂（课时、环节等）的小计较，突出“自主体验、自主探索、自主创造”的特色。

　　在经历了“体验—探究—创造”的中心环节后，有学生情不自禁地感叹：“简单的纹样设计竟会使我产生这么浓厚的兴趣，让我发现了生活中有这么多的纹样类型，还可以选择那么多的材料和方法来实现我的构想。我喜欢这样的课程。”可见，学生对周围世界的变化开始敏感而富有兴趣，尤其是对新鲜的事物充满好奇，这就是知识、技能乃至观念形成的原动力，而这份原动力也体现了：要真正实现创意的对接，就必须让课程的力量超越课堂的限制。

（执笔：庄　琪　刘贵忠）

物联网中的创意生活

—— 上海市娄山中学"实验感知"创客园地

 ## 实验室建设理念

    "实验感知"创客园地是一个将现代科技与创新实验室环境有机结合的创新平台。实验室放眼未来，为学生们提供了一个感知未来的创客平台，使学生们在环境保护、人体健康、智能家居、城市生活、文化传承等领域进行探究实践。实验室借助传感器、三维造型板、可视化编程软件、3D打印机等创客工具帮助学生把他们的想法变为现实，让学生在体会发明创造乐趣的同时，提高科学素养与动手能力，培养具备自主学习能力和终身学习热情的小创客，使他们能够适应终身发展和社会发展的需要。

    数字化的实验、模块化的教学、游戏化的过程、个性化的作业和整合化的展示是实验室的魅力所在。实验室通过低结构教学具的使用，使高深的物联网技术降低维度，成为学生乐于接受的形式，降低学生学习、应用物联网技术的难度。

"实验感知"创客园地效果图

 ## 实验室学习环境建设

 ### 课程设置

    "实验感知"创客园地的课程建设主要结合了物联网这一前沿科技。物联网技术主要涉及传感器和智能化控制，在生活中随处可见，例如"拍手点亮的灯""会说话的门铃"和"长眼睛的温度计"等，这些都是创新实验室的课程主题。

    "实验感知"创客园地是面向全体学生的创客平台，"实验感知"课程的建设遵循"人人可行、拉开差距"的教育理念，既要保证能让绝大多数学生都参与其中，又要让每个学生都有个性发展的空间。

1. 课程体系

课程分为基础型课程、拓展型课程、探究型课程等三个层次，分别重点培养学生的动手实践能力、设计应用能力与发明创造能力。

（1）基础型课程

基础型课程适合刚接触编程设计和造型设计的学生。学生通过对物联网技术、各种电子传感器、可视化编程、3D 打印技术的学习，学会基本的结构搭建技能和编程基础，提高动手实践能力，为拓展型课程的学习作铺垫。

"实验感知"基础型课程

主题	课题	课时
造型基础	美丽的花朵	2
	冰雪世界的精灵	2
	法国的象征	2
	我眼中的校园	2
	魔幻小剧场	2
编程基础	创客法宝	1
	天黑请亮灯	2
	风扇转呀转	2
	长耳朵的灯	2
	听不见的声音	2
3D 打印基础	柱子	2
	小电视	2
	花瓶	2
	桌椅	4
	乐高零件	4

（2）拓展型课程

拓展型课程是将物联网与结构搭建结合起来进行的综合性设计课程，结合物联网技术和 3D 打印，从"智能生活""机械传动""环境保护"等方面开展。学生通过完成一个个综合性作品，提高对新科技、新技能的认知，体验从创意、设计、制作、调试到成品的研发过程，能够灵活运用所学来解决实际应用中遇到的问题，为探究型课程的学习打好基础。

主题	课题	内容	课时
智能生活	珍惜时间	学习如何合理安排时间，制作一个能够自动进行时间提醒的小闹钟	2
	爱的提醒	使用红外传感技术，制作一个能够提醒矫正坐姿的装置	2
	消防小助手	认识日常生活当中的警示标志，制作一个能够感应烟雾的火灾报警器	2
	烫不到我	理解热敏电阻的工作原理，制作一个会自动降温的水杯	2
环境保护	会自动提醒的水龙头	使用雨雪感应模块，制作一个能够在水龙头未关紧时自动报警的装置	3
	太阳能收音机	使用太阳能电池作为电源，制作一个可以控制开关、音量、频道的收音机	2
	空气成分检测	检测空气当中的 CO_2、O_2、H_2O，认识空气中不同成分对于人类的意义	3
	PM2.5 报警器	使用粉尘模块检测空气当中的 PM2.5 含量	2
机械传动	帆船	学习帆船发展的历史，设计并制作一个帆船	4
	倒车请注意	学习声音传播的规律，使用超声波模块制作一个倒车报警装置	3
	太阳能小车	设计并制作一个太阳能驱动的小车	3

（3）探究型课程

　　探究型课程是对学生在生活中发现问题、分析问题和解决问题能力的综合考验，锻炼学生将科技应用于实际生活的能力。探究型课程不仅能提升学生的创新意识和创新思维，而且还能培养学生热爱科学、热爱环境的优良品质。探究型课程开展的基本步骤为：提出问题—收集资料—项目规划—开展项目—成果展示—交流总结。

"实验感知"探究型课程

主题	课题	内容	课时
智能生活	节能的电器	了解人体感应模块的工作原理，制作一个自动感应人体的节能台灯	4
环境保护	空气净化器的探究	结合所学，通过科学探究的方法，制作一个改善空气质量的装置	4
	土壤酸碱度对植物生长的影响探究	探究土壤酸碱度对于植物生长的影响	4
机械传动	遥控小车	理解蓝牙与继电器的原理，设计并制作一个遥控小车	4
	灭火机器人	结合所学，自主设计一个能够自动搜索着火点并灭火的机器人	6

学校为这一系列创新课程编写了配套的物联网教材《实验感知课程》。学生们只需翻开教材，通过魔法图软件扫一扫，就可以观看与课程主题相关的科技视频，做到自主预习，激发学生对课程主题的兴趣。

用魔法图软件扫教材

2. 课程评价体系

（1）结果性评价与过程性评价同步

学生成长手册记录了学生课堂所有的信息，从主题制订、设计说明、设计草图、编程描述、材料准备、人员分配、时间安排、成果展示到综合评价，都记录了学生在每个主题学习的进展和真实情况。

（2）通过戏剧启发的形式让总结与评价"玩"起来

学生完成主题课程后进行成果展示，展示形式多样，包括情景剧、舞台剧、T台秀等多种形式，旨在展示学生团队合作完成的作品。在生活设计师和小公益大梦想阶段，学生通过观察家、社会家、生活家、设计师等多种角色完成一系列的作品展，这是学生对戏剧启发的延续和创新。可见，评价真正关注了学生的全面发展。

（3）即时记录

在课程实施过程中，每一个小组主动以照片或视频的形式记录小组课堂表现、每个主题环节、作品展示和团队合作情景。

场地设备

"实验感知"创客园地

"实验感知"创客园地本身就是一个智能物联系统，我们把灯光、窗帘、投影仪、空调联合起来，作为一套集成的物联网实验室系统。所有的这些硬件设备都可以通过手机软件远程控制，能让教师即使不在现场也可以控制实验室的智能装备。除了手机控制这种方式，还可以通过教室进口处的触摸开关来控制这个系统。

"实验感知"创客园地的架构包含 4 个功能区。

1. 智能交互区

智能交互区配备了一些智能交互设备，有智慧种植系统、智能语音打印系统、纸电路、脑电波控制电灯、音乐橱窗等。学生在具有浓厚创新氛围的环境下对传感器和智能控制技术进行创新实践，从而体验创新、体验创造。

（1）智慧种植系统

智慧种植系统的功能及原理：检测植物生长环境中光照、温度、氧气、土壤湿度的数值，当检测到土壤湿度的数值小于所需数值时，抽水马达的开关自动打开，为植物浇水。

（2）智能语音打印系统

智能语音打印系统即语音控制智能摄影、打印系统，其功能及原理：语音拍照并打印，当设备打开时，通过点击按钮会直接拍照并打印相片。拍照时会有提示声，实现方便快捷的操作方式，同时打印系统与实验室场景结合，注重美感。

（3）纸电路

纸电路名为"树上的小鸟"，其功能及原理：太阳能／锂电池供电的纸电路，能识别参观者的不同表现行为，让画发光。用纸电路体现科技感，学生可以了解基础电子电路和设计艺术知识。

树上的小鸟

2. 互动教学区

教师在互动教学区中展示科普资源，普及科学知识，组织学生以团队的形式进行交流与展示。学生在这个区域交流和制作，他们可以进行三维造型板和电子模块的组装，将自己无形的想法通过设计、制作和 3D 打印转化为有形的实物。

三维造型板是一种低结构平板型塑料材料，采用食品级材料制作而成，色彩丰富，剪裁多变，任意平面、立体形状均可自由驾驭。学生在学习简单的使用方法后，能做出许多具备个人风格的作品。学生使用三维造型板时，不仅提高了自主动手能力，而且提高了色彩运作能力以及空间想象力。另外，当学生需要搭建精密的结构时，可以使用 3D 打印技术来帮助他们实现。

3. 编程建模区

学生在编程建模区使用可视化编程软件，通过不同模块之间的组合实现功能性编程。创客园地引进的传感器有 50 多种，功能丰富，组合多样，能充分锻炼学生的发散思维、想象力和动手能力。

4. 作品展示区

作品展示区的展示柜上陈列着学生的优秀作品，作品展示还结合了 AR 技术，参观者使用魔法图软件扫一扫，就能观看小作者对于作品的介绍。

作品展示区

教学变革

1. 基本教学步骤

"实验感知"课程是一个完整的体系，以小组为单位开展。

故事—实验 ⟶ 外形设计与创作 ⟶ 演讲总结与评价

"实验感知"课程基本教学步骤

下面以"帆船"课为例进行说明。

（1）故事—实验

教师首先用"哥伦布发现新大陆"的故事导入，讲解帆船的组成结构和每一部分的工作原理。这个过程可以让学生收获更多的知识和学习多元的思维方法，同时也锻炼了他们的创新能力。

（2）外形设计与创作

在外形设计课上，多彩的造型板作为设计材料，不仅可以训练学生动手动脑能力和逻辑思维能力，而且能够培养学生的审美和艺术鉴赏能力。学生分成小组，团队合作进行外形设计。在活动的过程中，学生需要密切交流和团结协作，培养了他们敢说善听的能力。

帆船模型

（3）演讲总结与评价

在最后的总结与评价课上，学生结合他们设计的小船编排一段舞台剧，进行表演展示。学生的语言表达能力、观察能力在这一过程中都会得到锻炼。在这样宽松的课堂氛围中，学生的综合素质会得到全面提升。

舞台剧展示

运行机制

1. 人员管理体系

"实验感知"创客园地在学校的相关政策与制度的指导下，建立了一系列配套的人员管理制度，规范了实验室运行的各个具体环节，并将教学、教研、实验室建设与维护等引入人员的考核指标中。

学校对实验教学工作高度重视，不断吸引一些热爱实验教学、有较高专业水平、较强教学科研和管理能力的教师加入实验教学行列，从而建立起一支稳定、积极向上的实验教学队伍。技术人员中心负责实验室的统一管理，为实验教学提供了有力的人员保障。

2. 教学管理体系

除了各项日常规章制度外，我校还建立了 3 个系统，即教学质量评估系统、学生成长档案系统和教学研发系统，形成了教学评估、学生评估和教学研发三位一体的全面教学质量管理体系和质量保证系统，激励和监督教师搞好教学工作。主要做法有：

（1）定期召开学生座谈会，听取学生对实验教学的意见；

（2）学校人事处每年对教师和技术人员进行年度职业素质和业务能力考核；

（3）学校组织高职称或富有教学经验的退休教师组成教学督导组，对实验教学进行督导评估；

（4）实验教学实行集体备课、集体讨论制度；

（5）大型仪器设备专人管理，实验室定期进行实验室仪器设备和实验室安全环境检查，保证仪器设备的配套性、完好率和利用率达标。

实验室建设成效

在实验室建设过程中，我们开设了集三维造型板、物联网和 3D 打印于一体的"边学边做"的课程，把艺术、科学、技术中的抽象概念，通过学生的动手设计、制作，变成有趣的、可见的实物。

学生在比赛中讲解发明项目

结构搭建、物联网和机械传动相结合的课程让每位学生都能经历"提出问题—分析问题—解决问题"这一过程，从而提升学生的问题解决能力，进而激发学生投身科学、数学、工程和设计的热情，造就一批小小科学家和小小工程师。

经过一个学期 2 个兴趣班的学习，我校学生能够熟练运用低结构材料进行造型创作，并通过编程软件及电子传感器完成了"没有开关的灯""会说话的植物"等实验课题，熟悉掌握了每一种电子传感器；在圣诞节策划主持了主题圣诞活动；在第 11 届未来工程师大赛中，一组学生设计的"水位报警器"荣获一等奖，另外一组学生的"厕所里装声控灯"荣获三等奖。从这一学期的教学成果不难看出，"实验感知"课程深受学生和教师的欢迎。

未来"创客"即将从这里启航

（一）

"我的水位报警器用材是数张三维造型板、数颗铆钉、一个主模块、一个电池盒、一个蜂鸣器模块……"这是王敬猷同学在上海市未来工程师大赛上讲解他的发明项目的情景。

王敬猷是七年级的学生。他是一位想象力丰富、爱发明创造的学生，也是一个从小就爱做手工的大男孩。在参加"实验感知"课程学习后，一走进实验室，他就像进入了科技的海洋，对各种实验器材产生了浓厚兴趣。三维造型板和众多电子元器件让他有了更多发明创造的欲望，他在对每个电子元件的功能——了解之后，产生了很多奇思妙想。

有一次，他在饭馆吃饭，无意中路过厨房，哗哗的水流声吸引了他的注意。他看到厨房里两个大水池的几个水龙头都开到了最大，大水池的水早就满了，水不断地流出，而工作人员却浑然不知，都在各忙各的。珍贵的水资源就这么白白浪费了，让王敬猷心痛不已。王敬猷想："要是我能做一个既可以报警，又可以环保用水的节能装置，该多好呀！"

当他把自己的想法告诉同学、老师后，得到了大家一致的认可和支持。王敬猷考虑这个装置的第一功能是要能报警，当水位超过一定高度时，要有警示音引起人们注意。可是，要是周围没人，没人听到报警声，那流出来的水又该怎么办呢？白白流掉的话太可惜了。能不能将流出的水收集利用，这样就不会造成水资源的浪费了。那么，怎么才能收集再利用呢？带着这些问题，王敬猷和他的团队进一步探究，如果能用流出的水去浇花，这样既不造成浪费，又可以实现自动浇水，岂不是一举两得？

在创新实验室里，王敬猷和他的团队在老师和同学的帮助下，做出了自己的创意作品——水位报警器。水位报警器的工作原理是：当水池的水位达到一定的高度，且无人关闭水龙头时，则自动启动蜂鸣器，响5~6秒；若无人应答，就自动启动抽水机，将超过指定水位的水通过管道，送到花园的喷水机中

水位报警器

浇花，直到有人将水龙头关闭，使水位恢复正常，方才自动停止抽水。这样，既节约了用水，又实现了水资源的再利用。这件作品获得了第11届年上海市未来工程师大赛一等奖。

"我的作品得到同学和老师的认可，还额外收获了很多奖项，大大增加了我的自信，让我更加享受这种快乐。我要做未来的工程师！"王敬猷开心地说。

（二）

创新、创客并不是学霸的专有，有些成绩平平的学生，也可以在创新实验室做出"大名堂"。

陈易炜同学是七年级的学生。他平时做事、学习有点懒散，信心不足，成绩中下。但是他有一个优点，从小动手能力很强，特别喜欢阅读与电子科技创新有关的书籍，脑子里经常会蹦出一些在大家看来是异想天开的"怪想法"。当他发现学校开设了"实验感知"这门创新实验室的课程时，就积极报名参加了。一

声控"大白"

进实验室，陈易炜就对实验室的各种器材产生了兴趣，这里摸摸，那里看看。不出所料，陈易炜的动手能力非常强。一拿到三维造型板，他就动手制作了一个非常受同学欢迎的机器人"大白"，那憨憨的体态还真与"大白"有几分相似。那么，要赋予这个"大白"什么功能呢？"大白"肥嘟嘟的肚子是个非常好的收纳空间。可是，只有收纳功能似乎显得太简单了。若做成声控的，那些腿脚不方便的老人在需要取东西时，只要动动嘴，"大白"就能出现在面前，那该多棒啊！

在老师的指导和帮助下，陈易炜开始着手设计这个声控"大白"。在整个创作设计阶段，他遇到了很多实际操作问题，他都自己上网或者去图书馆查找资料，一一克服。经过一次次的修改、编程、调试后，声控"大白"终于诞生了。利用语音控制模块，"大白"能听懂"前进""后退""左转""右转"等指令，并且能非常准确地完成这些指令。声控"大白"最终获得了第12届上海未来工程师大赛三等奖。

陈易炜没想到，平时学习成绩平平的自己竟然能获得这样的市级奖项，他从此信心大增，决心将来做一名工程师。陈易炜把这份自信和坚持带到了自己的日常学习中，成绩也有了明显提高。

"实验感知"创客园地开阔了学生的视野，提升了学生的科学素养，培养了学生的创新意识和实践能力，营造了爱科学、爱创新的校园文化，同时也增强了学生的自信，在学生心中孕育了"未来创客"的梦想。学生也将这份自信和梦想带到平时的学习和生活中，为他们将来的发展奠定扎实的基础。

　　未来"创客"即将从这里启航。

（执笔：李正辉　吴　越）

STEM 理念引领下的 机器人课程

——上海市延安初级中学机器人创意工坊

实验室建设理念

机器人活动是一项综合多种学科知识和技能的青少年科技活动,符合青少年好动好学的特点,深受学生的青睐。我校的机器人活动发展迅速,已成为我校科技创新实践活动的一大特色。在大力提倡科技创新的当下,如何利用好机器人课程这个优良载体有效地进行创新教育,引发了我们的再思考,"机器人创意工坊"正是在这样的背景下应运而生的。

为了更有效地激发学生的想象力和创造力,我们在机器人创意工坊建设中融入了STEM 设计理念,将实验室课程开发与学生的切身生活体验相结合,围绕环保、绿色、教育、信息和能源等五个主题,形成了未来家居、绿色生活、快乐教育、智慧通信和畅游世界等五大课程板块。机器人创意工坊让学生从接触 STEM 开始,逐步了解 STEM 理念,进而运用 STEM 思维,不断提升解决实际问题的能力,提升想象力和创造力。

实验室学习环境建设

课程设置

机器人创意工坊旨在引导学生在有趣的游戏任务中学习完成机器人设计和制作的结构、编程和控制,提升学生的综合能力,促进学生的全面成长。与传统的机器人教学不同的是,机器人创意工坊课程的规划从顶层设计时就以 STEM 理念为指导,重在培养学生解决实际问题的能力和知识迁移的能力。而在设计课程的教学进度时,我们预先考虑到了机器人相关知识的难易程度,以学生已掌握的知识为基点,设计一系列的任务让学生解决来完成。在解决问题时,学生除了运用已经学过的知识,还要自主思考需要学习哪些知识来解决这些问题,教师只是在学生需要帮助时提供一些建议。在整个教学环节中,教师不再是知识的传授者，而是学生学习过程中的引导者和参与者，这正是 STEM 教育理念的精髓所在。

实际上，这些转变并不是一蹴而就的。在教学刚刚开始时，课程的教学目标还是停留在关注提高学生的动手能力、培养学生的信息素养等方面。随着机器人创意工坊课程在学校教学工作中不断深入开展，我们发现如果把机器人教学停留在教师提供搭建模板，学生按图纸进行模型搭建的模式，已经无法适应现代教学的理念，难以满足学生成长的需求。而正在此时，我校在参加教育信息大会时了解到了 STEM 的教育理念。这是一种以提高学生综合素养和解决实际问题能力为重心的教学模式。从此，以 STEM 理念为指导的课程体系成了学校机器人课程新的抓手。

机器人创意工坊课程体系部分内容

序号	任务驱动	学习内容	课时
1	绪论	了解教学模式和学习方法	1
2	结构搭建	了解基本搭建技巧	2
3	竞速小车	了解齿轮传动原理	2
4	闸机	了解蜗轮、蜗杆传动原理	2
5	雨刮器	了解连杆传动原理	2
6	陀螺发动机	了解马达控制模块	2
7	海盗船	了解循环语句	2
8	碰碰车	认识触碰传感器及使用方法	2
9	扫地机器人	认识超声波传感器及使用方法	2
10	走黑线机器人	认识光电传感器及使用方法	2
11	机器动物园	综合应用	2
12	走迷宫机器人	综合应用	2
13	工业机器人	综合应用	2
14	机器人运动会	综合应用	2
15	机器人创新设计	综合应用	5

📍 场地设备

我们把整个实验室按功能划分为作品展示区、编程区、结构搭建区和头脑风暴区等四个区域。与传统的实验室不同,机器人创意工坊并没有讲台,只在头脑风暴区设有一块小型白板和投影,供学生交流讨论问题时使用。

实验室选择乐高最新版的 EV3 教育用机器人为主要教学设备。因为通过多年的教学实践,我们发现乐高机器人是最适合学生开展自主学习的教学器材,丰富而易用的零件使得学生能够充分发挥他们的想象力和创造力,而模块化的编程界面更适合初中生使用,更有利于他们把自己的想法变成机器人的程序。

作品展示区

编程区

📍 教学变革

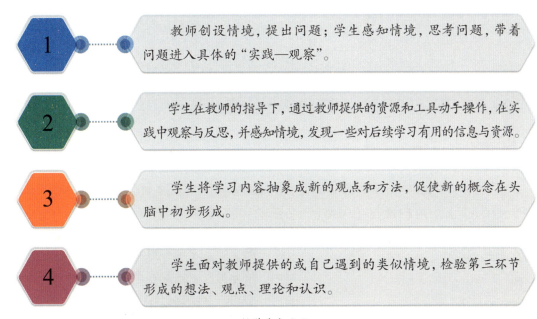

1　教师创设情境,提出问题;学生感知情境,思考问题,带着问题进入具体的"实践—观察"。

2　学生在教师的指导下,通过教师提供的资源和工具动手操作,在实践中观察与反思,并感知情境,发现一些对后续学习有用的信息与资源。

3　学生将学习内容抽象成新的观点和方法,促使新的概念在头脑中初步形成。

4　学生面对教师提供的或自己遇到的类似情境,检验第三环节形成的想法、观点、理论和认识。

教学基本流程

在课程实施过程中,我们基于 STEM 理念,注重多学科的整合与应用,将学生的可持续发展作为课程建设的一个重要目标,并融入日常教学。同时,在教学模式选择方面,我们摒弃了常规机器人教学注重机器人结构和程序理论学习、教师演示学生模仿为主的方式,代之以任务为驱动,努力提升学生学习的主动性与创造力。我们将课程分为两个阶段,在课程的第一阶段,即理论学习阶段,教师通过创设一系列的情境,引导学生主动学习,以解决情境中的问题;在课程的第二阶段,即自主创作设计阶段,则引导学生从身边的实际情况入手,发现身边需要解决的问题,如生活中不太便捷的设施,然后自主设计、制作智能工程设备。

下面以"竞速小车"为例,简述该课程的教学过程。在这一节课中,学生不仅获得了与机械、物理知识有关的感知能力,探索了齿轮传动结构的基本规律,还在操作与反思阶段对不同组合的齿轮进行了"测试—比较—分析",体会了工程设计的基本思想。对时间的预估以及对小车速度的计算强化了学生的数学能力;而动手对不同齿轮进行组合和搭配,并检验其效果,乃至最后得出加速与减速的搭配规律,则提高了学生的技术素养。

1. STEM 活动目标

竞速小车 STEM 活动目标

STEM	知识与技能	过程与方法	情感态度与价值观
S	了解常见传动齿轮的特点和形式	探究齿轮传动结构的基本规律	对传动齿轮领域产生兴趣
T	理解竞速小车中的分支结构	掌握不同竞速小车的调试步骤及方法	
E	了解工业控制领域竞速小车的应用	掌握竞速小车搭建技巧	对机器人技术产生求知欲望
M	学会计算竞速小车的速度	通过小组合作和汇报交流促进协作探究精神、学习交流能力、语言表达能力以及分析总结能力	

2. 基本流程

(1)情境导入

教师呈现 F1 赛车场上车手你追我赶的情境,提供相应主题的图片、PPT 及视频资料,将学生带入问题,如 F1 赛车的时速、著名赛车手等。教师将竞速小车的功能与 F1 赛车相联系,展示使用乐高竞速小车完成竞速任务的视频录像或实物演示,激发学生的学习动机。

(2)认识传动齿轮系统及小车搭建

这一环节包括教师讲解、实际操作和答疑解惑三个部分。首先,教师简要介绍传动齿轮的功能、特点和形式,向学生提供相应的资源,让学生认真思考竞速小车的搭建方式。

学生正在调试竞速小车

然后，教师引导学生以小组为单位，搭建不同齿轮结构的小车，并利用秒表对不同传动齿轮竞速小车进行测速。最后，教师针对学生在实际操作过程中的典型问题进行答疑。

（3）对搭建原理进行总结

教师引导学生通过观察思考，得出传动齿轮加速、减速的结论原理。

（4）爬坡机器人设计

引导学生根据学到的竞速小车的内容和原理，发挥自身聪明才智，利用器材自主设计爬坡机器人，让学生进入联系设计阶段，从而向更大难度的任务发起挑战。

（5）典型个案成果发表

教师优选出典型的操作个案，请学生发表。发表内容包括完成竞速、爬坡任务的演示、对该问题的理解和反思。教师在发表过程中及发表结束后对教学要点进行总结。

3. 评价

评价采取终性评价与过程性评价相结合的方式。竞速小车这一内容是基于知识型的 STEM 学科整合，因此知识与技能的习得是评价的重点，评价方式是客观题测试，属于终结性评价。此外，活动过程中小组完成任务的情况也是评价的重要环节之一，由教师实施评价，评价方式以主观判断为主，属于过程性评价。

学生发表成果

 ## 运行机制

实验室的运行依托学校拓展型课程和学生社团两大体系组织。通过拓展型课程，学生了解到机器人的相关知识，并初步进行项目的学习；而在社团，机器人创意工坊向这群充满了想象力的机器人爱好者们敞开大门，在这里，他们将得到自己所需要的器材设备，他们可以进行头脑风暴，可以上网查阅资料，可以尽情地施展自己的才华……

此外，学校不仅为课程配备了资深的科技教师，还聘请了市、区机器人教育方面的专家对学生进行单独辅导，大大提升了教学品质和教学效果。

 ## 实验室建设成效

机器人创意工坊自运行以来，取得了较为显著的成效。

对学校来说，机器人创意工坊以活动作为学科整合的载体，将机器人视为促进 STEM 知识学习的技术工具与学习环境建构工具，构建了 STEM 学科整合视野下的机器人教学活动设计模型。

对学生来说，大大提高了发现问题、解决问题的综合能力，培养了如何进行问题探究的科学素养。在基于活动的体验学习模式中，学生通过一系列的阶段性学习过程获得的相应改变，使他们有能力再投入到新一轮的情境中去学习体验，并再次获得新的经验。这种模式不仅关注学生知识与技能的获得，更关注学生对实践过程的总结和反思，以促使他们形成科学地解决问题的思路。学生经历了科学研究的所有阶段，认识了从关注问题、发现探索、搜集数据、分析归纳、推理筛选到最后利用技术得出研究结论的科学方法，形成了一系列科学研究方法，具备工程意识和信息素养，为日后的研究和创新奠定了必要的基础。

机器人创意工坊课程的学员们还参加了一系列的竞赛活动，并取得了较好的成绩。

部分获奖情况

竞赛名称	竞赛项目	级别	奖项	数量
第 6 届青少年机器人活动暨亚洲机器人锦标赛中国区选拔赛	VEX IQ 机器人工程挑战赛	国家级	一等奖	1
2015 年 FLL 机器人华东地区选拔赛		国家级	二等奖	1
第 15 届中国青少年机器人竞赛上海赛区选拔赛	VEX IQ 工程挑战赛	市级	二等奖	1
	FLL 机器人工程挑战赛	市级	三等奖	1
第 30 届上海市青少年科技创新大赛	工程类	市级	二等奖	7
			三等奖	15
第 31 届上海市青少年科技创新大赛	工程类	市级	一等奖	6
			二等奖	8
			三等奖	6

蕴人文关怀于智能机器人的创作设计

2017 届学生　张颢馨

我是学校机器人社团的张颢馨。在进行机器人学习的时候，老师总是和我们说，我们学习的是技术，但最终这些技术是要为人服务的，所以我们不应该仅仅把眼光和关注点停留在机器人技术上，而应该把眼光放得更长远一些，多关注一些人文关怀的问题。什么是人文关怀呢？解老师是这样和我们解释的："人文关怀就是对人的生存状况的关怀，是对人的尊严与符合人性的生活条件的肯定，对人类的解放与自由的追求。一句话，人文关怀就是关注人的生存与发展，就是关心人、爱护人、尊重人，是社会文明进步的标志，是人类自觉意识提高的反映。"带着似懂非懂的心态，我尝试从身边发现需要我们来解决的问题。有一天，我看到了这样一则新闻："最近我国正在为导盲犬能够进入公共设施制定相应的标准，其初衷，还是在于帮助盲人更好地适应社会，特别是能更方便、更安全地出行。"因为我比较胆小，看到狗会觉得害怕，我就想，是不是可以有其他的办法来帮助盲人呢？于是，在社团活动时，我把这个想法告诉了解老师，解老师说："这不就是我们学习机器人的目的嘛！这就是人文关怀呀！"解老师把我的想法告诉了社团里的小伙伴们，大家在机器人创意工坊的头脑风暴区七嘴八舌地讨论了起来。有人说可以将摄像设备产生的视频信号转换成电信号让盲人可以有自己的电子眼，这样这个世界上就没有盲人了。也有人说可以制作盲人行走提示装置，帮助盲人识别前进路上的障碍物。比如当盲人遇到车辆时，盲人眼镜上的超声波传感器以及手杖上的红外线传感器感应到前方的车辆，向控制器发出指令，在帽子里的扩音器发出语音来提醒盲人注意前方障碍物，及时绕行。通过查阅相关资料，大家发现第一种方案的实施有较大的困难，需要很多的知识技术储备，以社团成员现有的知识水平进行作品的设计与制作并不现实；而第二种方案虽然有一定的难度，但大家觉得通过学习还是可以试一试的。于是，"盲人行走提示装置"这一课题就正式立项了，而我则担任了这个课题的组长。

有了想法后，大家开始了课题探究的第一阶段：方案设计。

经过了初步的方案设计—可行性论证—方案修改—再论证—方案确立，我们决定该装置由三部分组成。

第一部分——眼镜。眼镜上安装了超声波测距传感器，能测量前方和路面等情况，并将数据传送到控制器。

眼镜及手杖上的传感器

第二部分——手杖。在手杖的中部设有两个红外线传感器。在盲人的行走过程中，红外线传感器将对面前的路面进行细致扫描，如果有路面突起等情况发生，会将信息及时传输到控制器。

第一、第二部分的传感器各有两个，并形成夹角，这样设计是为了让扫描后的图像形成立体构图，增加探测的准确性。

第三部分——帽子。控制器与扩音器都安装在帽子中。在接收到有障碍物的提示后，控制器

帽子里的控制器与扩音器

向显示屏和扩音器发出相应指令，调用 TF 卡事先录制的报警提示音向盲人使用者进行提示。

有了正式的设计方案，我们在老师的帮助下采购到了所需要的材料，在机器人创意工坊的作品制作区，课题进入到了第二阶段：作品制作。

▼ 第一步

第一步，将超声波测距传感器安装在眼镜的鼻架上方，成120度夹角。传感器通过导线连入帽子中的控制器里，对较高的障碍物如树枝、电线杆等进行识别。由于超声波测距传感器的辐射面广，可以对盲人前方进行全面扫描，故将其安装在眼镜位置。

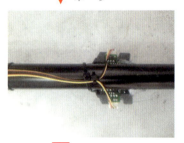
▼ 第二步

第二步，将红外线发射器安装在手杖的中部，成120度夹角。发射器通过导线连入帽子中的控制器里，对路面较明显的坑洼、停止的汽车等低矮物体进行识别。红外线发射器对有温度的物体敏感，且扫描细致，故安装在手杖中部位置。

▼ 第三步

第三步，将控制器及扩音器安装在帽子中，控制器主要由单片机、显示屏构成，当它收到来自接收器的信号时，会根据程序作出判断，是否对盲人作出提示。

第四步，将存储器安装在帽子中，其中，TF 中存入了事先录制的提示音。

第五步，调试。经过了一系列的调试，"盲人行走提示装置"终于可以正式投入使用啦！

第四步

历时一年，在小组成员的不懈努力和老师的精心指导下，我们的作品终于完成了。从创意萌芽到资料搜集，从开题报告的撰写到作品的制作，直至最终作品完成、论文定稿，大家开阔了眼界，也学到了很多原先没有学过的知识。最终，我们的作品获得了上海市青少年科技创新大赛二等奖的好成绩。这个课题的探究对我而言是一次十分宝贵的经历。通过作品的设计与制作，让我体会到了科技创新的意义所在：科技创新应该以人为本，一切科技创新的出发点和落脚点都应该是为人服务。这也是我继续学习的目标和动力。

（执笔：解　进）

艺术创新"链"接教育梦想

——上海市静安区实验中学艺术联动项目创新实验中心

实验室建设理念

在推进教育均衡化、优质化发展的背景下，上海市静安区实验中学在坚持了9年的"多校合作，区域性艺术特色教育链"构建与发展研究的基础上，结合学校发展规划和区域推进艺术教育的需求，通过建设"艺术联动项目创新实验中心"，在学校及周边区域实施推进"艺术项目教育集群发展"的实践探索。

艺术联动项目创新实验中心通过硬件建设和课程体系的构建，优化艺术特色教育环境，激发学生的艺术兴趣，为学生艺术素养的提升奠定良好的物质基础，为学校特色发展、师生专业提升提供重要保障；增强学生对中华传统文化的认识和理解，让学生学习、传承和发展传统艺术的丰富表现形式和特点，尝试运用传统文化艺术形式表达情感、表现生活；联手周边学校、社区，构建区域内"艺术项目教育集群"发展模式，扩大优质艺术资源的受众面，提升区域内学生、居民的人文艺术素养。

实验室学习环境建设

 ### 课程设置

艺术联动项目创新实验中心的建设为完善和丰富艺术课程提供了更多的选择。在原有"漆画""工艺""少儿版画""古筝""少儿陶艺""少儿雕塑""民族律动舞"等校本课程的基础上，我们以区域内各校本课程实施教师为领衔人，在上海师范大学、上海大学有关专家的指导下，根据区域内不同年龄段学生的特点，修订完善了新的课程体系。

多元化的课程选择

1. 课程目标

一是以满足学生爱好为动力,以发展学生特长为目的,培养学生热爱艺术的情怀,认识艺术文化的博大精深,陶冶情操,培养审美能力,传承和发展中华优秀传统文化。

二是开发教育资源,让学生的个性得到充分发挥,体验艺术活动的乐趣,激活学生爱好艺术的情趣,培养学生对艺术的感受与鉴赏力、表现力和创造力,提高艺术文化素养。

三是让学生经过艺术基础知识和基本技能的训练,能熟练地运用乐器,掌握绘画、舞蹈、唱歌技艺,获得对艺术学习的持久兴趣,培育健全人格。

四是让学生了解艺术创作与历史背景,具备初步的艺术欣赏水平,进行初步的创造。

2. 课程内容

课程内容包括漆画、版画、扎染、陶艺、雕塑、民歌、民舞、哑鼓、古筝、手风琴等,涵盖音乐、舞蹈、美术三大门类16门艺术科目。

3. 课程模式

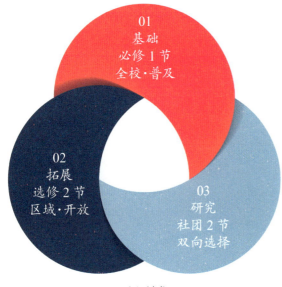

课程模式

课程实行"1+2+2"的课程模式,即基础(必修1节)+拓展(选修2节)+研究(社团2节)。我们将艺术联动项目创新实验中心课程模块在本校内分解为基础型课程、拓展型课程以及探究型课程三个层面分步实施。其中基础型课程作为普及型内容,全体学生参与,分年级实施;拓展型课程向全体学生开放,自主选择;探究型课程供双向选择后的学生学习。

在区域内,以拓展型课程为主开展实施,通过区域联动建设形成的艺术教育优势项目在区域内统一调配,打破学校与学校之间的壁垒,供学生自主选择学习,探索出一条教育创新之路,从而在艺术教学上形成特色。

4. 评价方式

建立艺术成长记录夹,对学生进行综合性评价。对学生的艺术基础知识、基本技能、艺术欣赏能力、表现能力、创作能力等进行过程性评价;同时进行期中、期末测试等终结性评价;最后对参加展演、创作、比赛等的学生进行加分,鼓励学生发展。评价坚持学生全面发展的方向,既注重学生艺术能力的发展,又注重人文素养的提高;既注重学生在原有水平上的发展,又尊重学生富有个性或独特的表达方式;既要通过评价促进学生完成艺术活动内容,又要引导学生形成浓厚的艺术兴趣。

📍 场地设备

1. 功能区域

艺术联动项目创新实验中心共涵盖五个功能领域：漆画工艺操作室、版画木刻专用教室、陶艺雕塑工作坊、民乐民舞训练体验室以及创意设计展示厅等。

2. 主要设备

艺术联动项目创新实验中心为学生艺术培训和创作创造条件，不断完善艺术设备，配有：古筝 20 架，哑鼓及民乐打击鼓 40 只，木刻版画工

艺术联动项目创新实验中心

具 20 套，小型版画机 1 台，漆画工具 10 套，打磨机 3 台，荫房 1 座，蜡染专用工具 10 套，电动拉坯机 1 部，打浆机 1 台，彩绘工具 10 套，修胚工具、泥板制作工具 20 套，多媒体投影展示台 5 套，以及漆画工艺专用工作台、木刻版画专用工作台、陶艺雕塑专用工作台、桌椅、陈列厨等。

📍 教学变革

以艺术联动创新实验中心漆画室为例，负责老师胡菲有着扎实的漆艺教学研究和漆艺创作的能力。她是上海市美术学科教学评比评委和区学科名师、区高层次入库人才、区教育局艺术中心组成员和区美术学科中心组成员，她的漆画室于 2013 年被上海市教育委员会命名为"上海市艺术教育名师工作室"。对于漆艺教学，胡菲老师经过多年研究摸索总结出了四点教学经验。

1. 内容与形式上的创新

传统漆画多以图腾式或讨喜的形式出现，传统纹样的运用较为常见。她引导学生在作品创作中立足民族传统纹样理解和掌握的基础上，关注时代感的表现，体现自己的审美需求。如右图中国传统十二生肖结合了卡通的特点，特别富有时代性、新颖性。

十二生肖卡通漆画

2. 在材料与技法上的创新

由于漆画质材具有较强的装饰性，她不满足于传统材料，创造性地引入蛋壳镶嵌、铝粉研磨等多种材料，自有一种质朴大气之美。如右图树的枝干和花的茎运用了铝粉，既增加醒目的效果，又使漆画具有层次感和立体感。

用新材料创作的漆画

3. 在继承与发展中的创新

确立对漆画的多元化认识，各种漆画艺术风格共同发展并在各领域里寻找新的发展空间，形成漆画艺术多元化发展的新局面。例如左图把漆画的装饰艺术融入生活物品中来点缀生活、美化生活。

4. 在方式与载体上的创新

漆画载体的创新更会让人产生耳目一新的视觉感受。让漆画的承载方式更符合现代人的审美感受，融入人们的现代生活，而不只局限于平面的二维空间。

用漆画装饰的桌椅

变"立体"的漆画

 运行机制

艺术联动项目创新实验中心实行定时集中辅导、预约自主探究的开放管理模式。基础型课程和拓展型课程安排在每周三和周四下午，由各活动室专职辅导教师进行指导，面向全体学生开展。探究型课程则是让部分学生在预约时间进入活动室，根据创作或训练需要由专业教师轮流指导。

艺术联动项目创新实验中心通过多种方式，不断完善教学运行机制。

1. 依托高校师资及艺术资源进行指导

学校努力创设外部环境，参与了教育部"大中小德育课程一体化"课题研究，被确定为上海市美术教育教学研究基地实验学校，与上海大学开展美术教育方面的合作研究，课程建设和实施能够直接获得上海大学、上海师范大学等高校的理论指导，得到教师培训、项目研究、学科价值的开发等方面的帮助。

2. 借助艺术教育项目集群发展优势

在"艺术教育链"项目实施过程中，学校与区域内中学、小学、幼儿园、社区及上海师范大学、海上文化中心、中华艺术宫、上海海派漆器艺术馆等单位形成了良好的合作互动共赢机制，在项目运行、资源引进等方面营造独特的优势。

3. 以项目为载体进行联动

区域内学校通过"漆画、版画、五彩民歌、律动民族风"联动项目，以艺术联动创新实验中心为中心进行辐射。被辐射的周边小学和初中，每周会安排艺术教学课，我校免费送教，以点带面，全面开花。

与其他单位的合作互动

 实验室建设成效

艺术联动项目创新实验中心，以艺术教育为特色，以创新实验室为依托，着力于艺术传承和普及。自 2012 年至今，有近 200 人次先后荣获教育部艺术教育委员会、中国教育学会美术教育专业委员会、中国美术家协会及少儿美术艺术委员会、中国版画院、中国舞蹈家协会、中国少年儿童版画研究会、中国艺术教育促进会、上海市艺术教育委员会、上海市科技艺术教育中心等国家及省市级艺术个人比赛奖项。

2011 年 4 月，我校加入"上海市新优质学校推进"项目行列，并取得了显著进展。我校是全国中小学舞蹈教育传统校、上海市非遗进校园优秀传习基地、上海市教卫工作党委系统文明单位。在全国特色学校、特色教育先进工作者及特色教育优秀教师评选中，学校被评为"全国特色学校"。学校从艺术特色教育发展成为德、智、体、美等多维度发展的上海市新优质学校。

学校秉承"依托教师特长—创建学校特色—提升装备功能—延伸先进经验—带动全面提升—新优质集群发展"的思路，以"构建区域性艺术链"课题为抓手，努力进行艺术教学辐射，把自身优质的艺术教育资源送到区域内的其他学校，目前已经带领了 16 所学校走上了艺术特色发展之路。

艺术，让学生的人生更多彩

斑斓光柱移动，两位青年舞者翩翩起舞，指尖画出令人痴迷的弧度，旋转在圣洁而又空灵的境界中，头发与裙角在朦胧温馨的灯光下飘散。台上台下仿佛成了一个迷人的世界，一个灯与舞、光与影的世界。

这是 2016 年 5 月 30 日的杨浦大剧院，这是静安区实验中学第四次"艺术链"成果展，这是两位青年舞者对"艺术创新"作出的最好诠释。

两位青年舞者，一位是实验中学的舞蹈教师胡萍，另一位是静安区一所小学的舞蹈教师吴雯婧。吴雯婧是实验中学艺术联动项目创新实验中心第一批学生中的佼佼者，当得知母校有这样的专题汇报，她毫不犹豫地请求加入其中，用自己的舞姿表达对老师的感恩，用自己的成长回馈母校的培养。每一个旋转，每一个大跳跃，都在告诉自己、告诉观众，是母校的艺术教育，点燃她心中的梦想，带给她飞翔的蓝天……

看着吴雯婧的舞姿，实验人更多的是感慨：幸亏我们选择了一条抛却功利、真正适合学生的发展之路。十几年前，校址几次搬迁，生源质量急剧下滑，学校殚精竭虑想对策，召集考试学科精英教师强攻中考成绩，但效果并不明显。失败逼迫实验人开始反思：教育的意义究竟是什么？拨开功利的迷雾，实验人渐渐看清：教育的意义在于面向学生的未来，找到真正适合他们发展的途径；培养学生的综合素养，使他们的人生更多彩。

当然，发展也得基于学校的实际。艺术教育是实验中学的传统特色。从1989年建校之初，学校就提出了"七会一特长"育人目标，10余年的孜孜探求让学校集聚了一批优质艺术教育资源。这，正是学校发展的宝贵资源。学校大胆尝试，合理架构学生个性教育成长链，将优秀艺术教育资源向周边小学辐射，促进校际和谐合作、优势资源互补，激活了学生潜藏的智慧，打开了他们的个性之窗。

艺术教育让学生形成开朗活泼的性格。舞蹈课上学生灿烂阳光，神采飞扬，广泛的参与性与运动性使学生绽放少年的活力，舞蹈成为学生多彩人生中的一项活动技能。学校的舞台上，学生们更加自信了。你

学生表演

看，班班有歌声、阳光体育节、少先队主题活动日，哪一次的舞台上会少了舞蹈的身影？哦，这是七年级的舞蹈课，正巧有外省市的校长团在参观。可别小瞧了他们，全班学生的藏族舞，动作整齐，还颇具神韵。学生们热情地邀请校长们加入其中，仿佛将藏族同胞的热情通过舞蹈表达出来。快看，这是六年级的主题班会课，大家正在鼓励一个腼腆的同学展示自己。慢慢地，跟着节奏，她跳起来了，跳的是一段新疆舞。跟着脖子的灵巧扭动，她的眼睛亮起来了，脸上微笑起来了，那么自信，那么美丽。2015年7月，我校艺术创新作品《初中第一课》在第三届"荷花少年"全国（中学）校园舞蹈展演中成绩优异，获得"星光少年"奖。第一次到北京，到国家级的舞台上展示自己，学生们有些忐忑，但更多的是激动和骄傲！

艺术教育让学生形成良好的品质，提高审美的情趣。2010届毕业生董娜娜，毕业那年在学校举办了一次个人画展。董娜娜是外来务工人员的孩子，进入实验中学后逐渐崭露出在美术方面的才能，而创新实验中心给她搭建了艺术成长的平台。画展定于开学展出，但她要回原籍参加中考。绘画展出的那个升旗仪式上，她写来一封信，说个展的意义已远远超出美术本身，坚强的意志是她一生的财富。从那以后，实验的校园里，常常会见到工艺、版画、藏书票、橡皮章等多种学生作品的展示，这不仅仅是学生作品的展示，更是他们兴趣、爱好、艺术气质以及在对艺术的追求中铸就优秀品质的具体展示。作为普通中学的学生，作品能和教师作品一起在海上文化中心展出，能在全区各校巡回展出，还能在全国

学生作品在海上文化中心展示

级的比赛中屡屡获奖，着实不易。最关键的是，他们收获的不仅是对美的感受力、品鉴力的提高，更是无可估量的人生财富。而这些，都与艺术创新教育密不可分。

艺术创新教育让学生学会真实地表达情感，更好地融入集体。顾俊杰是一名普通学生，也是学校民乐队的一员。平时课堂上，他基础弱、动作慢，常常需要老师特别关心。可这一次的作文《假如我回到……》，他写的是回到古战场，气势宏大，描写真切，令人刮目相看。原来，他想到自己表演鼓乐《秦王点兵》时，自己就仿佛跟随鼓点回到古战场，舞姿的大起大落让他感受到男儿的血气，写起来自然得心应手，好像笔尖会自动流淌出语句。张馨怿是个文静的姑娘，她穿上旗袍，坐在琴凳上，手抚筝弦，《高山流水》《十面埋伏》，时而沉稳，时而灵动，时而紧张，时而舒缓，那一刻，是最美的表达。顾俊杰和张馨怿同学非特殊个案，艺术创新教育使实验中学每个学生都能在学校开设的众多艺术课程里找到自己的最爱。每逢校班级活动或是大型展示，学校每个年级每个班级的每一个人，不管是学习基础薄弱还是性格内向抑或自卑的，都有精彩的表演。走上艺术的舞台就是不一样的自己，演绎非凡的自信、气质和才华。每次家校联系，家长来校观摩，家长欣喜地发现，平时心目中这也不是那也不是的孩子在艺术的熏陶下变了，变得连自己都不认识，变得让人刮目相看。

我们或许不能保证每一个学生都能考出优异的文化成绩，但我们尝试着让每一个学生爱上一门艺术课程，享受艺术熏陶的实践和体验；我们或许不能保证每一个学生学精学深一门艺术科目，但我们要让每一个

学生在初中阶段找到一份自己真正的兴趣和爱好，提高审美的情趣与能力；我们或许不能保证每一个学生的青春斑斓生辉，但我们保证每一个学生青少年时期，不止一种色彩，而是用艺术、用创意涂抹不一样的色彩，诠释不一样的精彩。

用心浇灌艺术之花

　　记得第一次见到时慧琳同学是三年前在新生中选拔特长生的时候。那时的她个子不高，面容消瘦，不善言谈，但眼里却闪着智慧的光芒，与她的名字不谋而合。我一眼就看中了她，选她进入工艺兴趣小组。她是一个乖巧灵秀的孩子，一进入漆画工艺操作室就眼睛发亮，如饥似渴地学习，在所有学生里是最用功的一个。在画画时，她非常投入，沉浸在创作的快乐中，她的努力让她在一个学期不到的时间就已经赶上了七年级的学姐，正巧当时上海市有一个现场画的比赛，我想让初出茅庐的她出去锻炼锻炼。

　　记得去比赛的那天是周六上午8点，我带着全校选拔出来的六名学生出发了，在轻轨上，有的学生在相互切磋比赛时应注意的问题，有的学生在速写本上临阵磨枪，只有她一个人低头不语。我知道她一定是因为自己第一次参加比赛，怕现场表现不好而紧张。于是我来到她的身边，拍拍她瘦弱的肩膀，说："时慧琳，老师相信你一定能画好。"时慧琳抬起双眼有些无措地望着我："老师，我万一现场没发挥出来怎么办呢？"为了让她放下包袱，我语重心长地对她说："不要紧张，画不好也没关系，你今后还有更多的机会，就把这次当成一次练兵吧！不过，老师相信你虽然是六个人中最小的一个，但你一定行！"听完这番话，她眼睛忽闪忽闪的，我似乎又看到了半年前的她——眼里依然闪烁着智慧之光。一路上我都陪着她，以减轻她的心理压力。到达目的地，六个学生分组进入了比赛现场。

　　这次比赛很严格，由于是现场作画，赛后现场评比发奖，所以平添了一份紧张的气氛。我在外面急切地等着，也不知道他们情况如何。特别是小小的时慧琳能经得起这次考验吗？我的一颗悬着的心直到3个小时比赛结束看到学生们才放下。当问及时慧琳时，她腼腆地笑着，看着我说："老师，我觉得画得还行，应该没有辜负您。"我笑着点头道："不管这次结果如何，对你来说是一次非常难得的经验积累。今后再有比赛，你都不会发怵，会更加自信。"听了这番话，她朝我点点头。比赛结果出来了，我们取得了非常好的成绩：一个特等奖、两个二等奖、一个三等奖。我也由衷地为学生们的表现感到欣慰，我特别表扬了时慧琳，第一次参赛就获得了三等奖，我赞许地看着她："再接再厉！"自此，时慧琳更加勤奋用功，她的绘画进步是神速的。同时在艺术创作丰收的时候，她也不忘文化课的学习，成绩也突飞猛进，真正做到了双丰收。

我时常想，悉心呵护一份小小的兴趣，保有学生上进和努力的心，体验实践和创造的快乐胜过千百次的叮咛与督促。

5月份，时慧琳和工艺组另一位学生董娜娜联合举办了两人画展。这对于学生而言既是一次学习的总结，又是一次难得的展示自己才华的机会，更是对她们艺术才能最大的褒奖。在开幕式上，广州美术学院教授、中国漆画艺术委员会主任蔡克振老师参加了开幕剪彩。他对时慧琳同学的作品给予了高度评价，蔡教授在开幕式上激动地说："时慧琳小小年纪，就练就了如此的本领，小画家以纯真的审美，用敏锐的笔触、流畅的线条和绚丽的色彩，描绘了她心中奇妙的童稚世界。她的作品，不仅让我们看到了她具备较强的动手能力，有较丰富的想

合影

象力，有扎实的美术基本功，有较高的艺术品位及良好的个人修养，而且让我们感受到了作品后面隐含着小画家吃苦耐劳的优秀品质和超越自我的坚持精神……"学生联展引起了极大轰动，全国优秀少儿期刊《小小艺术家》也发表了采访通讯。时慧琳的成功让身为教师的我深深明白，健康成长远比成功更重要，艺术学习只是一种人才培养的有效途径，人的全面发展、创造能力、综合素质培养才是艺术教育的本真。

艺术教育，是引导帮助学生感受美、创造美的过程。让学生美丽的梦成真，不仅需要调动学生学习艺术的兴趣，关键在于针对不同个性的学生，发现他们对某些艺术的偏好，关注他们对艺术的兴趣点，激发他们美丽的梦。

几年来，学生一届又一届地带着他们的作品，带着他们的奖状，带着他们对美丽的兴趣、追求和信念离开了学校，离开了艺术联动项目创新实验中心。但是，在他们身上点起的美丽火种却像熊熊燃烧的火炬，点亮他们爱美的心，实现他们美丽的梦想，他们将一辈子与美丽前行。

（执笔：崔　平　崔　霞）

创设植物探索乐园
——上海市江湾初级中学植物梦工场

 实验室建设理念

　　作为一所有着良好办学绩效和口碑的公办初级中学，我校遵循"以学生发展为本"的课程理念，根据学校传统和师生特长，充分尊重学生的差异与多样性，提出了培育"智师慧生"的目标。2012年，我校以国家课程校本化实施为切入口，以"挖潜能、提兴趣、学方法、促思维"为核心理念，整合拓展型、探究型课程，开发了满足学生全面成长需要的系列校本课程，即"智慧型课程"。其中，得益于信息技术深度融合而受到学生热烈追捧的"植物梦工场"科目群，属于科学探究类课程，以培养学生的科学素养和探究能力为课程目标。

　　"植物梦工场"数字化创新实验室旨在借助现代信息技术，依托跨学科科目群，激发学生学习自然科学的兴趣，让学生在实践活动中学会科学探究的基本方法，培养基本的科学素养和创新能力。实验室依据课程需要，配备各类器材，课程设计借鉴了 STEM 课程的理念，聚焦"植物、科技、环保"主题，整合物理、化学、数学、生命科学、信息科技、艺术等学科资源和优秀师资，为学生创设了一个自由探索的天地。

 实验室学习环境建设

 课程设置

　　植物梦工场关注课程融合与重构，通过科目群来支撑与构建，体现了学校的顶层设计。课程包含了科学、技术、数学与工程元素，利用各类的传感器、数字化分析仪器，对植物学及其相关领域进行深入研究。根据课程方案，植物梦工场科目群的课程设计分为两个层面。

1. 普及体验型科目

　　普及体验型科目面向全体学生，在拓展基础型学科的基础上形成科目设计。学生在教师带领下，进行普及体验学习。实验室在固定的时间内由教师对有需求的学生进行指导。

普及体验型科目

植物种子的分类与标本制作（上海市出入境检验检疫局研究员）

探秘海市蜃楼（倪轶鸣）

万安路河的水质测试分析（葛 冬）

绿色生活与化学（周卫玉）

数据收集处理加工与表达（杨艳艳）

国门生物安全进校园（上海市出入境检验检疫局研究员）

校园植物识别（徐纪恩）

植物自然笔记（徐纪恩）

2. 个性定制型科目

在普及体验型科目学习的基础上，发掘出有潜质的好苗子，为他们量身定制出个性化的自选课程，他们可以跨班级、跨年级进行选修。对于特别优秀的学生，鼓励他们自主选题，教师或专家进行专门指导，创新大赛的参赛者就从这类学生中产生。

个性定制型科目

校园植物分布计算机 3D 模型构建

水体富营养化与治理探索

智能实验器材 DIY 制作

"能量逗"课程

（1）校园植物分布计算机 3D 模型构建

该科目设计和实施由生命科学和信息技术教师共同完成。学生用印象笔记软件收集校园植物信息；在校园植物识别的基础上，用 Publisher 软件编制校园植物名录库；尝试制作并展示校园植物计算机 3D 模型。

（2）水体富营养化与治理探索

学生学习利用传感器、电子显微镜等实验设备，探究不同生态因子对藻类生长的影响，分析影响因素，形成实验报告。

校园植物分布计算机 3D 模型构建

水体富营养化与治理探索

（3）智能实验器材 DIY 制作

通过一系列实验，教师带领学生了解各种传感器，再结合其他专题所需的实验装置进行 DIY 创作。以植物温控箱制作为例，师生用 SketchUp 软件设计并且呈现出立体设计图，利用 Arduino 传感器制作完成植物温控培养箱。

智能实验器材 DIY 制作

（4）"能量逗"课程

该引进课程由复旦大学社会学系副教授沈奕斐率领团队来校实施，专为对研究感兴趣的学生精心设计。课程采用了翻转教学、游戏体验和课外实践三结合的教学方法，引导学生从一个简单的想法出发，通过不断提问，逐渐明晰为可讨论的有趣议题，再到有学术价值且能实际操作的研究设计。这一过程中，学生不仅能够学习各种专业化的研究技巧，同时也将强化观察记录、文献综述、逻辑思维、抽象概括、分析运算、演讲辩论等研究所需的关键能力，有效提升综合素养。

"能量逗"课程

📍 场地设备

"植物梦工场"数字化创新实验室由植物暖房和实验室组成。在课程实施过程中，学生可以充分利用各种信息化设备，进行实验研究数据的收集和分析、研究成果的及时记录和分享。

1. 植物暖房

植物暖房面积约 98 平方米，内部设置有绿色植物培养区、水生植物培养区、盆架时令花卉区。其中，绿色植物培养区可以设置恒温恒湿，学生可以探索不同温度、湿度条件下，植物的生长情况研究。

2. 实验室

实验室的空间划分为开放学习区、电子阅览区及作品展示区等。开放学习区的桌椅可以

植物暖房

自由拼接，满足学生自由分组，进行小组探索研究之需；在电子阅览区中，学生可以利用计算机查阅探究过程中需要的资料；作品展示区主要存放学生已经制作完成的创意作品或者半成品，随着不同专题的更换和学生作品的不断完成陆续更新。

实验室设备存储室，存放着各类实验器材和学生完成的实验成果；同时，它也是教师的准备室，上课前教师可以先到储存室进行备课和实验器材的准备。

3. 实验室软硬件设备

根据科目开发的需要，实验室不断补充实验硬件和软件设备。其中一类特别的硬件就是传感器，各类各样的传感器用于学生的实验研究。例如学生利用传感器测量二氧化硫、温度、湿度、pH 等指标，探究植物对大气环境的影响；利用温度等传感器制作温控箱等。实验室还配备了查阅资料、记录研究过程的平板电脑，用于观察植物的电子显微镜、生长箱等。软件方面有记录实验数据的实验专用软件以及自我学习查阅存储资料的各类 App 等，如网易云课堂、Xe 元素、有道词典、360 云盘、百度云、Show ME、Safari、定格动画工作室、Toontastic、paper53 等。

 教学变革

植物梦工场的配套课程，由物理、化学、生命科学、信息技术、艺术等教师跨学科设计实施，结合了 STEM 课程的理念，数字化课堂向自然、生活无限延伸，新技术与课程无缝衔接，成为课程资源的一部分。在这样的课堂里，师生研究的问题源于真实世界，探索成果最终作用于真实世界，在需要了解、理解的循环和需要实做的循环中进行探索，教师早已不是知识的传递者，而是学习的支持者。

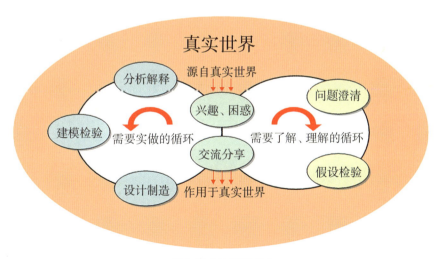

植物梦工场课程理念

植物梦工场的课程多数为探究动手类科目，学生能够充分参与其中。

以"智能实验器材 DIY 制作"课程为例，主要涉及一些探究活动中所需部分智能实验器材的 DIY 制作，属于 STEMx 课程"科学认识－技术解决"双循环学习过程中的"技术制作"循环。

"智能实验器材 DIY 制作"课程教材的编写主要根据课堂和学生的需求，参照了物理

智能实验器材 DIY 制作

学科的学习活动卡,以任务的形式驱动学生学习。将学习内容分成不同的单元,每个单元安排相应课时。每一节课都根据学习内容安排相关活动,其中包括查阅资料、小组讨论、动手实践等,不同类型的活动需要小组成员以不同的形式进行学习,学生在活动的过程中也熟悉了小组合作的方式。

"智能实验器材 DIY 制作"课程为学生提供了一个开放多元的环境,让学生完全根据设计的器材进行自主选择授课内容,通过网络搜索等方式获得相关资料。特别是最后制作安装阶段,完全由学生自主完成。

课程的实施主要包括三部分内容,学生首先在课堂上共同完成温控箱的制作,其次在课外时间梳理制作过程和体验,最后在堂课上进行交流和分享。在交流分享的过程中,学生对实验中遇到的问题进行分析,对于一些不完善的地方进行反思,最后完成一篇学习体会。这一流程,使教师不仅能够引领学生进行探究,也能对自己的课程进行再加工,为后面的教学打好基础。课程的评价并不是传统意义上的考试测验,而是采用多维度的评价标准。

运行机制

学校专门设计制订了"创新实验室使用记录表""创新实验室使用、管理制度""创新实验室管理员岗位职责",以保障创新实验室的日常运作和管理。

创新实验室使用记录表

使用日期	节次	项目 / 课题	主要使用设备	设备运行情况	任课教师签名	备注

创新实验室使用、管理制度

一、任课教师的教学实验项目应提前三天填写实验室使用申请单，写明所需设备、器材等以便做好准备，确保实验的正常进行。

二、教师、实验员、学生要提前做好准备，了解实验目的、原理要求、步骤以及实验注意事项。

三、学生进入教室后，按指定座位入座，严禁在实验室内喧哗，要保持室内安静整洁。

四、参加实验的学生，要自觉遵守纪律，按规定坐在实验桌旁，做好准备工作。未经指导老师允许不得随便乱动仪器及室内其他设施。

五、要爱护器材设备，注意安全，严格按实验要求去做，凡违反操作规程而损坏器材设备者，应照价赔偿。如发现损坏或缺少，立即报告老师。实验结束后打扫卫生，使用过的仪器要擦净并摆放整齐。

六、实验室器材设备不得私自带出实验室，违者将严肃处理。

七、实验员要按实验申请的要求认真做好实验准备工作，实验完毕后要做好使用记录。

八、长期借用的设备，需填写设备借用申请表，在借用期间借用人负责设备的管理工作。

九、每天做好实验室安全防范工作，下班前关闭水电总开关及门窗，检查无误方可离开。

创新实验室管理员岗位职责

一、热爱本职工作，树立为教学服务理念，刻苦钻研业务，管好用好实验室，充分发挥实验室作用。

二、认真学习有关课程标准和教材，掌握教材中每个实验原理、实验过程和操作技能。根据项目课题的实验要求和任课教师通知单，按时做好实验前的准备工作。

三、实验前要向学生讲明要求和注意事项，实验课后要对仪器物品进行清点、整理，填写实验室使用记录表。

四、各种设备、器械都要统一编号，分类贴上标签，有规律存放。对新购进的设备、器械等要认真验收，登记造册。根据项目需要进行设备的申请添置与整理。建立入账、领用、出借、赔偿、报废报损制度。每学期进行一次清点，做到账物相符。

五、实验室要经常整洁，及时清洁各种设备、器械，保证仪器设施准确、完整和灵敏。

六、做好实验室物品安全防范工作。禁止非实验室人员进入实验室，做好防火、防尘、防霉、防锈、防盗工作。离开实验室要随手关门，每日下班前应检查各室的水电、门窗等是否关上，确保实验室安全。

七、不得让学生领取实验器材，教师所领取的实验器材须当天催还。

八、积极完成学校交办的临时突击性工作。

课程的实施分为两种方式，其中普及体验型科目鼓励学生在基础型课堂和课余时间，走进实验室，参与体验实践；个性定制型科目是在每周五下午的拓展课时间进行。此外，实验室采取定期开放制度，在固定时间内由固定教师或专家对有需求的学生进行指导。

 ## 实验室建设成效

实验室的建设成效集中在实验室硬件设备的配备、科目群的创建、学生研究方法的习得以及师生能力的提升四个方面。下面重点从科目群的创建、学生研究方法的习得以及师生能力的提升三个方面展开介绍。

1. 科目群的创建

植物梦工场课程建设过程中形成了一系列普及体验型科目，所有学生都可以参与体验。同时针对学生自主提出的探索主题形成了个性定制型科目，供学生跨班级、跨年级自主选课。教师或专家进行专门指导。

2. 学生研究方法的习得

植物梦工场科目群的设计，旨在培养学生学习方法与能力。在课程实施过程中，师生共同反思和总结每个研究科目的实践流程。目前分别总结了两类课程的研究实施流程，为之后学生自主开展项目研究提供了很好的学习方法和学习支架。

普及体验型科目的实施过程，往往是教师呈现研究任务和研究主题，学生可以根据教师设计的学习支架开展学习。实施流程归纳为：教师任务（研究主题）呈现—分析问题—信息收集与整理—动手实践—记录研究过程与研究结果—数据收集与分析—形成研究报告。

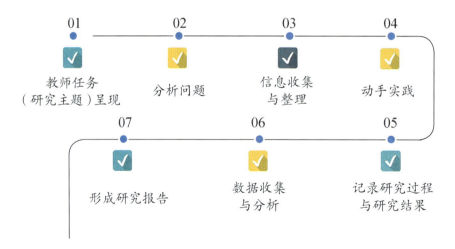

普及体验型科目的实施流程

个性定制型科目的实施过程，是由学生提出问题，然后师生共同探索并确定研究主题，逐步开展研究。实施流程归纳为：学生自主提出问题—师生共同探究，确定研究主题与目标—信息收集与整理—制订研究计划研究方案—动手实践—记录研究过程与研究结果—数据收集与分析—形成研究报告。

个性定制型科目的实施流程

最终研究材料和学习支架以校本活页或者电子教材形式保存下来。学生在课程学习中逐步养成自主探究的学习习惯，熟悉并内化"提出问题—小组探究—收集分析数据—设计或改进解决方案—交流研究成果"这一学习研究流程。

学习研究流程

3. 师生能力的提升

（1）学生的成长

学生在数字化环境中，充分利用互联网搜集和分析实验研究数据、及时记录和分享研究成果，体验探究实验过程。植物梦工场为学生提供了跨学科的主题探究活动，它给予学生的不再是预设的"重现"和"验证"，而是学生自主假设、自行设计、自主实验、自主报告的创智天地。学生们在尽情体验创新乐趣的同

师生互动交流

时，培育了科学素养，提升了综合运用知识的能力。

2016年4月8日，我校师生参与了第13届上海教育博览会虹口教育的展示活动。学生在教博会上游刃有余的讲解、在创新大赛中的获奖，传递着一种探究自然科学、动手实践思考的正能量。

展示活动

（2）教师的发展

在植物梦工场科目群建设的过程中，教师提升了课程设计能力；在科目实施的过程中，教学能力和科研能力也得到了发展；在课程实施中，教师自觉补充新知识和经验，在新旧知识的交互中逐渐形成新的能力。

学校以创新实验室智慧型课程建设与研究带动常规课程的数字化教学实践，一方面促使核心团队教师将在课程研究中收获的新观念和新方法最终反哺于自己的常规教学中；另一方面在全校范围内开展丰富多元的教学研讨活动，培育全体教师进行探究式学习的意识和理念，从而使学生在其他常规课程中也能体验到探究性学习。

创新实验室走出来的发明小达人

制作温控箱的"小老师"
——来自教师的观察

丛沂笑是一个对科学十分感兴趣的学生。他既爱动脑，也肯动手，从小就对科学产生了浓厚的兴趣。记得最早认识他是在六年级的科学课上。当时我们在讨论物态变化，我让学生从生活中举例。丛沂笑举手说："老师，我们家买来的冰淇淋里面就有一种叫干冰的东西，可以从固态直接变成气态。"当时我一愣，其他学生大多从书上找了实例，唯独他能从生活中寻找素材，顿时给我留下了深刻的印象。如此热爱科学的学生，在我近几年的教学中实在少见。

2014学年，我校创新实验室项目陆续推进，向全校学生征集实验方案。丛沂笑便跑来找我："老师，我们能不能为创新实验室制作一个温控箱？""温控箱？"我当时脑子里的温控箱十分复杂，那么小的孩子能完成吗？既然学生提出了，那么就尝试一下吧。于是我找来了丛沂笑，他居然帮我找了不少动手能力强、喜欢科学的学生。团队就这样建立起来了。

接下来就开始进行温控箱的设计，由于学生年龄比较小，我不想把功能弄得太复杂。丛沂笑干劲十足，当时和同学设计了三套方案，即加热型、降温型和复合型。为了把设计更加清晰地呈现出来，他利用信息技术课所学的 SketchUp 软件绘制了 3D 效果图。

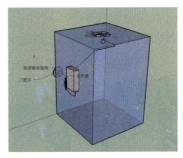

温控箱 3D 效果图

接下来的工作就是进行信息收集与整理。其实完成温控箱的制作并不简单，八年级学生已有的知识还远远不够。他们需要补充大量的知识，包括控制技术、低压电路、传感器技术、电工学等。其中不少内容我甚至在大学里都没有学过。于是，我利用课余时间查阅了大量的资料，从中找到了一些适合学生年龄特点的内容进行整合。

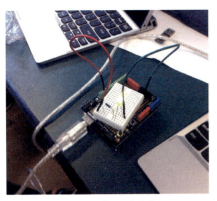

Arduino 传感器制作成品

丛沂笑则对里面的控制技术更感兴趣，当看到我找来的 Arduino 传感器时，便马上问我："老师，能不能借我一套回家玩？""回家玩？"这可是实验器材。"没问题，我会利用国庆长假查资料，保证一个元件也不会少。"他肯定地回答。于是我就借了一套器材给他。没想到长假结束，他把器材还给我，还按照我给他的资料完成了几个小型实验的设计。当我看到他改进原程序完成的红绿灯实验时，顿时对他刮目相看。

一个新的念头又突然产生，要不就让他来教学生做 Arduino 传感器实验吧。我给他布置了任务，让他把自学的相关知识进行梳理，用最简单的方式在课堂上教同学，我则在一边进行指导。没想到这样的方式很受学生欢迎，不少学生上手很快。其他部分则由我自学完成再教授给学生。这样的准备工作持续了两个多月，我发现学生在学习这些课外知

丛沂笑当小老师

识的时候十分上心，而丛沂笑也把这个小老师当得有模有样。

课程的下一个阶段就是动手实践，组内同学在丛沂笑的组织下先制订了实施方案，即箱体制作—布置元件—安装调试。由于缺乏经验，在箱体上钻孔就成了他们面临的第一个难题。最初是用手钻，相当耗时费力，丛沂笑和同学每天放学后都来到实验室抓紧完成任务。后来，我找来了电钻，为了保障学生的安全，还特地用直流电。技术上的变化节省

了大量的时间。随后就是安装器材，丛沂笑找来了海绵、风扇、红外线加热器、温控器以及电线等，在安装的过程中，他还是碰到了不少麻烦。比如他不会使用剥线钳，不小心就把手给弄破了，经过简单的包扎后继续工作；某个螺丝找不到了，于是他和他的伙伴们冒着严寒走遍了江湾镇的五金店，只为按时完成整个团队的任务。可以说，他和他的伙伴们的能力出乎我的意料。丛沂笑最终带领了一群同学完成了箱子的制作。

用电钻钻孔

最后阶段是调试，大家还是发现了不少问题。比如温控器达不到设定的温度，红外线加热器的加热速度过快、偏热，风扇装反等。丛沂笑利用互联网的搜索引擎找到了答案，并在自己的努力下一一解决了各种问题。

温控箱成品

当我在最后的展示课上看到三组学生完成的温控箱时，由衷地为他们的付出感到高兴。学生通过自己的努力完成了这个项目，不仅培养了科学素养和动手能力，而且还增强了团队意识和小组合作的能力。同时，作为教师的我也在此过程中自学了自动控制、传感器等知识，对自己的专业素养有所提升。在完成第一轮教学之后，我给丛沂笑布置了一个额外的任务，就是完成一篇关于制作温控箱的经验小论文。他在撰写文章的同时也对温控箱进行了改进。最终，丛沂笑参加了2016年度上海市"雏鹰杯"——"红领巾发明小达人"挑战赛，获得了二等奖。

温控箱的自主创作
——来自学生丛沂笑的描述

最初在选课平台看到"智能实验器材DIY制作"这一课程的时候，我眼前一亮。能在初中就接触到自主探索创作的课程，让我感到非常兴奋。选课之初，以为只是简单的模块拼接，参与之后我才发现，所有都是由我们自己设计制作的。我平时就喜欢电子制作、计算机编程等技术的学习，这门课更加激发了我动手探索的欲望。

我们的"终极目标"：为"植物梦工场"制作一个智能温控箱。

如何才能控制温度，如何保持温度，如何进行箱体搭建……我们在课堂上展开了讨论。制作是分小组完成的，大家开始收集资料，分析制作要素数据，并制订自己的设计方案。设计方案初稿完成后，不同小组进行了展示交流，最终确定三个小组选择不同的方案展开探究：一组做可以加热的温控箱，一组做可以降温的温控箱，一组做既可以加热又可以降温的复合温控箱。

在温控箱的制作过程中，我们设置了更加具体的目标：制作菌类培养的箱体。于是，我们便调整和修改原来的设计方案。课堂上，三个小组一起查阅资料，讨论硬件的选择。同时，我们利用课余时间，了解利用 Arduino 传感器制作温控箱的知识，以及菌类培养所需要的温度、需要的空间、如何摆放等。

准备材料

经过讨论与尝试，我们确定使用有机玻璃作为箱体的材质，加热部分使用陶瓷加热灯，而降温部分则使用小型的排风扇。我们还购买了专门用于工业温度控制的温度控制器来控制保温箱的温度。

温控箱 3D 设计图

制作温控箱

接下来就是动手制作环节。在真正动手之前，我想到了在动手实践课上学习到的 3D 设计技术，于是先使用三维设计软件设计出 3D 设计图。经过讨论制作重点、完善设计方案后，组员分工开始制作，打孔、固定温控器、添加加热灯、安装排风扇等。同时为了减缓温度变化，我们尝试了一些保温材料，最终确定使用厚度为 1 厘米的海绵，这样既可以起到保温的效果，又不会占据太多空间。

接着是测试调整环节，首先进行通电测试，利用准备好的冰块和热水进行测试。为了使演示更方便查看，我们用计算机摄像头把画面投影到大屏幕上。由于我们组的保温箱是双温控器，有两个温度探头，所以难免会发生两个传感器虽然测同一点的温度但数值不同的现象，这个问题还需进一步探索改进。

最后，不同小组进行了探索研究的分享和交流。小小的温控箱制作，动手之后才发现最初的设计方案过于乐观。在制作的过程中，我们

分享交流

遇到了各种各样的问题，在团队成员和老师的帮助下，我们不断发现问题并解决问题，最终初步完成了温控箱的制作。但是仍然存在一些问题需要继续研究探索。听说今年实验室引进了3D打印机，我想如果可以自己设计元件再进行组装，那么我们动手制作的过程将会更加有趣，更具挑战性。

在温控箱的制作中，我们体验了"确定目标—制订方案—原理论证—产品设计—动手制作"的全过程。从发现问题到解决问题，从最初的设计方案到制作出真实作品，我们不断头脑风暴，研究探索。这些体验和经历是我们的一笔财富，我们学会了如何自主学习、如何协作学习。在今后的学习生活中，我们将更加自信地迎接未来的挑战！

（执笔：丁　蓓　杨艳艳）

趣味物理打造实验达人

——上海音乐学院实验学校创智空间

 ## 实验室建设理念

"创智空间"是以物理实验探究为基础，以激发和培养创新人才为宗旨而建设的创新实践平台。它提供了各类有趣的实验菜单，供学生、教师选择；或是提供了器材、设备、工具，帮助学生完成自己设想的创新实验。同时，它也配合我校承担的国家基础型课程校本化实施立项项目"初中物理实验化教学"和杨浦区重点课题"初中物理课堂实验化教学研究"两大课题，开展实验拓展教学。

在创智空间里，学生不仅可以体验各种有趣而富有物理知识的趣味实验，激发对物理学的兴趣，而且还可以通过自己的思考、实践以及富有创造性的方法来解决实验室所给出的问题。作为以音乐为特色的上海音乐学院实验学校，创智空间围绕音乐的发声原理、声音的特征、奇妙音乐、器乐发声等声音主题类项目，开展探究活动。在探究过程中，学生的创新意识和创新能力不断提升，这也意味着创新空间的扩大，故学校的这一物理创新实验室取名为"创智空间"。

 ## 实验室学习环境建设

 ## 课程设置

我们把开发的课程称为"实验达人"，目的是希望每一位学生通过创智空间这个平台，经过大量有趣实验的锤炼，不断提升自己的创新意识和创新能力，最终成为一名实验达人。"实验达人"课程包括课本实验、拓展实验、探究实验、达人交流等四大板块。

1. 课本实验

课本实验是基于基础型教材中的相关实验进行的优化和创新，将课本中的相关实验进行系统整理归类，将实验的可创新点和优化过程形成文字，供学生参考。比如光的直线传播，教材中指出光在同种均匀介质中沿直线传播，而在不均匀介质中的传播会发生偏折，但并未给出相关实验。本课程则通过向水中加盐，不搅拌，让下层的水和上层的水密度不同，利用激光笔照射，发现光的传播方向发生明显偏折。课本实验很多来自我校的校本教材《物理实验化家庭作业》和《物理课堂实验设计》。

2. 拓展实验

拓展实验是将基础型教材中的相关实验延伸出去而开发的创新实验。教材中相关知识点在生活中的应用相当广泛，比如大气压在生活、生产中的应用就非常广，于是我们就设计了很多与大气压有关的实验，如吸盘吊重物、瓶吞鸡蛋、吹不大的气球等。

3. 探究实验

探究实验是基于某一物理知识点的深入探究，将所学到的知识点不断挖深挖透，将初中物理知识高中化、大学化，使学生对某一知识的认识更加系统，理解更加深入。比如光的折射，课程标准中只要求知道偏折，而不需要了解具体物质的偏折程度，即偏折率。本探究性课程就是把此类知识点进一步深化，学生在创智空间中经过学习，进行实验探究，设计实验方案、记录相关数据、展示交流沟通，最终得出结论。又如，初中的奥斯特实验是教学大纲要求的实验，反映的是电流能够产生磁场，而高中阶段的法拉第电磁感应实验则是奥斯特实验的逆过程，本课程就是将两者放在一起，共同探究，找到规律，让学生更好地理解所学。

4. 达人交流

达人交流板块中包含学生自己感兴趣的物理实验、自己的奇思妙想、自己的所见所闻、自己的疑惑等。创智空间为这部分学生提供硬件支持，提供交流和实践的平台，让他们在交流中寻找到灵感，拓展自己的思维，共享成果。

"实验达人"课程

一级目录	二级目录	目录说明	课时
模块一 （六年级）	认识科学家 （拓展实验）	通过科学名人墙，了解近代物理学发展史，感悟科学家的探索精神，播下科学的种子	4
	趣味体验 （拓展实验）	通过各类趣味物理实验，如光学、力学、声学、电学等，体验物理的美，激发学习物理的兴趣	4
	探索报告 （探究实验）	学会思考和总结，通过一定体验过程，学会总结，撰写体验报告	2
模块二 （七年级）	声音探究 （课本实验）	通过对发声物体振动的探究，找到物体发声的规律，得出发声的规律	3
	综合探索 （拓展实验）	学生通过各类综合性的探究实验，分析实验现象，总结实验规律	3
	创意制作 （达人交流）	根据探究得到的规律和经验，进行物理小制作，将学到的知识运用到实际生活中	4

一级目录	二级目录	目录说明	课时
模块三 （八年级）	创新实践 （课本实验＋探究实验）	根据自己感兴趣的物理实验，自我设计实验，进行实验探究，要求具有一定的创新意识	3
	团队科学实验 （拓展实验）	以团队小组的形式，通过教师的指导，完成科学项目研究，并有一定的成果	5
	"实验达人"课程 总结和展示 （达人交流）	课程总结，将学到的科学实验、感悟的科学精神，以实验或报告的形式进行总结和展示	2

📍 场地设备

创智空间设有三个实验区域，分别是趣味物理体验区、实践探究区和实验创新区，三个区域层层递进，相互关联。在趣味物理体验区，学生对各类有趣的物理实验进行视觉、听觉、触觉等全方位体验。实践探究区则深化在趣味物理体验区中学生较为感兴趣的部分趣味实验，让学生进行更深入的探究，进行科学的实验测量。实验创新区主要是为部分对某些物理现象特别感兴趣且有一定想法的学生提供实践平台。

创智空间依照主题及功能也可分为四个区域。

1. 公共展示区

展示物理学发展史上最有影响的 20 位科学家的生平及成就。设备主要有：移动展板、灯光、LED 显示屏和投影仪。

2. 趣味物理体验区

学生可以在这里对各类趣味物理实验进行视觉、听觉、触觉等全方位体验，从而对精彩的物理实验产生浓厚的兴趣，产生更多的好奇心。

1. 抛体运动研究（竖直上抛、平抛、斜抛）；2. 超重与失重；3. 水波干涉；4. 声速的测量；5. 逆风行舟；6. 翻身陀螺；7. 飞机升力演示仪；8. 傅科摆；9. 陀螺仪；10. 啄木鸟；

11. 凯尔特魔石；12. 昆特管；13. 比利时咖啡壶；14. 多米诺骨牌；15. 不会掉下来的圆环；16. 耦合单摆；17. 圆偏振驻波；18. 动量守恒演示仪；19. 超声雾化器；20. 迷你锅炉……

趣味物理体验区主要实验及器材

3. "韵律之旅"声学主题专区

作为与音乐学院合作办学的学校，学生都会 1～2 种乐器，对声音的感知度也有一定的要求。为此，我们创建了这个声学主题专区，把声音的相关知识传递给学生，使学生能进一步感悟声音的奥妙。

1. 声波仪
2. 共振演示器
3. 声音的产生演示器
4. 无弦琴
5. 无皮激光鼓
6. 驻波演示仪
7. 消声演示器
8. 音调分析仪
9. 音频分析仪
10. 噪音检测设备

"韵律之旅"声学主题专区主要实验器材

4. 实践探究区

在这里，学生对于在趣味物理体验区中较为感兴趣的部分实验进行深入探究。

1. 大型单摆测试
2. 凹透镜焦距的测量
3. 测量交流电电压
4. 节能灯和普通白炽灯功耗的对比
5. 巧用打点计时器
6. 小灯泡极限功率的测定
7. 风力发电机
8. 水力车实验
9. 甩干机
10. 轨道碰撞
11. 滑轮组
12. 热气球

实践探究区主要实验及器材

📍 教学变革

实验室采用的是基于学生的探索任务而开展的自主探究学习模式，以小组为单位开展探究活动。教师通常根据"实验达人"的相关教学内容，给学生下达探索任务，或者学生自主选择探索任务。学生利用实验室的各类器材，在任务驱动下通过小组合作的形式进行学习和探究。例如,学习声音这一章内容时,教师把学习内容分解成几个小任务:声音是如何产生的,声音的传播有什么条件,音调的高低与弦长度有什么关系,音调的高低与弦的粗细有什么关系……学生根据领到的任务,组建小组进行合作学习。

不同的学习任务有不同的要求。有些任务是体验式的,要求学生利用趣味物理体验区的各类器材进行体验式学习,如动滑轮、定滑轮及滑轮组的不同使用方法。有些任务是探究式的,要求学生利用实践探究区的器材完成自己小组的探究任务,如音调的高低与什么因素有关,学生需要选择相关器材,通过敲击不同材料、长度、松紧程度的弦,判断发出声音的音调的高低,从而探究出音调高低的影响因素。有些任务则完全是创新性的,主要面向高年级学生,要求他们自主寻找课题,然后利用器材进行自主探究。这种

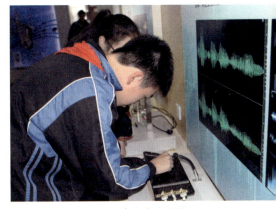

学生实验掠影

学习任务是开放式的,任务的设定、方案的确定、器材的选取等都要靠学生自己完成,教师只在必要时给予一定的指导或帮助。

运行机制

创智空间主要由物理组的教师按照教导处的安排负责管理、维护。自2015年9月建成后,创智空间正式向六、七、八年级等三个年级的学生全面开放,每周安排6节实验探究课,每个年级2个班各一节。

在校长室领导下,由教导处具体安排课时和师资,物理教研组具体实施教学,并邀请区相关专家进行专业指导。设备器材由相关专业人员进行维护和保养。

实验室建设成效

创智空间运行一年多,但其发挥的作用就已经显现出来了。学生的创新思维能力有了显著的提升,各类创新作品层出不穷,学生在各类课外拓展竞赛中喜获佳绩。如,2016年,张博涵同学获得了上海市青少年物理实验竞赛一等奖。同时,学生对学习物理的兴趣显著提升,热爱思考,善于动手,科学探究思想在脑海中不断生根发芽,科学素养得以明显提升。创智空间作为杨浦区中原地区学校中率先建设的以物理为基础的创新实验室,为了更大限度地发挥实验室的辐射示范作用,在上海音乐学院实验集团校间开展合作探究活动。实验室向集团中所有学校的学生全面开放,实行预约制,相关课程的开发和实施均实现共享。此外,学校还培养了一批创新实验室的志愿者服务小队,专门负责带领其他学校

的学生一同进行实验体验和探究。国和中学、包头中学、思源中学等都利用创智空间开展了相关创新实践活动。

奇妙的声音世界

下课了，我在走廊里遇到班里的几个学生，我很随意地问了一句："物理够简单吧？你们都听得懂吧？"学生的回答让我非常诧异："老师，物理好难啊，特别抽象，有些都听不懂，我们都是死记硬背的。""啊？初中物理应该是很简单的，学习物理靠死记硬背肯定是不行的！"我回答道。其中有位大胆的女生张晨阳同学回了我一句："声音就很抽象，声波、音调、音色啊，看不见摸不着。老师你说什么，那就是什么咯！"这个回答竟让我无言以对。

回到办公室，我开始批改学生的回家作业，作业情况正好印证了前面学生的回答。对基本概念及讲过的例题学生做得都非常不错，而对拓展类和研究类的题目学生普遍回答得不好，缺乏思考和实践，回答都是生搬硬套，离我的预期有很大的距离。学生才开始学习物理，这样的教学方式和学习方式必须要改变，要不然我会教得很累，学生也会学得很累。为了找到突破口，我把张晨阳同学叫到办公室，想听听怎样的物理学习方式是学生喜欢的。她想了想，回答说："好玩的，有趣的，直观的，印象深刻的。老师你能做到吗？""这个要求非常高啊，老师想办法，尽可能让你们满意。"她离开办公室后，我开始思考……

如何打破传统的教学弊端，让学生能自己建构符合自身发展特点的知识体系，深入理解知识点内涵，并具有一定的创新意识？关键在于实践探究。实践探究的过程就是建构知识体系的过程，学生通过实践体验、探究与讨论，会对知识点的本质有深层次的理解，所以，如有机会让学生进行实践和体验，将会对教学成效有很大的提升和帮助。我校刚刚建成的"创智空间"是一个改变传统教学方式和学习方式的重要平台，利用实验室里的各项探究器材，帮助学生从多维角度进一步理解物理知识，应该是一个有效的方法和途径。

学生对声音的学习普遍感觉到比较抽象，理解起来有难度，我决定利用创智空间的声学探究室，把课堂搬到实验室中，把声音内容分为三个探究子模块，分别为：①声音的产生与传播；②声音的特征；③声音的应用。张晨阳和组员领到的是第二个探究子模块——声音的特征。她把小组的探究过程完整地向我作了介绍：

第一步：找资料。我们分工进行相关资料的搜集：教材组翻阅教材和辅导书籍，查阅与声音特征有关的知识点；网络组则利用实验室提供的计算机，在网上搜集有关声音特征的资料。最后，两个小组汇总资料，得到初步知识点——声音的特征包括响度、音调、音色，明确了我们的具体任务是进一步探究响度、音调、音色与什么因素有关。

第二步：找设备。我们根据需要探究的具体内容，找到相应的实验设备。由于资料显示，声音的音调可能与多个因素有关，我们需要找不同的实验器材。在实验设备前，我们小组遇到了困难，有的说与弦的粗细有关，应该找不同粗细的弦，有的说与弦松紧有关，应该改变弦的松紧，还有的说出了不同的因素，我们有点不知道该如何进行实验了。于是，我们找到了老师，老师说："或许与这些因素都有关系，应该运用控制变量法，需要把其他因素控制得一样，单独改变一个因素。"

第三步：共探究。经过以上两步的准备，我们小组终于开始了。老师在选择器材时的指点一下子让我们明白了应该如何去探究。实验时，我们需要用到计算机拾音软件，正好组里有一个计算机高手，简单试用了几次就大致明白了使用方法。比如，在探究音调与弦松紧程度的关系时，我们调节弦的松紧，观察并记录软件中相应的声波图情况。我们重复实验步骤，并记录实验结果。

第四步：得结论。我们小组顺利地完成了音调与哪些因素有关的探究实验。我们把几次实验的数据和现象进行了汇总和分析，最终得出了结论。实验证明，我们几位同学的想法都是对的。比如音调与弦松紧程度有关，我们发现当弦调节得越紧，波形就越密，音调越高，即得到实验结论：同一弦，越紧，振动发出的声音音调就越高。

得出结论固然重要，但更重要的是我们体验了实验探究过程。从想法到结论，我们经历了不少的努力，这让我们感到，我们得到的结论也是我们探究的成果，我们会格外珍惜。

声音的实验探究课结束了，学生们都非常激动。张晨阳同学高兴地告诉我："老师我都明白了，这辈子都不会忘记了。"我问她："这样的课堂你满意吗？"她回答说："这课让我改变了对学习物理的看法，让我更有信心学习物理了，能不满意吗？"

（执笔：陶晓明）

享受与众不同的 RC 快乐

——上海市宝山区高境镇第三中学 IPA 车辆模型 (RC) 体验中心

 ## 实验室建设理念

"IPA 车辆模型（RC）体验中心"以学生的兴趣（Interest）、表现欲（Performance）和个人能力（Ability）为出发点，通过让小赛车手们亲手制作、改造、操控车辆模型，参加区域、国家间的赛事比拼、特技表演等方式，全面培养学生的科技竞技能力、独立思考能力、团队合作能力和心理抗挫能力。

体验中心的创建，为我校倡导的"IPA 学生发展模式"实施提供了平台。在这里，学生是学习活动的主体。通过几年分层次、重深度的筹划搭建，我们以技能培养为载体，在丰富学生课外生活的同时，也培养了学生的兴趣爱好，为学生提供了大展身手、交流技艺、发展个性和特长的遥控车辆模型运动舞台。

依托体验中心的五大赛场（室外国际车模竞技场、室外国际车模越野场、室外 MINI 公路赛场、室内车模漂移竞技馆、室内 MINI 赛车场）和两大平台（车模制作平台和车模展示平台），学生在探索发现中理解车辆模型所蕴含的科学技术，在实践中体验成功与失败，在交流比拼中收获乐趣、成就感。

 ## 实验室学习环境建设

 ### 课程设置

学校以车辆模型项目为抓手，通过让学生不断动手实践，培养学生的科技竞技能力、独立思考能力、团队合作能力和心理抗挫能力，让学生通过体验式的学习，对车辆模型产生浓厚的兴趣，培养学生的体育素养和不断追求创新、不断自我超越的科学观，打造一支具有严谨态度、拼搏精神、坚强意志、科学情怀的车辆模型精英团队。高境镇第三中学（简称"高境三中"）"车模素养"课程按照学生的认知规律分为三个层级，以"培养全面发展、学有所长的适应未来社会发展的科技创新型人才"为努力的目标。

"车辆素养"课程

课程名称	课程实施年级	课程类型	课时	层级	教授内容
初级兴趣班 （I：兴趣引领）	六年级	基础型	2	课程入门 （第一层）	介绍遥控设备的使用、模拟器的使用与基础标门练习
中级技艺班 （P：充分表现）	七年级	拓展型	4	课程拓展 （第二层）	介绍正确的走线和刹车点的控制，并进行基础场地和趣味游戏练习
高级研修班 （A：能力提升）	八年级	研究型	8	课程深化 （第三层）	介绍相关车辆模型维护与保养知识，学生可为自己的赛车升级

  每位 IPA 车辆模型体验中心的学员都将拥有一份个人成长档案、一张专属的工作台、一整套车辆模型专用的工具，以及一张专属定制的成绩单。成绩单综合学生各模块课程的表现和竞赛与展演的综合实践表现，给予学生相应的等第和目前所拥有技能素养的水平评价。

体验中心教材

  IPA 车辆模型体验中心还开发了体验中心系列课程与教材，如"上海市高境三中蓬勃发展的车辆模型运动"教师指导丛书、"模型设计与制作"、"车模竞技训练方略"等。

📍 场地设备

  IPA 车辆模型体验中心由五大赛场和两大平台共同组成。

1. 五大赛场

（1）室外国际车模竞技场

  室外国际车模竞技场由篮球场改建而成，现具备篮球场和赛车场两项功能。赛道的铺设采用减速带和路碟相结合的设计，使赛道不再是传统的固定式，而可以随需求更改和变化。原有领操台也进行了全新改造，成为校园最大的领操台、操控台。

（2）室外国际车模越野场

  室外国际车模越野场由原来两处绿化带改建而成。作为专业型越野场地，其赛道由草皮、绿化带和木桩组成，包含了所有的越野元素，在美化了校园环境的同时又增加了更多律动的生机。

（3）室外 MINI 公路赛场

  室外 MINI 公路赛场由一小块绿化带改建而成，适合 1/18 电动房车模型 ~1/28 电动房车模型。赛道由水泥浇筑而成。但与传统水泥赛道不同的是，它的路面在后期又进行了"打毛"处理，使赛道拥有专业公路赛场一样的抓地力。

（4）室内车模漂移竞技馆

室内车模漂移竞技馆中的地面由国际主流室内房车赛地面材质地毯和仿真路岛组成，竞技馆采用世界级的 AMB 计时系统，多媒体直播与导播系统，可将赛场内的影像和声音实时地传输到待场区域，并把每位赛员的各项成绩实时地展示在大屏幕上。

（5）室内 MINI 赛车场

室内 MINI 赛车场面积达 40 平方米，适合 1/24 电动 MINI 车模型 ~1/36 电动 MINI 车模型练习和竞赛。

室外国际车模竞技场

室外国际车模越野场

室内 MINI 赛车场

五大赛场

室外 MINI 公路赛场

室内车模漂移竞技馆

五大赛场

2. 两大平台

（1）车模制作平台

车模制作平台由教学区和模拟区两部分组成。教学区主要进行日常车模教育教学活动，分成教师教学区域和学生实践区域。在教学区中，教师可以在教师教学区域运用现代的高科技技术教授学生各种车辆模型的知识；学生实践区域共有 4 块，每块有 2 排工作台，每排各 5 个工作台，以竞技队的形式分配。主要活动对象为我校车模中级技艺班的学生，每队队长及成员都可以在各自的工作台进行车辆模型的日常维护与维修。模拟区主要针对的是高级研修班的学生，他们可以在专用模拟器上进行各类赛道的仿真训练。

（2）车模展示平台

车模展示平台由两个展示馆组成，分别是：传统展示馆和综合展示馆。传统展示馆展示了世界上 1/5～1/36 所有实际车模成品以及我国东海舰队编队船模。综合展示馆分成多媒体展示区、立体攀爬越野场、仿真沙漠情景区和模拟赛车体验区。模拟赛车体验区主要针对初学体验者，让他们可以通过模拟操控掌握枪式遥控器的基本使用方法和赛车油门、方向与刹车的控制，为操控真车做好准备。立体攀爬越野场主要针对已掌握枪式遥控器使用的选手，通过现在最为先进的 VR 眼镜在赛道中进行 1/14 电动攀爬车的体验，通过操控 1/14 电动攀爬车可以让他们体验到操控真实攀爬车那般惊心动魄之感。

车模制作平台

车模展示平台

两大平台

教学变革

1. 采用"小先生"制的教学辅导方式

在 IPA 车辆模型体验中心，初学者的教学基本都是由较高年级且经验丰富的队长或其他队员手把手进行。源于队员自身的经历和自己总结的经验，会比教师教练讲的技巧更便于理解。通过一段时间的传、帮、带，新队员的技能水平会迅速提高，实现整个队伍均衡有序地发展。

"小先生"制的教学辅导方式

车辆模型社团队员个人积分情况

2. 以社团形式开展的科技活动

IPA 车辆模型体验中心的社团主要分为光、翼、行、云四个队，每个队伍设有一位队长和一位副队长，后者负责组中日常训练与考核。队长或副队长每周会对队员的出勤率、训练量和工作位置的整洁情况进行记录和评分。每次评分的最终结果会在"车辆模型社团积分统计系统"中进行体现。

3. 定制训练方案

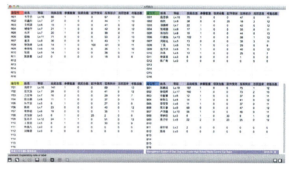

高境三中车手能力测评系统

IPA 车辆模型体验中心会根据每位学生在"高境三中车手能力测评系统"中的数据制订有针对性的训练方案。我校聘任来自全国各大车辆模型方面的专家，抽调有专长的教师，组成车辆模型导师团，对学生的技能水平进行适时指导，对部分有特长的学生进行更深入的训练指导；配备专职车辆模型教练进行一对一辅导。同时，我们鼓励学生相互协作，培养团队合作能力。

4. 实行积分激励制度

学生在车辆模型社团中所有的表现都会记录在"车辆模型社团积分统计系统"，采取对应有等值的积分进行奖励的制度，每位队员可以在一年内用自己的积分兑换新的零件或给自己的赛车升级。

车辆模型社团积分统计系统

5. 竞技和展演并进

在竞技方面，我们采用的是阶段式训练方式，主要分为初级兴趣班、中级技艺班和高级研修班。社团中的每个学生可以通过一段时间的训练后参加相应的阶段升班测试，测试合格的学生可以进行下一阶段的车模训练。

在展演方面，我们采用的是艺术与科技融合的方式进行。展演包括两个方面：展示与表演。"展示"主要是向参观者展现学校的校园文化。我们学校的校园文化是车辆模型文化，校园中随处可以看到车辆模型的相关景物。特别是学校的综合楼，整幢建筑由外而内都完全洋溢出学校的特色——车辆模型文化。而"表演"主要由车模表演队来完成。他们以基于车模衍生出来的特技动作和互动游戏为表演方式，其中包括剧情类（如特色车车辆灾难援救）、对抗类（如老鹰捉小鸡和拔河大战）、特技类（如两周空翻、极速飞坡、追逐漂移）等。

 ## 运行机制

IPA 车辆模型体验中心的一个重要价值，就是推广、示范集竞技、科技、健身、益智和娱乐众多元素于一体的车辆模型运动，让所有学生都可以参与到这个具有知识性、趣味性、观赏性的活动中来。学校有主管领导负责体验中心环境建设和安全管理工作，也为本项目的研究提供了强有力的条件支撑与物质保障。

1. 建设教师队伍

　　IPA 车辆模型体验中心在配套完善实验仪器和师资力量的同时，也积极寻求国家体育总局航空无线电模型运动管理中心，上海市军事体育俱乐部，上海市航空、车辆模型协会，上海市科技艺术教育中心，宝山青少年科学技术指导站等专业机构的帮助。体验中心建立了由校长室牵头，教科室、教导处全面负责，包括 1 位专职科技总辅导员、2 位专职科技教师、9 位兼职科技教师和 17 位中队科技辅导员的师资团队，健全和完善了学校车辆模型工作运行机制。同时，聘请校外科技工作者以及国际级裁判员、全国车辆模型教练员和全国车辆模型冠军担任我校的科技指导顾问。

2. 全方位跟踪辅导

　　IPA 车辆模型体验中心，每周安排了 5 个课时的教学内容。由 4 位教师组织授课，1 名教师进行跟踪辅导。利用双休日，每周安排 1 天的实践单元，更有利于观察学生所取得的进步，或者直接安排辅导员因材施教。

实验室建设成效

　　体验中心经过几年时间的运行与沉淀，已培养出了上千名车辆模型爱好者，实时社团成员达百余名。从市级车辆模型竞赛中一路走来，我校的小选手们在竞赛中包揽了各个项目的冠军。车模表演队也曾多次在市区级科技节、模型节乃至全国和国际性科技交流活动中进行车模表演与车模互动。

1. 对区域的辐射作用

　　IPA 车辆模型体验中心和区内 12 所中小学共同组建成立了"宝山区中小学车辆模型创新联合体"，在联合体中一直发挥着积极的示范、辐射作用。

交流互动

2. 学生兴趣的激发和自信心的提升

　　曾经有这样一位学生，他说："我在班级中一直默默无闻，甚至看起来略显木讷，说话也总是很轻，好像是一个犯错的孩子在认错一般。"即使在他报名加入车辆模型社团之后，也仍有很多同学都认为他不行。然而，仅经过一个多月的训练，他不仅证明了自己，同时还为学校获得了多个科技奖项。之后，他不仅成为学校车辆模型社团的骨干，还竞选成为车辆模型竞技队的队长；他的性格也变得自信、开朗，学习成绩等各方面也取得了不小的进步。

　　人的先天智力也许是不等的，这就造成了学习能力的差异。试图让每一个学生都达到统一标准是不可取的。因此，用不变的视野看不同的学生是不对的。面对每一位学生，都需要用不同的尺子来衡量，发现学生与众不同的长处。而科技体育活动，不仅可以培养学生对于科技的兴趣,帮助他们了解科学知识,而且能培养他们的耐挫折能力、独立思考问题的能力、团队合作能力等,让他们在学习基础文化知识以外的时间里,感悟人生的道理。

通过竞赛,每位学生都获得了不凡的成长,荣获的奖项也不计其数。其中,2013年有83人次获得市级竞赛奖项,2014年有122人次获得市级竞赛奖项,2015年有120人次获得市级竞赛奖项。

高境三中2015年车辆模型竞赛部分获奖情况

姓名	名　称	名次	发证机构
贾文豪	2015年上海市青少年车辆模型锦标赛暨校园联赛第一场1/10内燃机房车模型(中学组)	第一名	上海市航空、车辆模型协会 上海市科技艺术教育中心
徐嘉喜	2015年上海市青少年车辆模型锦标赛暨校园联赛第一场1/10电动房车模型(中学组)	第一名	上海市航空、车辆模型协会 上海市科技艺术教育中心
刘锋源	2015年上海市青少年车辆模型锦标赛暨校园联赛第一场TX01电动房车模型(中学组)	第一名	上海市航空、车辆模型协会 上海市科技艺术教育中心
徐嘉喜	2015年上海市青少年车辆模型锦标赛暨校园联赛第一场TT01电动房车模型(中学组)	第一名	上海市航空、车辆模型协会 上海市科技艺术教育中心

俯身闻花香

—— 一切从兴趣开始

还记得他刚入学的模样,瘦瘦小小,其貌不扬。上课时虽能安安静静地听讲,但无论老师用怎样的教学手段鼓励他积极举手发言,他总是默默地坐着,时常逃避着老师与他对视的目光。学习方面,他具有一定的自觉性,成绩位于班级中上游水平。他与老师、同学之间甚少互动,缺乏自信、胆小内向,却安分守己、不善言辞,往往成为我们忽略的对象。直到那一次……

平日里能按时完成作业的他,居然连续两天没有交语文作业。我想:如此自觉的学生连续两天不交作业一定有原因。于是,我把他叫到办公室里,没有批评,反而用比较柔和的语气询问原因。起先,舒逸杰一声不吭，低着头，咬着嘴唇，双手不停地揉搓着衣角，我耐心地多次询问和疏导，可他依然一言不发。我渐渐有些不耐烦，语气严厉起来，他抬起眼帘轻扫我一眼，又低下头低声地说："老师，我……我做了，我是故意不交的，就是……想让你注意我……"我震惊了，原来这样一个默默无闻、内向害羞的孩子一直热忱地渴望得到老师的关注，他正用自己的方式来引起老师的注意。著名教育家苏霍姆林斯基说："人的心灵深处，有一种根深蒂固的需要，希望自己是个发现者、研究者、探索者……世界上没有才能的人是没有的。问题在于教育者要去发现每一位学生的禀赋、兴趣、爱好和特长，为他们的表现和发展提供充分的条件和正确的引导。"

从那以后，我关注的焦点不仅是那些调皮捣蛋的孩子，更有一个舒逸杰。

l: 树立自信，做学生兴趣激发的探索者

随着与舒逸杰的深入接触，我渐渐发现他其实有着敏锐的思辨能力和较强的动手能力，最大的兴趣爱好便是组装一些模型拼装玩具。兴趣是人们力求认识某种事物和从事某项活动的意识倾向，表现为人们对某件事物、某项活动的选择性态度和积极的情绪反应。对于缺乏自信的孩子，最有效的方式便是从他的兴趣点入手，从其所擅长的范畴找回自信和价值。

正逢学校招募车模社团成员，我便建议他参加，他也欣然接受了。可过了一段时间，舒逸杰突然找上我，心事重重地表示他想退出车模队。在我的追问下，他只说了一句："我觉得我不行。"

于是，我找到了车模辅导员刘老师询问情况。他告诉我，车模队里不少学生在小学期间就开始接触车辆模型的制作，具备一定的理论和实践基础，而舒逸杰虽有兴趣和天赋，但之前从未接触过，因此在组里属于拼装技巧和操作能力较弱的队员，经常由于技巧的生疏拖组员后腿而受到埋怨，故而受挫，萌生退出的想法。这是一个多么缺乏自信却又具有极强自尊心的孩子啊！

在了解了具体情况后，我主动找到舒逸杰并告诉他："世上没有一个人可以不凭借努力而一举成功，别人的成功或许在你看来闪耀辉煌，可你是否想到他们背后曾付出的艰辛；别人的成功或许在你看来遥不可及，但你是否想到如果你也为之努力过，或许你也会成为他人眼中的成功者。"在我的多番鼓励下，舒逸杰终于答应继续参加车模队。

激发兴趣，是以重建自信来帮助学生及时调整目标，坚持"小以成

小，大以成大，无弃人也"的原则来帮助他们建立合理的成功期望值。通过系统的课程安排，我们可以让学生发挥自身的优势，坚持不懈，努力争做别人眼中的强者。

P：展现自我，做学生表现提升的引导者

兴趣是行为的动因，而自信心的建立将成为提升个体表现力的内因。经过了那次谈话，我渐渐发现舒逸杰开始有了转变。IPA 车模社团活动时，他认真仔细地盯着刘老师的演示，认真做好详尽的笔记，不放过一个细节；活动结束后，他总是最后一个离开教室，把各个零件反反复复拼装测试，不断调整车辆性能。因为兴趣，舒逸杰参加了车模队，因为有了目标，他不断积极钻研车模制作技巧。终于，在不懈的努力下，舒逸杰荣获了他人生中第一张车模奖状——2011 年上海市宝山区"国耀杯"遥控车辆模型积分赛 1/16 遥控电动越野车模型（有刷电机）直线赛三等奖。面对他取得的成绩，我感到无比欣慰，倘若没有当时对他的关注，没有挖掘他的兴趣，并帮助他设立目标和树立自信，我想他现在可能还是那个默默无闻的瘦小男孩。

更令人欣喜的是，刘老师告诉我，通过舒逸杰的自身努力，他的拼装技术和操作水平在短时间内有了飞速进步，队员们都对他刮目相看。而刘老师也任命他为"小先生"，作为小助教协助老师指导队友，他也做得有模有样。与此同时，平时里沉默寡言的他竟愿意在上课时举手回答问题了；课间，时常能听到他爽朗的笑声了。我也适时地委任舒逸杰为班中的科技委员，他的积极性无比高涨，工作主动认真，自严自律，成绩也有了很大进步。目标的达成和自信的重拾提升了舒逸杰在学习和兴趣方面的良好表现力。

教师应帮助学生充分认识和发现自身的价值和潜力。每个人心中都隐伏着一头雄狮，现代心理学研究发现：绝大多数青少年都具有相当大的发展潜力，而且不同的人有不同的发展潜力；同一个人各方面的发展潜力也不尽平衡，都有某方面相对占优势的发展潜力，因此教师要帮助学生认识自己的潜力和优势。在保证每个学生都得到全面和谐发展的同时，针对每个人的特点和优势，帮助其尽早确立正确的奋斗目标和远大理想，用美好的愿景激励学生树立顽强的自信心和奋斗精神。

之后，凭借持之以恒的努力，舒逸杰又多次在上海市青少年车辆模型锦标赛无线电遥控 1/10 电动越野车模型项目、上海市 Horizon 车辆模型公开赛无线电遥控 1/10 电动后驱越野车模型项目、上海市青少年车辆模型锦标赛 1/16 电动越野车模型项目（无刷组）、"漕河泾开发区

杯"上海市第一届市民运动会车辆模型竞赛中学组 1/10 电动房车模型项目等比赛中荣获好名次。

坚韧的花芽破土而出，历经了雨露的浇灌，在阳光下舒展着躯干，成长仍在继续。

A：实现自我，做学生能力培养的助推者

黑格尔说过："人是靠思想站起来的。站起来的人要想有尊严地活着，就必须具备独立自由的思考和选择能力。"马斯洛的需求层次理论中人的最高需求便是自我实现的需求，我一直在想：对于舒逸杰这样一个曾自信不足的学生在取得了一小部分成绩后，如果就此止步，或许就无法促使他直面挑战从而挖掘自身更高的价值和蕴藏的巨大潜能。

如果在现有条件下把他推向制高点，在更宽广的平台上，让他尽情地展示自己，增加成功体验，那么他将逐渐依靠自己的力量迈步向前。于是，我又一次做了他的助推者：鼓励他报名参加国家体育总局主办的全国青少年车辆模型锦标赛。这对于初中阶段的学生而言是一项极高水准的比赛，报名参赛的选手都是来自于全国各地具备最佳车模拼装水平和操作能力的学生。

面对如此强劲的对手，舒逸杰又打起了退堂鼓，甚至一度有退赛的念头。我告诉他：回想我年轻的时候，仰慕各种各样的强者，也热切地希望自己能成为强者。但什么是强者？我曾毫不含糊地回答："能战胜别人的便是强者。在战场厮杀，英勇善战，威震敌胆，能踏着血泊穿过硝烟走向胜利的人；在运动场上称雄，在力量、速度技巧中遥遥领先，能赢得金牌和奖杯的人；在考场上拼搏，沉着应战，才思奔涌，以一胜百，能荣获金榜题名的人。如今我却有了更深的领悟，其实能不畏困难，勇往直前，战胜自我的人，便是强者。我们要做生活的强者，不在于和他人的较量，更多的是对自我价值的实现。老师希望你成为一名强者，至少成为你我心目中的强者。"他沉默了……

第二天，舒逸杰主动跑来找我，说："老师，我明白了，全国性的比赛并不可怕，我不在乎名次，而是在意努力的过程、自我实现的过程。我想成为你心目中的强者……"我被他的这番话感动了，教育的最终目的不正是让受教育者内化感知、培养能力吗？这一刻，在舒逸杰的身上我看到了一个强者的担当。

之后，他一心一意地为全国赛做着各项准备，一有时间就跑去图书馆钻研车模拼装技巧，课间跑去刘老师那里探讨如何提高车模性能等问题；课后总能看到他站在赛道旁时而眉头紧锁、时而微笑绽放，全神贯

注地一次又一次试行新改装的车模……

最终，舒逸杰荣获了全国青少年车辆模型锦标赛 U18 组 1/16 兴耀华遥控越野竞赛第七名的好成绩。当他拿着奖状欣喜若狂地来找我时，我只说了一句话："你是老师心中的强者！"他眼里噙着泪花，第一次真正地露出了自信的微笑。

美国心理学家威谱·詹姆斯说："人性最深刻的原则就是希望别人对自己加以赏识。"师长往往是学生心目中的"权威"，如果对他们的评价是肯定的、积极的，那么其自我意识、行为动因便更强。舒逸杰的兴趣帮助他寻找到实现自身价值的途径，他的努力帮助他提升了多方面的表现力，从而最终转化为自我实现的能力。我想，我的使命即将结束，舒逸杰已经具备足够自信和能力来面对今后所遇到的新挑战。

驶过岁月翩跹的舷筹，聆听流年迂回的浅吟，舒逸杰就如那朵默默生长的小花，随风传来阵阵幽香。只有你弯下腰才能发现它是如何于风中摇曳，又如此般顽强挺立，在破土而出的那刻起便开始演绎属于它的剧本。我庆幸成为那个曾蹲下身，用爱浇灌、用心滋养它的园丁，待其长成时，俯身闻一闻花香，别有一番动容。

（执笔：刘志远　丁　燕）

在校园中探寻自然之美

—— 上海市建平实验中学现代生态体验创新实验室

 ## 实验室建设理念

上海市建平实验中学现代生态体验创新实验室，是为学生创造从宏观到微观不同层面观察、培养、研究生物的动手实践平台，使学生在亲身实践中感受生物结构的多样性，体会结构与功能相适应的观点。实验室在功能与课程内容设计方面，关注学生科学素养的培育、合作意识和能力的提升、动手实践能力的提高。在实验室中，学生能够通过基础型与拓展型课程开展生态体验、生态观察等探索活动。

作为浦东新区的一所优质公办初中，建平实验中学始终秉承"脚踏实地育真人，千方百计创未来"的办学理念，将"建德建业，惟实惟新"作为学校核心价值追求，并以引导学生"探索真知，追求真理，学做真人，活出真我"的"真教育"作为学校课程哲学。现代生态体验创新实验室的平台上所开展的特色课程，为学生提供了培养兴趣、开阔视野、发展个性的机会，使学生在学习中建立良好的品德，在求实中获得创新的思考，成为一个真实、真诚、真正的人，一个拥有"真善美"完整人格的人。

 ## 实验室学习环境建设

 ### 课程设置

现代生态体验创新实验室开发的课程，具有普及性与拓展性、科学与技术、科学与人文、科学与生活相结合的特色，能充分发挥实验设备、器材的作用，具有较高的教育教学效益。依据这四个特色，实验室设计并实施了四类课程：校园生态观察与体验课程、生态科普课程、"感悟生命"课程以及现代生态农业体验课程。

1. 校园生态观察与体验课程

本课程属于拓展型课程，面向对生命科学感兴趣的八年级学生。学生通过本课程的学习，能够独立观察和记录生态环境中的各种生态因子，能够制作昆虫标本、植物标本，会用显微镜观察微生物和生物显微结构，会拍摄生物显微照片，能够用生态学基本理论分析和解释一些生态现象。

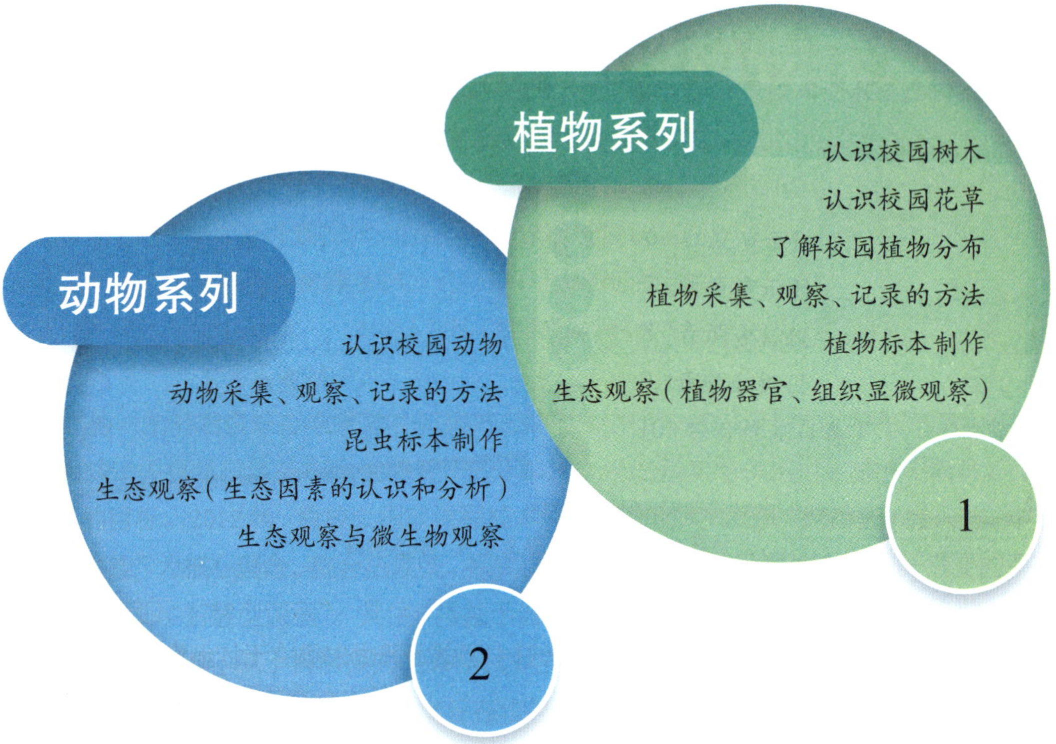

动物系列

认识校园动物
动物采集、观察、记录的方法
昆虫标本制作
生态观察（生态因素的认识和分析）
生态观察与微生物观察

2

植物系列

认识校园树木
认识校园花草
了解校园植物分布
植物采集、观察、记录的方法
植物标本制作
生态观察（植物器官、组织显微观察）

1

校园生态观察与体验课程

2. 生态科普课程

本课程属于拓展型课程，原则上面向所有八年级学生。学生通过本课程的学习，能够丰富生态知识，养成关注生态问题、爱护生态环境的习惯。

3. "感悟生命"课程

本课程属于拓展型课程，学生通过本课程的学习，能深刻认识大树对生态系统的稳定作用和对人类生活的重要作用，能够自觉保护植物、维护生态系统稳定；能深刻理解入侵生物对生态环境带来的灾难性影响，能自觉避免携带外来物种改变当地生态系统

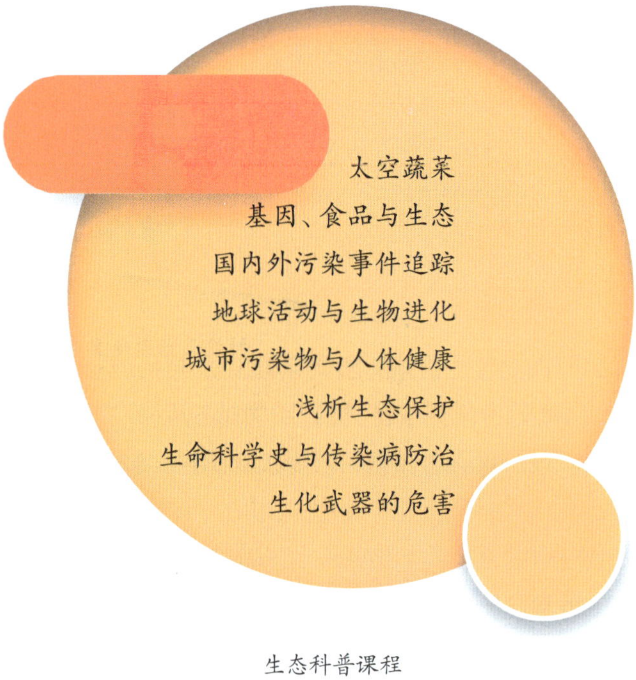

太空蔬菜
基因、食品与生态
国内外污染事件追踪
地球活动与生物进化
城市污染物与人体健康
浅析生态保护
生命科学史与传染病防治
生化武器的危害

生态科普课程

结构；丰富对生命多样性的知识，感受生命之间的密切关联，引发对于生命的感恩认识；通过实践体验生命的意义，对生命产生尊崇和热爱，进而产生自觉地保护生命的集体认同。

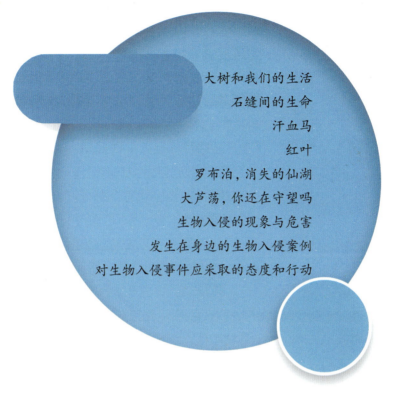

大树和我们的生活
石缝间的生命
汗血马
红叶
罗布泊，消失的仙湖
大芦荡，你还在守望吗
生物入侵的现象与危害
发生在身边的生物入侵案例
对生物入侵事件应采取的态度和行动

"感悟生命"课程

4. 现代生态农业体验课程

本课程属于拓展型课程，学生通过本课程的学习，能够了解现代农业技术、知道生命科学对改变生产生活条件的作用；通过实践理解生命科学的理论知识，对生命科学产生热爱。学生在种植和观察记录的过程中，提高观察能力、分析能力，并掌握初级的科学研究的方法，形成科学思维的习惯；在较长周期的实践活动中，锻炼意志品质，提高责任心。

无土栽培

观音菜种植
生菜种植

水培型

无土栽培

草莓种植
黄瓜种植

基质型

现代生态农业体验课程

📍 场地设备

现代生态体验创新实验室由两间专用教室组成，分别为实验探究专用教室和实验准备室。

1. 实验探究专用教室

实验探究专用教室

实验探究专用教室配置了数码双筒显微镜，目镜中和数码显示屏上可同时呈现显微镜视野中的图像。学生两人为一组，可在同一时间进行观察，提高小组观察、实验、讨论及师生互动的效率。专用教室安装了无线网络，每台数码显微镜都可以连入，为进一步实施创建"未来教室"的设想提供了硬件保障。

2. 实验准备室

实验准备室不仅具有实验器材的储存功能，还具备了标本展示和科普讲堂的功能。

3. 无土栽培专用设备

现代生态体验创新实验室配备了 2 种先进的现代无土栽培设备——植物水培装置和基质栽培装置。同时，我们根据实验环境条件，对装置进行了改进。

（1）水培装置

水培装置由 4 根管道连通，经水泵抽水，将水注入最高的管道。通过时间控制器进行营养液循环流动控制。可种植 36 株植株。支撑架带滚轮，可移动至房间外照射阳光。

（2）基质栽培装置

基质栽培装置由 9 个花盆组成，盛放无土栽培基质。通过喷洒营养液、补充复合肥料可为植株提供营养物质及水分。可种植约 27 株植株，植株间距约 10cm。支撑架带滚轮，可移动至房间外照射阳光。

水培装置

基质栽培装置

教学变革

在现代生态体验创新实验室平台上所进行的教学，较常规教学而言，淡化了教师的"教"，更重视学生的"学"，即学生在学习过程中的体验和感受。

根据四类课程的不同特点，教学方法、模式也与常规教学有所不同：在校园生态观察与体验课程中，学生根据教师设定的探索方案进行相对自主的科学探究，获得具有独创性的探究结果；在生态科普课程和"感悟生命"课程中，学生通过了解教师提供的生态科普资料和文学作品，进行独立思考、分析和讨论，从而形成自己的独特观点，并进行文学创作；在现代生态农业体验课程中，学生进行植物的种植、观察和记录，教师仅对无土栽培的理论知识进行说明，学生在学习过程中产生疑问时，则通过自行查阅资料、讨论等方式尝试解决问题。

学生实验活动

例如，在生态科普课程和"感悟生命"课程中，学习活动主要以"主题"的形式呈现，通过介绍课内外的生态科普资料和文学作品，引发学生对目前人类所面临的生态问题的独立思考，在生态发展的两难问题中分析利弊，在分享交流中体会看待问题的不同角度，从而对生命意识产生深刻的体验，对保护地球环境产生更强烈的责任感。在了解资料、独立思考、分析问题、讨论分享的过程中，学生对生态的认识不断深入，思维能力也不断得到锻炼。这两类课程的评价方式之一是让学生在学完各个主题后撰写学习感悟，这不仅是教师了解学生学习情况的方法，更是学生总结收获、将创造性思维可视化的方式。通过撰写学习感悟，学生会更深刻地感受到自己在学习和探究活动中的心路历程。在这两类课程的活动准备中，由学校生命科学教研组和语文教研组教师共同参与；在涉及学科领域前沿的资料准备时，则会向高校相关专业研究者请教，目的是为了向学生呈现科学性、教育性以及趣味性相融合的学习资料，使学生从思考、分析、讨论和感悟中锻炼思维、开阔视野、探索内心，并以此为起点，从感兴趣的方面出发，进一步发现问题、探索问题，促进和实现自主化和个性化的学习、思考和创新。

📍 运行机制

1. 队伍建设

现代生态体验创新实验室具有严密的组织管理形式，由校长亲自挂帅，全程参与实验室的目标定位、设计、筹建。实验室建成后，由副校长分管，教导处主管，总务处提供物资保障，生命科学教研组进行课程开发并组织教学。同时，聘请课程建设专家，对课程教学体系制订、实验室建设等进行把关；邀请相关专家进行课程研讨，确保课程建设的科学性和前瞻性。教师不断自主学习，研究教学方案。教研组积极探讨备课，共同协作。

2. 管理制度

以生命科学教研组为核心，生命科学、科学、语文教师担任具体课程实施的负责人，全面协调及把握教学目标、教学内容与要求、进度计划，负责教学活动的组织和运行，以及教学质量的监督。

3. 资源共享

相关课程如需使用实验室开展教学活动，在专职实验室管理人员的统筹协调下尽可能予以满足。如其他任课教师需使用实验室开展实践活动，学校尽可能给予支持，做到资源共享。如，无土栽培栽种设备全天开放、展示，只要遵守实验室守则，学生可在课间尽情观察、探究。

实验室建设成效

我校依据学校特色和学生需求，在创新实验室平台上进行校本课程的建设，开发出相应的校本教材，形成学生感悟成果作品集，以及教师教学案例和论文汇编。同时，我校建立了一套较为完善的创新实验室管理和运行制度。至此，我校初步探索出创新实验室建设和实施的有效方法，为进一步深化创新实验室建设提供经验。

创新实验室的特色在于在学生体验活动中凸显了创新意识的培养，通过从生命科学不同层面的观察和体验、生命科学与人文相结合，激活了学生的创造力，培养了团队合作精神，提高了学生的综合素质。在创新实验室平台上所进行的教学，可以使学生在体验中思考，并将思考着手实践、进一步体验实践的过程。同时，学生的个性得到了多元化的发展，并不断从体验中锻炼实践的能力、获得创新精神的启发。

创新实验室通过定期课程研讨、创新专题研讨、教学展示交流等教学研究活动，实验室集各学科资源优势和教研组教学智慧，切实提高了指导教师的师德、师能、师艺；实现了教师与课程建设共成长，逐渐形成一支具有先进教学理念、专业素质过硬、有志于生命科学创新教育的专业教师队伍。

创新实验室课程中引入了现代的育人理念、新颖的活动内容，为我校稳步实现办学目标、发展自身特色提供了优质的平台。

青春耕种时

——记体验式无土栽培

　　"童孙未解供耕织，也傍桑阴学种瓜。"正如宋代诗人范成大在诗中所描述的，我眼前浮现出一群少年们热爱劳动，虽不知如何耕田织布，傍晚时分却学习着播种的美好场景。当今的少年们，几乎很少有这种亲近田园、耕种收获的机会。而我校的现代生态体验创新实验室中的现代生态农业体验课程无疑为他们提供了一个良好的体验与实践平台。

　　体验之初，第一次提到"无土栽培"，谈到环保人士会利用有限的场所培植各种植物时，学生们积极参与讨论，踊跃发言。从校园中的万年青、虎皮兰，到教室里的吊兰、绿萝和办公室里的蝴蝶兰、滴水观音，再到家中的发财树、龟背竹，我充分感受到了他们对无土栽培的浓厚兴趣与喜爱。

　　兴趣是学习的动力，更是体验探究的基础。那么对简单而又贴近生活的短周期无土栽培活动而言，最好的体验就是通过一些新颖的小创意和想法，观察和感受一粒粒的小种子发芽、长出嫩叶、开花和收获果实。

　　例如，好玩的"鸡蛋壳育苗"。课前，每一小组学生准备一些缺一角的空鸡蛋壳、大头针、小图钉等。课上，以"生活中鸡蛋壳的妙用"为主题，学生们积极思考如何环保地利用鸡蛋壳，气氛非常活跃。"可以画成不倒翁。""可以打碎，洗干净，粘在纸上做成鸡蛋壳拼画。""可以雕刻。""可以磨成粉，当肥料。"……学生争先恐后地想着鸡蛋壳的妙用，很快有学生想到了"可以在鸡蛋壳里放上有机基质，然后育苗用"，学生们也自然主动地进入了本次课堂的体验活动，找到了本次的体验任务。

　　接着，教师为学生提供一些不同的种子和其他材料，学生们立即进行了合作讨论，并设计出完成任务的最佳方案。每个蛋壳里放多少颗种子，有机基质和种子该怎么安排，怎么观察种子发芽，观察时的注意点是什么……一个个问题，在激烈的讨论声中产生，随即又得出了许多巧妙的答案。

　　然后，每组学生根据设计方案迅速并有条不紊地行动起来。有的开始数种子的数量，有的研究使用工具的用途，有的则利用小图钉给蛋壳钻小孔，有的在白纸上设计观察记录表，有的用小钥匙向蛋壳内填充有机基质土……在他们的交流讨论中，我在一旁密切地观察着他们的动向，仅在适当的时候给出一点点细节的提示和帮助；学生完全根据自己的设计,自主探究完成了鸡蛋壳育苗的体验活动。

课堂的最后,每个小组分别展示了自己的体验成果,并分享了本组的设计观察表和活动中的感想等。

"鸡蛋壳育苗"实验

下课后,学生们心中仍留有一个悬念——神秘的种子到底是什么植物的种子呢?学生们只有通过一天天细心的培养、照料,才能知道自己耕种的是什么。看着学生们疑惑而又好奇的眼神,我相信学生们有足够的爱心和恒心,照料好种子,等待它发芽、开花、结果。

此后的一周,学生们每天都会迫不及待地观察和记录自己种子的情况。待到种子慢慢发芽,便细心呵护小嫩芽,生怕一个粗心的小动作会破坏小嫩芽。每当看到学生们交流无土栽培植株的生长情况、探究讨论植株生长困惑时,我感受到了学生对无土栽培生态体验的兴趣与积极参与;看到学生解答疑问、解决问题时的笑颜时,我感受到了学生提高了自主探究和观察事物的能力;看到学生因自己栽培的植株生长不良而叹息时,我感受到了学生增强了关爱、珍惜生命的意识。而这一切,都是创新实验室让我们体验到的进步与快乐。

相信,在这青春耕种时,每一名少年都能体验到"春种一粒粟,秋收万颗子"的喜悦。

(执笔:朱文瑾　张晓瑛)

"创客"热情，从这里萌发

—— 上海市嘉定区迎园中学无线电创客中心

 ## 实验室建设理念

"无线电创客中心"是我校在对 STEM 课程研发和实践的基础上创建的（STEM 是科学 Science、技术 Technology、工程 Engineering、数学 Mathematics 的汇合简称）。在我校开设的魔方探索课程中，教师曾将 STEM 项目中的数学和工程结构知识与魔方知识结合起来，结果发现这样结合后，教学效果非常好，学生的魔方技能都得到了不同程度的提升。于是我们决定把这一成功经验扩展到更加专业的领域——基于无线电的 STEM 课程开发。无线电 STEM 课程的设置目的就在于培养学生的自主创新实践和应用能力，创客中心就是学生们进行自主学习和创新实践的主阵地。

之所以选择无线电，主要有三方面的原因：一是无线电在日常生活生产中无处不在，学生相对比较熟悉，其包含了科学、技术、工程和数学等多方面的知识，这对于培养学生的综合素质来说是一个非常好的途径；二是对学生创造力的激发和培养已经成为教育界的共识，我们希望通过无线电创客中心的创建，为学生提供有别于标准化教学和评价方式的全新学习环境，用新的方法去鼓励学生创新、创造；三是希望通过无线电创客中心这一原创性的设计吸引更多的学生参与进来，同时采用家校互动的模式加强对家庭教育资源的开发和利用，最终使学生的科学创新思维得到发展。

无线电创客中心掠影

实验室学习环境建设

课程设置

"你了解无线电吗？你用过无线电吗？你是'火腿一族'吗？（业余无线电爱好者在世界上普遍被称为'HAM'，源自早期一个著名的业余无线电台号。由于'HAM'在英语中被解释为'火腿'，所以'火腿'又成了业余无线电通信爱好者的另一个名字）"课程海报一经发布，就吸引了学生们关注的视线。

《礼记·大学》中提到："欲诚其意者，先致其知；致知在格物。物格而后知至，知至而后意诚。"对于任何事物，都要通过了解其原理及来龙去脉才能有深入的认识。所以，我们基于无线电的 STEM 课程就以了解无线电波作为创客的开端。随着课程学习的深入，我们还结合物理教材中的电学等内容将理论与实践操作进行融合，引导学生进一步探究，拓展学生的思维，直至"小小创客"的诞生。

鉴于学习场地的限制以及学生知识水平的差异性，无线电创客中心在各年级学生自愿选择的条件下，成立了无线电兴趣社团。针对六、七、八年级学生不同的学情，从无线电的基础知识科普开始进行课程普及并深入。在这样的设想下，基于无线电的 STEM 课程诞生了。

第二阶段：
STEM 课程创新体验

1. "智能物联"创新课程体验
2. 科普移动展项设备操作体验
3. 无线电 DIS 创新实验室教学软件应用
4. 上海市青少年无线电活动日测向知识学习及竞赛
5. 科普知识问答竞赛
6. 无线电 DIY 小制作
7. 无线电遥控机器人制作及航拍仪操作
8. 迎园教育集团内课程体验互动交流

第一阶段：
身边的无线电

1. 从无线电波说起
2. 无线电设备的历史
3. 无线电设备的定义与分类
4. 生活中常见的无线电设备
5. 未来的无线电设备

基于无线电的 STEM 课程

📍 场地设备

无线电创客中心开辟了 400 多平方米的专用场地，划分为四大教学互动区域。

1. 无线电科普长廊

该科普长廊占据了一层楼，被合理分割为三个区域。中间主体部分的墙面用作介绍无线电的发展史和科学家，两端各三分之一的墙面布置有无线电实体设备展品，从无线电古董到现代无线电应用高端设备，并配有文字说明。长廊旨在加深学生对无线电的了解，激发学生学习和探究的兴趣。

2. 无线电科普馆、互动体验馆

该区域陈设有矿石收音机、无线电收发机、莫尔斯电码发报转换设备、无线电航拍机，以及用于无线电知识问答的触摸式电子屏等。

无线电科普长廊

无线电科普馆、互动体验馆

3. DIS 实践操作室

借助专用的计算机软件，教师可在操作室中进行物理、化学等知识点的传授。比如声音、温度、摩擦力等内容，可借助软件和传感器让学生获得直观的感受，有利于学生对科学知识的理解和掌握。

4. 无线电 STEM 课程操作车间

该操作间主要用于无线电作品的实践制作，南北陈设架用于展示学生在无线电 STEM 课程中的成品。

DIS 实践操作室

无线电 STEM 课程操作车间

　　"团队协作，自主创新，交流改进"成为无线电创客中心创新学习的主要形式。在这里，学生们可以 4~5 人自由结对，亦可单人成组。我们也鼓励学生回家以后在家长的身上发掘可用资源，邀请家长担任顾问或者成为合作者。在社团开展活动期间，随时欢迎感兴趣的家长走进课堂，参与我们的课程体验。家校合作，大力开发家庭教育资源，共同助力学生的创新学习，已经成为我校实施科技特色教育的关注重点。而教师在整个过程中主要做一些指导、协调工作，为学生的学习提供充分的保障。

　　以"无线电遥控机器人"制作为例，整个活动过程原先的设计流程是：教师提供图纸—个人或小组合作—编辑简单指令—成品展示交流。但教师发现，学生一上手就相当老练，按照图纸完成作品完全不能满足他们的好奇心和探索欲。于是教师即时调整为：学生可以在设计机器人或者其他物品的造型时自由发挥，也可在用计算机编辑指令时自由发挥，遇到问题可与同伴交流或者向老师求助，两周后进行作品展示交流，再花 1~2 周的时间用于作品改进。当学生的思路不再局限于图纸的时候，呈现出的作品对学生个人而言富有个性，带来成就感；对其他学生而言，又有启示意义。

学生实验活动

　　基于学生实际的活动过程，我们的教学就不再按部就班地进行设定，而是在实际操作的过程中进行即时调整。当发现学生对自由创作更感兴趣的时候，教师就为他们提供大量的网络信息以供创作参考；当进行到无线电 DIY 制作课程时，尽管发现可用的材料非常有限，我们的科技教师还是一遍遍地在网上搜寻、从实体店寻找；当学生的学习和创作遭遇困难，而教师本人也需要摸索的时候，我们就会从教育资源库中调取家长中的专业人才资源寻求帮助。一句话，学生需要什么，我们就提供什么。我们的教师不再是纯粹的辅导者，有相当多的时候是在和学生，甚至是家长的合作过程中获得意外的灵感。教学相长，相辅相成，在我们创新活动的实施过程中真正地得以体现。

运行机制

1. 大力推进无线电 STEM 课程的开发

学校发展规划中门确：课程研究中心协同教学处是学校课程开发的主要实施者；每学年对课程进行开发设置，尤其是科技教育特色项目课程的开发必须不遗余力；本着"一切为了学生的发展"为宗旨，大力推进并落实课程设置。

2. 硬件设备配置到位

硬件到位，是课程开发并顺利实施的必要前提。专项资金的有效落实，确保了我校科技特色课程所需的设备配置。

3. 专家引领，教师团队协作

我校对学校科技教师团队会进行不定期的专业培训，团队协作开展工作早已成为学校文化浸入人心。"走出去，请进来"，定期和不定期地邀请专家进入学校课堂，拓宽了师生视野，保证了课程的前瞻性和实效性。

4. 面向全体学生的开放式学习和体验

我校课程研究中心协同教学处着手开发课程伊始，在本着学生兴趣为先、培养学生创造能力为宗旨的前提下，关注到了学生科技教育惠及面的广泛性。因此，除了相对较高层次的各个学生社团，课程开发设置保留了面向全校学生的科技活动，如"移动展项的操作体验""无线电科普知识互动问答""无线电活动日体验"等。

实验室建设成效

无线电创客中心的创建、STEM 课程的持续深入开发，为学生提供了一个全新的绿色科技平台。学习、体验、实践、交流、改进、创新，就在这样的绿色环境中悄悄地结出成果。在 2015 年、2016 年上海市青少年无线电活动日的测向比赛中，我校都获得了相当优异的成绩。

无线电创客中心的创建是迎园中学在集团式办学中对于优质课程资源共享方面所做的努力，旨在将无线电知识和生活中的实践运用相融合，调动学生的学习热情，激发学生更深度的创新思考和成为创客的热情。

基于无线电的 STEM 课程不仅为本校的学生提供了丰富多彩的课程体验活动，更是为迎园教育集团和区内的中小学生提供了全新、广阔的体验和交流平台。除了有专家来为孩子们开设无线电测向的知识讲座以外，无线电互动操作也让孩子们驻足；科普廊上丰富的无线电展品惊呆了参观的孩子和家长，无线电遥控车行进操作让孩子们排起了长队，还有无线电的知识问答、莫尔斯电码发报操作、无线电的 DIY 小制作、遥控机器人的操作等。这些活动的设计让来到无线电创客中心参加无线电课程体验活动的中小学生和家长大开眼界。"无线电"这个看起来缺少趣味的词语，在创客中心的精心设计下，变得生动而有趣起来。

自 2015 年 7 月无线电创客中心建成以来，我们从零开始，从课程开发设计做起，边学习边探索，已经积累了一定的经验。同时，我们积极地向市、区及全国各省市的教育参观团提供开放参观和学习的机会，无线电创客中心的创建成果赢得了各界同仁的肯定和赞赏，也使我们获得了更大的发展动力。

基于无线电的 STEM 课程

小小无线电，承载大梦想

学校的无线电创客中心自建成以来，吸引了一批又一批的学生参观学习。其中，无线电专用教室尤为突出。学校基于 STEM 课程理念，营造了设备全面、零门槛的创客环境，但对于六年级和七年级的学生来说，还没有接触过物理知识，因此，对于原理和设备知之甚少。

还记得，刚开设无线电课程体验的第一个月，由于我担任六年级 6 班的班主任工作，因此，我带了班中的 10 个学生走进无线电创客中心，体验无线电 DIY 课程"制作无线电发射接收装置"。

对于学生来说，无线电看不见、摸不着，但在我们生活中却无处不在：无线电广播、手机、对讲机、路由器，都是无线电的应用实例。无线电波是电磁波谱的一部分，可见光、红外线、X 射线都属于电磁波，而我们要做的，是让学生在简单的 DIY 和实验中，去触摸神奇的电磁波，感受无线电的魅力。

对此，我设定了如下实验目的：

了解无线电的基本概念，什么是电磁波、无线电、调制、解调；

了解电磁波的产生、发射、接收过程；

了解无线发射接收模块的使用；

了解和认识音频芯片的使用；

了解二极管、发光二极管、电容等基本电子元件和它们的作用；

了解功放模块的原理和使用。

无线电创客中心为学生准备了实验套件，其中包括：采用集成的无线电发射接收模块、集成的音乐芯片、接收端子、杜邦线。虽然采用套件无须焊接，接线方法非常简单，但对于六年级的学生来说，理解上的障碍直接导致了制作进度缓慢。小A说："老师，正极是连着负极吗？"类似这样的问题比比皆是，也成了我们亟待解决的问题。

针对这个问题，我们提出了"家校共同合作"的学习模式，让家长参与到无线电DIY中，这无疑是创客活动的一个突破，我们尝试对传统的授课模式加以改进。可是这样的模式说起来容易，做起来难啊！受邀来到学校的十位家长中，只有两位还对物理知识有记忆。这时，教师就得"披挂上阵"了。

首先，要克服家长和学生对无线电装置的畏惧感，然后从最基本的电路出发，让家长和学生共同按照已有的电路进行组装。当完整的电路连接好进行测试，并听到自制的接收器收到广播台的时候，学生和家长脸上已是满满的成就感。

但作为小小创客，根据已有的电路图进行连接只是第一步。下一步，学生和家长要将电路进行改进和美化。为什么信号不稳定，为什么频率范围很小，为什么电路接触不好，要如何改进……这是学生和家长面临的巨大挑战。由于组装过程不同，不同小组在测试时发现的问题也不尽相同，学生尽情发挥想象力，与家长讨论问题产生的可能原因，并

无线电STEM课程家校共同合作

使用学校提供的装置进行改进。学生说:"爸爸,我们的收音机为什么声音那么轻呀?"他的爸爸说:"那我们试试看外接扬声器啊。"由此开始,所有小组的接收器已经逐渐形成了自己的特色。有的学生制作了自带扬声器的收音机,有的学生完成了与手机无线相连的"手机寻找器",学生的想象,在自己手中,慢慢变成现实……

最后一步,为自己的小制作穿上漂亮的外衣。此时,学生带着满满的成就感,与家长一起开始装饰自己的作品,并为作品取名,进行展示。

课程接近尾声的时候,学生说:"我觉得自己就像是爱迪生,我和爸爸一起竟然就能做收音机了!"学生的爸爸也说:"这样的课程还是第一次参与,和孩子一起讨论、合作真的是一个美妙的过程。一步一步把他想象中的世界做出来的时候,我感到非常高兴,为孩子骄傲,更为学校能为我们提供这样的课程点赞!"

在无线电 STEM 课程中,学生和家长都收获了很好的体验。小创客和大创客一起动手动脑,学生不仅在制作和测试中锻炼了动手能力和实验能力,也通过互动体验促进了与家长的沟通交流,此时,"Maker is more than a maker." 创客中心将成为初中各年级学生创新创造的舞台,为学生建立完善的课程体验和互动平台,将学生、家庭和学校组成了一个联合体,让资源最大化,也使无线电课程承载着学生小小的梦想,开花结果。

（执笔：项彩霞　葛佳宁）

享经天纬地之魅
育文理兼通之人

——东华大学附属实验学校 GEO 乐园

 实验室建设理念

"GEO 乐园"是东华大学附属实验学校地理创新实验室，学校坚持"人文为先，科学见长，文理兼通，全面发展"的办学理念，营造以人文之经和科学之纬交织而成的"经纬文化"，地理学科兼具自然性和人文性，能生动地诠释学校文理兼通的育人文化。然而，地理作为基础型课程之一，其传统的课堂偏重于地理知识和概念的传授，在一定程度上忽视了对于地理观测、地理实验等实践性学习方式的要求。

GEO 乐园紧紧围绕地理学科的相关分支学科展开基于主题（项目）的自主学习，以丰富多彩的环境布置、有趣高效的实践活动设计吸引学生参与其中。GEO 乐园的建设着眼于学生创新意识和实践能力的培养，着力于拓展学生的学习空间，致力于延伸学生的学习时间，重视校内外

GEO 乐园学生作品

课程资源的开发利用，倡导多样的学习方式，鼓励学生自主学习、合作交流、积极探究，树立对资源环境的保护意识，形成科学的人地观念。

 实验室学习环境建设

 课程设置

GEO 乐园的课程由本校教师自主研发，围绕地理学科的相关分支学科，基于主题（项目）开展，融合基础型课程、拓展型课程和探究型课程的教学模式，培养学生的综合学习

能力。本课程由 6 个单元、共 20 个课题组成。这 6 个单元中，藏宝阁、气象台和水文站属于自然地理；农业园、工业区和旅行社属于人文地理。文理并重，全面发展。

基于主题的 GEO 乐园课程

单元	课题	类型	难度系数	课时
藏宝阁	矿物和岩石	知识拓展	★★	1
	常见岩石	知识拓展	★★★	2.5
	模拟岩浆活动	实验探究	★	0.5
气象台	天气和气候	知识拓展	★★	1
	常见气象灾害	知识拓展	★★	2.5
	模拟温室效应	实验探究	★	0.5
水文站	河流与湖泊	知识拓展	★★★	1
	世界著名河湖	知识拓展	★★	2.5
	模拟湖泊位置成因	实验探究	★★★	0.5
农业园	影响农业的因素	知识拓展	★★★	1
	主要农业部门	知识拓展	★★	2
	制作某一农作物小报或海报	设计制作	★★	2
工业区	影响工业的因素	知识拓展	★★★	1
	主要工业部门	知识拓展	★★★	2
	探访松江工业展示馆	实地考察	★	1
旅行社	旅行中的交通	知识拓展	★★★	1
	旅行中的美食	知识拓展	★	2
	旅行中的风景	知识拓展	★★	1
	旅行中的购物	知识拓展	★	1
	分享我的一次旅行	展示交流	★★	1

 场地设备

将实验室的功能进行分区是实验室环境建设的一个重点。近 100 平方米的 GEO 乐园内设有展览区、阅读区、上网区、教学区和办公区等 5 个分区。

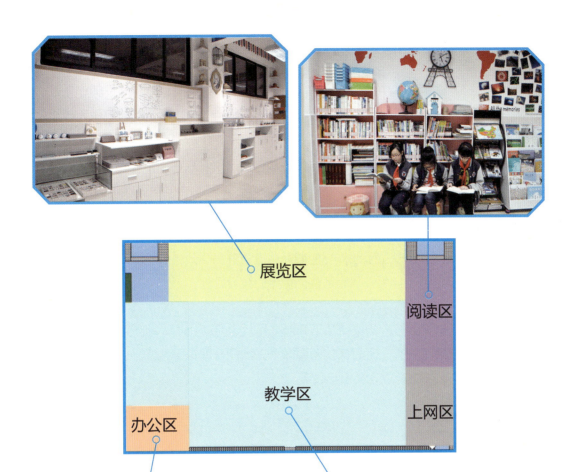

GEO 乐园掠影

1. 展览区

　　展览区内放置了 6 个定制柜子，分别命名为藏宝阁、气象台、水文站、农业园、工业区和旅行社，别具匠心的设计巧妙对应了地理学中的 6 个分支学科，每个柜子用以集中展示相关标本、模型和师生作品。

2. 阅览区

阅览区由 5 个书架(其中 2 个是绘本架)和 1 个杂志架组成,放置的书刊都由专业教师精挑细选,内容涵盖地理学科各个方面,适合从小学到初中的学生阅读或作为研究、学习的文献资料。

3. 上网区

上网区内配备 1 台用于上网检索资料的计算机和 1 套无线电通信设备。我校的无线电台设置于此,由无线电通信达人、保持过多项吉尼斯世界纪录的朱鑫老师负责。学生拿起话筒,就能和世界各地进行实时通话,交流各自所在国家、地区的风土人情,感受地域文明的差异性和多样性。从位于北极圈的斯瓦尔巴德群岛到地处太平洋的复活节岛,通过"业余无线电"这扇窗户,学生看到的是整个世界的精彩风貌。

4. 教学区

教学区内,几套灵活组合的桌椅便于开展合作式学习,一应俱全的工具和耗材则为学生的学习提供了无限的可能。通过对实验室各个区域的合理布局,把活动空间和展示空间分离出来,不同的区域相对独立又相互联系。

5. 办公区

办公区是为了方便专业教师在 GEO 乐园内进行教学管理而设置的区域。传统的实验室与教师的办公室是分离的,而 GEO 乐园仿照了西方国家的学科教室,使得教师和学生之间变得零距离,教师可以利用各种零碎的时间进行活动的准备,在学生活动的过程中也可以更方便地给予答疑指导。

📍 教学变革

在 GEO 乐园中,我们开始初步尝试创设开放课堂来改进学生的学习方式。所谓开放式学习(open education),包括学习理念、环境、时空、过程、情感交流等的开放,这种开放为学生的研究、学习提供了便利。以下主要以"绘制校园地图"主题活动为例,进行说明。

1. 营造开放的学习环境

开放的学习环境不仅有利于引出学习主题,更可以启发学生在环境中寻求获取信息的渠道,教室内的各种地图、图书资料、计算机等资源就给了学生提示。在"绘制校园地图"时,传统的方法是组织学生用卷尺对校园中的建筑物进行实地测量,但是,如果能利用谷歌地球等软件,就能起到事半功倍的作用。这一活动让学生体会到要善于利用身边的资源寻求问题的答案,并且这些搜集信息的方法,还可以迁移运用到其他主题的学习活动中去。

2. 创设开放的学习时空

在完成"绘制校园地图"的过程中，学生需要有时间去试验自己的新想法，需要留出试错的时间，还需要留出充裕的时间总结个人经验和进行相互交流。总之，每周固定的课时非常有限。能否好好利用学生下课而又不离校的这段时间呢？现在有了 GEO 乐园，学生可以不受普通教室的局限，在可支配的时间段内随时进入 GEO 乐园继续完善自己的地图作品，大大延伸了学生的探究活动时间。

3. 设计开放的学习过程

在"绘制校园地图"主题活动中，各个小组需要围绕这个大主题，即绘制校园地图展开；学生也可以根据自己的兴趣、水平来确定不同的小主题，比如"绘制校园植物分布图""绘制校园泊车示意图""绘制校园节水地图"等。在 GEO 乐园内的学习主要是任务驱动式的，创设丰富多彩的、多功能多层次的、具有选择自由度的学习任务，实现了学习过程的开放。

4. 实现开放的情感交流

GEO 乐园的开放式教学增加了教师与学生直接接触的机会，使教师能走近学生。教学的出发点不再是教材，而是学生的兴趣和需要。教师观察、记录学生的表现，并从中获取有效的信息进行分析和反思：怎样调整才能更加符合学生学习的需要，学习过程中出现了哪些问题，如何处理与学生的关系等。总之，在开放的课堂中，学生的一切都值得关注。

学生在 GEO 乐园中活动

运行机制

1. 运行机制

GEO 乐园的运行采用学校行政管理、教师专业管理和学生自主管理的三级阶梯式管理模式。由学校的教导处聘请区内专家对 GEO 乐园的课程开发进行指导和监督；学校的总务处则与实验室的教师进行对接，负责相关仪器设备、材料工具采购安装和盘点入库

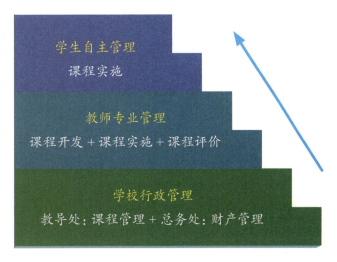

学生自主管理
课程实施

教师专业管理
课程开发＋课程实施＋课程评价

学校行政管理
教导处：课程管理＋总务处：财产管理

的工作。教师根据实际情况实施课程内容。学生则从教师那里领取课程项目，并在教师引导下形成不同的项目学习小组，完成项目活动。最后，由教师完成课程评价。

2. 管理制度

教师在学校制定的实验室管理制度基础上，依据 GEO 乐园的实际情况进行酌情修改，制定了一套适用于实验室的管理制度。该制度围绕 GEO 乐园内的各大区域，对学生在各个区域活动时需要注意的要点进行了说明，对需要承担的义务和责任进行了界定。

GEO 乐园管理制度

 实验室建设成效

1. 激发学习兴趣，丰富学习体验

学生在 GEO 乐园的各种学习活动实现了人与环境的互动，这样的环境建设便是有更高层次、更深刻内涵的主动构建作用。不仅在物质形态上，更为生动、丰富、充满童趣，而且升华为一种更高级的精神形态，即形成学生良好的心理环境。我校的学生们充分享受着 GEO 乐园内的各种资源的支持、教师的悉心指导，自身的兴趣不断被激发，创意不断被点燃。小王同学说："我找不出好的词语来形容，想不出美的句子来称赞，实在没有办法，赋予'绝美'二字。"小陈同学说："地球很美，也很脆弱。学好地理，创建美好生活。"

2. 开阔教学视野，提供教学启发

GEO 乐园自建成以来，以其丰富多彩的环境布置、有趣高效的活动设计、层出不穷的活动成果获得了全区乃至全市、全国一线地理教师的高度评价，为同行们的地理教学提供

了一定的启示。很多外区乃至外省市的教师纷纷前来学习取经。前来取经的教师们寄语："发现地球波澜壮阔，感知乐园博大精深。""GEO乐园是个人与集体创作的结晶，彰显地理处处渗透到生活之中，秉承地理可持续发展的思想和灵魂。"

3. 弘扬经纬文化，实现文化育人

　　东华大学附属实验学校所建设的经纬文化，本意指的是地球的经线和纬线，更有纵横全面看待事物，形成正确的人生观、价值观和世界观。经纬文化是文理兼通的育人文化，我们博采众长，将地理学科的自然属性与人文属性综合呈现。我们坚信，只有用人文之经和科学之纬，才会编织出我校人文为先、科学见长、文理兼通、全面发展的"教育壮锦"！

畅游地理世界，享受魅力课堂

　　作为GEO乐园的创建者，我结合自身的地理学科专业背景，充分整合了校内外资源，营造了这一颇具特色的学习空间。为了进一步挖掘GEO乐园的育人价值，我在GEO乐园组织了一次"认识国旗，走向世界"的主题探究活动。

　　国旗是学生们在日常生活中常见的文化符号，国旗的背后通常与各个国家的历史文化、宗教信仰、自然物产等地理元素密切相关。我先把学生带入GEO乐园，看着他们环顾四周后充满惊叹的表情，我无限欣慰。我知道当学生身处充满童趣、知识性与艺术性并重的环境中，他们的学习动力也自然是无比高涨的，而这些是普通教室难以给予的。

　　课堂伊始，我向学生提出了这样一个问题："如果遇到不认识的国旗，可以利用教室中哪些资源加以了解？"只见学生四处张望，我便派了各组代表在教室内自由活动，寻找答案。他们很快就在教室中找到了可利用的资源，有的是阅览区中的相关书籍，有的是世界地图，有的则是可上网搜索的计算机。

　　接着，我把可供选择的三个学习任务出示在PPT上，从易到难依次为：（1）制作知识卡片，（2）DIY国旗，（3）设计含有国旗元素的用品。每个任务对应的满分分值也是不同的。选定任务后，大家调整了座位，分头开始制订自己的活动计划。

　　我观察到，冯陆鑫同学选择的是"DIY国旗"这一项目，为了使作品有更好的呈现效果，他想使用圆规，但我所提供的工具中并没有圆规。于是他向我举手示意，在我的指引下，他很快就在旁边的工具橱中找到了。GEO乐园为学生提供了各种工具和耗材，剪刀、胶水、笔、尺、

订书机、彩色纸、铅画纸、油画棒等，这些在很大程度上满足了学生自主探究时的需求。探究课所需的材料不像美术课是统一配置的，如果我只是简单地发号施令，要求学生携带材料和工具，很难保证所有的学生都会按照要求做到，接下来的探究活动能否顺利开展也变成了一个问号。GEO乐园内的各种常用材料和工具一应俱全，学生们可以在相互合作与竞争的氛围中大显身手，又能在我适当的建议指导下不偏离活动要求。对于学生而言，就如同是万事俱备，只欠他们"动心、动脑、动手"这股东风了。

马礼彬同学选择了难度较高的"设计含有国旗元素的用品"，他征求我的意见，能否把作品做成立体的效果。虽然很难想象他要做什么，我并没有否定他的想法，而是鼓励他试试看。后来，他的设计作品令大家耳目一新。原来，他将部分国旗的图案特点与日常生活用品进行了巧妙的结合，设计出了日本洗衣机、俄罗斯床头柜、贝宁大衣柜等。

40分钟的时间是短暂的，不一会儿，下课的铃声便响起了，此时大多数学生还没有完成作品。我要求学生把未完成的作品和他们使用的材料都放在原处，然后，我公布乐园开放时间，告诉学生，只要有空，随时都可以进教室继续完成自己的作品。在探究过程中，学生需要有时间去不断调整自己的方案，完善自己的作品，也需要留有时间和同学进行沟通交流。有了GEO乐园的存在，学生就可以不受时空条件的限制，延伸学习空间，将零碎的课余时间充分利用起来。

以往，每当我组织学生进行一些小制作的时候，我总会将步骤列得很细，然后学生在这些条条框框下开始活动。而本次主题探究活动中，我让学生自己制订活动计划并加以实施，在过程中有任何心得体会都要及时记录下来。王静雯同学的活动心得完全是根据自己的实践归纳出来的经验，这充分说明她在动手的同时也在动脑。虽然这一过程可能经历曲折，耗时也更多，但学生边实践边摸索，最后形成的是直接经验，而不是我灌输的间接经验。通过利用探究记录本，学生懂得了做什么事情都要有计划、讲方法，才能事半功倍；要认真观察、比较才能发现问题；要善于总结，及时将自己的心得归纳并记录下来，以便与同学交流分享。探究记录本中记录的不是只字片语，而是

王静雯同学的活动小心得

学生完整的探究过程，他们的思维历程也可以从中清晰呈现。

最后一个环节是成果的展示和评价。我引导学生依次参观展台上同学的作品，并投出自己宝贵的三票，评选出其中的优秀作品。学生们自由地在展台前欣赏同学的作品，好像在参观展览。

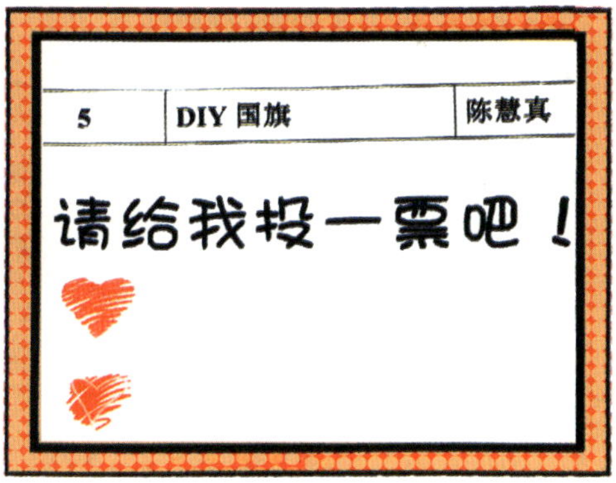

学生作品评价

值得一提的是，学生除了查找资料、展示评价的时候可以自由活动外，在选择学习任务时也可以自由变换自己的位置；另外，学生在完成任务的过程中需要材料工具，也可以自己去取——一定程度上给学生自由活动的空间是 GEO 乐园里的"特权"。

整个主题探究活动结束后，我又组织所有学生写下学后感。学生都写道，通过本次活动，对世界各国的风土人情和宗教文化等有了更深入的了解。学生通过利用彩纸拼贴国旗，也对国旗的形状、颜色等背后的含义有了初步感受。

本次教学活动文理结合，融会贯通，与我校的办学理念不谋而合。我们相信，GEO 乐园的明天会更好！

（执笔人：沈爱花）

以剪为媒，传播大爱

—— 上海市廊下中学剪纸艺术研究与创新中心

 ## 实验室建设理念

我国的剪纸艺术具有悠久的历史。据记载，五代时"吴越钱王行于行吉之日……城外百户，不张悬锦缎，皆用彩纸剪人马以代"，可见吴越之地曾有着多么壮观的剪纸景观！

剪纸是一种镂空艺术，是我们民族文化的一部分，也是我国非物质文化遗产。选择剪纸作为创新实验室的项目，最有效地将传统教育与艺术教育相结合，是对非物质文化遗产的完美传承。它既可以让学生产生民族自豪感，也可以培养学生的审美情趣与创造力。

我校自 20 世纪 80 年代开始就已经有了剪纸教学的萌芽，经过几代教师的努力，从2005 年开始正式确立了剪纸特色教学。在课题"挖掘民间艺术 开展剪纸特色教学的实践与研究"的引领下，我校作了大量的探索、研究与实践：改革开拓了课堂教学，编制了校本教材，创建了剪纸艺术大道、剪纸艺术展览馆；创设了一个融有剪纸传统文化的育人氛围，打造了一支富有剪纸教学经验的师资队伍，培养了一支具有剪纸特长的学生梯队。

"剪纸艺术研究与创新实验中心"的建设，必须根植于文化土壤。我校"以剪为媒，传播大爱"，将剪纸元素与校园文化互相渗透，以期有效提高学生的人格修养，促进其心智发展，培养其审美情趣，丰厚其创新素养。

 ## 实验室学习环境建设

 ### 课程设置

剪纸艺术研究与创新中心的建设，旨在让学生通过欣赏优秀剪纸艺术作品、了解剪纸相关知识、动手创作剪纸作品等活动来传承民族文化。"剪纸艺术"课程，可以激发学生对民间传统艺术的兴趣，提升学生的观察能力、动手能力、概括能力、审美能力，培养学生的创造力，培育学生追求至善至美的精神；使学生提高剪纸等艺术活动的动手能力，提升审美素质和人文修养，养成善于实践、善于创新的精神。

1. 课程的创新特色

（1）将传统教育与艺术教育完美结合

当下，几乎没有一个学生不知道苹果手机，每一个孩子都有 QQ，他们不乏现代科技带来的美好生活，却对民族传统文化知道甚少。基于此，学校创建了"剪纸艺术"课程，因为工具简单、成本低，相比其他项目更低碳环保，学生易学易会，容易出成果，更容易体验到成功。

（2）将课程建设与文化建设融为一体

"剪纸艺术"课程不仅仅是学习与展示，更是推动学校文化建设的动力源，承载着学校"以剪为媒，传播大爱"的重任。"剪纸艺术"课程有效地提高了学生的人格修养，促进了其心智发展，培养了其审美情趣，并与学校的大爱文化融为一体。

2. 课程内容

"剪纸艺术"课程

学习领域	六年级	七年级	八年级
造型·表现	认识传统的剪纸纹样，尝试用基本的剪纸工具、材料，大胆表现物体的基本外形和简单纹样，体验剪纸创作的乐趣	尝试用多种方法剪刻不同纸材，体会创作与工具材料间的密切关系，初步感受民间剪纸的造型特点，激发丰富的想象力	综合运用民间美术的造型方法，运用多种材料工具，以平面或立体的形式表现所见所感，发展构思与创作能力
设计·应用	了解基本的工具材料特性，运用简单的折剪方法制作基本的装饰性纹样，并且进行简单的装裱，感受设计制作的乐趣	学习较为复杂的多面对称剪纸，初步感受"物以致用"的设计理念，运用剪纸艺术复制性强的特点进行设计和装饰，体会剪纸艺术与其他美术形式的区别	运用民间剪纸的表现手法，进行有目的的创作设计，提高用剪纸艺术表现和美化环境的能力
欣赏·评述	欣赏民间剪纸中造型拙朴的人物、动物形象，用简短的语言表达自己的看法	欣赏民间剪纸中各类象征符号、特定形象的寓意，能对其进行描述	欣赏民间剪纸中表现生活生产、信仰习俗的形式复杂的作品，通过分析讨论，用简单的美术术语表达自己对民间剪纸的理解与感受
综合·探索	通过游艺性主题活动进行剪纸的想象创作、表演和展示	用独立和合作方式，进行民间剪纸传说故事、戏曲故事作品的创作、表演和展示	在民间剪纸的基础上，结合学校和社区开展的相关综合活动，突破传统剪纸，体现剪纸的创新元素

📍 场地设备

剪纸艺术研究与创新中心由剪纸艺术大道、剪纸艺术展览馆、剪纸艺术创作室、剪纸艺术研讨室和剪纸艺术专家室组成。

学校围绕剪纸所创设的硬件设施，力图打造一个集自然美、人文美、艺术美于一体的校园文化环境；打造一个学生欣赏、学习、创作、交流剪纸的舒适环境；打造一个国内一流的传承剪纸的场所。

1. 剪纸艺术大道

长百米的剪纸艺术大道上，两排大树郁郁葱葱，12根外形酷似廊下民居"观音兜"风格的灯柱展示了我校学生创作的精美剪纸艺术作品。这些作品形象夸张、简洁优美，或充满乡土气息，或颇具时代感。在灯柱的背面，还有中外游客纷至沓来参观我校剪纸艺术时的照片，可见我校的剪纸艺术教学得到了国内外的高度认可和关注。

2. 剪纸艺术展览馆

展览馆面积达200平方米，与传统剪纸的特殊色纸几乎吻合的中国红是展览馆的主色调。从地砖到天花板，从过道到休息室，从门帘到墙壁，乃至与整个学校建筑融为一体的中国红产生了强烈的视觉冲击力——让人瞬间就会沉浸在中华民族特有的追求火热生活的人文精神之中。

3. 剪纸艺术创作室和研讨室

剪纸艺术创作室和研讨室由三间大教室组成，面积达150平方米，供师生进行交流、学习的多媒体设施、剪纸工具一应俱全。教师、学生在这里可以自由地进行剪纸的学习、交流、创作、展示，为传承剪纸艺术做好充分准备。

剪纸艺术研究与创新中心

⦿ 教学变革

1. 引导－探究－创新

刚开始进行剪纸特色教学时，我们先根据学生模仿能力强的特点，引导学生进行剪纸活动，为学生提供一些剪纸作品进行模仿剪刻，让学生在大量的剪刻实践中，反复训练，不断体验和琢磨，使学生慢慢地悟出剪纸的特点，较好地掌握剪纸技能技巧——让学生从基础的直线、曲线，到对称剪纸、折叠剪纸、非对称剪纸，直至剪纸创作，逐步提高。

2. 剪纸材料的创新

传统的剪纸都用红纸，偶有突破，也只是将黑、红、黄、绿等几种单色纸剪、刻成型，偶有彩色剪纸出现，也只是在镂空的白纸上点彩而已。我们则利用旧挂历、旧画报和废画纸进行剪纸创作。

3. 剪纸形式的创新

在学生掌握剪纸基本知识和技能后，我们和学生一起探究，鼓励学生尝试多种表现方式、手段、工具，进而形成最符合自己特色的表现形式。教学过程中，我们让学生通过观察、想象，先从简单的物体入手进行创作，再鼓励学生大胆尝试，在基本型的框架中进行创作，这样，就会出现大量富有特色的原创剪纸，学生创作剪纸的兴趣也会越来越浓厚。

丰富多彩的教学活动

⦿ 运行机制

1. 安全等制度化建设

剪纸艺术研究与创新中心的各类硬件设施需要全体师生的共同维护，涉及的剪刀、刻刀等危险性工具做到规范使用，制定使用规则，人人遵守，确保不出意外。中心展览的大师和师生剪纸作品要妥善保管，对此，我们制定了规范的观展要求。

剪纸艺术研究与创新中心的展览每半年更新一次，定期更换各派大师、师生的剪纸作品，使学生能及时学习到最新最全的剪纸艺术，开阔视野，更好地传承剪纸艺术。

2. 师资队伍建设

剪纸艺术研究与创新中心聘请了海派剪纸大师王建中老师进行指导。同时，为了保证剪纸中心的长久发展，我们还挑选德才兼备的优秀教师担任创新实验室教师，建立了教师引进、培养、培训机制和相应的激励制度，为教师的专业成长和能力提升提供广阔的发展空间，帮助教师树立创新观念，在研究、实践的过程中高度重视对学生的创新精神和实践能力的培养。

3. 课程体系建设

创新实验室建设是一个新事物，它需要突破和创新课程教材体系下的运行模式。在传承民间剪纸艺术的前提下，剪纸的材料、形式、内容、方式都要创新，我们尝试用微课的形式，学生自主学习，教师适当引导，培养学生的创新思维。

 ## 实验室建设成效

剪纸艺术研究与创新中心自创建以来，先后获得了上海市中小学生社会实践基地、金山区学校少年宫联盟学校剪纸教育中心、金山区青少年民族文化技艺培训特色项目等称号和荣誉。

近年来，剪纸艺术研究与创新中心先后参加了 2013 年金山区素质教育论坛展示、2015 年上海市教育博览会展示、2016 年上海装备博览会学校创新实验室展示，成为剪纸艺术校本课程的孵化基地。如今，剪纸艺术研究与创新中心已经接待了来自区内外的中小学生 6000 余人次，还接待了包括英国伊顿公学在内的国外师生千余人次，学生剪纸技艺和综合素养得到了很好的提升。

国内外交流活动

廊下中学的学生个个都掌握剪纸的基本技能，并涌现出了一批对剪纸能驾驭自如的学生。

廊下中学的"剪纸艺术"课程是开放式的，不仅作为学校的校本课程，还作为乡村学校少年宫的项目为社区的学生服务；作为上海市中小学生优秀实践基地，更是为全市的中小学生服务。

剪纸课程也打开了我校与国内外同行交流的窗户。2012年至今，学校先后接待了来自国内外的师生代表团50余次，共计3000余人，学校师生为能发扬光大优秀民族文化而倍感自豪。

《少年日报》《青年报（学生导刊）》《东方城乡报》《新读写》《金山报》和金山电视台等多家媒体曾多次介绍了我校的剪纸艺术。

部分剪纸获奖情况如下：

（1）曹冰鸿同学的作品《童趣》荣获2013年金山区"传统文化与我们"四格漫画评选初中组一等奖。

（2）金缘媛同学的《永垂不朽》被评为2014年"英雄在我心中"金山区中小学生剪纸比赛一等奖。

（3）庞逸伟同学的剪纸作品《我的中国梦》在"放飞梦想　传承非遗"——2014年上海市"枫林韵"中小学生剪纸大赛中荣获中学组金奖。

（4）杨金连老师获金山区"我眼中的文明"成人剪纸二等奖。

（5）杨金连老师指导的"剪之韵"剪纸社被评为2013年度金山区优秀红领巾社团，杨金连老师被授予"优秀指导员"称号。

（6）"剪之韵"荣获2014年金山区学校少年宫最受欢迎活动项目。

（7）廊下中学被评为2014年"英雄在我心中"金山区中小学生书法、剪纸比赛活动优秀组织奖。

（8）廊下中学剪纸艺术展览馆荣获金山区2014年未成年人暑期工作优秀校外教育实践基地称号。

荣誉证书

（9）廊下中学剪纸艺术展览馆获2015年金山区未成年人暑期工作优秀校外教育实践基地称号。

剪出的习惯

我校七年级有一个王超同学，两年前进学校时表现得与其他学生不同，人挺聪明，但就是贪玩，有点懒，经常不按时完成作业，文化成绩一直上不去，在老师眼里是个懒、差、不求上进的学生。每当老师对其批评教育时，他总是保证下次再也不犯，可是行动上却从未改变过，甚至还故意写一封满是错别字的"宝正书"，弄得老师哭笑不得。班主任、政教处老师找其谈话，也多次与家长进行沟通，每一次他爸爸都唉声叹气，怒其不争，却也无可奈何。

在和他母亲的交谈中，我得知：孩子虽然成绩不太理想，但是非常聪明，兴趣爱好也非常广泛，喜欢看历史书籍，收藏与众不同的小石子，还很喜爱书法，动手能力很强。

王超的母亲的话提醒了我，应该去关注学生的特长等方面，而不是仅仅局限于他的学习成绩。也正是了解到他有着广泛的兴趣爱好，我便以他的爱好为切入点，让剪纸艺术研究与创新中心的剪纸拓展课程破例在中途吸纳了这位特殊的学生。但一开始，王超在课堂上的纪律还是有些问题，经常和同学说话，但是，我发现他的剪纸作品让人眼前一亮，他作品的造型、纹样很有个性，让人越看越喜欢。我抓住这一千载难逢

把心捧出来 把手牵起来

的机会，当着全班同学的面表扬了王超的剪纸有创意、有想法，鼓励他用心学习、用心创作，一定会取得优异的成绩。

慢慢地，王超上课安静了，学习剪纸时更用心了，也越来越喜欢剪纸了。他在课堂上认真听讲，思维活跃，发言积极，剪纸创作热情高涨，一反他在其他课和活动时的消极状态，还经常在课余时间创作剪纸，水平提升很快。看到王超在剪纸课堂里表现出的积极状态，我乘势对他提出了必须完成其他作业后才可以进行剪纸创作的要求，并且答应选送他的作品参加比赛。他答应了我的要求，而且认真地按照要求一一落实。

一年多的时间，王超不仅在成绩上有了很大的进步，他所创作的剪纸作品也非常出色，多次在学校、区级比赛中获奖。在参加上海市"枫林杯"剪纸比赛时，为了要创作一幅反映现代农业的剪纸作品，他双休日到农业园区实地采风，画样稿。经过精心制作，最终，他的作品获得了二等奖，作品还被收藏在学校展览室里，得到老师和同学的赞扬。王超同学还被光荣地评为学校的特长生，他的自信心也越来越强。用他母亲的话来说，"孩子真是变了一个人！"王超同学再次成为全班的焦点，迎接他的不再是哄堂取笑，而是热烈的掌声。

我们见证了王超同学在剪纸艺术研究与创新中心的学习中获得的成功，以及由此激发出的激情逐渐在他日常的行为习惯和学习习惯等方面得到的延展，学习勤奋了，劳动积极了，与同学的交往和谐了。他如同一颗沉睡的种子，在阳光雨露的照耀滋润下终于破土发芽了！

（执笔：杨金连）

学做小农娃　培育生态梦

—— 上海市崇明区崇东中学绿苑创新实验基地

实验室建设理念

学生实验活动

"绿苑创新实验基地"，是以家乡蔬菜的种植与培育、新品种引种试验、不同栽培方式的探究为平台，通过小种植、小观察、小实验，让学生学会种植，提升劳动能力和创新意识，体会新农艺在生态农业中的作用。在实践活动中，我们注重利用乡土资源，遵循教育为社会发展服务、为当地经济建设服务的原则，为推进崇明生态岛建设提供人才储备与支撑。

崇明的学生是未来生态岛建设的主力军，肩负着社会发展、经济繁荣、自然和谐的历史重任。绿苑创新实验基地，为学生了解家乡、融通生活、拓展学习时空、丰富学习经历、转变学习方式、培育乡土情怀，找到了一个很好的实践载体。知农时、懂农活、善观察，学习生态种植的技术，体验劳动的快乐；勤思考、能实践、贵创新，寻求解决问题的方法，享受探究的乐趣。绿苑创新实验基地的建成，体现了乡土特征，满足了师生需求，成为学生学习的乐园、教师成长的平台、学校特色的生长点。

绿苑创新实验基地的课程特色是既有认知的基础，又有实践的体验，既有科普性，又具前瞻性，对改变学生传统观念、促进农业转型、提升生态农业技术素养具有重要的积极意义。实验基地的建设让学生感知现代农业的美好前景以及农业科技创新成果的优势，努力争做一个新时代的"小农娃"。

实验室学习环境建设

课程设置

绿苑生态型课程的设计始终遵循一条基本准则：让学生融入自然，在与自然的亲密接触中体念、感悟、学习，通过对未知事物和形象的反复观察，形成概念，不断验证，即通过探究获取新知，达到学习的目的。课程目标是培养学生的乡土观念、劳动技能和创新精神。绿苑生态型课程强调学生与实际生活的密切结合，回归自然，回归生活，回归社会，注重理性与人性的完美结合，注重科学、道德、艺术的高度统一。课程打破学科教学的界限，构建有利于学生终身发展的知识体系，既能体现时代性，又能突出基础性。同时，为学生的个性发展及个性化的学习过程提供尽可能广阔的空间，为每个学生潜质的开发和人生追求提供尽可能多的途径。

绿苑生态型课程采用"一主二辅"模式。所谓"一主"，是以基础型课程为主渠道，生态教育贯穿基础型课程教学的全过程，采用"1+1"模式，即"基础型学科＋相关乡土生态教育课程"。所谓"二辅"，是将绿苑生态型校本拓展型课程和探究型课程作为实施生态教育的辅助途径。

绿苑生态型课程

类别	可开设的科目	开设年级
学科 1+1（主）	语文：一草一木语深情 数学：用数字丈量环境 英语：The Gifts to the Earth（给地球的礼物） 物理：声光电波话生态 化学：千变万化话平衡 历史：人与自然古今谈 地理：天地风云中的生态 科学：科学发展惠千秋 体育：激情健美靓青春 艺术：艺术与生态的交融 心理：生态心理氧吧 劳技：绿色创意动手做 信息：网络牵手环保行	六一八年级
拓展型课程（辅）	生态崇明 低碳生活 东滩大课堂（拓展型）： （1）种植劳动基本技能 （2）崇明农家菜的栽培 （3）绿苑摄影 （4）绿苑写生 （5）绿苑文学等	六、七年级

类别	可开设的科目	开设年级
探究型课程（辅）	东滩大课堂（探究型）： （1）露地与地膜种植对照实验 （2）崇明蔬菜绿色培育 （3）特种蔬菜引种实验 （4）无土栽培 （5）嫁接实验 （6）虫害防治 （7）庄稼连作 （8）盆栽实验	六—八年级

场地设备

绿苑创新实验基地占地约 2 亩，具体布局如下。

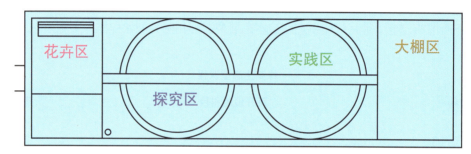

绿苑创新实验基地布局示意图

区域功能说明：

花卉区：制作盆景（目前已制作了 50 多个盆景品种）。

探究区：引入特种蔬菜；多种蔬菜种植方式对比实验；不同蔬菜品种嫁接实验等。

实践区：种植本地常见的各种时令蔬菜。

大棚区：种植芦笋。

设备清单如下。

设备清单

序号	设备名称	数量
1	大棚	1 个
2	通水管道	1 套
3	空调	2 台
4	棚架	2 个
5	玻璃温室	1 个

序号	设备名称	数量
6	展台	1个
7	喷淋系统	1套
8	无土栽培器材	5套
9	化肥、农药	若干
10	造型盘	若干
11	农具、农用器材	若干
12	种子	若干

教学变革

实验室课程采用项目引领、任务驱动的教学模式，主要包括科学实践活动、课题探究行动、种植拓展活动三个方面。科学实践活动，从学生身边的农田种植入手，通过家乡菜种植与管理的体验，为学生搭建了学习乡土知识、了解乡土文化、参与乡土建设的平台，让学生通过自身的实践，理解"科学技术是第一生产力"的深刻内涵。课题探究行动，通过生态农业新品种的引入、新技术的应用，提升了学生农业生产的生态意识，强化了学生科学管理意识。学生课题研究成果的推广，有望改变当地农民传统的蔬菜种植方式与种植模式，有效提高产量和经济效益。种植拓展活动，立足于学生伴随植物生长的过程，体验自然与生命的真实，学习艺术创作，培养学生个性特长，发展学生创造美的能力。

1. 科学实践活动

我们选择家乡常见的蔬菜品种，如青菜、西红柿、芋艿、茄子、大豆、金瓜、萝卜等，在绿苑创新实验基地中进行科学的种植与管理。科学实践内容包括：翻地、播种、移栽、浇水、施肥、除草。种下一粒种子，学会一份牵挂，记录一颗爱心。在蔬菜的种植与管理实践中，学生可以体验科学种植与管理技术的重要性，如不同班级之间蔬菜品种的搭配、蔬菜的合理间种与轮作、合理的密植、科学的施肥方式（如有机肥的沤制与施用）、生物与物理防治病虫害技术的应用（如灯光诱捕和芳香型植物的应用）等。在劳动技术课上，学生们头顶烈日，挥汗如雨，在田地里俯身除草、施肥、种植。汗水让他们体验到劳动的艰辛，感受到"一粥一饭，当思来之不易；半丝半缕，恒念物力维艰"的道理。

科学实践活动

2. 课题探究行动

绿苑作为学生探究蔬菜种植的基地，课题探究行动主要包括两个方面。

（1）常规蔬菜种植的实践探究

每个活动小组必须针对种植的蔬菜，以解决农民蔬菜栽种过程中的实际问题为目标，设计研究课题，并进行持续的研究。在此期间，学生能掌握科学研究的方式，培养科学研究精神，体会新技术的运用，如花菜春季栽培初探、青菜废弃叶对土壤改良作用的影响、丝瓜两茬结果新探、农村废弃缸甏中水生蔬菜的种植探讨等。

课题探究行动

（2）引进新蔬果品种的实验

在高效、优质、无公害的原则下，绿苑创新实验基地引进了紫花菜、秋葵、印度丝瓜、红甜菜、香蕉瓜、雪莲果等不同地区的蔬果品种，提供给学生开展新品种的引种实验，引种成功的品种可以向社会辐射。

在绿苑创新实验基地中学习，强调"观察中学习""动手中学习""体验中学习"，这里的学习对象是活的、有生命的，是一个真实的自然世界，这样的学习是没有标准答案的，充满了不确定性，因此对于学生和教师来说，更具有探索性和挑战性。绿苑创新实验基地成了学生探究学习的重要舞台，也成了教师完善自身知识结构、提高实践能力的重要场所。

3. 种植延展行动

按照学科课程合理渗透创新教育的实施策略，艺术技能组的教师积极参与；美术组的教师在春暖花开时节组织学生来到实验室进行写生创作；信息组的教师利用 LOGO 设计课指导学生设计制作"绿苑"班牌，这些班牌如今都醒目地树立在各班的园地上；盆栽兴趣小组也不甘示弱，学校每次的展示活动，都有他们的"作品"亮相。

种植延展行动

📍 运行机制

绿苑创新实验基地制订了完善的活动制度保障，采取导师指导下的学生团队活动模式。学生的项目是在导师的管理下组织实施的，流程规范，学生探究活动采取"确立课题

—查阅资料—动手实验—总结提炼—活动反思"的探究策略，努力使学生的小课题主题丰富、数据完整。

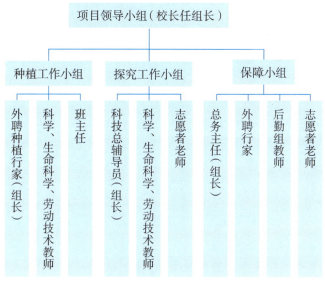

绿苑创新实验基地组织结构

 实验室建设成效

绿苑创新实验基地建设成效

社会影响内容	影响效果	备注说明
接待来访者	9批，共98人次	市教育技术装备中心1批、区教育局2批，区督导室1批，基层学校5批
课题研究社会效果	近10项有推广价值，如花菜春季栽培初探、春花菜与糯玉米套种模式研究、红扁豆晚秋栽培研究等成果。引种的蔬菜经济效应较高，如秋葵、紫花菜、雪莲果等品种，改变了崇明传统的蔬菜种植方式与种植模式，丰富了当地的蔬菜品种	农委专家鉴定结果
校间交流活动	6次，教师交流80人次，学生间交流600多人次	崇明区乡土课程联合体学校交流4次，崇东中学与上海中山学校师生间交流2次

社会影响内容	影响效果	备注说明
学生课题研究成效	"学种崇明家乡菜，放飞绿色田园梦"获全国二等奖；科学实践活动获崇明区第8届青少年科技创新大赛一等奖；学校评审获奖13项，送区参赛5项	
媒体报道	《生态教育研究》图文介绍；崇明电视台制作专题片报道我校特色教育	县内学校间交流刊物，崇明电视台

扬"绿苑"基地之帆，圆"生态"文明之梦

—— "废缸甏，妙用途，栽慈姑"的实验

跟随着现代化生态岛的建设脚步，我们欣喜地看到家乡在一点点地发生变化。优越的生态资源使崇明成为践行国家可持续发展战略的最好热土之一。追求生态发展、培育生态情、建设美丽崇明是我们当仁不让的选择。

崇东中学的绿苑创新实验基地应运而生了，在推进生态岛文明建设中发挥着功能。我们结合学校绿苑创新实验基地的教学内容，借助"废缸甏，妙用途，栽慈姑"的实验，结合本校课程建设资源，开展种植指导、实践操作、拓展延伸活动，借助绿苑创新实验基地的平台进行有力探索，让学生"学做生态娃"，从而"培育生态情"，实践活动取得丰硕的成果。

绿苑创新实验基地

集废缸甏之源，思"绿苑"之生态意

崇明东滩陈家镇农村征地拆迁规模较大，告别农村住宅，乔迁居民新村，生活方式发生了改变。原来农户家里用来贮存粮食的缸和甏失去了用武之地，大量废弃在野外。缸甏本来可以传子传孙，永续利用，如今真的一无用处，成为危害生态环境的垃圾。许多学生家里都有这样废弃的资源，但很多学生熟视无睹，甚至不知其为何物。如何让缸甏这个资源持续利用，如何在持续利用缸甏时为美化环境增色添彩，如何在持续利用缸甏为美化环境增色添彩的过程中强化学生的创新意识和实践

能力，这些都是值得探索的问题。于是，我们想尝试让学生利用绿苑创新实验基地搞采集"废缸甏"的工作，在"观察中学习"。"学做小农娃，培育生态情"的实践活动应运而生。

探盆栽植物之本，索栽慈姑之生态行
——整理自学生的记录

1. 缸甏适宜栽培哪一种植物？
——对缸甏容器的收集与研究及植物种植

在老师的指导下，我们收集了废弃在野外的 28 只缸甏。其形态大小多种多样，与我们用来栽培蔬菜的花盆比较，唯一的不同是缸甏都没有排水孔。根据资料，这显然不能用于栽培陆生蔬菜，只能用于栽培水生品种。

2. 缸甏适宜栽培哪一种水生植物？
——对栽培水生蔬菜的筛选实践活动以及对慈姑的盆栽深入研究

在老师的指导下，我们通过各种途径，收集、整理有关水生蔬菜的信息，并与茭白、藕、水芹、菱等多种水生作物作一一比对，再按照适合盆栽、就地取材的原则，首选了慈姑作为盆栽品种。在比对过程中，我们产生了浓厚的兴趣，每个人都倾心聆听，积极动手实践，互相学习，互相探讨，对实践活动过程做好记录，在"动手中学习"，争做"小农娃"。

我们对花菜、紫菜苔、樱桃影、苤蓝、苋菜等 30 多种蔬菜开展盆栽实践活动，取得可喜的成果。但是，水生类蔬菜盆栽，无论是相关知识还是技能，均为空白。为此，我们认真搜集和学习慈姑栽培的相关知识。上网查询后获悉，慈姑在欧洲主要用作盆栽景观之用，被视

缸甏容器中的蔬菜种植

为夏季优良的盆景之一，而不是作蔬菜食用，这大大增加了我们开展水培的信心，并初步制订了操作流程路线图，更加积极地投入到"学做小农娃"的实践活动中。这让我们知道，在简单的蔬菜种植与管理中，在学做"小农娃"过程中，也需要讲究科学与技术。

3. 缸甏栽培慈姑的过程——慈姑的上盆与管理

首先，挑选缸或甏，并置于通风向阳处，在家长的帮助下装入河沟中的黑色烂泥，烂泥约占缸体的 70%~80%。选择黑色烂泥，是因为我

们事先查阅了资料，发现黑色烂泥有机质丰富，无须再加肥料。这让我们欣喜万分，原来还可以充分利用本地资源，看来要做一个优秀的"农娃"不仅要熟悉作物，还要熟悉本地资源，这样才能更好地为现代绿色农业服务。

慈姑的栽培

其次是移栽幼苗。慈姑的幼苗可以从野外河沟中采集，也可以从市场上购买完好的慈姑，再育苗而成。一般以河沟中自然萌发的幼苗长势最好，4月至5月之间移植最佳，太晚会影响慈姑的生长发育，植株矮小。我们每只缸里只种2棵，用细竹竿固定10天左右，以防被风雨吹倒，待其根系发达后方可撤去。老师提醒我们要做好记录。于是，我们便开始了实际操作，按照老师的指导，估测慈姑之间的距离并拨开稍显湿润的淤泥土，挖出一个个整齐的小坑来，一眼望去便使人感到井然有序。我们争先恐后地去搬慈姑小苗，在回来的路上却是小心翼翼地捧着，蹑手蹑脚，轻轻地放入坑中，掩好淤泥，生怕伤到了小苗。别看说起来容易，对我们这些从未接触过农活的孩子来说，可是手忙脚乱了好一阵子，着实费了不少工夫。

接下来的工作就是每隔一段时间观察一次，浇水，并记录慈姑的生长过程。其间，我们发现有密密麻麻的白色虫子爬满了慈姑的反面，害得有些爱干净的女生直喊受不了。于是，我们便利用一个下午的时间除虫，总结出了不少便于实践的好方法。待慈姑长成时，那青绿的、细长的、尾端向上略翘起的果实被轻轻剪下，仿佛多日来的汗水与倦意都宣泄一空，只余下那百般情感交织融合，最终沉淀于心。

再次是日常管理实践。水培慈姑一般要求保持5厘米左右的浅水层，尤其在夏日高温时，尽量不要干盆，以防慈姑灼伤。平日里，我们要对慈姑的点点滴滴的成长作细致观察。在老师的指导下，每做一件小小的事都要详细记录下来，使我们学到了在书本上从来没有的知识和技能。慈姑的生长一般不用施追肥，若烂泥中有机质少，植株生长不够旺盛，则可适当施混合肥料，每次不超过100克。慈姑整个生长期要保持浅水层，但要防止干旱。我们不定时地观察、检查，苗期要浅水勤灌，以提高土温。慈姑根系十分娇嫩，浓肥容易导致烧根，造成植株死亡。若发现有蚜虫危害，应及时杀灭，我们选用了低毒农药，甚至采用了人工捉虫的办法。

栽培慈姑着实让我们体验了一把做"小农娃"的艰辛，我们在体验中学到的不仅是水培慈姑的知识与技术，更是成为新型"农民"的方法——了解土地、了解作物、掌握科学的种植方法。

4. 盆栽慈姑造型设计与文化创意

夏日的慈姑生长旺盛，每周可从枝心伸出一片 30～50 厘米的新叶，其叶柄细长，具极强的向光性。据此原理，我们采用遮光处理、适时转盆改变光照方向等措施，使枝叶弯弯曲曲，婀娜多姿，提升其观赏价值，让更多的同伴分享其中的乐趣。

根据慈姑的造型，我们对盆栽选择性题名与配诗，以提升盆栽的文化品位。例如，在一枝弯曲形似长颈鹤的盆栽中放入河蚌，我们给它取名为"鹤立蚌群"，配诗：

> 鹤立蚌群显风情，
> 夏添凉意滋润心，
> 缸甏坛罐设计精，
> 生态崇明见真情。

若在盆中放养小龙虾，则可取名"鹤立虾群"等。

种植拓展活动，让我们陪伴植物的生长，体验自然与生命的真实，学习艺术创作，让我们体验到每一株植物的不同，每一个生命的不同。原来"学做小农娃"，不仅可以学到科学的栽培技术，还能锻炼我们创造美的能力，让每一棵植物变得更加与众不同。

承文明城镇之梦，行生态宜居之舟人

本项"学做小农娃，培育生态情"的实践活动充分用足、用好当地资源，尤其是废弃的资源。利用学校绿苑创新实验基地，凝聚共识，万众一心，聚焦生态文明梦。

（执笔：卫和昌　黄欢周）

高中篇
High School

　　高中篇撷取了 20 所学校创新实验室的创意案例，涉及环境、工程、计算机、物理、化学、生命科学、地理等多个学科和领域。与小学和初中相比，高中的创新实验室更加注重创新思维的激发、创新能力的培养、创新素养的培育，因此具有专业化、课题化、规范化的特点。创新实验室提供了适宜创新的学习环境，从课程设计到教学模式，从仪器设备到场地布局，处处体现着创新的元素和色彩。实验室课程往往从比较熟悉的实际生活入手，选择合适的课题开展研究，让学生经历科学研究的全过程，感悟创新的艰辛和乐趣。这些实验室有的专门针对极少数拔尖创新人才，为他们助力再攀高峰；有的为少数社团学生准备，为他们提供展现创新才能的舞台；有的则面向全体学生，让每个人都有机会体验一下创新实践……在这里，学生可以尽情地展现自己的创新思维，放飞自己的创新梦想。

绿色的心　绿色的未来

——上海市上海中学环境工程实验室

 实验室建设理念

　　上海市上海中学于 2008 年获批率先开展"高中生创新素养培育实验项目"，致力于探索以"聚焦志趣、激发潜能"为突破口的创新人才早期培育新路，通过强化学校课程系统支撑，以期整体推进学校教育转型发展。其中，"志"让学生将自身的发展志向与对社会的理想、信念、责任联系在一起，将学生思想境界的提升与自身发展的内动力紧密联系起来；"趣"让学生在对自身潜能认识的基础上，兴趣逐步聚焦，促进个性化知识构成；"能"让学生找到兴趣与潜能的匹配点，形成自身未来发展的指向性意向。

　　为此，我校提出了构建"拔尖创新人才培育链"的概念，不仅将早期培育的触角延伸到上海中学初中教学基地，而且与高校、科研院所形成了以课题与项目为指导、实验室建设为载体的长效合作机制。继 2008 年首次创设科技班之后，我校又于 2012 年创设了工程班。考虑到人类正面临着空前未有的全球性环境挑战，环境科学已成为世界上引人瞩目的学科，为了更好地了解我国环境科学和环境保护事业的现状及当前环境保护的热点，又基于将科技班和工程班在理科和工科的课题研究方向进一步细化的考量，我校在工程班中设立了环境方向并新建了包括"环境工程实验室"等在内的 20 多个科技创新实验室。

　　我校通过开发专门配套课程、调整教学内容以及改变传统的评价方式，努力使学生达成如下目标：在环境方向课题的学习和研究过程中，具备扎实的数学、物理、化学和生命科学等学科的深厚基础；掌握环境科学的基本知识和实验技能；在环境学科方向与相关交叉学科的基础研究和应用研究方面，经过科学思维、工程实验或社会调查的训练，提高分析问题、解决问题的能力以及适应社会需求的能力。整个教学过程强调基础内容的教学以及实践动手能力和良好科学素质的培养。同时，课程注重扩大学生的知识面，使学生对与环境相关的学科、高新技术的发展及应用前景有所了解，具有一定的课题探究和技术开发的能力，促进拔尖创新人才创新素养的持续提升。

学生在实验中

实验室学习环境建设

📍 课程设置

我校在专门课程的设置与指导课题研究时，并不是把大学专业课程简单地移植到高中，而是从学生基于一定领域的创新思维、人格基础夯实的视角出发进行专门的设计与授课，深入浅出地介绍不同领域的概况与进展。创新人才的培育是一个系统工程，应当形成"培育链"的观念，不仅关注学业上链的构建，而且要关注志趣引领、创新思维与人格培育上链的构建，识别与培育有创新潜质的学生。基于这些考虑，我校在专门课程的设置上以学期作为时间节点，逐步、渐进地引导学生聚焦他们的志趣，激发他们在一定领域上的创新思维和科创能力，具体安排如下图所示：

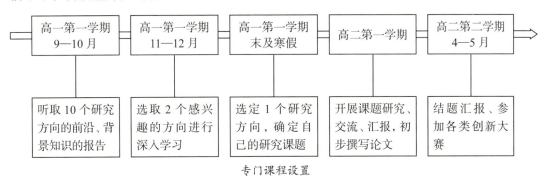

专门课程设置

其中，高一第一学期的前两个月，安排学生聆听所有 10 个方向的前沿背景的介绍。然后强调基于兴趣、个性的选择学习，由学生自行选择其中 2 个感兴趣的方向进行相关领域研究的深入学习，对后续课题研究进行基本的理论知识储备。高一第一学期末及寒假再从中选择 1 个方向并和指导老师确认自己的研究课题。高二阶段利用一年时间对自己选择的课题进行相关的探索研究，并最后撰写研究报告、论文，参加各项比赛等。

我校的环境工程实验室在建造之初，就确立了为学生开展课题研究和创新实验探索做好必要基础设施保障的宗旨，购置了一定数量的进口先进仪器设备（下文有述）。学生使用这些先进仪器设备开展课题研究，往往需要更多的超越高中阶段的知识储备和实验操作技能，为此我们结合学生的实际知识水平和接受能力，对高校环境方向的教学内容在难度、梯度、讲解顺序等方面进行调整，去除一些"枝叶化"的细枝末节，将最重要的内容以合适的呈现方式展现给学生，在授课过程中将实验室中的仪器设备使用方法同步介绍给学生。

整个课程分为三个模块，模块一以我校化学、生命科学等基础型课程教学纲要为主，为模块二拓展型课程的开展做好基本的知识铺垫和储备；模块二则是由高校的教授和专家根据课题开展需要确定的本科或者研究生要求的知识内容和实验操作技能；模块三则是学生根据之前学习到的相关知识和技能开展课题研究。三个模块内容根据学生的智力和能力水平的发展依次递进，大大推动了学生在科技创新上潜力的发掘。

模块二课程内容

主　题	学习内容	
	理论知识	实验技能 （实验仪器的使用）
1. 绪论 1.1 人类活动与环境问题 1.2 环境污染和环境污染物 1.3 环境科学和环境化学	近现代环境问题的产生、生态环境问题、对环境问题的思考	基本实验操作培训1：滴定瓶、电子天平、电阻炉（箱式、管式）、pH计
	各种环境污染问题的产生和治理污染物的具体方法	基本实验操作培训2：鼓风干燥箱、生化培养箱、真空干燥箱、恒温恒湿箱、低温振荡培养箱
	各种针对环境问题所需要用到的化学原理、技术等	
2. 大气环境监测及治理 2.1 大气污染和大气污染物 2.2 大气中重要的光化学反应 2.3 大气中常见污染物的转化 2.4 大气颗粒物及其环境影响 2.5 室内空气污染及控制	常见大气污染物对环境的危害以及对人类、工业生产的危害等（包括室内和室外大气环境），大气环境污染的监测、治理方法	实验培训1：甲醛测定仪
	常见的光化学反应，如光化学烟雾等	实验培训2：ESC臭氧检测仪Z-1200XP、臭氧发生器
	硫氧化物、氮氧化物、烃类化合物的转化	实验培训3：多组分（NO_x、SO_2、VOC）气态污染物检测器
	大气颗粒物的来源、形成机理及清除途径、颗粒物的化学组成、环境影响及控制对策	实验培训4：MiniVol PM2.5/PM10 大气采样器
	常见室内气态污染物、颗粒污染物、放射性污染物	
3. 水环境监测及治理 3.1 天然水体的组成和性质 3.2 水体污染和水体污染物 3.3 水体中重金属污染物的迁移转化 3.4 水体中微生物、病原体的分析、治理 3.5 水体中有机污染物的迁移转化	天然水的存在形式、组成、水质指标	实验培训1：YSI便携式多参数水质测定仪6920型（溶解氧、pH/ORP、温度、电导、盐度、浊度参数的测定）
	水体污染、水体污染物、水体自净作用、水体污染物的迁移和转化途径	实验培训2：哈希台式紫外线-可见光分光光度计 DR 6000
	水体中 Hg、Cd、Pb、Cr、As 等污染物的迁移和转化	实验培训3：PerkinElmer原子吸收光谱仪
	水体中微生物、病原体的分类、采样方法、监测方法等	实验培训4：滨松水质毒性检测仪 BHP9511
	水体有机物的主要指标、水体有机污染物的转化途径	实验培训5：哈希生化需氧量分析仪 BODTrak II

（续表）

主　题	学习内容	
	理论知识	实验技能（实验仪器的使用）
4. 固体废弃物处置及电子废弃物资源化 4.1 固体废弃物的分类、来源、特点及危害 4.2 固体废弃物的处理 4.3 电子废弃物的分类、来源、特点及危害 4.4 电子废弃物的资源化	固体废弃物的分类、来源、特点及危害等	实验培训 1：优莱博加热循环器 SE-26
	固体废弃物的处理、处置方法及无害化管理	
	电子废弃物的分类、来源、特点及危害	实验培训 2：IKA 加热磁力搅拌器 HS10
	电子废弃物的处理方法、无害化、资源化利用的思路和技术	实验培训 3：弗里茨单罐行星式高能球磨机

场地设备

　　在建设环境工程实验室时，根据课程内容、仪器分类以及课题需要，将整个实验室按照研究方向划分为四个功能区：样品预处理区、水环境监测及治理区、大气环境监测及治理区。

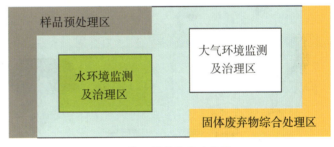

环境工程实验室功能区

　　根据专门课程的教学要求，环境工程实验室按照不同研究方向分别引入了多台先进仪器，部分主要仪器如下表所示。

实验室仪器设备及功能

课题研究方向分类	仪器设备名称	仪器设备功能
水环境监测及治理	美国哈希生化需氧量分析仪 BODTrak II	水体 BOD_5 指标分析
	美国哈希台式紫外线 - 可见光分光光度计 DR 6000	水体各类污染指标分析（COD、总磷、总氮等）
	日本滨松水质毒性检测仪 BHP9511	水质毒性快速检测
	英国 YSI 便携式多参数水质测定仪 6920 型	野外检测水体基本指标（浊度、电导率、溶解氧等）
大气环境监测及治理	美国英思科二氧化硫检测仪 GB60	SO_2 气体浓度快速检测
	英国 PPM 甲醛检测仪 PPM htv	甲醛气体浓度快速检测
	美国英思科多气体检测仪 MX6（含 CO，NO_2，CO_2，VOC）	多组分气体浓度快速检测
	美国 MiniVol 便携式大气 PM2.5 采样器	大气 PM2.5 采样监测

课题研究方向分类	仪器设备名称	仪器设备功能
固体废弃物 综合治理	德国纳博热多段程序控温箱式电阻炉 HTCT0814	高温煅烧样品（可与其他课题配 套使用）
	德国纳博热多段程序控温管式电阻炉 RS-80/750/13	高温煅烧样品（可与其他课题配 套使用）
	德国弗里茨单罐行星式高能球磨机	研磨固态样品
	德国优莱博加热循环器 SE-26	精确控温加热装置

学生利用仪器设备进行实验操作

📍 教学变革

1. 教学方式的转变

在整个课题创新教学的过程中，采用多样化的教学方式。构建以学生为主体的自主探究型教学方式，教师成为学生实验的参谋者和合作者，而不是全程的讲授者和示范者。另外，学生定期汇报交流实验的阶段性结果，在相互的讨论过程中查找问题、发现不足；教师则引导学生分析实验中每一个步骤的作用，每一个现象和化学基本原理之间的关系，促使学生从中学习研究事物、解决问题的方法和处理能力。

同时，尽可能创造机会，让学生感受学术交流和研讨的气氛。例如我校每年10月份会邀请日本筑波大学生物环境系的教授们前来，进行为期一天的学生答辩交流活动。在答辩会上，学生用全英文制作 PPT，并介绍展示他们的课题；教授们则在各自的专业方向上对学生的课题进行专业指导，并为学生的答辩进行打分认定。

学生进行交流答辩

2. 评价方法的转变

随着创新实验室教学策略、教学内容及方式的改变，评价方法也必须根据创新课题实验的特点不断变化。以往的实验评价方法中，我们采取的大多是传统的注重实验结果的结果性评价方式。显然，这种评价方式过于注重实验的最终结果，而忽略了实验的实际过程以及在过程中学生所体现出来的不同程度的科学素养和科学精神。我们参考 IB 化学内部评价的评价指标，在课程开展期间将整个课题研究过程中能体现出学生科学素养的部分按模块进行评价，分别为：实验设计、数据收集与处理、实验步骤及实验结论、实验操作技能、个人技能（包括团队协作能力）。具体每一个模块中需要考察的内容，详见下表。

创新实验室课题探究课程学生评价表

评价模块	评价内容	得分（0—5）	指导意见
实验设计	实验课题设计		
	设定变量控制		
	数据收集方法		
数据收集与处理	记录实验数据		
	处理实验数据		
	呈现实验数据		

（续表）

评价模块	评价内容	得分（0—5）	指导意见
实验步骤及实验结论	实验结论		
	评估实验步骤缺陷		
	根据实验缺陷，提出改进建议		
实验操作技能	实验仪器操作技能		
	实验方法、实验安全性		
个人技能（包括团队协作能力）	自我动力和恒心		
	团队合作		
	汇报时思路、逻辑、表达能力		
	自我反省和思考		
总分			

注：总分75，65—75为优秀，55—64为优良，45—54为良好，30—44为合格，30以下为待提高。

　　教师对每一项评价内容打分，并给出相应的指导意见，最后给出总分。我们认为这种评价方式更注重多维度、多层次的评价，更倾向于评价实验过程中的思考而非单一的精度结果，能够很大程度上让学生在课题探索和实验研究的能力上取得全方位的提升，为将来进一步在科技创新上丰富乃至形成自己的方法、思想打下坚实的基础。

运行机制

　　环境工程实验室的学生课题由导师以项目管理的方式进行，试剂等耗材根据学生课题需要每年采购，仪器运行、维护由专人负责。各创新实验室之间相互合作、互相开放，在相似领域、类似的研究方向或实验方法上能够做到设备互补、资源整合，最终能够共享成果。同时，与高校建立联系，实现资源共享，包括人力、文献、设备等多种资源。

实验室建设成效

　　环境工程实验室自创建以来,在校外专家的悉心指导下,学生的创新思维与创新品格得到良好提升,在基于"志、趣、能"匹配的专业选择与更高平台上快速成长。经过近几年的探索,我校在拔尖创新人才早期培育链的构建上,逐步走向多元、深入。

1. 设立专门课程

　　我校逐步构建了一系列适合高中拔尖创新人才培养的专门课程,从课程设置到授课内容均对学生的志趣引领、创新思维养成起到了良好的指导作用,促进了学生基于志趣聚焦领域的专业发展。同时,学校自主建构的各类创新实验室对我校学生在开阔视野、拓展兴趣、培养钻研精神等各个方面带来很大的帮助,学生因此而终身受益。

2. 形成核心指标

　　在整个创新人才早期培育链的探索过程中,我校形成了一些创新人才早期识别的核心指标,包括内在动力(责任与思想境界、兴趣和潜能的匹配);思维养成(思维的批判性和思维的深刻性);人格孕育(坚韧性、专注度);发展指向(个性化的知识构成、基于志趣聚焦领域的专业智慧生成与可持续发展)。

3. 基本实现培育思想

　　从已毕业的科技班(6届)、工程班(2届)的学生升学统计情况来看,他们在我校所学专门课程、所做课题方向与他们升学专业领域选择的匹配度均保持在90%左右,基本达成了以"聚焦志趣、激发潜能"为突破口的创新人才早期培育思想。

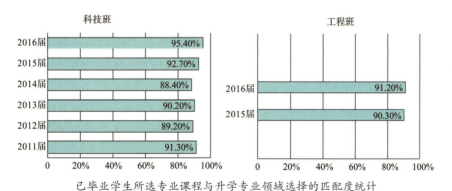

已毕业学生所选专业课程与升学专业领域选择的匹配度统计

4. 学生成果

　　据统计,我校科技班和工程班在近几年中,共获得国际级奖项8项、国家级26项,市级300多项;创新课题探究涉及环境科学、物理、工程、信息科技等10多个领域;学生发表论文10余篇(2篇SCI),获得专利19项。

用汗水去追逐光荣与梦想，是那样的酣畅淋漓

2015届工程班学生　翁子劼

进入上海中学后，我在工程实验班就读。学校为我们开设了许多工程类的提高课程。由于对环境工程的关注和喜爱，我选择了环境方向进行研究。高一那年，黄浦江上游水质污染事件引发了我对水体污染的关注。

太湖作为区域内最大的淡水水体，它的富营养化现象有越来越严重的趋势。水体富营养化所带来的春夏季的大规模蓝藻水华，不仅会严重破坏水体中微生物的生态结构，同时还会产生大量毒素，给公共安全带来巨大的威胁。我认为研究该水域富营养化程度应该对水污染的治理有积极的意义。结合生命科学课上的知识，我想是否可

在实验室中

以运用分子生物学的方法检测水体的藻类群落结构，以期了解水体污染的程度，并推测水华爆发的走向，以便及时采取防护或者补救措施。我把我的设想告诉了负责环境课题研究的陆晨刚老师，得到了他的肯定和鼓励。陆老师指导我先就课题的方向到网上进行检索。为了让我在学校里就可以完成部分研究，实验室专门为我的课题配置了许多实验设备。陆老师还帮我联系了华东理工大学的冯耀宇教授指导我的课题，冯教授安排我使用华东理工大学的环境实验室，还指导我如何选定采样点。

在冯教授和陆老师的指导下，我尝试用 PCR 以及 DGGE 的分子生物学方法对太湖不同湖区、不同月份的富营养化水平及藻类群落结构组成进行相关探究。台风季节，我苦苦哀求船老大出船，迎风逐浪去太湖采水样；每个周二、周四，我骑着自行车一次次到大学里去做实验，每次都是被管理员赶着才离开实验室。有些实验内容涉及大学里的知识，我就找冯教授和陆老师给我讲解，并从网上查找资料自学；仪器不会用，我缠着实验室的师姐手把手地教，并把步骤进行录像，以便复习巩固。在创新大赛中，我不仅聆听了来自世界各地的著名教授的演讲，听取了他

听讲座

们对我研究项目的指点，也和小伙伴们一起完成了很多有趣的项目，体会到了科研的趣味性和创造性。除此之外，我们还参观了清华大学以及中国工程院，接受了老院士们的谆谆教诲。最终，我的课题获得了全国"明天小小科学家"创新大赛三等奖以及上海市青少年科技创新大赛二等奖。2014年3月，英国拉德利学院代表团和日本筑波大学代表团先后来我校交流访问，我作为学生代表参加了论坛，并用英语向来访的老师们介绍了本校英才学生项目、创新实践课程，展示了我的课题成果。

经过了这次的课题研究，我收获良多。首先，作为高中生，我体验了大学生的课题研究，使用了高端的实验室仪器，本来就是一次难得的体验。其次，在高中研究课题项目中，要求我具备科学工作者必要的认真、仔细、好学的学习态度，培养了我的科研精神。对于有着紧张学习生活的我而言，这样的课题研究既是一次宝贵的机遇，也是一次不小的挑战。不过，我始终相信，"机会总是给予有准备的人"。只要我坚持不懈地努力和付出，终将会有收获。

（执笔：陆晨刚　刘　烨）

在这里，遇见未来

——华东师范大学第二附属中学人工智能实验室

 ## 实验室建设理念

　　"人工智能实验室"是一个拔尖创新人才培育基地，致力于培养"追求卓越，创造未来"的科学家和工程师。实验室为广大科技爱好者们提供了一个学习和交流的平台，通过在实践中学习数学、应用物理、计算机编程、数字样机和设计、综合解决问题、团队领导与合作等内容，提升学生的科学素养和创新能力。

　　华东师范大学第二附属中学创建于 1958 年，是上海唯一一所直属国家教育部的实验性、示范性高中。我校一直以来秉持"卓然独立，越而胜己"的校训，努力使每一个学生具备自信、自强、自由的灵魂，具备发现自我、发展自我、超越自我的精神自觉，成为有目标、有信念、有实际行动力的一代卓越人才。人工智能实验室作为学校创新实验室的一部分，一直致力于激发每一个学生的内在动力，发现每一个学生的创新潜能。实验室围绕人工智能的主题，自主开发了丰富多彩的课程，为学生提供了场地、设备、技术和资金等各方面的支持，鼓励学生参与多种多样的项目研究和科技活动，让学生在生动有趣的实践活动中获得成长的经历和体验。

 ## 实验室学习环境建设

课程设置

　　人工智能是计算机科学的一个分支，是研究计算机模拟人的某些思维过程和智能行为的学科。人工智能对于高中生而言，既熟悉又陌生，熟悉是因为在世人瞩目的人机大战中，谷歌人工智能机器人 AlphaGo 击败世界围棋冠军李世石九段，让"人工智能"的概念再次推而广之；陌生是因为学生还不知道计算机到底是如何来模拟人的思维过程和智能行为的，以及人类智能和机器智能的相似和差异之处到底在哪里。

　　人工智能就如同隐匿在层层迷雾之中的神秘宫殿，隐约露出华丽的一角，吸引着热爱幻想、勇于尝试的高中生们前去一探究竟。人工智能实验室正在努力肩负这一使命，用生动有趣的故事讲述人工智能的发展史和建立里程碑式功勋的科学家，用通俗易懂的语言阐释人工智能的前沿技术和应用案例。

在课堂上

考虑到高中生所具备的数学和物理基础，人工智能实验室自主开发了三级拓展型课程：通识课程、专业课程和应用课程。通识课程主要介绍人工智能发展的历史和有关概念；专业课程主要阐述人工智能的理论基础和技术方法；应用课程主要是人工智能的一些典型应用案例。实验室课程面向全校所有高中学生。

人工智能实验室课程内容

课程名称	课程内容
第一部分　通识课程 （人工智能的发展史和科学家）	（1）人工智能的发展史 （2）人工智能领域的科学家
第二部分　专业课程 （人工智能的前沿技术和编程入门）	（0）机器学习（人工智能的核心） （1）智能机器人 （2）自然语言处理 （3）图像处理 （4）计算机视觉 （5）生物特征识别 （6）专家系统 （7）数据挖掘 （8）自动推理和搜索 （9）开发环境选择 （10）编程语言入门（Matlab，C&C++，Python）
第三部分　应用课程 （人工智能的应用案例）	（1）AlphaGo （2）Siri （3）搜索引擎 （4）机器翻译 （5）推荐系统 （6）无人驾驶汽车

场地设备

人工智能实验室的占地面积约为 30 平方米，整个实验室划分为以下五大功能区域。

1. 文献查阅区

该区域主要用于查阅课程、项目所需的文献和资料。配备了 10 台笔记本电脑供学生使用；同时还提供中国知网、万方、维普等学术文献检索平台，数据资源丰富，方便学生查阅和参考。

2. 项目讨论区

该区域主要用于师生之间、小组学生之间的项目讨论。配备了 1 个白板，教师和学生可以坐在一起探讨项目的选题、实施流程、方法和步骤、实验结果等；还可以推理演算，大家集思广益、热烈讨论，迸发出更多新想法和新思路。

3. 模型搭建区

该区域主要用于制作和搭建项目所需的微缩模型和原型机。配备了 1 台大型 3D 打印机，2 台小型 3D 打印机，1 台激光切割机，若干电工与电子设备、工具、元器件，学生可以自主选择设备和材料进行制作加工。

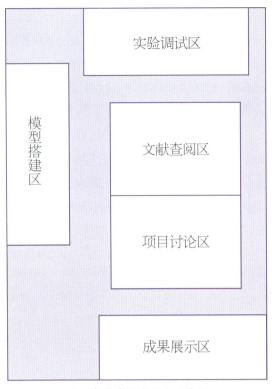

人工智能实验室五大功能区

4. 实验调试区

该区域主要用于微缩模型和原型机的实验和调试。配备了若干万用表、示波器等检测设备，学生可以及时检测微缩模型和原型机在运行过程中出现的故障，做出相应的调整和改进。

5. 成果展示区

该区域主要用于成果介绍和作品展示。配备了 1 台大屏电视机和 1 个作品陈列台，学生可以用 PPT、图片、视频等多种方式展示项目成果；已经结题的项目作品陈列在台子上供其他同学学习和参考。

成果展示区

📍 教学变革

人工智能实验室主要开设拓展型、探究型的科技创新课程，不同于传统课程的教学模式，科技创新课程鼓励学生"在学中做，从做中学"，特别强调理论知识和动手实践的有机融合。在教学实施过程中，注重挖掘学生的兴趣和特长，重点培养学生分析问题、解决问题的能力，从而在潜移默化之中提升学生的科学素养和创新能力。

例如，在校本选修课程"智能机器人的设计与编程"中，我们鼓励学生自主提出一个贴近学生生活的综合性机器人项目，作为课程的终极实践项目，学生们经过激烈的讨论，最终决定制作一款擦黑板机器人。在项目实践过程中，学生们完完全全成了课堂的主角，而教师则退居幕后，只做一些材料供给、时间掌控和技术支持等方面的工作。整个项目实践大致分为以下四个环节：

1. 分析需求，亮出特色

"擦黑板机器人是老师们和同学们的小帮手，在什么时候我们需要它呢？在上课时，它应该以怎样的速度和路径擦黑板？在下课后，它又该以怎样的速度和路径擦黑板？它应该干擦还是湿擦？它在擦黑板时产生的粉笔灰应该如何处理？"学生们提出了五花八门、千奇百怪的问题，这些问题都是在设计擦黑板机器人之前必须考虑的。

2. 选择材料，提出方案

在确定了擦黑板机器人的运作模式后，接着就要考虑可以使用哪些材料来制作机器人。"擦黑板机器人长成什么样子？需要哪些传感器来感知环境？需要哪些机械结构来实现操作？"学生们依据设想，画出擦黑板机器人的设计草图，列出需要的材料清单。

3. 动手制作，修改完善

学生们利用提供的材料，按照设计的草图，动手制作擦黑板机器人。在这个过程中，经常会出现因为尺寸问题不得不调整元器件种类和布局的情况，这就需要学生具备灵活变通的能力。我们还会培养学生的工程思维，比如制作一个模块之后马上进行测试，以便及时发现该模块可能存在的问题。

动手制作模型

4. 公开展示，投票表决

擦黑板机器人制作完成后，学生们以小组为单位对作品进行 PPT 讲解和实物展示。如果说之前的三个环节是考量学生发现问题、解决问题的能力，那么这个环节更能锻炼学生表达想法、接受质疑的能力。在所有小组展示交流作品之后，大家投票选出一个最佳实践项目。

📍 运行机制

人工智能实验室由上海市普通高中学生创新素养培育实验项目和学校共同提供资金支持，由学校科技辅导团队提供科技创新课程教学和项目指导，由学校科学技术协会提供技术支持。学生在确立研究项目后，可以向科学技术协会下属的基金会申请一定数额的项目经费，用于采购实验所需的器件和耗材，学生参与科技类比赛获得的奖金也可以捐赠给基金会，用于支持更多研究项目的开展，使学校拔尖创新人才培育得以薪火相传。

实验室建设成效

学生在比赛现场

人工智能实验室自创立之初，就吸引了广大热爱数学、物理、工程和计算机的科技爱好者们。学生们坐在一起集思广益、头脑风暴，在思维的冲撞中萌发出许多新想法，在相互的激励中创造出许多新成果。近几年来，这些想法和成果在国家级、省市级科技类比赛中连获佳绩，实现了一个又一个突破。

人工智能实验室近三年部分获奖信息

学生姓名	年级	研究项目	所获奖项
吴啸东	2016 届	"Easy-EYE"——基于图像处理的智能可穿戴用眼健康监测提醒系统	第 30 届全国青少年科技创新大赛二等奖 第 30 届上海市青少年科技创新大赛一等奖 入围 2016 年英特尔国际科学与工程大奖赛（ISEF）
郭怡洋、钱辰	2016 届	基于情感的图片检索系统关键技术研究	第 30 届全国青少年科技创新大赛二等奖 第 30 届上海市青少年科技创新大赛一等奖
朱泽宇	2016 届	基于面部特征的疲劳状况评估系统	第 29 届上海市青少年科技创新大赛一等奖
刘子隆	2016 届	基于物联网的移动式 PM2.5 监测系统的研究与设计	第 29 届上海市青少年科技创新大赛一等奖
喻啄成、许步庭	2016 届	"Cate Tracker"——基于 Android 平台的外卖派送路径实时追踪系统	第 30 届上海市青少年科技创新大赛一等奖
周舒意、姚怡雯	2017 届	基于监控视频的人流监测与统计	第 30 届上海市青少年科技创新大赛一等奖
陈佳颖	2017 届	基于情感特征的歌曲自动模糊分类研究	第 31 届上海市青少年科技创新大赛一等奖 第 14 届上海市青少年"明日科技之星"提名奖
李泽铧、吴佳遥	2017 届	基于鼠标轨迹分析的验证码方案探索	第 31 届上海市青少年科技创新大赛一等奖
张弛	2018 届	P2P 网络上分布式计算的实现	第 31 届上海市青少年科技创新大赛一等奖
叶若琳、徐子云	2018 届	基于键盘敲击习惯的身份识别系统	第 31 届上海市青少年科技创新大赛一等奖

在学校科技节上，机器人社团在向同学们展示自己的作品

习惯一种创新的状态

　　回首两年前，我是怀着怎样的心情加入了科技创新班这个集体。脑海里，还依稀留存着娄维义老师教授大家自我介绍时所讲的笑话，因为和我有关，就记了下来。后来面试时，轮到我自我介绍了，我就说："我姓喻，就是小偷的偷字单人旁换成口字旁。"听出来了吧，其实这个笑话有那么一点微妙。

　　还记得两年前，暑期科技夏令营，一场接着一场的报告。我随手翻阅着那时每天2000字左右的笔记和感想，果然，最重要的还是眼界。二附中的老师们、校外的专家学者们所带给我的，是在初中没有接触过的大世界。可能他们只不过用了最浅显易懂的语言，讲述了他们眼里最简单不过的常识，但却教会了我新的思考方式。

　　几个小时紧接着几个小时坐在机房里，没有专家教授，没有突然迸发的灵光乍现，只有不断地绞尽脑汁，不断地更改搜索引擎中的关键字。科技创新之路远没有我想得那么简单，也不是头脑发热时的一时冲动。

　　那段时间，我还心血来潮报名参加了广州国际青少年科技实践大赛，我和王泰戈、李享、刘京晶一组。比赛内容包括预设的创新电池制作和介绍、临场的竹笛制作和演奏、科幻短剧表演。12月去了广州，回来时带着大奖小奖无数，最大的奖项当数我们组获得的金奖第三名，这是二附中参赛以来取得的最好成绩。

　　第一年的课题，是一个所有人都说很有意思的课题"参量阵扬声器超声指向性初探"，这是一个研究定向传声的课题。但是最终，没有进入终评，没有在市赛的舞台上展示的机会。原因很简单，没有完成。因为没有进入终评，给了我很长一段时间审视自己，审视自己脚下的路。我的选择是否正确？一个课题如果只有一个想法，那么我对它的热忱又能够持续多久？

第一年的课题给了我什么呢？它至少让我学会了使用 MATLAB 的一部分功能，一行行冰冷的代码却可以模拟很多东西，比如声场、人口、伤员、病患……这也算是我在科技创新班里一个实实在在的、看得见摸得着的收获。

转眼到了第二年。我可能算是一个比较执拗的人，在第二年里，我仍然没有选择一个好玩的生化课题，并不是因为我讨厌生化，也不是因为动手能力太差。

课题是俞晓瑾老师无意写在笔记本上的，"手机端外卖派送路径追踪"，仅仅是一个发现需求、解决需求的课题，现有技术已经非常成熟，我看到了可以实现的美好前景，这是我做课题以来的第一次。然后怂恿许步庭入伙，一起开始了课题之旅。冬令营的十天，每天都是在查代码、写代码、叫外卖，查代码、写代码、吃外卖中度过的。

终于到了 deadline，很不幸地，核心功能还没有完全实现。然后在论文中附上没有调试完全的代码，提交完毕。之后，浪费了一个寒假，课题一点没做。

转眼间就开学了，伴随着课题进入终评的消息。接下来就是痛苦的两周调试，每天都是早出晚归，整个人始终处于一种极端亢奋的状态。终评前一周，我和许步庭，5天，2人，总共睡了 30 个小时。

所幸的是，最后预期的功能都实现了，效果很好，一等奖，三个专项奖。

创新之路就是这样，只要认真完成，坚持到最后一刻。记得提交论文的前一天，拍照，修改，拍照，修改，直到 deadline；终评展示的前一天，实地考察后发现了会场存在的网络问题，然后和我的搭档一直调试到深夜。不到最后一刻，谁也不知道将会发生什么。

两年的科技创新经历教会了我 MATLAB、声场分析、数学建模、铅酸蓄电池制作、JAVA、XML、Ps、Ai 等一系列技术。

更重要的是，让自己习惯于一种创新的状态。

感谢 1607，感谢人工智能实验室，感谢二附中科技创新团队的老师们。

（执笔：俞晓瑾）

以小见大　以微见著

——复旦大学附属中学机器人小屋

实验室建设理念

"机器人小屋"是以实体与3D成型技术、微控制技术为基础，以学习设计、创作个性化机器人为目的的"微"型创新实验室。它是基于导师引领下学生自主创新的开放式实验室。

机器人小屋的"微"特色主要体现在实验室环境和创新人才培养两个方面。机器人小屋的实验室面积很小，通常在10平方米以下，实验设备数量也较少，而且研究项目大都是单一的、高端化的，占用的资金和人力资源相对也少。机器人小屋针对的主要是那些处于金字塔顶端的少数"拔尖创新人才"学生。他们通常根据相同的兴趣、特长或相近的发展方向组成研究团队，相互协作开展研究。这部分学生经过"微"创新实验室的培养与浸润，在所研究的领域具备超越一般同龄人的能力，甚至达到较高水平并产生一定影响力的成果。

实验室学习环境建设

课程设置

机器人系统的组成可以粗略地划分为硬件与软件两部分。硬件上，由于机器人结构相对复杂，加工难度较大，学生难以动手制作，因此目前大多数机器人硬件设备仍采用购置方式，这也导致了学生的学习很大程度上受制于硬件而缺少个性。但令人欣慰的是，3D设计与打印技术的出现破解了这一难题：学生们可以借助计算机及其辅助实体设计软件，比较方便地设计出自己的创意作品，并通过3D打印机完成硬件制作。这是一种较为新颖的探索和应用。

软件是机器人的灵魂，所以程序设计至关重要。但与硬件不同，编程技术的学习对硬件的依赖性相对不高，学生甚至可以根据自己的兴趣和特长自由选择编程语言。

基于机器人技术主线，实验室开发了这体设计与3D成型、微控制设计两门课程：

1. 实体设计与3D成型

本课程主要是帮助学生实现创新意愿的表达与实体呈现；同时，3D成型技术便于学生快速构建机器人的结构形体，形成比较完整的结构。

实体设计与3D成型课程主要内容

顺序	内　容	课时
第一部分	机器人结构创意设计	4
第二部分	计算机辅助实体设计技术	10
第三部分	机器人3D成型技术	5
第四部分	机器人结构装配	5

2. 微控制技术

本课程主要是帮助学生学习掌握微控制技术的硬件基本原理、制作方法，以及编程技术。结合3D成型的结构，实验室构建了一个自主创新的机器人系统，并实现对机器人系统的控制。

微控制技术课程主要内容

顺序	内　容	课时数
第一部分	微控制硬件原理与技术	10
第二部分	程序设计技术	8
第三部分	机器人微系统的构建	2
第四部分	机器人系统的合成	4

📍 场地设备

本实验室的面积约为10平方米，主体设置如下图所示。

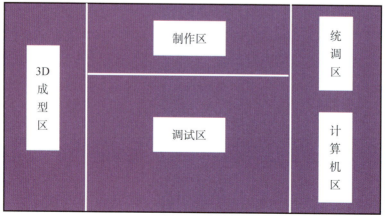

机器人小屋区域设置

计算机区：主要用来摆放一台计算机设备。

统调区：主要是程序的调试，以及软件与硬件相适应的统调。

制作区：主要是机器人硬件的安装、拆卸、修正等工作区。

调试区：主要是机器人运行的场地，可以拓展到其他空间进行。

3D 成型区：主要是摆放一台 3D 打印机及相关的辅助设备。

机器人小屋一角

设备清单

序号	设备名称	数量	说明
1	计算机	1 台	
2	电子制作工具	1 套	恒温焊台
3	3D 打印机	1 台	双喷头
4	编程器	1 台	
5	金工工具	1 套	
6	桌椅	1 套	

教学变革

实验室的课程教学是以项目引领、任务驱动及过程性评价来组织的。课程非常注重培养学生的自主创新实践能力，实验室成为他们进行自主创新实践的场所。但是，这里有一个重要的问题需要解决，这就是"谁"来主持项目。

针对这个问题，我们提出了"导师制"。导师最重要的工作是引导学生去发现问题，这是学生首先遇到的、也是最为困难的问题。对此，我们采用了"三步法"。第一步，引导学生从身边的事物中去发现问题，并提出改进的办法。这种创新属于技术应用类创新，学生比较容易上手。通常情况下，学生需要 1～2 周的时间来做这件事；但是，这时学生提出的问题一般都比较浅显，基本上是不能采用的。这时，教师应当以鼓励为主。第二步，重新布置任务。这个时候，导师要引导学生从几个大的方向去发现问题，比如，我们通常会要求学生从热点问题上去发现需要研究的课题，涵盖交通、能源、环境保护以及弱势群体的帮助等方面。这样，学生会有一个比较明确的方向，这个过程通常也需要 1～2 周，甚至更长时间。但是，这次学生提出的问题中会有少量可以研究的问题，但还需要进一步提炼。这里有一个问题值得注意，那就是去发现学生思维中的闪光点，这个闪光点可能是一句话，甚至可能是一句闲话，也可能是导师脑海中一闪而过的东西。通常这会成为一个非常好的研究问题。第三步，就是在学生提出的众多问题中，结合学生的兴趣、特长，甚至是学生未来职业发展方向选择研究课题。当然，在这种情况下，学生会作出比较好的选择。但常常发生的事是，学生在研究过程中发现了更好的问题，这时候就需要转向了。所谓"万事开头难"，一旦研究的问题确定下来，接下来的工作只需要按照项目管理的方式进行常规管理就可以了。

 ## 运行机制

实验室的运行采用导师指导下学生自主管理的方式。学生研究项目由导师以项目管理的方式实施，达成研究成果与研究过程规范化。财产保管由学生中的管理员负责，每个学期结束时由学校财产管理员进行登记入账。

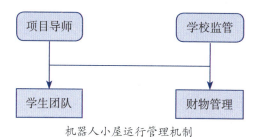

机器人小屋运行管理机制

实验室建设成效

本实验室自创建以来，深受对机器人、工程与计算机方面有较高要求的学生的关注和喜爱。学生们在实验室中学习新技术，交流新思维，产生新成果。

机器人小屋成效统计

创新实验室名称	培养学生数	学生去向	获奖数量
机器人小屋	50 人	国内著名大学 22 国外著名大学 28	重大赛事 40 余项 其他 100 余项

从机器人小屋走出的部分学生信息

学生姓名	年级	研究项目代表	就读大学	毕业去向
陈 琛	2004 届	用头部控制的计算机输入系统	保送清华，后香港大学硕士	上海纽约大学
陈德赛	2005 届	用头部控制的计算机输入系统	美国 MIT，从本科读到博士	在读
刘昊天	2005 届	用头部控制的计算机输入系统	保送清华大学本科，香港大学博士、MIT 交流博士	在读

学生姓名	年级	研究项目代表	就读大学	毕业去向
吴　昊	2006 届	老年人智能拐杖	保送上海交大，后美国著名大学留学	在读
王柯单惠	2007 届	AFS：汽车灯光智能随动系统的研究	保送复旦大学，后入美国莱斯大学	美国工作
周　海	2007 届	光纤语音话筒的研究	美国普林斯顿大学	
厉传斌	2008 届	喂饭机器人	保送复旦大学，后入美国芝加哥大学读博士	在读
翁其钊	2008 届	盖被子机器人	美国普林斯顿大学	美国，花旗银行高管
顾诗遥	2008 届	盖被子机器人	美国普林斯顿大学	美国，MIT 项目主管
周　行	2009 届	盖被子机器人关节机器人	上海海事大学，美国著名大学硕士	在读
李　妍	2010 届	上海市世博会智能交通系统研究	保送上海交大，后在交大读研	在读

机器人小屋里走出来的 MIT 高才生

机器人小屋来了一群小学生
——来自教师的观察

郁远承是一位十分优秀的学生，他的优秀来源于聪明、勤奋，还有父母支持下的创新实践活动。

初中六年级时，他正好赶上复旦附中老师代教学生开展创新实践研究活动。经过层层选拔，他最终获得了这个机会。于是，他跟随老师进入了复旦附中的机器人小屋实验室学习。实验室很小，甚至当初还没有固定的地方；设备也很简陋，但却有必需的基本东西；后来，有了一间 5 平方米左右的房间，可容纳 3~4 名学生，但一些复杂的操作或调试工作还得在走廊或其他空地上进行。就是在这样一个地方，他 6 年中（高中时考入复旦附中）共完成了 5 个相关的研究项目，当然，获奖虽多等级却不是很高。

由于所开展的研究是以机械加工制作与微电脑控制技术于一体的融合性研究，他很早便掌握了这种机械电子构成的机电一体化的研究方法，并且能够自己动手实现自己的创意。在这方面，他较同级的学生表现十分出色。而这种多学科，特别是机械电子计算机等学科融合于一体的研究经历，契合了MIT的培养理念，最终他得到MIT的青睐。

在他以前，学校还有过两位学生走进了MIT。一位在MIT读到博士毕业，另一位则先保送清华，再到港大读博，最后交流到MIT学习。他们，都出自机器人小屋。还有数十人，也是从这里走出去的，全部进入了国内外著名的大学。

我在机器人小屋学做机器人
——来自学生郁远承的描述

我在宏星小学读三年级的时候，被学校选去参加当年头脑奥林匹克（OM）中国区的比赛，我校的参赛队伍由7名学生组成，其中5名是四年级和五年级的，三年级的两个是我和徐宏宇。我们参加的是小学组"在我的梦里"这个项目。比赛中我们展示的是在2004年那一场巨大的东南亚海啸中，一个机器人非常神勇地救助灾难中的人们，帮助人们脱离海啸灾害并重建家园的模拟情景。最终，我们获得了这个项目中国区的第一名。我们深受鼓舞，而我也从此立下了一个志向：将来能研究制造一种先进的机器人，可以救灾救难，帮助人们生活得更加美好。

后来我进入兰生复旦中学读六年级，当时学校从复旦附中请来吴老师，组织了一个机器人兴趣小组，每周一次两节课左右的时间开展机器人模拟软件的编程活动。这个兴趣小组持续活动了两个学期左右，大概是吴老师工作繁忙的缘故，要先告一段落了。但是我和另外几个同学感到欲罢不能，非常强烈地想继续学习下去，于是吴老师就让我们每个星期六到复旦附中的实验室去继续学习和研究，那时候和我一起去的还有周金晶、陈嘉腾、匡昊南、施沐阳，一共5个同学。

在我们掌握了一定的基本知识和技能之后，吴老师鼓励我们自己利用和扩展一些知识与技能来做些实用的创新项目。为了突出创新的重要性和关键性，吴老师对我们强调的是"不怕做不出来，就怕想不出来"。"想"出一个点子是最关键的，没有创新点，就不知道做什么；但要"想"得出来真是不容易，没有技术不行，光有技术也不行；还要有生活中对各种事物的感知和经验，而这种感知和经验又有两面性，一方面有助于你找到新的需求或对旧需求的改进，另一方面使你沉浸在经验的惯性中，不容易突破思维定式；只有突破生活的感知和经验形成的思维定式，发挥出自由的想象力，才可能有创新的点子出来。

说起来容易，"想"起来难啊。我的第一次尝试，是想做一个可以单手操作把牙膏挤到牙刷上的装置，目的是为一些不能双手操作的残疾人提供刷牙时的便利。一旦进入到制作阶段，即使是这样一个听起来不复杂的点子，"做"起来其实也不容易。我的设计是当牙刷头靠近牙膏口的时候，触发一个微动开关，信号传到单片机，单片机发出信号第一次驱动电机，旋转打开牙膏口上的盖子；然后单片机再发出信号，第二次驱动电机，通过螺杆将旋转动力转为平行推力，推挤牙膏管使牙膏挤出到牙刷头上；然后单片机再次发出信号，第三次驱动电机，旋转关闭牙膏口上的盖子。原理虽然简单，但要做出符合要求的

带更换牙膏提示的自动挤牙膏机

设计，还要花费很多时间和精力，反复尝试。打开牙膏盖需要电机旋转几圈，螺杆推进多少距离使挤出的牙膏量正好，机械结构如何加工才能使机械动作更加精准，外形如何做得更灵巧一些，等等，这些都需要花时间、动脑筋去一遍一遍琢磨和尝试。我在课业和其他活动之外，花了很多时间来完成这个项目。

内环高架逸仙路口至共和立交出口排堵借道方案及其智能控制系统

当时我们 5 个人在吴老师指导下，每个人都做了一个项目，这 5 个项目还参加了当年的第 24 届英特尔上海市青少年科技创新大赛，都得了奖。其中匡吴南的利用高速道路优化交通缓解拥堵的方案还获得了一等奖，并被选送去参加

全国青少年科技创新大赛。初战告捷使我们受到鼓舞，我们继续在实验室学习、研究，几乎每年都能完成一个项目参加上海市青少年科技创新大赛，并获得奖项。第二年，我做了一个放置于地铁站外的地铁到达时间与拥挤程度智能显示装置，而陈嘉腾做的世博园智能引导系统获得了一等奖，并被选送去参加全国青少年科技创新大赛。

这样做创新项目的过程，对我们的成长和发展有非常大的帮助。"想"出创新点，培养的是对生活有意识的感知和突破经验羁绊的自由想象力；把想出来的做出来，培养的是把想象化为现实的动手操作能力。吴老师把单片机作为我们学习和研究的核心，是非常关键的切入点，因为在为单片机编写程序时，培养的是偏理性、思辨性的智力和能力；而要让单片机发出的动作指令得到实现，需要设计制

地铁站外到站时间及拥挤度智能显示系统

作出合理又精巧的机械结构，这样又培养了偏感性、实用性的智力和能力；单片机连接了这两种智力和能力。而有关一个创新项目的用途与目的，则会让我们去思考一个创新项目的社会意义或对社会某些人群的关怀。

到了升高中的时候，虽然我在自主招生选拔中同时获得了交大附中、华师大二附中、上海中学和复旦附中的提前预录取机会，经过考虑还是选择进入复旦附中，这样可以更方便地在吴老师指导下的嵌入式系统实验室里继续我的学习和研究。我成为复旦附中的学生之后，使用实验室更加频繁和便利，有一次为了赶一个项目，得到同意在实验室做了一个通宵，天亮的时候赶去科技展示的现场。在复旦附中学习期间，我又制作了一个复杂地形行驶中的车厢水平平衡系统和一个能提示合理营养成分的虚拟烹饪应用。

在复旦附中学习到高二结束以后，我去了美国的一所高中继续学习。在美国高中学习的时候，我在各种繁忙的任务之中，还是乐此不疲，继续在电子智能装置方面进行学习和研究。在美国期间，我参加了宾夕法尼亚大学举办的一个暑期项目，三人团队完成了一个遥控行驶和发射的坦克机器人；我还参加了麻省理工学院一个学生社团举办的一个应用开发的活动，五人团队完成了一个音乐推荐的应用。能够在这些活动中运用新学到的知识顺利完成项目并获奖，与我在兰生、复旦附中读书期间学习单片机和做创新项目所打下的基础是分不开的。

这些学习和创新的经历，虽然距离实现我最初的志向与目标还很遥远，却是我迈出的第一步。高中毕业后我有幸就读于麻省理工学院，有机会进一步学习和提高相关领域的知识与本领，可以进一步进行相关领域的研究与实践。我会时常想起当年和小伙伴一起参加 OM 比赛的情景，"在我的梦里"这个项目成为一个梦开始的地方；也很想念在吴老师指导下学习单片机和做创新项目的那些日子，我相信小伙伴们也会想念我们在一起的时光。前面提到的那几个同学现在也都已经在大学里继续追求自己的理想，徐宏宇在离我很近的哈佛大学，周金晶在上海纽约大学，匡昊南在同济大学，陈嘉腾在上海海事大学，施沐阳在哪一所大学我暂时还未知晓，希望我们大家在将来的一天能有一个惊喜的相遇，带着各自的喜讯重聚机器人小屋。

（执笔：吴　强）

学生工程创新的孵化器

——上海交通大学附属中学数字化加工中心（DDMS）

实验室建设理念

"数字化加工中心"是我校工程教育的制高点，是学生创意与梦想的孵化器，也是教育和工业生产与商业运作间联系的纽带。从表面上看，数字化加工中心好像只是一个利用计算机技术辅助加工的场所，从实质来说，加工的前提是产生设计的方案，产生设计方案的前提是对于实际问题和工程需求的思考；其次，加工的目的是为了探究设计方案的解决效果，从而进一步提出改进方案；此外，任何学生的创造性想法只有经历了加工环节才能形成一个作品，才有机会作为产品雏形与校外的社会资源进行沟通和交流，为学生提供商业活动的机会，将"学"与"用"有机地关联起来。

经过多年的建设，我校已经陆续建成了机器人实验室（VEX、FTC）、结构设计实验室、能源电子实验室、风洞实验室、创意设计中心、金属加工实验室等一批工程类主题的实验室。每个实验室都承担了相关主题的STEM选修课或学生自主的社团活动，大多数活动都会涉及加工制造的环节，一直以来因条件限制仅仅停留于手工制造的阶段，因此，数字化加工中心的建设是我校完善工程教育体系过程中必不可少的一环，也是促使我校科技教育水平迈上新台阶的基础。

实验室学习环境建设

课程设置

1. 课程设计思路

"数字化加工"是一种现代化的加工方式，而加工过程是工程实践的一个必要环节。为了避免"为加工而加工""为了做而做"，我校并没有开设单独的数字化加工课程，而是作为课程模块与我校现有的劳技课程、STEM课程以及科技社团活动紧密融合，以形成更加丰富、更加贴近学生实际需求、更有助于学生形成完整工程概念的课程体系为目标。

2. 课程内容

目前，该课程模块在已有教学体系中体现的教学价值有以下三种形式：

（1）在基础型课程中丰富现有的加工方法，强调工程基础概念

作为高一年级劳动技术（机械技术）课程的重要组成部分，该课程渗透进我校已开设的"三视图表达""金属加工""机械设计"和"计算机辅助设计"四个板块的劳技课教学。例如，在基于 Autodesk 公司的 CAD 软件 Inventor 的"计算机辅助设计"课程中，数字化加工中心利用配备的 3D 打印机将学生的设计转化为实物作品，使原有的教学环节有了极大的延伸；在"金属加工"环节，通过数控车床、铣床的加工演示为学生提供了直观的体验，对于金属加工的过程有了更加深刻的认识；在"三视图表达"环节，数字化加工过程中所强调的工程图样，也让学生意识到工程表达对于构建设计方案以及最终实现设计的重要性。

（2）在拓展型课程中促进学生的探究性学习，掌握数字化加工的方法

数字化加工中心是 STEM 课程的重要实践场所。我校是上海市最早实施 STEM 教学的中学之一，在多年的教学尝试与积累中，逐渐形成了我校对于 STEM 课程的教学理念以及教学标准。典型的 STEM 课程主要包含以下要素：

由学生在某个领域的问题背景下提出明确的科学问题或工程难题；

为学生提供一个可操作的技术平台（包含设备、软件及使用方法）；

学生在工程实践的过程中尝试解决问题；

对于问题的解释必须以实验数据分析或观察到的现象为依据；

为学生提供展示、交流和评价的机会。

数字化加工中心在成为技术平台和承载学生工程实践的环节中起到了重要的作用，例如："探究风力发电机叶片对发电效率的影响"课程中，学生根据自己所关注到的叶片形式（数量、形状、角度等）利用软件进行 3D 建模，并通过 3D 打印机形成事物，再放到风洞设备中进行模拟实验，通过采集到的数据对之前的假设进行分析和论证。此外，在"燃料电池小车"课程中，因为氢和氧将化学能转化为电能的能力有限，需要为小车设计一些降低摩擦阻力的金属零件（轮胎支架、齿轮箱等），利用数控车、铣床可以方便地实现学生的设计，为学生的工程实践提供有效支持。

（3）学生在研究型课程中自主安排活动内容，形成较强的工程意识与社会责任感

学生在社团活动中自发组织课程进行交流。科技类社团一直是我校科技教育的特色形式，尤其是以"蓝色动力"机器人社团、"AMZOM"头脑奥林匹克社团为代表的优秀学生社团，在多年的社团活动经验的积累下，逐渐形成了社员招募、日常活动管理、社团文化建设、学生经验传承、对外宣传、活动资金募集等有效智能。以机器人社团为例，2015年，随着 FRC（First Robotics Competition）竞赛项目的开展，社团学生利用数字化加工中心的设备和场所自行设计并开设了针对工业级机器人设计、制作、调试和比赛的系列课程，例如学生在自行组织的"进阶工程——数控加工"课程中，通过具有加工经验的社团骨干成员为新社员讲解、演示并设定"车削卡簧槽""扩孔""切断"等常用的加工内容，

实现新老社员的共同学习，这种学习不仅帮助了新社员了解、掌握一定的加工技能，也促进了老社员对于加工原理的理解，以及巩固加工规范。

📍 场地设备

数字化加工中心由设计讨论区、零件加工区、组装调试区三部分组成，区域间功能的划分也体现了工程活动的一般流程。设计讨论区中，集中交流的桌椅摆放、磁性白板和软木板组成的设计展示区域、开放的资料和书籍陈列柜都营造了方案设计过程中团队合作、交流互动的氛围。零件加工区中，机械加工设备的位置规划、操作流程的提示说明、安全警示标志的张贴、护目镜和手套等防护用品的设置为学生创造了真实的工程体验。组装调试区中，零件盒标准件的分类标示、装配工具挂板的功能性划分、组装间隔时存放半成品的物料盒等体现了工程素养教育的细节。总之，除了课程教育以外，实验室的环境建设本身要被赋予一定的教育意义，让学生在活动过程中全方位、更加自然地受到工程教育的熏陶。

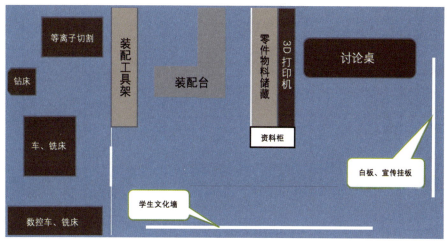

数字化加工中心空间布置

1. 3D 打印机（3D Printer）

MakerBot 公司的第四代 3D 打印机，具有简单、快速和性价比高的特点。学生在使用过程中将通过 Invertor 设计产生的 .STL 文件导入 MakerWare 软件，设置尺寸之后导出为 .x3g 文件，使用 PLA（聚乳酸）打印耗材完成零件的打印制作。

2. 等离子切割机（Plasma Cutting Machine）

等离子切割机利用高温等离子电弧的热量使金属工件切口处局部熔化（和蒸发），并借高速等离子的动量排除熔融金属以形成切口的一种加工方法。配合不同的工作气体可以切割各种氧气切割难以切割的金属，尤其是对于有色金属（不锈钢、碳钢、铝、铜、钛、镍）切割效果更佳。学生在使用过程中通过 AutoCAD 等平面绘图软件设计零件平面图，由计算机转化成切割机兼容的文件格式完成自动切割。

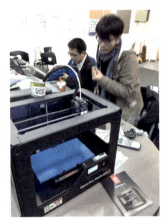

3D 打印机

等离子切割机

3. 数控车铣床（Computerized Numerical Control）

数控铣床

一种由程序控制的自动化机床，与普通机床相比，具有加工精度高、加工质量稳定、能加工形状复杂的零件、通过程序设置改变加工内容等特点，同时较符合中学教育的需求。我校选用的 PROXXON 数控加工设备由德国生产，其尺寸规格、加工精度非常适合中学实验室，学生完全可以凭借我校劳动技术课程中机械绘图、金属加工等内容打下的基础进行操作和零件加工。

4. 原有设备

手动车、铣、钻床，激光切割机，以及其他手持电动切割及打磨设备。

原有设备

教学变革

与课程形式相结合，数字化加工中心的教学形式分为以下三种。

1. 教师引导

教师引导的教学过程其目的在于，帮助初次接触加工设备的学生了解设备性能、熟悉加工方法以及加工流程、强化安全操作意识以及明确加工注意事项等。教师在实验室环境中"移步换景"，学生与设备间近距离接触，直观地观察教师操作加工设备，以及零件如何从材料按照加工流程经过切削、堆叠、打磨一步步成形。除此之外，辅助教师演示的是实验环境中处处张贴的流程说明、注意事项以及安全告知，学生在接触设备的同时也身处与设备相关的工作环境中，这对于学生工作习惯的养成、工程素养的熏陶具有潜移默化的作用。

学生在进行加工操作　　　　　　　　交流讨论设计方案

2. 小组探究学习

　　学生在由教师主持的课程活动中，根据每个活动主题形成探究小组，通过收集资料、小组讨论形成设计解决方案，进而根据加工的需求选择加工设备。至于该加工设备能否满足加工需求，学生们须对加工方法、加工流程、材料的选取以及加工精度的控制进行讨论，并在"加工设备使用文档"的指引下，尝试加工过程。此时，教师只需跟踪、观察，在学生需要帮助的时候给出建议，在加工存在安全隐患的时候给予提示和指正，在初次加工结束之后组织学生观察和讨论，为优化加工过程提出建议。总之，对于一个具有教育功能的加工场所，在确保安全以及允许合理的加工损耗的前提下，为学生营造开放的空间进行尝试，让学生逐步驾驭加工设备并时刻保持敬畏，是我们建设该场所的最终目的。

3. 学生自主研究

　　科技类社团是我校科技活动的主要组织形式，是学生开展自主研究的主阵地。无论是机器人社团、头脑奥林匹克社团，还是电子社团，都具有 10 余年的发展历史，每一届的社团都由学生自行制定一学年的活动内容，从社团招新、社员培训、形成项目小组、制定竞赛和活动计划、财务管理到商业宣传，每一项内容学生们都在小队长的带领下开展头脑风暴、收集相关信息和资料、确定问题解决方案并有步骤地实施。其间，学生以每周例会的形式向各个项目小组的指导教师进行汇报和沟通，教师根据学生的需求安排辅导。对于活动中所需使用的实验室资源，学校专门设立了相关"自主实验室"，并将门禁权限设置给各个社团社长和项目小队长，学生可以利用课余时间有组织地进入实验室，并在活动的过程中承担设备的管理和维护工作。

📍 运行机制

　　学生能够利用实验资源进行自主探究是激发学生创造潜能的首要前提，这包括学生对于实验室环境的自主管理、对实验设备的维护保养以及对于实验内容的自主创新等。我校在实验室建设初期的规划就包含了对于该教学形式的考虑，目前"数字化加工中心"由"蓝色动力"机器人社负责管理，同时服务于"3D打印"社以及"AMZOM"头脑奥林匹克社等科技类社团。社团的社长以及各个项目小组的负责人都被授予了实验室的门禁权限，学生对于实验室的使用情况有详细的安排和记录，实验设备由学生自行维护和保养，并在每年提出对于新设备购置的"采购申请"。这一措施的推行，极大满足了学生对于实验室的使用需求，并在使用过程中形成了符合我校学生特点的管理流程，该流程在一届届社员之间传承延续、与时俱进，是我校科技活动发展的特色和核心内容。

 ## 实验室建设成效

虽然"数字化加工中心"建成投入使用仅短短一年，但依托深厚的科技活动基础，在筹建过程中就已经引起学生们的极大关注，可以说是在众多期望中逐渐成形的。因此，该实验室一经使用就立刻融入我校的科技活动体系中，目前"数字化加工中心"已开展过多种科技类课程。

机器人社团合影

数字化加工中心科技类课程

课程类型	课程名称	教学形式
劳动技术（必修）	机械加工设备	教师组织
劳动技术（必修）	Inventor3D 实体设计	教师组织
STEM（选修）	风力发电探究	教师引导、学生探究
STEM（选修）	燃料电池小车	教师引导、学生探究
STEM（选修）	承载结构设计	教师引导、学生探究
FRC 机器人（社团）	基础安全课程	学生自主
FRC 机器人（社团）	Engineering Process	学生自主
FRC 机器人（社团）	数控加工	学生自主

近年来学生个人或团体所获成绩

科技竞赛项目		所获成绩
2016 年上海市高中生劳技竞赛	实体设计	二等奖 1 人，三等奖 2 人
	金属加工	二等奖 1 人
2015 年美国 FRC 机器人挑战赛	万湖赛区	新秀全明星（Rokie All Star）
2015 年 CRC 中美机器人挑战赛		亚军
2016 年 FTC 机器人华东区邀请赛		一等奖，Rockwell 创新奖

机器人社物语

2017届学生　马嘉杰

"翻得了题，熬得了夜，吃得了苦；开脑洞，拼全力，不放弃。"

"蓝色动力"机器人社团 FRC 小组在交大附中校园中的知名度相当高，常常活跃于国内外各大机器人赛事中。在高大上、理工味十足的外表下，FRC 小组的背后，其实是一个由各类人才组成的小社会，是凝聚众人智慧与努力的结晶。

机器人社团标志

FRC 小组内部又分为工程组、编程组、赞助组。每一次成功的赛事，都离不开组与组之间的协调与配合：工程组负责机器的组装，编程组负责编程，宣传赞助组则负责推广及筹资。常有人认为机器人社团拥有精英的大脑、理科的思维，但若不具备分工合作能力，就如同混杂的士兵，打不了胜仗。

下面将以美国纽约机器人比赛为例，展现赛前实验室内的一系列日常准备工作。

2016 年 1 月 19 日　距比赛还有 6 周

赛题一出，队员们都信心满满，议论纷纷。为了更好地研究赛题，并在将来的赛场上取得好成绩，队员们如火如荼地展开了翻译赛题和规则的工作。111 页的赛题规则，复杂的专有名词，熬夜至凌晨三点成了家常便饭。为了使规则通俗易懂，队员们集智慧与创意，在案例中融入了幽默生动的人物元素，如"舒克、贝塔，青龙、白虎、朱雀"。在造福自己团队的同时，还将翻译成果免费上传至网上，为所有中国队伍提供一份便利。做出这个决定时，没有人提出异议，都纷纷赞成。

为了设计出最优方案来应对今年的赛题"攻城略地"（机器人带球越过高难度的障碍，将球射入篮筐），队伍上下集合众人洪荒之力，先各自制定方案，再集中讨论。几位大神早已按捺不住，天马行空，大开脑洞。

2016 年 1 月 26 日　距比赛还有 5 周

队员们经过热烈讨论后，终于敲定了最终设计方案：履带底盘，以加强机器人的抓地力与过障能力；四个 CIM 电机驱动，使过障势如破竹；360 度旋转转台以及可上下移动的射球装置，使机器人在场地的各个方位都能瞄准目标；绿光配摄像头，加上自动图像识别程序系统，使瞄准目标与射球更为精准可靠。

2016 年 2 月 2 日　距比赛还有 4 周

工程组的队员们大展身手，运用《Inventor》在电脑上开始绘制图纸。侧板、底板、间隔柱，每个细微的地方都面面俱到。画图的过程是十分枯燥的，简单来说，就是"面朝电脑，狂点鼠标"。但队员们都任劳任怨，奋发图强，一画就是一个下午。

2016 年 2 月 9 日　距比赛还有 3 周

比赛的准备进入搭建阶段。队员们有的运用实验室中的 3D 打印机将自己在计算机上的设想变为现实，有的开始与铝件和螺丝打交道。而程序组的队员也开始积极设想程序结构，手动程序、自动程序、传感器、图像识别，这些让机器人更好运作的工作都与他们的努力密不可分。

2016 年 2 月 16 日　距比赛还有 2 周

搭建机器人

最后的搭建工作正有条不紊地进行着。宽敞的机器人教室里满是零件、材料、计算机，还有队员。在前几周巨大的工作量下，队员们没有一丝倦怠，反而愈发斗志昂扬，互相讨论问题并加以改正。有时或也会有面红耳赤的争吵，但最终总能达成一致。

贯穿整个比赛的特派小组——战略战术组，主要负责侦查其他队伍的进展方案，打探敌情，也为我队贡献了不可多得的重要信息来源。

FRC 机器人社团的日常便是在一场场紧张的赛事准备中度过的，但这段除了累还是累的经历，却是高中时代最美好的记忆。

（执笔：朱乔荣）

我的梦想我创造

——上海市格致中学 FabLab 创智空间

 ## 实验室建设理念

上海市格致中学"FabLab 创智空间"是美国麻省理工学院与中国大陆学校合作创设的第一家创新实验室。该实验室是一项源自美国麻省理工学院的教育实践研究项目，在美国有"创新梦工厂"之称。项目最初目的是为社区或企业提供可以制造产品雏形的平台，随着创新教育的发展，在世界各地被越来越多的学校所采用。

格致中学 FabLab 创智空间围绕"我的梦想我创造"的建设目标，重点为学生搭建创意设计、实

FabLab 创智空间

体加工、项目学习、个性制造和专题研究等五个方面的学习平台，凸显集创意、设计、加工、制造、展示等环节于一体的建设理念。同时，以课程开发与课程实践为核心，通过创新素养、媒介素养和数字素养的培育，不断提升学生的问题解决能力和沟通协作能力。

为激发学生对创意设计的兴趣与钻研，实现学生的创新梦想，格致中学 FabLab 创智空间以项目为引领，设置了项目任务驱动、校内作品选拔、校外参赛交流等系列举措，学生通过创意设计、产品制作、项目评估、展示交流，发现问题、解决问题，为实现个人的创意梦想不断努力。在积极探索的过程中，刻苦钻研、磨炼意志，问题意识、协作能力与表达素养在潜移默化中得到加强，逐步培养追求完美、精益求精的"工匠精神"。

 ## 实验室学习环境建设

 ## 课程设置

基于 FabLab 创智空间的格致创意课程体系结构由基础型课程、拓展型课程、研究型

课程三个层级组成。

　　基础型课程"劳动技术"面向我校全体在校高中学生,以 FabLab 创智空间作为高中"劳动技术"课程的教学环境,针对高一年级基础型课程"劳动技术"的教材内容进行教学设计和教学实践的创新。将"劳动技术"这一基础型课程纳入我校创意课程体系,既是借助我校 FabLab 创新创智空间的硬件优势资源对国家课程的优化实施,同时也充分发挥"劳动技术"培养和提高学生技术素养的课程目标,体现国家课程无可替代的育人功能与普适作用。

　　拓展型课程"3D 打印创意制作"面向我校两校区高一年级、高二年级学生公开报名。囿于实验室空间及设备数量,每个校区限报 40 人,由两支精干的师资团队分别在两校区授课,每周教学时间为 2 课时,教学周期为一学期。通过一年多来的课程实施,选修该课程的学生人数持续增加。

　　研究型课程"创意设计"面向有志于开展项目研究、参加科创比赛的部分资优学生。学生从参加拓展型课程"3D 打印创意制作"的学生中选拔而来。该课程鼓励学生从现实生活中,发现问题,带着项目来研究学习,在"做中学"的过程中体会创意设计的本质。课程实践中积累的优秀创意作品通过校级选拔后参加国际青少年科技创意大赛。

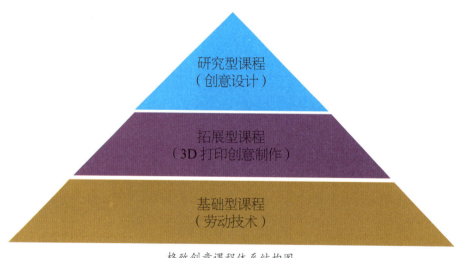

格致创意课程体系结构图

　　以下重点介绍格致创意课程体系中拓展型课程"3D 打印创意制作"的课程概况。

1. 课程目标

(1) 知识与技能维度

　　了解 3D 打印技术的发展历程、应用范围与发展前景。

　　运用 123D Design 和 Meshmixer 设计软件进行创意设计。

　　熟练运用数字切割机对木板、有机玻璃等材料实现创意图样的切割。

(2) 过程与方法维度

　　在观察 3D 打印的过程中,思考归纳 3D 打印技术的基本原理。

通过对比制造出的实体与设计图样，总结一些有助于改善实体制造美感的图样设计经验。

（3）情感态度与价值观维度

培养观察与实际动手能力，开拓对前沿科技的视野。

激发对 3D 打印技术的钻研兴趣，形成热爱创意设计的积极情感。

2. 课程内容

"3D 打印创意制作"课程内容循序渐进、衔接紧凑。由于选修该课程的学生都具有基础型课程"劳动技术"的学习经历，因此本课程的重点在于高阶设计建模软件的使用和创意制造的实战练习。课程内容可分为基础理论、软件应用与实体制造三大类。

课程内容分类目录

核心内容	内容分类
PLA、ABS 耗材的选择	创意制作的基础理论与基本认识
Makerbot Replicator 打印机常见问题及解决方法	
3D 打印技术的历史与现状、3D 扫描仪的使用	
123D Design 软件的基本使用及建模实例 6 则	创意制作软件的基本应用
Meshmixer 软件的基本操作与实际应用	
Creo 软件的基本操作与实体建模	
生活实物小模型制作：小椅子、眼镜、花盆、家具	创意设计的实体制造
学习工具小模型制作：艺术笔、笔筒、台灯、风扇	
娱乐工具小模型制作：溜溜球、飞机、小车、充电器	

📍 场地设备

常规的 FabLab 实验室需要配置系统、成套的硬件设备，通常配备 3D 扫描仪、激光切割机、精密雕刻机、3D 打印机等数字制造设备。实验室要求空间宽敞，可充分满足一个教学班规模的学生开展创意设计和教学实践活动。为满足上海市格致中学两个校区总体发展，我校在黄浦、奉贤两个校区均建设了 FabLab 创智空间。本文重点介绍黄浦本部的 FabLab 创智空间。本部的实验室由一楼和地下层两个楼面组成，面积约 200 平方米。

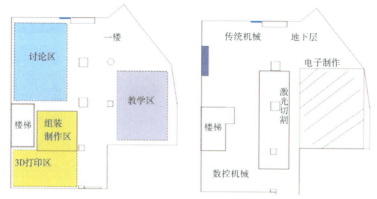

格致中学黄浦本部 FabLab 创智空间结构示意图

一楼由教学区、讨论区、组装制作区和 3D 打印区等四个区域组成。地下层由数控机械、激光切割、电子制作和传统机械等组成制造加工区。

"教学区"的布局和配置与传统教室相同，可满足 45 名学生的常规教学需求。教师和学生在该区域以基础知识的传授和学习为主，通过投影等多媒体设备也可进行展示和交流。

学生在教学区学习交流

讨论区

"讨论区"配备了环形会议桌椅和 30 余台装备了各类创意设计软件的台式计算机，便于学生进行设计前的交流讨论和借助计算机软件的创意设计。

"组装制作区"配备了多种规格类型的电池、金属丝线、马达、电钻等各类零部件，供学生设计作品时挑选、使用。

"3D 打印区"，主要由 15 台 3D 打印机组成，可以将学生用计算机设计的各类作品通

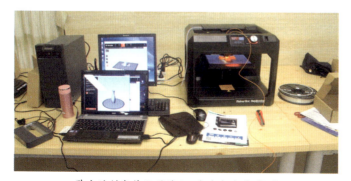

学生的创意作品通过 3D 打印机打印成型

大型数控雕刻机

过 3D 打印机加以实现。

地下层的"制造加工区"，主要由一系列数字化制造机及快速成型机组成，包括大型数控雕刻机、激光切割机、数控车床等。这里是学生进行创意制造的核心地带。其中，电子制作区配备了各类电子元器件、万用表和焊接工具，供学生进行硬件改装等。

此外，两个楼面还根据教室的空间布置了学生作品展示区，可将学生制作的优秀创意作品及各类获奖作品进行展示。

📍 教学变革

实验室需要实施麻省理工学院开发的各项创新课程，包括激光打印及雕刻技术课程、基本电子线路制作课程、3D 打印设计及制作课程等。这些课程全部为英文原版，不少内容要求比较高，属于大学先修课程。由于是首次引入中国大陆高中进行实践尝试，需要进行校本化改造。为此学校专门组建了创新教研组，在教科研室的指导下，基于国内高中学生的实际情况，围绕格致中学 FabLab 创智空间，开发了层次分明的校本化课程体系。"格致 FabLab 创意课程"体系融基础型课程、拓展型课程、研究型课程三位一体。在 FabLab 创智空间中，有面向全体学生开设的劳动技术基础型课程，有面向选修意向学生开设的初级创意制作类拓展型课程，有面向资优生开设的科技创新类专题研究型课程。经过校本化处理的课程内容，主要包括三维视图的识读与绘制、CAXA 实体设计软件的基本使用、创意设计与机械加工实践探索等。在实施过程中，学校创新教研组和劳动技术教研组相互配合，既有基础型课程的知识铺垫，又有拓展型、研究型课程的能力提高，让学生在有限的时间和空间里进行创新实践探索，成效显著。

格致 FabLab 创智空间为学生开展个性化学习提供了平台。与硬件设备相配套的是开发基于 FabLab 创智空间的拓展型"创智课程"。在实施过程中，进入 FabLab 创智空间学习的学生，学习兴趣浓厚，动手能力也比较强。为此，通常设计 15 个课时的短课程，分三个阶段实施，提供从基础到高阶的学习。第一阶段，学生通过 5 个课时，完成头脑风暴与图样设计，该阶段的重点是

学生进行创意制作

在 FabLab 创智空间的"讨论区"进行充分的交流与讨论，合作学习，取长补短。由于相关的基础知识已经在"劳动技术"课程中学习过，学生能够很快进入图样方案的讨论和设计。第二阶段，学生进入 FabLab 创智空间的"组装制作区"和"3D 打印区"，将 CAXA 软件中导出的工程文件在 3D 打印设备中实现实体制造。一些比较复杂的设计，则在组装区进行安装和调整。这样一来，可以把学生在计算机软件中完成的设计转变为具体的实物和产

品,使图样设计不再停留在创意层面。学生通过近距离地接触实体设计与制造,在培养设计制造兴趣的同时,还可以积累创意制作的实践经验。这一阶段大约需要 5 个课时。第三阶段,学生可在设计制作的产品中融入更为复杂的电子控制和动态演示。这是要求比较高的阶段,需要学生掌握一定的电路设计与控制等知识,通过小组配合共同完成。最后,还需要用 1~2 课时进行成果展示,供大家评议、交流和提升。

相形之下,研究型课程在教学模式上具有独特性。研究型课程"创意设计"主要通过学生自主研究项目的形式开展,学生需要在课程开始前,提交各小组的研究主题与研究方案,得到教师认可后方可带着各自的研究主题进入 FabLab 创智空间。教师主要在学生团队遇到困难时,对学生进行点拨与指导。因此,研究型课程"创意设计"的课程内容外延较为宽泛。现已成功完成的学生研究型成果案例包括学生团队自发研究制造 3D 版的学校微信平台二维码、学生团队自制的"格致跑鞋"纪念挂件等。

📍 运行机制

传统实验室的管理通常是教研组负责,由实验员具体落实,主要管理者就是实验员。教研组的各项实验任务由教研组长和备课组长统筹,实验员接受任务完成即可。这是一种被动式管理模式,且实验室运行的核心全部围绕学科教学,灵活性和创造性不够。

与国外 FabLab 标准实验室相比,国内 FabLab 创智空间最大的差距是技术主管。美国一些优秀的 FabLab 实验室有大批技术主管参与运行和指导。这些技术主管的构成包括专职实验员、普通教师、社区学者、有专长的家长等大批志愿者。这些规模庞大的志愿者队伍,可以根据不同项目,对每一位参与研究的学生进行一对一的全程指导。而国内 FabLab 创智空间的技术主管构成比较单一,往往只有实验员负责,相关的社区、家长资源还没有充分利用,没有足够数量的志愿者,无法做到对学生的一对一深入指导。很优秀的研究项目,受制于无法提供合适指导教师,只能进行一些初步研究和实施,甚至是搁浅。

格致中学 FabLab 创智空间的实验室管理和运行,充分借鉴了美国麻省理工学院对 FabLab 创新实验室管理的标准模式,进行了必要的本土化改造。实验室采用团队化的管理模式与运行机制,由实验室主任、技术主管、运营主管及资深专家组成管理和运行团队。

实验室主任总体负责实验室的各项工作,包括对外交流、宣传以及项目推广等,是带领实验室发展的"方向盘"。目前,实验室主任由我校科技总辅导员兼任。

技术主管由创意课程的授课教师担任,负责课程的开发与实施,是实验室运行的"主心骨"。我校的技术主管队伍建设充分吸取国外的管理经验,在专职教师的基础上,招募社区学者及部分有专长的家长,构成人数约 20 位的技术主管团队。专职教师主要由 6 位教师组成,其中,专职授课教师 4 名(黄浦校区、奉贤校区各 2 名),专职实验员 2 名(黄浦校区、奉贤校区各 1 名)。部分骨干教师先后远赴美国麻省理工学院实地学习 FabLab 创新实验室的基础建设、设备使用、课程开发与学生指导,具备了创意课程实践教学的素养与能力。社区学者主要是由学校周边一些科研院所的学者组成，家长主要由高一、高二年级家委会出面招募和遴选。目前，这支技术主管团队，基本能够满足实验室的运行需求。随着项目的开展，技术主管团队还在不断地扩大。

运营主管由实验员担纲，负责实验室的日常管理和统筹协调。由于 FabLab 创新实验室不同于传统的学科为中心，包括物理、生命科学、化学、劳动技术等多学科、多领域，实验员的主要工作不仅限于准备相关实验器材，还需要统筹协调好各学科在实验室的日常使用，是实验室运行的"大管家"。

资深专家由学校聘请的相关领域的著名学者和专家组成，对实验室的各项活动进行比较高端的指导和辅导，是引领实验室发展的"发动机"。格致中学 FabLab 创智空间落成之初，我校便成立资深专家指导团队，成员包括 FabLab 创始人尼尔·哥申菲尔德 (Neil Gershenfeld) 教授、美国麻省理工学院张曙光教授等国际知名专家，以及市、区教育主管部门、高校、科协等专家。在 FabLab 创智空间投入使用后，专家指导团队成员多次来我校实地指导学生创意实践活动。

格致中学 FabLab 创智空间的运行理念是全开放的。学生可以随时随地进入学习。排入课表的由任课教师负责日常管理。未排入课表的由实验员负责登记，并对学生进行必要的指导或辅导。如果学生学习的领域或实施的项目超出实验员的指导能力，可由学生本人提出申请，学校认可通过后聘请校外的资深专家进行专项指导。

 ## 实验室建设成效

在建设格致中学 FabLab 创智空间的同时，我校还积极推动创新实验室的推广与科技教师的协作教研，于 2014 年 11 月牵头成立了中国 FabLab 校际联盟，成员单位队伍不断壮大。而且，成员单位在 FabLab 实验室内建立同步视频互动系统，可同时与联盟学校实现异地同步授课与沟通互动，搭建了成员学校科技创意课程教师的交流平台，有助于课程实施教师之间的教研沟通与协作支持。

此外，我校积极组织各类校内、校外科技创意比赛，鼓励学生在任务驱动下，开展创意设计的实践，为学生科技创意作品展示交流搭建舞台，同时也以此机会选拔优秀的学生创意作品。

2015 年 4 月，我校举办了面向全校学生、以"未来校园"为主题的首届科技创意大赛。共征集到优秀学生作品 24 件，集中体现了以下几大创意理念：关注能源，绿色环保；空间利用，结构优化；亲近自然，以人为本。大部分作品均通过数字切割机对各类材料进行加工，组合形成创意产品的雏形。在校级选拔的基础上，2015 年 5 月我校组织了三支学生团队参加由全国科技活动周（上海）组委会办公室主办、上海市格致中学承办的"第一届上海（国际）青少年科技创意大赛"，在更高规模的比赛中交流学习国际青少年科技创意作品

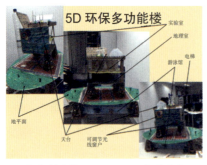

学生创意作品：5D 环保多功能楼　　　　　　　　学生展示创意作品

的先进经验，锻炼学生队伍的创意表达与沟通交流能力。此次大赛在格致中学 FabLab 创智空间的基础上，吸引了全市 17 个区县相关学校、中国 FabLab 校际联盟、国际友好学校共 70 余所学校代表队参与。我校三支参赛队伍分获二、三等奖。

2016 年，我校再次组织了面向两个校区全体学生、以"城市交通"为主题的校内科技创意作品征集活动，共收到作品 58 件。大部分作品制作精良，且运用到跨学科的知识与方法，将现代信息技术与工程制造紧密结合。我校选派了两支参赛队作为代表，参加 2016年 5 月在中国 FabLab 校际联盟成员学校福建省泉州市第五中学举行的"第二届国际青少年（中国泉州）科技创意大赛"。最终，在来自全国 11 个省市的中国 FabLab 校际联盟成员校、国际友好学校共 28 支参赛队中，我校学生团队的参赛作品"城市交通地下化"获特等奖，学生团队的参赛作品"基于 App 智慧云端中枢交通系统"获得一等奖。

一次自我突破的创意之旅

2018 届学生　徐一帆　谢　昀　程逸宇

第一次站上舞台，望着台下的指导老师和如汹涌人海般的参赛选手，我紧张得微微颤抖，脑海中瞬间一片空白……

2016 年 5 月 28 日，我与我们学校同一个校区的 2 位队友以及奉贤校区的 3 位同学踏上了从上海赴福建泉州的列车。共同参加在中国福建省泉州市举办的"第二届国际青少年科技创意大赛"。

我小时候就喜欢动手拆装各种小物件，有一次我把家里房门上的一把锁拆了下来，却没办法再装回去，为此被邻居的小伙伴们嘲笑。但家里的长辈们并没有责备我，只是默默地把锁重新装好，并嘱咐我要注意安全。上学后，我特别喜欢理科，后来初中毕业后选择格致中学，很大程度上是被格致深厚的理科特色与学校文化所吸引。

坐在列车车厢内的几个小时里，我在脑海中回忆了这次比赛参赛作品"城市交通地下化"的创意灵感和创作过程。三年前的暑假,我随父母去美国游历,对当地的交通发展留下了深刻的印象。回国后,我便常常在思考能否设计出一种能有效缓解城市交通拥堵的方案。

去年,我进入格致中学,开始了高中生涯,恰赶上学校 FabLab 创智空间的全新启用。实验室里一台台从美国麻省理工学院原装引进的数字制造设备深深地让我流连。后来,在劳技课上,我接触到了实体设计软件和 3D 打印机,慢慢学会了制造一些简单的三维实体模型。渐渐地,我开始琢磨着怎么用创意设计的思想,设计制造出我理想中的"城市交通地下化"方案模型。

高一年级第二学期,我带着"城市交通地下化"这一项目选报了学校的研究型课程"创意设计"。研究型课程"创意设计"是以学生"动手做"为中心、教师指导为辅助的开放课程。参加的学生都必须预先提交自己的设计项目。在 FabLab 创智空间里,两位原本与我同年级不同班级的小伙伴被我的项目创意所打动,主动提出愿意加入我的团队。就这样,我们开始了一次探索之旅。

在一开始起草方案的过程中,我们就花了很大力气。第一版设计方案主要是由我主导,我们的设计理念是地下化:首先将城市中已有的高架道路和主干道移至地下,这个灵感参考了美国波士顿市的地下公路体系。当年为了缓解城市高架拥堵问题,波士顿开辟了地下公路,既解决了拥堵问题,又为城市腾出大片了绿化空地。其次是改造轨道交通,分别开设快车道与慢车道,快车道用于大商圈与居住区间的快速交通,慢车道则是站站停的一般地铁。这样可以提高交通运输效率,便利市民。然而这个设计由于在地面上形成了快车道与慢车道混行的情况,容易产生安全隐患。出于安全考虑,我和队员们一同设计了第二版方案。

在第二版方案中,我们加入了立体交通和紧急用铁路:将城市高架立交桥简化,使匝道处在一个平面上,简化改造工程;紧急铁路专给消防、救护、警用及军用,同时其较深的埋深可供防空用。然而,我们也遇到了设计瓶颈,由于开通了紧急铁路,就必定要运行快速列车,而列车速度快就容易出现脱轨的风险,于是我们在指导老师的帮助和启发下推出了设计方案的第三版。

在这个最终的设计方案中,我们保留了紧急铁路和地下公路,又添加了地上高架路,实现地面无车的"地面公园化"。在地下铁路的具体设计中,我们设想在原有双轨铁路上方加一根轨道,让列车嵌在其中,防止颠簸及转弯时脱轨。

确定了设计方案后,接下来的数周时间我们开始进入模型制作阶段。这是一个系统工程，在我的协调分配下，队员们分工明确，我把工种分成了材料选择与美化设计、材料切割、3D建模等，指导老师则不时为我们提出宝贵的指导意见，同时帮我们做一些难度较高的工作。

4月的一天，我们从指导老师处得知有一项即将在外地举行的科技创意比赛，起初我的参赛热情不大。一方面由于我们的设计方案复杂，需要用到的模型材料有很多，若前往外地参赛，我们要拎着几个工具箱和至少8块有机玻璃板及备用木板，一路颠簸太费周折。另一方面，我虽然对创意设计兴趣十足，但要上台介绍作品则不是我的强项，我担心会因为紧张而让别人嘲笑。

在指导老师与同学们的一再鼓励下，我们最终踏上了这趟开往泉州的列车。等待我们的将是什么？一切还是未知数。

5月27日下午刚抵达赛地，我们便火速布展，拼装复杂的模型，张贴大幅海报。泉州闷热的天气使我们一下午都仿佛在"桑拿"中度过。回到酒店后，我和队员们商讨演讲内容，改进模型，时间不知不觉已过凌晨。

最终，我们团队的参赛作品"城市交通地下化"在比赛中取得了特等奖。

介绍创意作品

科技创意大赛是对创新能力与动手能力的双重考验。取得特等奖是评委们对我们能力的肯定，却不能掩盖我的不足。第一次站上舞台，望着台下的指导老师和如汹涌人海般的参赛选手们，我紧张得微微颤抖，脑海中瞬间一片空白，幸好我的队友们平时不露声色，关键时刻却思路清楚、口吐莲花、声情并茂、娓娓道来，将我们的创意设计展现得淋漓尽致，这才让我紧张的心情渐渐平复。如果还有下一次机会，我想一定能做到镇定自若，这样才能把设计的优点展现给听众。

通过这次比赛，我收获的不仅是荣誉、评委对作品的肯定，更有交流表达能力的提高和同学之间的真切友谊。这一切都得感谢我的两位指导老师和神奇的FabLab创智空间。在这个开放的创意梦工厂中，只有你想不到，没有你做不到。

（执笔：何　刚　季金杰）

因课而来，与课程建设协力共进

——上海市大同中学基于 CIE 课程的创新实验室

 实验室建设理念

为进一步提升学校课程品质，满足学生日益多元的个性化发展需求，我校于 2009 年开始了高中创新素养培育实验项目，并首次提出了 CIE 课程的概念。CIE 课程是创造 Creativity、创新 Innovation、创业 Entrepreneurship 三个英文单词首字母的缩写，课程跨越学科边界，带领学生在拟真环境下基于问题解决，感受从问题提出、方案设计、头脑风暴直至创新转化的全过程，注重学生创新素养的培育。CIE 课程的建设需相应的软硬件作支撑，为此我们积极地推进创新实验室建设，确保课程落地、发展和深化。创新素养培育已成为学校发展新的着力点，并且"基于 CIE 课程的创新实验室"建设正不断推动学校课程的整体性变革。

我校创新实验室课程的定位是在沉浸式教学模式下，基于问题解决，着力培育学生的问题意识、信息收集、团队协作、高阶思维等能力，关注学生自主性、独立性、协作性的培养，给予学生自主选择、自主探究、自主实践的时空，让学生"想创新、敢创新、会创新、爱创新"。

在实验室的建设中，我们坚持课程引领的原则，让实验室真正成为学生活动的场所、学习的资源地。我校创新实验室的建设基于学生创新与课题研究的实际所需。学生的创新需求推进了校本课程的建设，校本课程因实验室的支撑而获得了实施的平台与操作的土壤，而课程的丰富发展也对实验室提出了新的要求，于是课程与实验室在良性的互动中得以共进、共生。围绕实验室建设，

学生在进行实验

我们通过模块化、组合式的实验室建设策略，为实验室配置设施设备，为课程发展预留空间，从而推进课程创生。随着创新实验室的陆续建成，我们正在打破传统的按学科分类的实验室布局，让课程向着更加综合化的方向发展。

🏫 实验室学习环境建设

📍 课程设置

　　我校创新实验室课程多源自学生的课题研究，走过了"从课题到课程"的实验室课程开发道路。通过挖掘学生创新过程中的痛点，找到实验室及课程建设的"因"，转化为实验环境与工具，衍生出相应的课程，从而催生实验室再发展的新基点（新成果）。就这样，我们的实验室完成了一次由因到果、由果推因的迭代过程，最终，课程得以成形、发展、完善、再发展、再完善。下面以中医药探究课程为例介绍我校实验室课程的创生之路。

　　2008 年，我校与国外友好学校开展了一项学生课题研究——"不同地域的水对于中药有效成分提取的影响"。在课题研究中，学校添置了一些简单的实验器材，在简陋的环境里，学生们开始了研究。也就是这样一个小小的课题，成为中医药探索实验室与相关课程萌芽的起点。

中药化妆品制作

　　2010 年，在"不同地域的水对于中药有效成分提取的影响"课题结束后，学生对于中药这一专题研究的兴趣丝毫没有减退。在学校的协助下，我们与同济大学化学系展开合作，引进了他们的研究项目——"中药化妆品制作"。学生们边学边做，各种奇思妙想在实验室里得到检验。"到底哪种中药的防晒效果好呢？"做个实验对比一下；"是霜剂防晒效果好还是水剂防晒效果佳呢？"做个实验检测一下；"中药做的防晒霜会不会导致过敏？"学生们的课题在上海市英特尔创新大赛上获得了一等奖的好成绩。但我们又开始了新的思考，这些课题还能继续发展下去吗？为什么不从这些课题衍生出一门课程，让更多的学生参与中药相关的学习呢？于是，我们经过悉心准备、精心筹划，推出了 CIE 创新素养课程——"中药防晒化妆品的制备与创新"，并围绕课题研究和课程建设配置了相关的实验器材，中医药探索实验室初具雏形。

　　当然，我们探索的脚步并没有停止，我们提取了中医药与化学的元素，研发了"中药化妆品创新课程""中药仙茅苷治疗骨质疏松研究课程""中药缓释剂的开发与研究课程"等，逐渐形成了以中医药探索为主题的课程树。经过 3 年时间的循环生长，中医药探索实验室的课程树状结构已基本成形，"从课题到课程"的课程开发建设模式也获得了认可，并开始进入良性发展阶段。

中医药
探索课程

研究型课程

体验类活动

中药仙茅苷
治疗骨质疏
松研究课程

中药缓释剂
的开发与研
究课程

中药化妆品
创新课程

中医药探索课程树状结构图

📍 场地设备

　　基于课程的创新实验室建设兼具跨学科、综合性高、专业性强等特点，这就决定了传统实验室建设的过往经验无助于学校创新实验室的落成。为此，在大同创新实验室的建设过程中，我们就两个问题展开了思考。第一，完全割裂创新实验室与普通实验室间的联系，另起炉灶，是否存在重复建设和重复购置的浪费问题？第二，随着实验室课程的发展进化，实验室也须与之同步跟进，过早地固化实验室的功能是否有利于实验室的可持续发展？为此，在实验室的配置上，我们提出了模块化建设与组合实验室资源的两步策略。

　　下面以我校生命科学探究实验室为例进行简单介绍。生命科学探究实验室在整个建设及设备添置过程中完全按照模块化建设的理念，由检测分析区、显微操作区、资料查询区、凝胶电泳区、称量区、加热区、纯水区等功能模块构成。这些功能相对集中的模块可以依据课程内容的实际需要进行自由组合，从而保障了实验室功能的可塑性与发展弹性。同时，将部分具有相近研究

生命科学探究实验室掠影

需求或操作的实验区域，如资料查询区、称量区等与中医药探索实验室进行资源整合与共享，保障了我校创新实验室设备使用率的提升与资源的互通。

📍 教学变革

在实验室课程建设中，我们倡导以问题为中心，以项目为引领开展实验室课程的沉浸式学习（Immersive Learning）。所谓沉浸式学习，它通过对课程学习环境的拟真，利用各类技术手段为学习者提供一个接近真实的学习环境，以加深学习者的感性认知和理性思考，提升学习者的认知水平与实践技能。简言之，即社会情境在学校中的再现。下面以我校品牌实验室"乐同动画工作室"的教学为例进行简单介绍。

定格动画工作室掠影

"乐同动画工作室"是我校"定格动画"创新实验室的名称。工作室的辅导老师是两位艺术老师，一位对数字媒体有着浓厚的兴趣，另一位则对手工制作情有独钟，她们一拍即合成立了该工作室。整个定格动画课程，学生以角色扮演的形式，通过团队的组建、角色的分工，体验从剧本到角色制作，从拍摄到后期合成的影视工程全过程。

工作室的建设经历了从无到有、从简陋到专业的发展历程，教师在开展日常教学时也经历了由简单模仿到造景拍摄的演化。初时，工作室仅仅配备了一台数码相机和一台配置一般的计算机。在教学时，教师就利用既有的设施设备，要求学生利用生活中俯拾皆是的常用物品，如几支笔或一把糖豆，开展简单的剧本创作，从而让学生在拍摄中掌握基本的拍摄与剧本编撰技巧；随着课程的推进，学生开始不满足于简单的创作摄影，他们提出配音、剪辑、灯光、布景、道具制作等新要求，于是，教师借题发挥，让学生自己利用网络、人际等渠道了解所需的新设施设备，教师则作为幕后人员帮助学生推进工作室的更新换代。学生参与工作室器材配置的过程，就犹如筹建一个专业的数码工作室，营造了拟真的环境。随着工作室配置的完善，学生的各种新角色、新分工就成了课程新的资源和教学点。在实验室、教师与学生的良性互动下，教师通过启发学生自我完善的需求，通过点拨、指导、扶持，使学生的摄影梦变得更丰满、更切实可行。

2012年，"十二生肖变形记"诞生，用石膏搭建的背景，用折纸和黏土制作的十二生肖动物形象，让学生有了更为丰富的影视工程体验。2013年，随着学生对拍摄需求的日益提升，课程中的角色分工变得愈发接近真实动画工作室的实际情境，学生开始为自己的动画作曲填词。随着动画作品形式的不断丰富，课程的教学情境拟真度日益提升，从初期的拍摄与后期合成为主体的动画制作课程，逐渐演化为包括剧本编撰、道具制作、拍摄技巧（包括拍摄设备的使用与维护）、作词作曲、录音配乐、后期合成等内容为一体的影视工程课程。学生们通过一部部由简入繁的影视动画制作，基于项目引领，对于影视工程的各项目有了更为直观的体验与感悟。

例如，定格动画《Polaris-crossed》讲述的是地球的两极，北极熊和企鹅，面对着同样的冰川和孤寂，但就像昼与夜永远不会交汇。在该片的制作过程中，教师采用了角色扮演、团队协作、项目引领的教学策略。根据学生的长处、特点和能力，以影视工程为蓝本，在实践中做了细致的分工，如文学水平较好的学生负责写歌词；说话声音有特点的学生负责配音；嗓音条件好的学生负责演唱片尾曲；喜欢录音设备的学生负责录音、混音；喜欢作曲的学生负责歌曲旋律、伴奏的创作；钢琴技巧较好、作曲水平较高且又肯辛勤付出的学生负责整部影片的配乐；擅长影视剪辑的学生负责组装整部影片的声音和画面，包括影片的字幕统整等。在这一学习过程中，虽然每位学生承担的只是影视制作的一部分工作，但是在协作与整合中，他们接触的却是一个完整的影视工程。

运行机制

实验室课程的有效运作需要相应的师资体系作支撑。面对师资不足及缺乏相应领域师资的情况，我们采用"师资云"来解决该问题。我校 CIE 课程的核心研究小组由各学科的骨干教师组成，他们是"师资云"的"云核"。根据不同项目的需要，我们吸纳形成不同的项目师资。例如，"电子门铃制作"由学校物理教师为"云核"，吸纳了华东师范大学电子系的教授作为项目师资；"建筑设计与营造"的项目师资则是同济大学建筑系的大同校友。作为"云核"的核心团队，他们能够不断地从师资云中获取信息、知识和方法，不断地成长、优化，增强自身的研究能力和组织能力，并向外辐射，将自己的理念不断渗透给连接到云上的师资，提高他们的创新培育能力。

与师资一样，课程的资源关系到课程实施的成败。作为一个普通高中，我们能够获取的资源还是比较有限的，建立长期的合作关系是一个途径，但也存在一定的不足，比如合作面相对狭窄、合作度不够严密等。于是，我们提出了"资源云"的思路，学校作为"资源云"的桥梁，寻找、提炼适合的资源，并将这些资源根据需要有机整合，为我所用。目前，我校已牵线形成的高校资源网络包括上海交通大学、华东师范大学、同济大学、复旦大学；"建筑设计与营造"项目帮助我们开辟了校友资源；"微软工程师"项目帮助我们连接上了上海市青少年活动中心；"中日联合研究项目"让我们在国际友好学校方面找到了新的源头活水。此外，我们还提倡学生自主寻找研究资源，学会"寻源"，提高自己解决问题的能力，实现"授人以渔"的目标。

 ## 实验室建设成效

大同中学坚持高中创新素养培育实验项目的探索，坚持创新实验室"课程引领、普惠于生"的宗旨，我校已建成包括中医药探索、新能源探究实验室、数学 TI 实验室、生命科学探究、数码音乐创作、数字媒体设计等六大创新实验室，为校本课程的丰富、学生培养方式的多元化提供了有力支撑。基于创新实验室课程建设的推动，学生的创新素养得到了显著提升。以 2015 年为例，在第 30 届上海青少年科技创新大赛中，我校共计荣获 6 个一等奖、12 个二等奖、5 个三等奖、9 个专项奖的好成绩。

在创新课程开发中，课程体系、课程组织、课程资源日渐完善，部分课程已编写了校本化教材。如中医药实验室、定格动画教材的编制为学生了解课程、参与课程建设，为学生预备知识的储备提供了指导性文本。此外，学校高度重视创新实验室课程教师团队的建设，围绕如何启发学生思维、如何让学生学会研究等专题开展主题式研讨和校本培训，一支较为成熟的课程教师团队已经形成。

2015 年 12 月，我校围绕"基于创新实验室的课程建设"开展了面向全市的教学展示活动，如生物工程类的"不同物理刺激对土豆抗氧化物含量的影响"、艺术实践类的"定格动画前期剧本的编撰"、技术设计类的"谁的产品最 in——Scratch 设计路演会"等六堂课程，向上海市兄弟学校、教育同行展示了我校在创新课程领域所做出的积极探索，实现了成果面向区域辐射的目标。

在沉浸式学习中成长

——建筑设计与营造之教师办公室的设计优化

2012 年，我有幸成为大同创新实验室课程教师团队的一员，任教建筑设计与营造课程。初入 CIE 课堂的我习惯了在课堂中教师做主角，学生也习惯了等待教师将问题的始末娓娓道来，这一切仿佛与传统课程并无二致。记得刚任教时，我从建筑的类型出发，就宫殿建筑、园林建筑、陵墓建筑等讲历史、说特征、谈效用，学生则负责学习与接收。虽然课程经过了精心的准备，但几堂课下来，学生的积极性并不高。我有点失落，不知道"为什么学生会有这样的反应""创新素养课程怎样开展才是有助于学生发展的"。但当时的我和学生依旧陷于传统课堂的循环而不自知，我们依旧游离于创新素养之外。

那时学校已建设有 CIE 课程核心研究小组，小组主要采用听课、讲座、参观考察以及课后交流等形式共同探讨创新素养课程的教与学，这也成为我和学生共同改变的契机。走进我校的中医药探索课程，我看到了一个不一样的课堂。在这里，学生的学习状态与我所任教的截然不同，学生在教师的指导下俨然成为课堂的主角与核心，暴发出了极大的自主性与积极性；教师在其中则以一名指导者的角色，穿针引线，重在启发学生思考，协助学生厘清课题的可行性、有效性与科学性。

　　为了寻求改变，一次，我带领我的学生共同观摩了一节乐同定格动画课。只见学生们组成一个团队围绕"十二生肖变形记"的定格动画筹划，各司其职，各展所长。有的担任摄影师，有的是道具师，有的是后期处理人员，有的负责配音，我们不禁流露出了羡慕的目光。学生们仿佛就在拍摄一部电影作品，在学校实验室资源的支持下，一个个影视工程中的真实问题情境得以演绎，于是课堂变得鲜活起来，基于问题、基于项目的学习模式在我们心中播下了萌发的种子。

　　一周后，正当我开始反思并试图对建筑设计与营造课程进行内容重构的时候，一位学生在课后主动找到了我，跟我说起了一件事：一次，她在学校明德楼内发现有间教师办公室因重新装修，需添置更多桌椅以迎接新教师的到来，但是办公室的有限空间为布置带来了不小的难题，始终无法在不影响办公室原有功能与空间布局的前提下放进新办公桌。她说："这个现实中的室内设计问题是不是能成为我们的课程内容？"

　　听完学生的建议，我知道改变的时刻到了。建筑设计与营造课程的核心在于空间结构的规划和利用，因此新的课程设计应该让学生在真实情景中了解并感受空间的设计与利用。而学生所提议的教师办公室的设计与优化正是培养学生空间设计感的试金石。于是，说干就干。课堂上，我向学生们发布了任务单：要求在教学楼自选一间教师办公室，对其空间布局或结构进行优化。这一下，教室里顿时沸腾了，学生们也兴奋了起来。他们5人一组，形成团队，遴选组长。教室里只听到小组内学生们一个个摩拳擦掌、兴奋地讨论着谁做什么、选哪间办公室等问题。学生的研究热情与探究欲望真正地被调动了起来。

　　在项目启动后，我指出，办公室设计项目所需的所有工具或材料，学生可向我申报，我会依据学生所需向学校申请，进而完善我们的实验室配置，而具体如何开展设计我不做具体指导。起初我还存有一份担心：这样放手，学生能适应吗？但学生用自己的实际行动给予了我有力的回复。

　　学生们的进度很快，有的已经画出了草图，并兴奋地拿来与我讨论，他们叙述着他们是如何运用卷尺等测量工具完成精确测量，如何查找书籍绘制设计效果图。学生们爆发出的潜力让我看到了创新素养课程的无限可能。面对学生们的成绩，我充分地进行了肯定，同时也不无启发地说："你们的测量确实很精准，设计图做得也很规范，但是你们也忽略了重要的一点。"学生们相互看了看对方，显得有些困惑。我继续说道："你们有询问过办公室的老师对设计的想法吗？"听了我的问话，学生恍然大悟：设计如果不能忠于使用者的意愿，那么再好的设计也形同废纸一张。学生们意识到：我们面对的是一个真实的问题情境，在开展项目时要从多角度来思考问题的解决。

　　学生们受此启发，变得愈发跃跃欲试。他们在小组内开始了新的研讨，有的说要进行访谈，有的说要做调查问卷，有的查阅专业资料，有的准备请教资深设计师。有一位老师问我："张老师，是不是学校要对办公室重新装修啊？"我愣了一下，问："为什么这么说？"她说："最近你班上的学生时不时地跑来我们办公室问这问那，不是要重新装修做这些干什么？"原来这段时间，学生们一有空就跑到教师办公室仔细地询问每一位教师对办公室的想法，力求设计能兼顾办公的实用性与教师需求。学生的热情和专业精神让我动容，我和学生在课程中蜕变着、成长着。

学生正在搭建模型

　　两周后，我再一次收到学生们的设计稿，我感到学生们的设计又有了长足的进步。此外，各组学生的设计也各有短长，于是我提议各组学生开展交流。这次交流中，学生们除了加深了室内设计需兼顾使用者的需求与办公实用性的设计意识，他们自己还发现了室内设计的一个重要理念：室内设计不只是平面设计，更是立体设计，教师办公室本就局促，如果能充分利用三维空间，就可以更加有效地利用有限的空间，这无疑有助于各组方案的完善。

　　记得 2014 年恰逢我校面向全市开展课程教学展示活动，我参加了建筑设计与营造课程的展示，而展示主题就是"教师办公室的设计与优化"。为了模拟真实情景，各小组提出以瓦楞纸板为地基，将各组的办公室设计以微缩模型的形式展现出来，各小组选派人员准备 3~5 分钟左右的小组方案汇报，由

办公室微缩模型

到场听课教师对学生们的设计给予评价和反馈。开课那天，教室里迎来了许多学校的教师、专家。我有点紧张，但反观学生，他们已能泰然处之，从容地就各自的教师办公室模型介绍着自己的设计方案，我俨然看

到了一位位小设计师初露锋芒。

　　随着课程的不断发展，建筑设计与营造课程又相继推出了纸屋设计、个性化书柜定制、桁架桥模型制作等全新的设计项目。创新素养培育，就是要呵护学生积极探索的良好习惯，使他们保持对外在世界和内心世界的好奇，保有年少时的问题意识和想象力。每个学校，都应是创新素养的培育之地；每个学生，都应是创新素养的培育对象；每门课程，都应是创新素养的培育载体；每位教师，都应是创新素养的示范之人。我和我的学生在沉浸式学习中收获了成长，我们依旧在路上……

（执笔：张伟峰）

区域共享、学段贯通的
开放式创意乐园

——上海市卢湾高级中学机械工程创新实验室

 实验室建设理念

"打造科学教育的特色品牌，彰显和谐奋进的学校文化"是卢湾高级中学新一轮发展的奋斗目标。在继承理科办学特长和科技教育特色的基础上，学校提出"科学教育树人，人文精神立魂"的办学理念，努力"培养高度科学素养的高中学生，营造浓厚人文精神的学校文化"，让学生在创新实践中主动发展。作为上海市科技教育特色示范学校，学校科技特色活动蓬勃开展，培育了一批科技精英，学校特色项目在上海市、全国乃至国际大赛中屡获殊荣。其中学生的创新实践活动是一个必不可少的部分，特别是机械工程创新项目——机器人项目和头脑奥林匹克项目。为了满足日益增长的机械工程设计需求，学校建设了"机械工程创新实验室"并投入使用，为学生自主开展各类机械工程创新实践活动提供便利。该实验室毗邻智能机器人实验室和头脑奥林匹克工作室，它除了满足学生创造发明的实验需要外，更是智能机器人设计的摇篮和头脑奥林匹克创意的工作坊。实验室并不仅仅是针对纯机械的设计加工，更是顺应时代的机电一体化实验平台。借助学校机器人活动平台提供的丰富的自动化控制技术经验，实验室提供了良好的机电一体化设计资源，让学生设计各种自动化机械成为可能。

黄浦区作为上海市整体教育综合改革试验区之一，在学区化集团化办学的进程中，区内有序组建了跨小、初、高全学段的教育协作链，形成了优质资源共建共享、办学行为互联互通、办学质量互促共荣、区域教育品质整体提升的发展格局。我校作为卢湾教育小区中4所学校的领头羊，机械工程创新实验室除了服务于本校学生外，更是面向卢湾教育小区的其他学校开放资源。随着小初高一体化拓展型课程的开设，学生通过在创新实验室的自主学习、自主探究、自主设计的逐层递进的学习，获得了更为扎实的知识和技能。跨学段的学习模式，让学生的创新活动可以有一个长久高效的发展过程。在小初高的一体化课程中，学生仿佛进入了一个开放式的创意乐园，在这里可以创造更多、收获更多。创新实验室有效地助推了学生在各个科技竞赛中的表现，提高了学生综合素质评价体系的成绩，为学生跨入理想高校添砖加瓦。

实验室学习环境建设

课程设置

　　机器人和头脑奥林匹克作为机械工程创新的两个特色项目，在学生的创新实践活动中发挥着重要作用。机械工程创新实验室承担了我校 2 个拥有十几年传统的校本课程的教学活动，它们分别是"青少年机器人足球入门"和"头脑奥林匹克"。

1. 青少年机器人足球入门

　　随着机器人技术的发展，机器人技术的教育走入了中、小学校，已经成为青少年能力、素质培养的智能平台。智能机器人应用了信息技术中的感测技术、通信技术、智能技术和控制技术，同时应用了材料加工技术和电子技术，是技术课程和相关科技活动的良好的教学载体。本课程是集机电一体化、自动化控制以及信息技术于一身的现代化高科技课程。依托青少年机器人世界杯足球项目，给学生一个充分锻炼手脑并用能力、知识综合运用能力、心理素质和团队合作能力的舞台。本课程主要适合学生按照自身特点和兴趣自主学习，在学习过程中，可以获得基本的机器人知识、基础的 C 语言编程技巧、基本的电子技术知识；更可以体验一下机器人从设计到制作的过程，通过驾驭自己的机器人去获得竞技胜利的过程，获得更多的能力提升、经验积累和人格上的历练。这门课程成为每一个试图进入机器人设计领域的学生的入门课程，在学习中逐步酝酿个性化机器人设计的需求，从而带着目的投入自主创新。该课程设置了如下 10 个章节，供开放式学习，没有规定的进度，学生依自身能力选择相应的进度。如果全部学完的，就对足球机器人有了全面的了解，则可以大胆地提出自己的机器人设计，开始机械创新设计工作了。

"青少年机器人足球入门"课程主要内容

章	章名	章	章名
第一章	认识我们的机器人	第六章	数字指南针的使用
第二章	让我们的机器人动起来	第七章	机器人找足球
第三章	让机器人走正方形轨迹	第八章	我是主力中后卫
第四章	认识传感器	第九章	我是主力中锋
第五章	吞食天地项目	第十章	我是神奇门将

2. 头脑奥林匹克

头脑奥林匹克竞赛，是一个开发学生创造力的国际比赛。它不同于一般的智力竞赛，头脑奥林匹克竞赛鼓励学生创造性地思考问题，是一种集动手动脑，融合社会科学和自然科学，注重科学与艺术相结合的新型的创造力的竞赛。它要求学生不是死读书，而是把知识融会贯通；它要求学生不仅学会思考，还要动手去制作。本课程以头脑奥林匹克竞赛的两个板块——即兴题和长期题——为载体，对各种创新类型的竞赛命题进行分析，给出训练指导，让学生充分了解头脑奥林匹克活动的同时，在不断的实践中提升自己的创新思维能力。课程以即兴题为主要内容，在教师的带领下实施大约一个学期的教学。在每年的11月将获得长期题的题目，于是那些打开了创新思维魔盒的学生们可以大胆去设计各种道具模型，将各种天马行空的想法变成可能。

第一章　头脑奥林匹克简介

第二章　即兴题

第三章　长期题简介

第四章　风格简介

一、即兴题的类型
二、语言类即兴题
　　语言题举例
三、混合类即兴题
四、语言类和混合类即兴题比赛时的注意点
五、动手类即兴题
　　结构类即兴题举例
　　发送类即兴题举例
　　测量类即兴题举例
　　信号类即兴题举例
　　包装类即兴题举例
　　连接类即兴题举例
　　计算类即兴题举例
六、即兴题的训练要点
七、即兴题比赛时的注意点
　　例题参考及注意点
　　头脑奥林匹克即兴题的赛题和训练

"头脑奥林匹克"课程主要内容

此外，创新实验室同时还是学校研究型课程的重要载体——学生工程创新课题的孵化器。研究型课程从高一的期中考试后开始到高二的期中考试前结束。这段时间的前期，会有专门的指导教师为学生指导如何进行科学研究，并指导学生确立自己的研究课题。在这段时间的后半段，则有相关领域的专家，为学生带来专业指导。在这段时间后，则是一个学生自主实践阶段，去完成自己的研究课题。而在每年的诸多课题中，至少有10%的工程创新类课题，其落脚点就是我们的机械工程创新实验室。

📍 场地设备

机械工程创新实验室主要由以下几部分组成：一个完整的大教室和一个工作间组成的标准实验室、智能机器人实验室、头脑奥林匹克工作室。

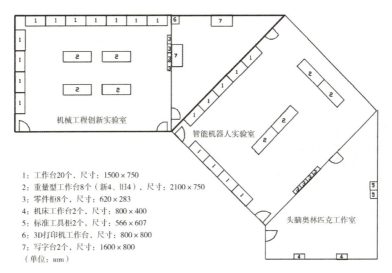

1：工作台20个，尺寸：1500×750
2：重量型工作台8个（新4、旧4），尺寸：2100×750
3：零件柜8个，尺寸：620×283
4：机床工作台2个，尺寸：800×400
5：标准工具柜2个，尺寸：566×607
6：3D打印机工作台，尺寸：800×800
7：写字台2个，尺寸：1600×800
（单位：mm）

机械工程实验室布局

机械工程创新实验室的王牌设备是一套高质量的桌面型3D打印设备和一套CNC数字雕刻机。这两套设备已经成为所有学校创客实验室的标配，只是这里的设备较一般创客实验项目方案里的设备更具专业性。这两个设备是由上海工程技术大学教师推荐的，具有优秀的模型制作能力。其中的60×90规格的啄木鸟CNC数字雕刻机，较一般的小微型雕刻机具有更精确的控制、更耐久的使用可靠性、更便捷的操作维护和更科学的整

3D打印机和数字雕刻机

"公交车上的空气伞"模型

体机械设计。我们用它来制作我们自主设计的机器人基础结构，使得我们的机器人具有个性化的特点和竞赛上的结构优势。一台uPrint SE 3D打印机使用独特的ABSPlus成型材质，具有坚固、精确、耐用的特性，特别适合制作机械结构和零件，可以在成型后进行二次打磨和修改，非常适合进行创意设计实验。譬如"公交车上的空气伞"模型的制作，就是在前期的设计中出风口太小导致效果不佳，然后经过二次手动铣加工加宽了出风口，而不影响整体模型的状态。

此外，作为一些常用基础设备，220V 钻铣床、220V 车床、手持直流电动工具、焊台、热风枪、热胶枪、示波器、直流稳压电源、转速计、游标卡尺、电子秤、计算机以及各种单片机设计辅助工具等都一应俱全，并且随着学生创新需求增长，还在不断增添各种实验设备。

📍 教学变革

混合智囊团正在讨论

创新实验室面向卢湾教育小区的全部学校（除我校外，还包括卢湾中学、启秀实验中学和海华小学）开放。每周五的走班课时间，这几个学校的学生都会在实验室聚合，在教师的指导下开展开放式的自主学习活动。以典型的小初高一体化"青少年机器人足球入门"拓展型课程为例。这个课程是全开放式的，并没有规定每一个学段的任务和完成进度，学生可以根据自己的具体情况，量力而行。学习方式以自学和互助为基础，学生经历了"入门"—"拜师"—"主创"的 3 个成长阶段，最终可以站在机器人设计制造的顶端。

"入门"阶段，任何一个年龄段的新成员（也包括插班生）都是从教材的自学开始，而身边的"元老"——学完教材内容的老成员，则充当顾问的角色。这时的教师只是扮演了领进门的角色，学生在"元老"的帮助下，用一个学期完成课程学习，甚至有的还提前完成了课程，当然也有的学生连一半也没学完。在这里，有悟性的学生脱颖而出，也会有虽然不够聪明但却充满热情的学生利用业余时间来完成课程。这些学生进入了第二个阶段——"拜师"阶段，其他学生则会停留在第一阶段，或者从事二线保障工作，甚至会被自然淘汰。"拜师"是个双向选择的过程，"元老"们在对新生的指导过程中基本了解了新成员的特质，他们会挑选合适的"徒弟"，而新成员们也可以选择自己喜欢的"元老"作为"导师"。这样一个个由"元老"牵头的工作小组就形成了，他们各自经历着头脑风暴、创意火花的碰撞，设计着自己的机器人参与各项竞技。在这个阶段，虽然"元老"们基本都是高中生，但是徒弟里并不是以年龄论高下，有的小学生从三年级就开始了学习，而有的高中生则刚入门一年，在科学技术面前人人平等，看谁的技术水平更高，创新思维更活跃。经过"以老带新"的阶段后，"元老"们由于升学而逐渐退出舞台，"徒弟"中的强者则涌现出来，成为新的"元老"。于是，这些新"元老"来到了第三阶段——"主创"阶段，不同年龄段的技术驾驭者成了机械工程创新实验室的新主角，开始设计属于自己的机器人。这里的主角可以是高中生的创意团队，可以是初中生的学霸群体，也可以是天才小学生和初、高中生组成的混合智囊团。

在这样一个跨学段的课程体系中，学生的学习是开放式的，各取所需的，也是充满发展前途的。同时这个学习过程也是动态的，如果有一个非常厉害的小学生，自己就能够制造机器人了，完全可以跟高中学生一起组成联盟开发机器人；同样，初次接触机器人的高中生也可以从基础入门课程开始学起。整个课程实施和学生学习过程中，教师只是一个宏观调控者，监控着学生的学习状态，适时介入调整，以帮助学生在综合能力的提升上获得更好的体验。

运行机制

1. 专家引领，资金保障

作为科技特色学校和实验性示范性高中，我们学校同上海市科学技术协会有合作协议，每年可以培育至少 30 个学生研究课题。这些研究课题都有研究经费支持，保障定期的专家辅导。在整个自主开放式的学习过程中，因为有了专家指导，就不会花冤枉钱走冤枉路，一定的资金保障也让学生实验无后顾之忧。我们还会对设备进行不定期地补充和升级，以满足日益增长的学生实验需求。

2. 小区联动，学段贯通

实验室面向卢湾教育小区，作为小初高一体化、开放式学习的场所，打通了原先学生因升学而不得不中断的兴趣活动之路，让学生的特长爱好被一路呵护。以"青少年机器人足球入门"课程为例，从海华小学的三年级开始，就有学生经选拔参与课程，开始学习机器人技术。卢湾中学和启秀实验中学作为初中学校，经选拔参与课程的学生成为卢湾高级中学机器人社团的接班人。以往高中生在没有完全进入这个领域的时候，仅靠一两年的学习，能力提升有限，往往无法胜任机器人制造工作，在竞赛上也很难取得突出的表现。而现如今，学生可以从小学就开始学习，经过初中的提升锻炼，到了高中，就俨然一副机器人专家的架势了。同时，这种学段贯通式的学习模式，也为学生在小区内学校间的升学贴上了"免检"的标签，为学生的特长持续成长加足了马力。

实验室建设成效

通过机械工程创新实验室对工程创新、机器人和头脑奥林匹克活动的支持，学生可以将创意设计变成实物模型，在青少年科技创新大赛、明日科技之星、明天小小科学家、未来工程师等比赛中取得佳绩；学生也可以不断改进试验新的机器人设计，在 RoboCup 机器人世界杯、中小学电脑制作活动机器人竞赛等角逐中崭露头角；学生还可以将天马行空的创意转化为高质量的道具模型，在头脑奥林匹克竞赛中获得成功。

工程类创新课题的获奖情况（2014—2016）

创新项目	获奖情况
RoboCup Junior 足球机器人传跑配合策略的研究	第 29 届上海市青少年科技创新大赛一等奖
地铁屏蔽门防摔倒跳板设计	第 29 届上海市青少年科技创新大赛一等奖 第 7 届全国中小学劳技教育创新作品邀请赛金奖
运动场草皮的更新与改良	第 29 届上海市青少年科技创新大赛二等奖
基于 RFID 技术的电子盲杖和盲道辅助设计	第 30 届上海市青少年科技创新大赛一等奖
汽车开门防碰撞系统	第 30 届上海市青少年科技创新大赛一等奖
RoboCup Junior 足球机器人复眼传感器的改进研究	第 30 届上海市青少年科技创新大赛二等奖
高架周边住宅的 PM2.5 垂直分布的调查研究	第 31 届上海市青少年科技创新大赛二等奖
汽车断电后电动车窗开启装置	第 31 届上海市青少年科技创新大赛二等奖
公交车上的空气伞	第 31 届上海市青少年科技创新大赛三等奖
饮料瓶个性区分装置	第 31 届上海市青少年科技创新大赛三等奖

在机械工程创新实验室的支持下，头脑奥林匹克竞赛的获奖情况

年份	获奖项目
2014	第 35 届世界头脑奥林匹克中国区决赛第二名
2015	第 36 届世界头脑奥林匹克中国区决赛第二名
2016	第 37 届世界头脑奥林匹克中国区决赛第一名、三等奖

在机械工程创新实验室里自主研发的机器人，在竞赛中的获奖情况

年份	获奖项目
2014	2014 RoboCup 青少年世界杯机器人足球中学组上海地区选拔赛重量组殿军，轻量组冠军、季军；全国轻量组殿军；世界杯轻量组季军
2015	2015 RoboCup 青少年世界杯机器人足球中学组上海地区选拔赛重量组亚军、殿军，轻量组冠军、季军；全国重量联队赛冠军
2016	2016 RoboCup 青少年世界杯机器人足球中学组上海地区选拔赛重量组二等奖，轻量组殿军；全国轻量组三等奖、联队赛亚军，重量联队赛冠军 第 17 届中小学电脑制作活动机器人竞赛高中组篮球亚军

在创新实验室和一体化课程的支持下，卢湾教育小区其他学校获得的成绩

年份	获奖项目
2014	2014 RoboCup 青少年世界杯机器人足球中学组上海地区选拔赛启秀实验中学获得轻量组殿军 第 15 届中小学电脑制作活动机器人竞赛启秀实验中学取得初中组足球亚军
2015	2015 RoboCup 青少年世界杯机器人足球中学组上海地区选拔赛启秀实验中学获得轻量组亚军，海华小学获得小学组殿军 第 16 届中小学电脑制作活动机器人竞赛启秀实验中学取得初中足球殿军，卢湾中学获得初中篮球亚军
2016	2016 RoboCup 青少年世界杯机器人足球中学组上海地区选拔赛启秀实验中学获得轻量组二等奖，海华小学获得小学组季军，全国二等奖 第 17 届中小学电脑制作活动机器人竞赛启秀实验中学取得初中足球冠军、季军，卢湾中学获得初中篮球季军

做自主学习的实践者和收获者

一直以来，卢湾高级中学主张让学生在创新实践中主动发展，变被动接受的学习方式为主动探究的学习方式，我们的机械工程创新实验室在这样的学习活动中扮演着多重角色。

跨学段的开放式学习，让我们畅游机器人世界

卢湾高级中学的智能机器人活动依靠十几年的经验积淀和技术优势，肩负着面向周边小学、初中和高中实施一体化拓展课程的责任。每周五，海华小学、卢湾中学、启秀实验中学的机器人爱好者都会在走班课时间里齐聚我们的创新实验室，同高中的同学们一起畅游机器人世界。

这样，一名学生可以从小学时期就开始接触基本的机器人控制技术和训练机器人组装能力；到了初中阶段，则开始涉及机器人的程序设计活动；到了高中阶段，则开始从事机器人的设计工作，制造属于自己的机器人。在这样一个跨学段的课程体系中，学生的学习是开放式的、动态的、各取所需的。

卢湾中学的小马同学在初中时代参与了一体化拓展课的学习，对这种开放式的学习模式产生了浓厚的兴趣，并获得了相应的锻炼和提升。2014 年进入我校后就成为机器人社团的核心成员。凭借着初中就打下的机器人知识和技能基础，在高中社团中显得鹤立鸡群，在学习中也是事半功倍。仅仅高一的他在机械工程创新实验室里大胆地将过去使用的机器人进行了结构改造，自己编写了全部的运行代码，首次自信地

小马同学与其他国家参赛选手合影

拿出完全自己设计制造的机器人参加比赛。在突飞猛进的进步中，一路披荆斩棘，获得了2014年青少年机器人世界比赛上海选拔赛的亚军、全国选拔赛的殿军，并在巴西的世界杯舞台上获得了世界第三的好成绩。此外，他还在创新实验室帮助学长完成了足球机器人传跑策略的研究。开放式的学习模式成就了他的成绩，帮助他在这个领域收获了自信，明确了理想。

进入高二的他，决定自己动手设计一个机器人盘球装置，只因为他在比赛中看到澳门队的这个装置非常有趣和实用，同时他还想改进传感器，让机器人由2014年在世界杯舞台上的那个近视眼变成千里眼。于是，他在专家的引领下，一次又一次地设计改进，使用3D打印机和CNC雕刻机一次又一次地制作模型测试，使得这一年的材料开销翻了一番。然而，在高二这一年里并未盼来理想的收获，此时身为"元老"的他，将自己的经验和收获向"徒弟"倾囊相授，希望学弟能够"继承衣钵，再创辉煌"。即使进入了高三冲刺阶段，他还是一心牵挂着这两个机器人改进项目，时不时来实验室指导学弟们进行研究试验。最终，这个项目获得了成功，一个能够盘球完成马赛回旋（带球转身）动作的机械装置诞生了。而那个能够变成千里眼的传感器也同期完成，甚至还能够准确找到对方身后的球。这两个拥有自主知识产权的设计，虽然略显稚嫩，但这已经是我们学校有史以来最宝贵的机器人设计作品了。而小马也是我校有史以来第二个在高中三年里一直从事机器人研发活动并取得突破性成就的学生（第一个是机器人社团创始人）。正如小马所说："我很幸运，从小到大，我的特长和兴趣都得到了呵护，我的科创之路从未因升学中断过。"这一切都得益于卢湾教育小区的贯通学段培养，探索创新教育的学段衔接。

播种一颗种子，收获一片森林

创新实验室就像是一个蕴藏丰富的矿山，只要你用心去挖掘，就会有取之不尽的宝藏。创新实验室就像是一片肥沃的土壤，你播种一颗种子，就能够收获一片森林。

小严同学曾是刷题达人，什么题都难不倒她，边听音乐边做题成了她

小严同学正在调试模型

生活的常态。在参加上海市青少年科学社的活动中，她和同伴想到了要做一个关于新能源的研究，但是这对于她来说实在无从着手。当她来到创新实验室，在相关技术专家的指引下自主学习，除了互联网和实验室之外，她还获得了大学的学习资源，渐渐地，她成为这方面的小专家。一个文质彬彬的女生开始自己研究电子技术，自己去逛电子市场，在各种挫折中获得进步。在专家的帮助下，这个乖宝宝女生变成了一个熟练的电工。做模型，排线，设计控制器，数据统计，她享受着知识变成实践武器的快乐，享受着与刷题完全不同的成就感。收获的季节到来，她和伙伴们制作的"市电与新能源的无缝并联及智能电力分配系统"获得了上海市青少年科技创新大赛的一等奖。

她的探索并没有因此而结束，此时正好一位学长获得了参加ISWEEEP（国际可持续发展项目奥林匹克）竞赛的机会，但是却由于正值高三冲刺阶段无法抽身，打算将机会让给学弟学妹。于是小严决定接过接力棒，开始了新一轮课题的研究和模型制作，以及论文的翻译和英语答辩准备。如果那时候有人来到实验室，会惊讶地发现一个穿着灰色工作服趴在地上制作模型的家伙竟然是一个曾经的乖乖女。在异国他乡比赛的时候，在孤立无援的情况下，模型由于运输过程中的损坏无法正常运行。由于远在地球的另一边，她无法获得及时的场外协助，只有自己克服困难，在资源不足的情况下进行维修。最终，她以一己之力排除了故障，收获了银奖，让带队的科协工作人员也对她刮目相看。这些经历让她对科学技术、科学方法有了实质性的体验，从而更促进了她的深造步伐。

昨天我是学生，明天我是老师

创新实验室的自主学习，会激发浓厚的兴趣，甚至会影响一生。小许同学是个狂热的机器人爱好者。他在小严的课题后阶段加入了研究工作，一开始也是典型的"学徒"，受尽"元老"的百般习难。然而，收获的是丰富的技术经验和满满的自信。在同样是机器人爱好者的上海工程技术大学周老师的带领下，从一个门外汉一路走上了青少年世界杯中国区冠军的领奖台。他开创了我校机器人结构自主设计的先河，他设计的机器人结构也一直被学弟们沿用，小马就是在他的结构基础上进行的改进优化。在小许之前，我们一直是购买机器人套材参加比赛，但是在小许看来，我们既然有了机械工

小许同学和队员在比赛现场

程创新实验室那么高档的设备，为什么不能自己制造机器人呢？这样，一来可以降低成本，二来自己拥有设计数据，在比赛临场还可以非常方便地改动结构设计。为了达到这个目标，学习是必需的。而小许做出了历来没有人敢做的事情，为了获得机器人设计的一手资料，他的暑期社会实践选择了去机器人公司做一个"学徒工"。与别人混一个社会实践证明不同的是，他通过努力成功地成为机器人流水线上的一个"螺丝钉"，在大批量的机器人制造和测试实践中，他积累了足够多的技术经验。最终，他用自己设计的机器人，获得了第14届中小学电脑制作活动机器人竞赛高中组足球冠军和全国第六名的我校历史最好成绩。

毕业后的他去了广东某高校。某天，他兴高采烈地致电机器人活动指导老师，表示他即将跟老师是同行了。原来，他所就读的大学与一所小学对口开展机器人技术教育活动，而他的履历让大学教授第一时间就想到了让他做小学机器人活动的指导教师。于是，昔日的小许摇身一变，从一个学习者变为一个教学者。创新实验室对他的历练，激发了他的专业兴趣。而这才刚刚开始，他在大学毕业后还将回母校在这个学段一贯的开放式实验室中继续从事机器人课外辅导工作。

除此之外，通过创新实验室的自主学习获得成功的学生还有很多。诸如，2011年设计了国内首个青少年组使用的三轮驱动机器人并获得青少年机器人世界杯世界第三的团队；还有许多参加上海市青少年科技创新大赛以及全国中小学劳技创新作品邀请赛的团体和个人。他们都是自主学习的实践者、收获者。创新实验室的自主学习模式，让学生开阔眼界，汲取更多的养分，取得更丰硕的成果，拥有更丰富的人生。

（执笔：张晓骏）

思维碰撞的理工平台

——华东理工大学附属中学化学创新实验室

 ## 实验室建设理念

"化学创新实验室"是以前沿的化学知识和实验技术为载体，以培养多元发展的理工科类中学生为目标的实验平台。它将先进的化学实验技术和研究方法与中学阶段所学的知识相融合，为培养学生的动手能力和科学创新素养搭建了良好的舞台。

化学创新实验室的特色主要体现在化学工程的课程体系和实验环境融入中学创新培养两个方面。借助华东理工大学优质的化学特色资源和坚持学校"多元发展，理工见长"的办学目标，根据

实验楼掠影

普通公办完中学生的特点，创新实验室在课程目标上，更加注重满足学生全面而富有个性发展的需要，加强引导特长学生创新实践。在课程建设上，有效依托大学的资源，融入相关的特色课程，使得高中和大学的理工科类知识能够更有效地互动。在实验环境上，更加注重构建学生主动学习的环境，加强培养学生利用先进仪器进行实验研究的能力。每位华理附中的学生从高一入学起就能通过"工科"校本课程，开启自己的创新之旅，在接下来的学习过程中，学生能够通过多种实验和思维的训练，掌握多种实验技能，养成勇于创新的意识。建设创新实验室，从多种角度满足了不同学生的创新发展需求，对于提升学生的创新思维和落实教育改革都有着积极的意义。

 ## 实验室学习环境建设

📍 课程设置

创新实验室的课程分为必修的"工科"课程和选修的"药学"等校本课程，教材由华东

理工大学教授与我校授课教师共同编写,从身边的化学问题入手,结合普通中学生的认知水平,确立了四个探索方向:化学分析研究、简单高分子化学合成、化学工程设计和环境化学研究。

"工科"课程面向全体高一学生开设,意在通过动手带动思维,注重满足学生全面而富有个性的发展需要,从而引导学生创新实践,培养学生的创新素养。在内容上,该课程注重适应学生多元化的需求,由浅入深,一步步引导学生创新。

"工科"课程设置

单元	主要内容	课时
1	水质监测及分析	8 课时
2	营养液的配制及无土栽培	4 课时
3	日用化学配制及其功能评价	6 课时
4	表面活性剂的配制	4 课时
5	空气质量分析	6 课时
6	农药残留分析	6 课时

课程的每个单元都从生活中学生比较感兴趣的化学问题入手,将先进的实验分析手段运用于问题解决中,通过实验操作层层深入。教学中通常先向学生介绍各种仪器的分析方法和多种化学产品的配制方法,然后引导学生自主设计方案进行实验探究。例如,在水质监测及分析单元中,先从身边常见的各种水入手,让学生自己选取样品,有些学生甚至把可乐也作为检测的样品;而后通过实践操作训练,掌握 pH、溶解氧、浊度、电导率等水质指标的检测方法。在本单元"校园周边水污染情况的监测"一课中,学生根据布点采样原则,选择适宜方法在校园附近进行布点,选择仪器对样品进行检测;配制标准溶液,以标准工作曲线法进行定量测定;根据测定结果,绘制污染情况图,描述水质质量状况,并测出主要污染物。

"药学"等校本课程面向学有余力的学生和研究社团开放,借助大学资源关注化学在实际领域的运用。学生以课题形式进行研究性学习,主要包括以下几个过程:(1)实验前的预习和实验设计;(2)实验室做实验;(3)实验数据处理和实验报告的撰写;(4)实验后的综合分析和论文撰写。

创新实验室还与学生社团、课外兴趣小组相结合。例如,"工科"教材中有一章是营养液的配制,而营养液水培植物是一个需要长期观察、记录和实验跟进的项目,不太可能在有限的课时内完成,因此依托相关社团,采取"兴趣小组+指导老师"的模式长期跟进,可以使课程更加灵活。

除了日常的校本课程,化学创新实验室还有效地利用学区资源与大学生创新实验项目相结合进行课程的拓展和互动。从高中生角度来看,如果能够提前参与到大学项目中去,无疑是一次提升眼界飞速发展的机会,在创新实验中,能够接触到学科前沿,在大学生的带领下学会常用数据库的检索、科学探究实验的一般方法，这些都很难在高中化学实验室中接触到。

场地设备

化学创新实验室占地约 150 平方米，由两个独立实验室、一个准备室、一个仪器室组成。实验台从提倡学生须独立操作完成实验训练等原则出发设计。例如，从通风系统和安装正压新风系统等先进防护理念出发考虑配置各种安全设备；安装了急喷淋器、洗眼器、残液回收桶、污水处理系统、公共信息查询系统等实验设备和系统。

化学创新实验室掠影

实验室为了满足多种分析的需要还专门配有先进的组膜分离高纯水系统，为多种研究实验提供分析级的实验用超纯水，为学生创新实验提供有力的硬件保障。

实验室还配备了各种分析仪器，如高精度 pH 计、电导率仪、浊度仪、便携式溶解氧仪等。这些仪器操作简单，学生则可一键获得直观数据。

组膜分离高纯水系统

各种分析仪器

教学变革

化学创新实验室的教学模式全面开放，采用层层递进的教学方法。

1. 普及性、体验性为入门

在创新实验室课程中，以普及性的教学为先行，设置了很多动手体验的过程，让学生在"体验式"的实验过程中学习知识和技能。这样的教学方法能让学生了解传统实验接触不到的实验仪器和使用方法。比

每位学生配制一份护手霜

如，在"日用化学配制"一课中，先让学生自己配制一份护手霜，然后回家将自己做的护手霜送人试用。这类体验式的教学让学生感受成功的喜悦，尤其是学生未接触过的新鲜事物，可以让学生感受到创新实验不仅可以高大上，而且也可以触手可及。如果学生的实验不成功，教师会引导他们思考哪个环节出现问题，计算是否正确、酸碱程度是否适合，鼓励他们进一步研究。

2. 设计性、研究性教学为提高

学生在进行设计性、研究性实验

设计性、研究性实验是我们为培养学生正确选择实验方法、实验条件、仪器和试剂等实验设计能力和问题解决能力而设置的。比如，"校园水环境溶解氧的监测"，要求学生自己选择校园中的采样点，利用便携式溶解氧仪测定样品，然后与测定的标准水样进行对比，通过测量数据、工作曲线等比较研究方法，对水质状况作出描述。

3. 鼓励创新性、综合性实验教学

学生在进行创新性、综合性实验

创新性、综合性实验以开放的实验室为平台，由教师提出比较前沿的课题，或者学生自主选择研究课题。它主要面向具有创新思维和创新能力的学生及社团。对于部分能力强、研究热情足的学生，我们还将大学的资源与创新实验室所拥有的科研仪器等条件相结合，使创新实验活动延伸至课外，通过和大学的课程互动，吸引高中学生参与到"中学生参与大学创新实验项目"的计划中来，让学生在高中阶段获得提前进入大学体验课题研究和动手实验的机会。通过大学科研成果进中学、进实验室活动，形成了大学与中学紧密互动，大学科研课题转化为综合性的、中学生也能参与实验研究的良好协作发展模式。

例如，"水培法研究绿萝对水中重金属的吸收"这一课题，学生需要将在创新实验室中学到的综合分析方法应用到研究中。实验经过了几个月的漫长跟踪分析和多次的实践探索，用到了水质分析中学到的 pH 测定、电导率测定和滴定等测定方法和技能，综合运用了实验数据分析、文献资料查阅和论文撰写等课题研究方法。这种创新型实验可以充分发挥学生的能力才智，使学习与掌握、动手与创新融为一体，为培养理工见长的人才奠定基础。

📍 运行机制

创新实验室依托了华东理工大学的资源，从课程建设和实验室日常管理，到药品的借用、实验仪器的共享、废液的处理和回收，再到实验人员的培训，都制定了一套严格有效的管理制度。创新实验室配置了专门的教师和实验员，以保证每个班级每周都有 2 课时的创新课程教学。实验室每周都有固定的开放时间来保障学生进入实验室自主学习。

 ## 实验室建设成效

化学创新实验室自创建以来，四年里吸引了许多学生从事理工类的实验研究，培养了一大批对于化学有着兴趣和梦想的学生，一些研究课题获得市级奖项。

部分获奖情况

奖项名称	项目名称
2014 年第 29 届上海市青少年科技创新大赛二等奖	水培法研究绿萝对水中重金属的吸收
2015 年第 30 届上海市青少年科技创新大赛三等奖	研究太空种子的抗逆性
2015 年第 30 届上海市青少年科技创新大赛青少年科技实践活动特等奖	大中学生科技创新联盟体实践活动

近年来，创新实验室利用所拥有的实验资源、科研仪器等条件，将创新实验活动延伸至课外，与大学创新实践活动形成互动。从 2009 年开始，我校每年有约 50 名高中学生参与到大学创新实验项目的研究中来，同时，大学生也会到我校的创新实验室来，利用已有的资源为中学生"量身定做"课题。该活动使中学生在高中阶段便有机会参与大学课题研究，促进了高中与大学的知识衔接。

除了和大学的互动，创新实验室还成立了以"理科教师、高中理工特长学生、初中科学兴趣小组学生"为一体的创新实践活动小组。教师在实验室里教授特色课程，高中特长学生则带着课题成立研究小组进行各种研究。这期间还吸引了兴趣浓厚的初中学生参与，通过开展多种创新实践活动，培养出一批优秀理工特长学生。他们组成"理工小博士"团，通过 30 分钟的小课堂形式走进低年级的教室，科普化学知识，辐射到华理学区内的周边小学。在过去的两年里，共有 50 余名"小博士"参与了此项活动，授课达到 50 节。他们通过浅显的话语讲述自己的小发明、小创造，分享自己学到的知识和经历。

我们与化学创新实验室一起成长

　　我第一次接触创新实验室是在 2012 年初，那时"她"还只是个概念，一切只是个项目的前期方案。从每周跑到大学专家那里为"她"修改课程方案开始，到设计图纸、采购配套仪器、布置美化，再到熟悉仪器、熟悉课程。经过 8 个多月的努力，2012 年 10 月，"她"正式诞生了。

　　"她"的诞生也伴随着一批高一新生入学，这些学生将带着好奇，并且伴随着"她"一起成长。2012 年入学的小严同学是首批参与到创新课程中来并且体验创新实验室学习的学生。刚刚入学时，他就对化学有着很大的兴趣。开学不久，他就独自跑到实验室来，兴奋地问我："老师，我们学校有没有实验室？我想做铝热剂的实验。"我说道："这里不仅可以做铝热剂，只要你弄个小组，还会有很多有趣的实验。"

　　不久，他果然召集了一批同样对化学有着浓厚兴趣的学生，并成立了化学社，他们自然就成了首批创新实验室的体验者。随后，化学创新实验室开放，每一位高一学生都有机会通过校本课程的学习到这里来体验创新。

　　创新实验室教学活动具有较大的灵活性，而小严不仅学习校本课程上的实验，而且还带领化学社的小伙伴们做了许多拓展实验。在创新实验室的一节课中，从最简单的日用化学品护手霜入门，每位学生都收获了自己来到创新实验室的第一件手工作品。虽然这是一个简单的实验，但每位学生都投入了极大的热情。鼓励学生参与到实践活动中就是我们一起成长的第一课。而小严作为化学达人，当然有不一样的想法，课后，他又带领化学社的成员，来到创新实验室"加课"。他说："我知道日用化学品有很多种，功能都是比较单一的，今天我们要研究几种不同的配方。"于是，他们就开始有模有样地做起了实验。实验中，小严跑来兴奋地告诉我："老师，我做的护手霜换了种配方，能够防护紫外线。""那你如何知道它是否真的能防紫外线？是否可以想一种方法来验证一下？"于是，他回去开始思考我提出的问题。过了几天，他又来找我："老师，我能不能用紫外灯照射的方法来验证，比如我把护手霜涂在保鲜膜上，并用紫外灯照射，测量一下透光率就知道结果了。"我继续鼓励道："我们实验室有一台紫外分光光度计，你是不是可以想个办法，分析出更准确的结果。"于是在接下来的一个月里，他从分光光度计的使用方法学起，并最终完成了自己的研究。创新实验室的教育倘若在教学过程中仍偏重于知识的传授和答案的给予，那么就无任何创新之处。我也感受到在创新的教学过程中，不仅要鼓励学生积极动手实践，也要鼓励他们在实践中能另辟蹊径，不断有自己的想法、实践自己的想法。因而，创新实验室的价值才能体现，学生的创新热情才能被激发，这就是他们一起成长的过程。

　　创新，说起来不容易，做起来当然也不容易。不久，小严的化学老师发现了他的才能又开始鼓励小严，让他们化学社一起参与课题研究。课题研究很不容易，每样知识都是新的，每样仪器几乎也都是新的，自己不会当然要虚心学习，从此，他仿佛放弃了之前的顽皮，开始静下心来研究课题。每天放学后，他都跑到实验室来查阅文献资料，在暑假里也经常接到他的电话："老师，我又来要做实验了。"我很高兴，他通过学习参与开放的实验课程，有了质的飞越。他让我们真切地感受到，兴趣驱动习惯，而习惯的养成，正是科学素养形成的关键一步。小严从兴趣起步，逐渐养成了属于自己的科学素养，我仿佛和创新实验室一起见证了一位小科学家的成长。

　　经过一年的努力，他凭借自己磨炼出来的化学方面的基础和技能，领衔化学社所研究的课题成果，获得上海市青少年科技创新大赛二等奖。在这期间，我看到了他的理科思维得到了很好的锻炼，能够独立地进行实验设计，动手能力也明显提升。

　　小严只是这几年来若干学生中的一个，他的体验既有自己的独特之处，当然也有共性。创新实验课程给学生带来的体验和激励是极为重要的，当他们确实在自觉地投入到创新实践中时，创新的素养自然而然也会养成。借助创新实验室这个平台，我们为学生创造成功体验的机会，慢慢引导学生释放自己的能力，敢于尝试、敢于挑战。同样，我也感到，创新实验室应该不断前进和成长，以满足不同学生对于创新的需求。

（执笔：滕　寅）

有创意、学编程、做应用

——上海市育才中学新技术应用实验室

 ## 实验室建设理念

我们身处一个万物互联的智能时代，移动互联网、物联网、云计算、人工智能……这些新技术的发展，使人类社会发生了从未有过的改变。我们的学生是"联网"的一代，是"移动"的一代，他们都从手机上下载过应用，在手机上使用过 App，对于他们来说，社会不仅意味着人与人之间的关系，更意味着人与机器之间的互动。而学习编程技术、学会编写代码，将使他们在未来能够掌握与机器交流的"语言"，能够从容地应对移动化和人工智能的新技术革命浪潮。

我们通过建设"新技术应用实验室"，让学生学习 iOS App 开发，就是要让学生不要只是买一个新的电脑游戏，而是自己去做一个；不要只是下载最新的应用程序，而是去尝试设计它；不要只是在手机上玩玩，而是要去编写它的代码。新技术应用实验室本着"有创意、学编程、做应用"的建设要求，实施从 PC 到移动互联、从大数据到云计算的学科课程建设迁移，激发学生的创新思维，培养学生的创新能力和创业意识。

 ## 实验室学习环境建设

📍 课程设置

1. 课程背景——青少年编程正成为全球计算机教育的新趋势

现在全世界都非常重视"编程教育"。美国非营利组织 Code.org 发起的"编程一小时"活动，受到了微软创始人比尔·盖茨、Facebook 创始人马克·扎克伯格等人的支持。该活动旨在提高人们，尤其是青少年的创新能力、计算思维，并普及计算机科学教育。迄今为止，已有超过 5000 万人参加，甚至连美国总统奥巴马也成为美国历史上第一位学习编程的总统。他还亲自发表电视讲话，号召美国年轻人学习编程。他指出，编程如同识字一样，应成为基础教育的一部分。2015 年 12 月 10 日，奥巴马签署了"让每一个学生都成功"法案。

在这部法案中，共有七处强调了计算机科学教育的重要性。法案指出，在美国的教育中，计算机科学要与数学、外语等学科一起成为"必须为美国学生优先提供的课程"，同时，不仅要为学生，还要为教师和校长提供系统的、综合的计算机科学教育。

如果我国基础教育没有提前谋篇布局，做好准备积极迎接这一编程时代的到来，那我们的学生就可能错过许多潜在的机会，我们国家也就会丧失加快发展、追赶发达国家的机遇。

2. 设计思路——拓展 IT 视野与提升编程语言

现在 IT 界主要存在这样几个系统：基于 Windows 的系统、基于 Android 的系统、基于 Unix 的系统。提起信息科技，学生马上想到的就是 Windows。随着手机的普及，人们又接触到了 Android 系统。其实 IT 的世界很大，不仅有 Windows、Android，学校还要创造条件，让学生接触基于 Unix 的系统。OS X 是大家比较容易接触到的基于 Unix 的系统，让学生在 OS X 平台上开发 iOS App，是我校正在探索的创新型人才培养项目。

上海高中《信息科技》教材中的"算法与程序设计"是选修模块，多数学校讲授的是 VB6.0。众所周知，VB6.0 是微软 1998 年推出的编程环境，编程界面也属于 20 世纪——简单粗糙，与学生在平板电脑、智能手机上见到的 App 界面相去甚远。在"互联网+"时代，iOS App 开发用的是 Objective-C（OC）；Android 是基于 Linux 开发的一个移动操作系统，而 Linux 是 C 与 C++ 的天下，Android 从底层就支持 C/C++；Windows Mobile 上 App 开发多数用的是 C#。无论是 OC、C++，还是 C#，都与 C 语言有着非常紧密的关系，并且学生通过 C 语言这门经典语言的学习，可以更好地理解计算机的工作原理。

当然，学生仅学习 C 语言还是远远不够的，因为 C 语言是面向过程的编程语言，iOS App 开发是面向对象的编程。在面向对象的编程世界中，万物皆对象，世界就是由对象组成的。我们要培养学生的抽象、归纳能力，通过学习，能够把一组具有相似特征的对象抽象成类，用类来封装对象的属性和方法。只有掌握了面向对象的编程思想，才能真正理解 iOS App 开发的编程框架。

3. 课程内容——案例组织＋项目实践

新技术应用实验室的课程设置为"一体四翼"：以"iOS App 开发"为主体，以"Mac OS X 基础 +iWork""图像处理""音频＋音效处理"和"微视频处理"为四翼。iOS App 项目开发是在 Mac 平台上开展的一项多种技术协作的综合性应用，我们安排"Mac OS X 基础 +iWork"课程是为学生开一扇门，让学生进入类 Unix 的平台，进而在这个平台上学习开发；开发的 App 项目，需要有让人眼前一亮、赏心悦目、以人为本、高大上的 UI，这个工作我们安排"图像处理"课程解决；App 中优美的音乐、动听的音效由"音频＋音效处理"课程提供；App 中炫酷的动画特效由"微视频处理"课程制作；最后，我们安排"iOS App 开发"课程提供整个 App 项目的代码编写、调试。

新技术应用实验室课程设置

课程名称	课时	内容链接
Mac OS X 基础 +iWork	10	
图像处理	20	
音频 + 音效处理	40	
微视频处理	20	
iOS App 开发	50	

备注：每门课程的详细内容请扫描二维码。

"iOS App 开发"课程采用案例式的组织架构方式，通过 18 个有趣的案例来了解、学习利用 iOS App 开发简单游戏和应用的基本过程。

"iOS App 开发"课程

序号	案例名称	知识点	学习目标
1	QQ 登录	UILabel	（1）掌握 UILabel 的作用 （2）掌握 UILabel 的常用属性 （3）掌握 UILabel 的创建
		UITextField	（1）掌握 UITextField 的作用 （2）掌握 UITextField 的常用属性 （3）掌握 UITextField 的创建
		UIButton	（1）掌握 UIButton 的作用 （2）掌握 UIButton 的常用属性 （3）掌握 UIButton 的创建

序号	案例名称	知识点	学习目标
1	QQ 登录	登录界面	（1）掌握登录功能的作用 （2）了解各个控件在登录页面中的功能
2	"小狗快跑"	UIImageView 多图设置	（1）掌握 UIImageView 常用属性 （2）了解动画的设置
		数组	（1）了解数组的原理 （2）掌握数组元素的添加、删除等常用方法
3	开发者账号介绍，真机调试	开发者账号介绍	（1）了解开发者账号的种类 （2）了解每种开发者账号的功能
		真机调试	（1）了解真机调试的原理 （2）掌握真机调试的步骤
4	晃动手机实现京剧变脸	陀螺仪	（1）了解手机硬件陀螺仪 （2）了解硬件的访问 （3）掌握硬件的回调方法
5	手机控制小球平衡	重力感应	（1）了解手机重力感应 （2）了解硬件的访问 （3）掌握硬件的回调方法
6	手机拍照，相册取相片	拍照	（1）了解手机拍照的原理 （2）了解拍照框架的使用 （3）掌握拍照的回调方法
		相册取相片	（1）了解相册的功能 （2）掌握相册的打开方法 （3）掌握获取相片的方法
7	视频播放	视频播放	（1）了解视频播放的原理 （2）掌握视频的打开、播放、停止等方法
8	音频播放	音频播放	（1）了解音频播放的原理 （2）掌握音频的打开、播放、停止等方法
9	手机控制飞利浦灯泡	软硬结合	（1）了解软硬结合的工作模式 （2）了解软硬结合的未来应用
		实例演示	（1）了解 HomeKit 框架 （2）了解硬件的数据发送
10	真机调试，效果测试	真机调试	（1）回顾真机调试的步骤 （2）掌握真机调试
		测试	（1）了解测试的作用 （2）掌握断点等常用调试方法
11	程序上传 App Store	程序上传 App Store	掌握程序上传的流程和步骤

序号	案例名称	知识点	学习目标
12	打地鼠游戏的实现（1）	打地鼠游戏之界面布局	掌握基础控件的使用
13	打地鼠游戏的实现（2）	打地鼠游戏之逻辑实现	（1）了解 UITouch （2）了解多线程 （3）了解响应者链
14	地图定位	地图定位	（1）了解地图在应用程序中的使用场景 （2）掌握 iOS 中地图的创建 （3）掌握 iOS 中定位的实现
15	大头针展示	大头针展示	（1）了解大头针在应用程序中的使用场景 （2）掌握如何展示大头针
16	Apple Watch 应用程序开发，健康监测	Apple Watch 开发界面介绍	（1）了解 Apple Watch 的几种开发界面 （2）了解 WatchKit 框架 （3）掌握常用的几种方法
17	天气预报	前端	掌握前端 UI 的综合布局
		后台	掌握数据解析的综合使用
18	通讯录	前端	（1）搭建通讯录页面 （2）掌握 Swift 中 UIView 的使用 （3）掌握 Swift 中 TableView 的使用

📍 场地设备

学校建设了面向未来的智能教室。学生第一次走进"新技术应用实验室"，教师通过手机上的 App 开门。进入实验室，教师用 App 依次打开教室所有的灯、空调、音响，关上所有的窗帘。学生坐好后，教师用 App 打开投影，用 iPad 通过 Apple TV 在电子白板上播放课程的简介。当然，也可以用一键模式快捷打开。新学期第一课的第一幅画面，给学生呈现了由物联网带来的有未来感的震撼效果，告诉学生现在看到的就是接下来要学到的。

实验室配 8 张风车桌，每个叶片放 1 台 iMac，每张桌子配 5 把水晶椅，让学生充分体验科技感和未来元素。每组配有真机测试用的 iPhone、iPad 和 Apple Watch 1 套；每组配有声音编辑合成用的音乐键盘、监听耳机、数字

新技术应用实验室掠影

Mic 1 套；每组配有通过 App 控制物联网实验用的 Philip 智能灯泡、路由器 1 套。学生在 OS X 平台上可以把灵感、创意、金点子、脑海中星星点点的智慧火花变为现实，然后再拿到 iOS 平台上进行真机调试和验证。

📍 教学变革

新技术应用实验室有五门常设课程，分别采用了不同的教学方法。

1. 比较教学法

"Mac OS X 基础 +iWork" 课程主要采用比较教学法，从文件管理、硬件管理、软件管理和操作界面四个方面对比 OS X 与 Windows 的异同；在 iWork 课程教学中，Pages 对比 Word 学习，Numbers 对比 Excel 学习，Keynote 对比 PowerPoint 学习。

2. 任务驱动教学法

"图像处理" 课程、"音频 + 音效处理" 课程、"微视频处理" 课程采用任务驱动教学法。"图像处理" 课程完成四个任务：设计一款艺术字；旧照片修复、新照片做旧或照片润饰美化（选做一个）；设计制作一张电影海报；设计制作一幅产品创意广告。"音频 + 音效处理" 课程完成三个任务：用 MIDI 键盘谱一首曲子；给截取的视频配音；用多轨的方式合成一幅音乐作品。"微视频处理" 课程按以下步骤完成一个综合任务：（1）构思故事框架；（2）编写故事脚本；（3）设计制作片头；（4）拍摄剪辑故事镜头；（5）设计制作片尾；（6）设计制作影片的字幕、配音、特效等；（7）发布成片。

3. 项目式教学法

"iOS App 开发" 课程采用项目式教学法，以小组为单位确定开发项目。每个小组可以根据组员特长通过讨论自行确定开发项目，也可以在教师提供的项目清单中自主选择。

"iOS App 开发" 课程项目清单

（1）开发一个 App 控制教室的照明，通过智能控制实现节能减排；

（2）开发一个 App 读取心率、血压等数据，生成健康报表；

（3）晃动手机实现京剧变脸；

（4）手机控制小球平衡；

（5）访问学校 IC 卡信息数据库，生成小组成员年度、季度消费分析图形报表；

……

教师在各个小组项目开发中的作用仅是提供方法和技术支持。学生以小组分工合作的形式完成整个项目的开发，包括需求分析、UI 设计、代码编写、运行调试、上传商店、营销推广（模拟）等。

4. 案例教学法

"iOS App 开发"作为研究型课程，学校里课时有限，不能从 C 语言到 OC 语言，再到最新的 Swift 语言进行系统的学习。因此，我们采取案例学习方式，对在案例中用到的知识点进行实时讲解和研究。

 运行机制

首先，创新校企合作模式，引进先进的师资培养方案，用"外脑"来解决教学有效性的问题。在合作对象的选择上，我们重点关注的是"能教，会教，有实战经验"。对于"Mac OS X 基础 +iWork""图像处理""音频 + 音效处理"和"微视频处理"四门课程，我们选择跟就近的大学合作，充分利用属地化教育资源，邀请大学教师上门授课。对于"iOS App 开发"课程，我们重点关注的是当前计算机行业的主流生产力技术，选择跟专业的培训机构进行合作，因为它们面对的是瞬息万变的就业市场，非主流、非过硬的技术是无法被市场接受和认可的。这样，学生学习的技术，与他们在手机、平板电脑上用的 App 具有高度的一致性，会对所学内容直接产生亲和力。

通过校企合作，学校可以获得行业领先企业授权的教学方案库，引入先进的行业发展理念和技术标准，带来前沿的教学内容。这样，一方面使学校的课程方案与主流技术和产品保持一致，另一方面也可以使学校的课程方案符合未来计算机行业的发展方向，如移动化、智能化、万物互联等。此外，校外老师授课时，我们自己学校的教师和学生一起参与学习，可以改善知识结构，适应从 PC 到移动的技术发展趋势，掌握主流的计算机应用和开发技术，为未来教学储备自己的师资力量。

其次，特别关注课程建设。在新技术应用实验室的规划中，我们将整个项目分为装修、家具、设施设备（包括各种软硬件）、课程引进四个部分。课程作为四块中最重要的部分，在经费上给予了充分保障，预算占比超过整个项目的四分之一。我们利用校企合作的优势引进了"活"的课程方案，以保持课程的先进性和吸引力。

最后，充分利用线上学习资源。线上学习资源分为两部分，一类是免费资源，比如 www.csdn.net、www.51cto.com、www.cnblogs.com 等，上面有大量的技术资料。这类资料主要在项目中遇到比较确切的技术难点时通过搜索引擎使用，可以让我们在前人的基础上少走弯路；另一类是付费资源，内容系统、详尽。有许多企业专门做线上资源与在线培训。除了软硬件与师资外，创新实验室项目的推进离不开教学资源库的建设，为此，我们先期购置了线上教学资源平台，其中有教学视频、课程资料、课程作业、配套题目、课程问答等模块。

实验室建设成效

新技术应用实验室于 2015 年 12 月投入使用以来，共计引入大学和专业培训机构五门 140 节课程，共有近 200 位学生、5000 人次参与了实验室课程的学习。实验室成立的初衷不是以参加竞赛或获奖为目的，而是为学生打开一扇未知领域的窗、推开一扇创业领域的门。经过半年多的实践，学生的反馈基本达到了我们的预期。接下来，我们计划让每一位育才学子至少在该实验室选学一门课程，通过实践体会 App 创业的过程，使有兴趣、有潜力的学生可以提前加入到这个创新、创业的行业中来。

在路上……

——育才中学新技术应用实验室纪实

技术的进步永无止境，技术的迭代周期越来越短。我们建设新技术创新实验室的目的，不是为了让学生掌握一门固定的技术，而是让他们适应技术更新的节奏，站到技术更新的前沿，成为技术进步的弄潮儿，培养学生对新技术的学习和适应能力，帮助学生在技术进步的过程中有所作为，做出成绩，进而推动技术的进步。我们这个以"新技术"为核心内容的实验室，只能是一项永远在路上的事业。实验室建成投入使用以来，我们遇到了各种挑战：一是部分学生兴趣浅，他们只看到了"好玩"的设施设备，没有充分认识到这些设施设备在自身学习、成长方面的真正价值；二是选题犹豫不决，学生不知道如何结合新技术与日常生活，遴选一个独到的创意，确定一个新颖的项目；三是遇到困难不知所措，比如有的学生了解到做一个 App 需要的全部流程后，感到做一个成功 App 困难太大就想放弃；四是如何进行有效的教学；五是时间不足。

针对兴趣浅的问题，我首先请学生研究 App Store，让学生了解 App Store 是做什么的，它有哪些优越性，以及有关 App Store 的其他事项。学生通过查找资料，很快就有了各种答案：App Store 是一家应用商店，App Store 出售的应用需要苹果认证，App Store 上现有活跃 App 200 多万个，App Store 累计下载量已经超过 1000 亿次，App Store 累计营收 3600 多亿元……这项活动让学生潜移默化地体会到：App 开发是一项如火如荼的事业。

其次，我请每组学生去研究一个知名的 App，了解该 App 的创作和

iBeer 应用介绍

营收全过程，并思考自己能从这个 App 中看出什么。学生分头到网上查、去图书馆找，有的还约见了资深 IT 人。一个星期后，每个小组都进行了专题汇报。

第一组研究了 iBeer，一个靠"金点子"创作的 App，下载量达到 9000 万次左右，每次下载须付费 18 元，合计营收 16 亿元。该组学生从这个 App 得出的结论是：App Store 是创意的试金石，它重新诠释了什么是"金点子"。

第二组学生研究了一款最著名的手游神庙逃亡，并在网上参观了神庙逃亡游戏开发团队的"全球总部"。所谓的"全球总部"，其实就是娜塔莉亚·勒基诺娃和基思·谢泼德夫妇在华盛顿特区一间小小的公寓。他们靠二人之力，创作的神庙逃亡累计下载量已经超过 5 亿次，实现了巨大的营收业绩。他们在卧室取得的成功，就连世嘉、电子艺界等游戏大鳄都无法望其项背。该组学生从这个 App 得出的结论是：App Store 造就了个人程序员的崛起，从此以后，程序员不用再依附于软件公司。在 App Store，一个人和一个好的创意，就可以创作出了不起的 App，从而取得辉煌的成就。

第三组学生研究了一款化学实验应用烧杯（BEAKER）。作者杨力，上海人，1992 年出生，高中就读于上海大学附属中学。该 App 是他 2015 年创作，上线 4 个月累计下载量超过 5 万次，还被苹果公司选荐为 2015 "年度创新 App"。"烧杯"配备了 150 种化学物质、300 种化学反应，完全称得上一个真正的移动化学实验室。该组学生从这个 App 得出的结论是：同龄人取得的成就告诉我们，"他行，我也行"。

应用名称：化学家
下载次数：70 万次
单价：60 元

应用名称：烧杯
下载次数：5 万次（4 个月）
单价：18 元
Apple 公司 2015 年选荐
"年度创新 App"

近期推出

烧杯及相关应用

经过这次研究，学生们认识到了一个成功 App 的价值，对于创作属于自己的 App 开始跃跃欲试。

针对"选题"难，我还是让学生从 App Store 中找答案，看看 App Store 的成功应用都是从哪些方面击中了用户的"痛点"。很快，学生们就有了各种答案。比如，iBeer 用到了重力感应技术，BEAKER 用到了加速度计技术，滴滴出行用到了定位技术，等等。说着说着，学生们眼前一亮，"它们都用到了新技术"……对，这正是我期望的发现。

接下来，学生选题就容易了，第一组学生想到了刷脸，用刷脸解锁手机屏幕，用刷脸开门……

第一组学生了解了刷脸技术后，着手用刷脸技术实现 QQ 登录，这样就再也不用担心 QQ 被"盗号"了，甚至连 QQ 号都不需要了。

第二组学生研究了语音识别技术。他们通过查阅资料，了解到人机交互的方式，最初是通过打孔纸带，然后出现了键盘，接着出现了鼠标，键盘和鼠标一直用到现在。后来苹果公司通过 iPhone、iPad 把触摸引入了人机交互中，但这样的交互还远未达到人与人之间交互的

刷脸界面

智能程度。人机交互的终极目标是达到人与人交互的智能水平。这里，他们着手做了一个用"说"交互的项目。

最终，他们选定了"石头、剪刀、布"游戏，这个游戏学生们儿时都玩过，是通过喊出手势来玩的。他们想通过语音跟 iPad 玩石头、剪刀、布。

用语音玩的石头、剪刀、布

针对做一款全功能 App 的畏难情绪，我也摸索了一些办法。诚然，一款全功能 App 涉及功能规划、图像处理、编码调试、后台支持、提交审核、推广营销等过程，任务的确很重。首先，我们本着"学习"的精神，本着"规划比结果重要，创意比实现重要"的原则让每个项目组的学生通过分工合作，借助网络，脚踏实地、稳打稳扎地自主推进项目的实施，由教师提供技术上的支持和服务上的保障。其次，我们将选课对象定为高二学生，因为他们在高一的时候学过"算法与程序设计"，掌握了编程的基础知识，对变量，对顺序、分支、循环的执行流程，对数组、排序、查找等有过学习和实践，基本上掌握了面向过程的编程方法，再由教师对他们在面向对象编程、OC 与 VB 的区别等方面进行有针对性的辅导，这样，他们在代码编写调试的任务上就基本能够胜任了。再次，各个项目组经过几个月的刻苦钻研，App 能够在手机、平板上流畅运行后，我们在全班、全校进行展示。看到手机能够听懂我们说的

"话"，能够认识我们的"脸"，学生们甚是"惊诧"。令同学们"惊诧"地认可是项目组学生最大的成就感来源。还有，在项目的实施过程中，教师创新评价办法，做到重团队、轻个人，重过程、轻结果，实时鼓励，肯定学生在项目推进过程中的点滴进步和哪怕是对小组些微的贡献。最后，我们已经申请了 Apple 个人开发者账号和企业开发者账号，选取优秀的 App 上传 App Store，向全世界推广学生创作的 App。

新技术应用实验室过程性评价

字号	姓名	组组对抗	子任务	终极任务	部分
20150801	梅璟雯		● ● ● ● ●		
20150802	张裕琳	■	● ● ● ● ●	✓	4
20150803	陆紫潍		● ● ● ● ●		
20150804	刘 易		● ● ● ● ●		
20150805	陈可欣		★ ● ● ● ●		
20150806	赵柯雯	✓	● ● ● ● ●	✓	11
20150807	朱逸飞		★ ★ ● ● ●		
20150808	蒋雨威		● ● ● ● ●		
20150809	王 怡		● ● ● ● ●		
20150810	徐贤一	■	● ● ● ● ●	✓	4
20150811	姚 瑶		● ● ● ● ●		
20150812	陆 婕		● ● ● ● ●		
20150813	赵陈婷		★ ★ ★ ★ ●		
20150814	陈家铭	✓	● ● ● ● ●	✓	12
20150815	许沁园		● ● ● ● ●		
20150816	赵凌霄		● ● ● ● ●		
20150817	姚乐辰		● ● ● ● ●		
20150818	陈赟祺	✓	★ ● ● ● ●	✓	11
20150819	宋至豪		★ ★ ● ● ●		
20150820	高 欣		● ● ● ● ●		

（续表）

字号	姓名	组组对抗	子任务	终极任务	部分
20150821	周文韬		★ ● ● ● ●		
20150822	纪世源	✓	★ ★ ★ ★ ●	■	9
20150823	刘浩天		● ● ● ● ●		
20150824	曹　越		● ● ● ● ●		
20150825	黄百川		★ ★ ● ● ●		

【说明：圆点和方块为评价初始状态，即 0 分。轻拍对应位置的圆点会让该圆点及其左边的圆点变为五角星，五角星的数量即为该组员对小组的贡献值，1 颗五角星代表 1 分。轻拍灰色方块会在其上面打钩，表示该小组通过协作完成了指定的任务，记 4 分（每个小组有 4 个成员）。表格最右边一列为自动生成的小组过程性评价汇总分】

　　针对教学的有效性问题，考虑到 iOS App 开发课程是基于移动开发等新技术的拓展课程，老实说，本校教师也没有足够的把握上好这门课。所以，我们通过搭建领先的软硬件教学平台和创新校企合作模式，将国际化的人才标准、先进的师资培养方案、"活"的课程方案引入校园，用"外脑"来解决教学有效性的问题。

　　"活"的教学方案。通过搭建校企合作长效机制，改变传统实验室建设以硬件为主的弊端。通过引入企业开发能力，使学校教学方案能够和行业发展匹配，并时时更新，切实引进"源头活水"。

　　"国际标准"的师资队伍。学校通过校企合作模式，引入行业内领先企业人才培养的教学和认证标准，一方面使课程方案可以实现同主流技术和产品保持一致，更重要的是，通过引入国际标准，可以让教师适应从 PC 到移动的技术趋势，掌握主流的计算机应用和开发技术，并建立教师培养和考核的标准体系。

　　"贴近生活"的教学案例。课程设计采用项目式教学，不灌输知识，通过做一些和学生的学习、生活密切相关的项目，如：学习开发一个 App 控制教室的照明，学习开发一个 App 读取心率、血压等数据实时给出健康建议等这些项目来培养学生的项目开发能力。

　　针对时间不够用的问题，我们采用"慕课＋小组分工合作"的方式予以解决。iOS 移动开发在专业培训机构需要 6 个月以上的全日制学习，这个时间周期对于基础教育阶段的高中生来说不太现实。所以，实验室内每个小组实施的项目都要在教师的指导下进行合理切分，小组的每个学生负责完成一个模块，他只需要通过慕课的方式学习实现这个模块必需的知识点，最后再由组长将组员完成的各个模块合成为一个完整的 App，并进行调试。

新技术应用实验室是一项创新实验项目，它的运行过程中已经出现并将继续出现各种挑战，我们应对这些挑战的秘诀，一是教学改革，二是校企合作。

（执笔：程昌铭）

依托双通　聚焦通讯　走向创新

—— 上海市华东模范中学通讯创新实验室

 ## 实验室建设理念

为体现静安区"智慧时代，魅力静安"的时代要求，我校通过"通讯创新实验室"的创建以期破解区域对个性化教育的探索，而通讯创新实验室的实践又契合了我校"双通"教育理念，丰富了"双通"教育课程体系。我校的"双通"教育主要指通识教育和通能教育。所谓通识，包括基础知识和基本意识；通识教育是指遵循国家课程计划，传授和培养对学生未来工作和终身学习所必备的基础知识和基本意识，体现初高中学习的基础性和持续性。所谓通能，即通用能力，主要包括：计划与安排、合作与交流、选择与处理、应对与创新等能力；通能教育是对学生在今后社会中生存所必备的基本的、通用的能力的培养和教育。双通教育主要通过一系列校本课程的建设和基础型课程的校本实施来体现。

通讯创新实验室是我校与电信公司合作建设的，旨在通过了解通信发展历史、学习现代通讯技术，体会现代通讯技术的飞速发展给我们带来的美好生活，深刻理解智慧城市、智慧家园建设的核心内涵。通讯创

通讯创新实验室掠影

新实验室是提升学生科学素养的平台，将学科知识与生活实际相结合，凸显对学生合作与交流、应对与创新方面能力的培养。通讯创新实验室将满足教育未来化和教育高位发展的需求，符合当今学生群体的特点：有自己独立的看法，具备 21 世纪的技能——全球化和无边界的协作、批判式思考、内容创造和分析、多元化个性以及其数字技术等的技能。

本实验室力争打造成为服务静安区乃至上海市范围内学校通信方面的创新活动实践基地。在使用对象上不仅仅只是面向华东模范中学的师生，也要能面向开展教育实践活动的其他学校师生，在建设构想上与上海市政府建设创新中心的发展战略保持一致。

实验室学习环境建设

📍 课程设置

基于通信知识和学生实际，通讯创新实验室开发了三个层次的课程：初步体验、技能训练、课题探究。

1. 初步体验

选修该课程的学生自主组成学习活动小组，在教师的引导下，通过文字讲义、视频资料、情景实物展示，进行自主学习。他们主要了解通信发展史、数据通信、局域网技术、网络层、传输层、高层协议、互联网设备和多层交换、TCP/IP 应用层及 Intranet、无线传输和互联网等方面的通信知识。

2. 技能训练

技能训练课程设置 7 项内容，其中包括：

> **技能训练课程内容**
> （1）Lan 网络的设计和搭建
> （2）Wlan 网络的搭建
> （3）暗管穿线
> （4）光纤熔接
> （5）光纤入户设备配置
> （6）家庭网络规划
> （7）单片机技术

3. 课题探究

经过以上两个层次课程的学习，学生已经初步具备了从实际生活中发现问题的能力，这时就可以引导学生基于实验室条件设计实验方案，开展探究性学习。为此，实验室专门编写了"微课题研究指南"，为学生如何选定课题、如何开展研究提供指导和帮助。

📍 场地设备

1. 一体机

在实验室的入口处有 5 个一体机，学生通过它们可以了解通信发展史。在教室的墙壁上也有 9 个一体机，用于实验室课程的自主学习。

2. Lan 网络的设计和搭建

机房里面的设备有中继器、集线器、路由器、网关（网间连接器、协议转换器）。学生在这里可以学习一些必要的网络技术，比如系统构成、设备部署位置、设备大致作用、如何架构 LAN 网络、数据通信、局域网技术、网络层、传输层、高层协议、互联网设备和多层交换、TCP/IP 应用层及 Intranet、无线传输。

Lan 网络

3. 暗管穿线道具墙

学生在暗管穿线实验区进行操作，完成布线的整体实施和安装操作。通过实践，学生能够处理穿线过程中的一些简单问题，对理论知识中工作区系统、水平系统、设备间有直观的认识。学生通过安装面板和模块、制作安装水晶头，并完成最终测试，可以掌握线序的相关知识。

暗管穿线道具墙

实验操作工具

4. 实验操作台

实验室中有 7 个操作台，学生可以分小组进行探究活动，也可以在教师指导下进行个性化学习。其中，光纤的熔接网络的设置、智能家居的学习都是在这里完成。

5. 密室逃脱和莫尔斯密码训练器

电报通讯是一项经久不衰的通讯技术，学生在本实验台学习和训练传输和识别莫尔斯密码，重现谍战大片的情景。

莫尔斯密码实验

参观上海市电信体验馆

6. 校外资源

上海市电信体验馆、电信博物馆都是我们学生定期去学习探究的场所，在那里可以开阔视野。

📍 教学变革

通讯创新实验室和传统实验室的一大区别在于教学方式上的改变。在该实验室中看不到一块黑板，我们称之为无边界的学习环境。教师和学生也不再是传统意义上班级授课制的形式，课桌椅和实验器材完全按照该实验项目的特征来摆放。教师和学生更多的是一种合作者的关系，我们称之为"实验共同体"。

学生在探究课上

学生在制作模型

学生在实验室中的学习大体上可以分为三个层次，充分利用实验室资源，通过层层递进的教学活动，培养学生科学探究的意识和能力。

（1）学生根据自己的兴趣自主选择通讯创新实验室中的校本课程，学习有关通讯方面的普及性知识和技能。其中，包括通信发展史、单片机的应用、局域网的搭建、物联网的初步知识等。

（2）在校本课程学习的基础上，引导学生自己去发现问题、提出问题，然后组成小组开展探究活动。

（3）经过上述两个阶段的学习，少数学生组成社团，在教师指导下利用实验室的资源，结合生活中遇到的问题，展开高层次的科学探究活动。

运行机制

实验室采用教师指导下学生自主管理的运行模式。学生在进行学习探究活动时，可以自主采购所需的材料，由教师管理入账。

实验室建设成效

通讯创新实验室为学生拓展自我搭建了舞台。通过暗管穿线、二维码制作、单片机的开发与运用等实验，学生对于未来智慧城市、智慧家园产生无限憧憬与遐想。因为其中许多实验需要学生先提出问题，然后设计解决方案，再通过各种方法不断尝试与探索。不难发现，提出问题、设计方案的过程，也是一次创新实践的经历和磨炼。

一年多来，在创新实验室的熏陶下，我校学生在各级各类科技比赛中屡创佳绩。例如，我校的机器人制作与竞技社团在第12届上海市未来工程师大赛和"西南位育杯"机器人大赛上获得一等奖；学校获得第12届上海未来工程师大赛优秀组织奖。在上海市"校园模型节"比赛中，吴腾霄获东方号直线船模一等奖；耿婉颖获气垫车模型一等奖；陈奕帆遥控车辆模型一等奖；樊易文获欧式别墅模型二等奖；朱俊杰获区域规划模型二等奖；来正国获花园别墅模型二等奖；王子俊获遥控飞机模型二等奖。

理想更接近现实

2016届学生　沈一飞

来到华模以前，我就知道通讯创新实验室是一个现代化的实验室，在那里可以学习知识、探究问题，实现创新的梦想。我怀着无限的好奇和美好的憧憬在实验室里开始了学习：通过实验室中的多媒体，了解了通信发展史和基本常识；在各位老师的讲述中，领略了大师风采和关键通信技术；在参加无线电测向素质拓展训练中，体验了团队合作的乐趣和精神；在光纤通讯课程中，见识了各种精密仪器和先进技术。

实验室的第一堂课就让我感觉到耳目一新。与传统的学习方式不同，这里没有老师的说教，没有繁重的学习任务，没有刁钻的习题，这里有的只是轻松、快乐、团队、交流。首先，由老师引导我们2人一组，通过墙上一体机中的视频了解通信发展史，结合生活中的经历，发现并

学生在探究单片机的原理

提出问题；然后，与同学、老师讨论交流，弄清楚自己在现实生活中的一些困惑。例如，古代没有发明手机等工具，他们是如何进行通讯的？

"单片机技术"课程让我感受到了人工智能的魅力。指导老师向我们展示了一个跳舞机器人，机器人优美的舞姿、高难的动作一下子吸引了我，我想，它是怎样做到的呢？带着这样的好奇，我开始了探究学习。通过学习，我知道要制作一个机器人，必须学会编程，熟悉硬件的结构和组成，以及许多物理和数学等方面的知识。同时，我也感受到了自己在单片机方面知识的匮乏，便如饥似渴地自学起来。在自己的努力下和老师的指导下，我用单片机点亮了第一盏LED灯，敲响了第一个蜂鸣器，驱动了第一个电动机……这些给我带来了探究成功的喜悦，为我编织起了未来工程师的美好梦想。

学生在"智能家居"课中进行探究学习

"智能家居"课程以"规则意识为先，关键技能为重"，培养了我们良好的学习习惯和探究意识。在该课程中，老师把我们分成3个小组，并结合课程提出有针对性的问题，让我们3个小组分工去探究和解决。例如，在研究智能扫地机器人时，探究和解决如何绕障的问题、电机如何降速的问题、如何有效收集垃圾的问题等。我们通过小组合作很好地解决了这些问题。而且通过学习，我们初步学会了查找文献、观察、实验、分析、综合、归纳和比较等科学研究方法，进一步理解了科学研究的一般过程：发现问题、提出假设、实验探究、得出结论。

　　在这些课程的学习中，我也结识了许多优秀的同学，他们表现出的高素养与深厚知识储备深深地影响了我；在与老师的交流中，我提高了自己的问题意识和能力，能够提出一些有深度、有价值的问题。在我们这一组中，大家通力合作，和谐相处。在通讯创新实验室里的这段时光，对我来说是一段非常宝贵的经历，令我难忘。它将带我向科学世界前进，让我的理想更接近现实。

（执笔：崔建军　陈时鹤）

校园实验场，玩转水世界

—— 上海市曹杨中学水技术与环保实验室群

 ## 实验室建设理念

随着水环境问题与可持续发展理念得到越来越多的关注和重视，结合"责任担当，自主力行"的办学理念，着眼于解决学校附近虬江河河水污染问题，我校于 2008 年建设了水技术与环保创新实验室，并开发了"水技术与环保"课程。随着校本课程的不断开发与完善，学生对创新实验室的需求也越来越多样，因此，我校相继建设了校园人工湿地和雨水回用系统，不断完善"水技术与环保实验室群"。

水技术与环保实验室群是学生自主探究的学习乐园。实验室向全体学生开放，鼓励学生在课余时间进行水科技课题的探究。湿地中每一个结构单元都可以打开，并设置取样口，方便学生观察湿地结构和开展湿地实验。雨水回用系统的每一个结构都有指示牌，并设置取样口，帮助学生了解雨水回收利用的全过程。我校以水技术与环保实验室为载体，开发了系列特色课程，从知识普及、兴趣培养到高阶思维训练，分层递进地培养学生参与环境科技活动与环境科技项目创新的能力。

水技术与环保实验室群是践行环保理念的实践基地。学生在水技术与环保实验室里发挥聪明才智，制作节水装置、净水装置等。虽然水技术与环保实验室的节水、净水功能有限，但是它为师生节水、净水行动提供了一片沃土，让师生自觉践行绿色环保生活理念。

 ## 实验室学习环境建设

 ### 课程设置

我校特色教师团队以水技术与环保实验室为载体，面向不同层次的学生，开发了系列特色课程，让每一位学生都能学习水技术与环保知识，广泛受益。

1. 全校普及型课程

我校面向全校学生开设了"水技术与环保"和"人工湿地"低阶课程。"水技术与环保"低阶课程向学生介绍水资源现状、水质监测、水污染防治、中水回用等基础知识；"人工湿地"低阶课程向学生介绍水技术自然湿地和人工湿地的基础知识，并通过实地参观和研究湿地，让学生理解湿地的作用。在课程开展中向学生普及水环境科技知识，提高学生的环保意识。

2. 拓展型课程

我校开设了"水技术与环保"和"人工湿地"高阶课程，在普及水科技基础知识的基础上，还增加了水技术的实践项目。

2014年，"水技术与环保"课程已经成为区域共享课程，供普陀区学生选择学习。

"水技术与环保"课程内容

课程结构	课程内容	课时
第一部分 基础知识概述 （低阶课程）	水资源与水资源现状 水质指标和水质标准 水样采集与保存 水质指标的测定方法、原理 水质净化的原理与方法 中水回用的概述	8
第二部分 实践项目 （高阶课程）	水样采集与保存 虬江河水质监测 设计并制作净水装置 设计并制作节水方案与装置 自主科研课题研究	24 （可利用课外时间）

"人工湿地"课程内容

课程结构	课程内容	课时
第一部分 基础知识概述 （低阶课程）	生态湿地概述 湿地的动物、植物、微生物 湿地的功能 湿地的现状与治理 人工湿地概述	8
第二部分 实践项目 （高阶课程）	校园人工湿地水质监测 校园人工湿地系统物候调查 人工湿地模型设计与制作 校园雨水回用系统的水质监测 自主科研课题研究	24 （可利用课外时间）

"人工湿地"拓展课

"水技术与环保"区域共享课程

3. 研究型课程

　　对于部分对水技术研究有兴趣并展现特长的学生，学校鼓励他们利用课余时间在实验室开展项目研究，如虬江河水质变化研究、湿地净化虬江河水研究、雨水回用系统净水效果研究、校园节水研究等，并安排专职教师跟踪辅导。在课题研究过程中，他们尝试着用科学方法去分析问题和解决问题，学会了沟通交流和团队合作，提高了科学素养和环境素养。

污水净化研究

人工湿地的净水效果探究

📍 场地设备

　　我校水技术与环保实验室群分为三部分，即水技术与环保创新实验室、校园人工湿地和雨水回用系统。

1. 水技术与环保创新实验室

　　水技术与环保创新实验室的建筑面积约为 120 平方米，分为常规水分析实验室与精密仪器实验室，内有分光光度计、台式浊度仪、便携式多参数测定仪、流速仪、测距仪、电导

常规水分析实验室

精密仪器实验室

率仪、电热鼓风干燥箱等仪器设备，在其中可开展水中碱度、硬度、溶解氧、悬浮固体、化学需氧量（COD）等水质指标的测定，以及净水原理与装置探究等活动。

2. 校园人工湿地

校园人工湿地由同济大学环境学院、景观学院专家联合指导设计而成，湿地面积约为150平方米，采用水平潜流人工湿地对虹江河水进行高效净化，日处理水量为15吨。学生能观察小型生态系统、观测湿地净水过程、进行水质测量等。

校园人工湿地

雨水回用系统

3. 雨水回用系统

我校与瑞士吉博力公司合作建成雨水回用系统，该系统能集600平方米屋面雨水，经过三级处理及紫外线消毒后的水用于教学楼前的绿化浇灌、卫生间拖把池用水，每年可节省60~80立方米自来水。

📍 教学变革

实验室的课程的授课方式多样，重在培养学生的自主学习和创新实践能力，提高学生水环境保护意识。

1. 理论学习与动手实践相结合

课程以动手实践为主，理论学习与动手实践的课时比例约为1∶3。学生在学习和生活中发现水技术与环保相关的问题，都可以利用课内外的时间进行探究。

虹江河水酸碱度探究实验

初高中学生进行人工湿地探究实验

2. 教师讲授与专家讲座相结合

　　课程授课教师主要为学校化学教研组和 2 位"环境素养培育"特色教师，同济大学的特聘教授会定期为学生带来水质监测讲座，志愿者团队也会给学生带来水环境知识讲座。学生可以从多个渠道接受知识，开阔眼界。

赵宏斌高级工程师做水质净化培训　　　　　　学生考察蒋巷村生活污水处理工程

3. 课堂资源与校外实践相结合

　　学生可以在实验室课程学习的基础上，依托水技术与环保实验室，开展相关的社会实践活动，如吴淞炮台湾湿地公园调研、周庄水质调研、江苏常熟巷村的沼气利用和污水治理实践等。

📍 运行机制

　　我校组成了实验室运行小组，指导实验室的开发与运行。校长室负责实验室总规划，课程中心负责实验室管理和特色课程管理，"环境素养培育"特色教师、化学教研组教师、外聘专家团队负责实验室和课程的开发与实施、学生课题研究、社会实践指导、社团管理等。

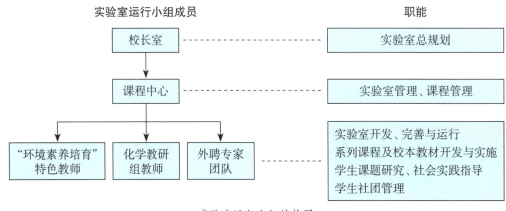

实验室运行小组结构图

学生活动小组的活动也丰富多样。拓展课和研究课的学生可以在实验室进行课程学习、课程研究，并参与社会实践活动。此外，学生们还成立了水科技社团、人工湿地社团，对实验室进行自主管理，并在实验室进行课题研究。

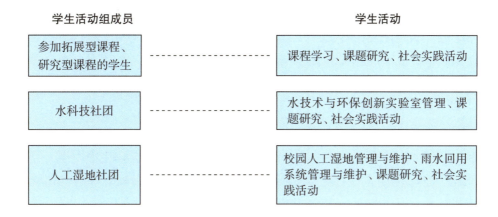

学生活动组成员	学生活动
参加拓展型课程、研究型课程的学生	课程学习、课题研究、社会实践活动
水科技社团	水技术与环保创新实验室管理、课题研究、社会实践活动
人工湿地社团	校园人工湿地管理与维护、雨水回用系统管理与维护、课题研究、社会实践活动

学生活动小组结构图

 实验室建设成效

1. 促进了学生自主探究学习

学生在系列特色课程中，学习了水科技的基础知识，并进行探究实践活动。他们逐渐成为"发现"的主人，尝试科学的思维和方法进行学习，并从中学会科学探究和解决实际问题的方法。部分学生的研究成果还获得了国家级、市级的奖项，节选如下：

学生获奖情况（节选）

比赛名称	名次	级别	时间	参赛学生	项目名称
第13届全国中学生水科技发明比赛	一等奖	国家级	2015	陈康、叶梓盛	多功能模块化水质监测与利用系统
第30届上海市青少年科技创新大赛	一等奖	市级	2014	陈 康	多功能模块化节水系统的研究与实现
少年科技智多星	金星	市级	2014	陈 康	洗衣机节水模型、超声波测量水位
第17届"壳牌美境行动"	一等奖	市级	2016	刘畅、李嘉峥	校园人工湿地对虹江河水水质净化研究
第17届"壳牌美境行动"	三等奖	市级	2016	沈元庚、张育能等	虹江河黑臭水体研究
第17届"壳牌美境行动"	三等奖	市级	2016	盛怡琳、王元喆等	"绿色生活环保月"系列活动

2. 推动了教师专业发展

　　水技术与环保实验室群是教师提升专业水平的实验场所。自实验室建成以来，我校特色教研组团队打破学科间的壁垒，相互合作，共同完成"水技术与环保""人工湿地""气候与环境"等特色课程开发与教材编写的工作。此外，实验室运行小组团队正在积极筹划水技术与环保、湿地课程的网上慕课。在开发特色课程的过程中，教师们的思维更加开阔，专业知识不断丰富，专业能力逐渐增强。李立纪老师获得了第 13 届全国中学生水科技发明比赛优秀教师指导奖，袁胜轶老师获得 2015 年度全国中学生水科技发明比赛优秀指导教师奖，张明晓老师获得 2015 年上海市"爱水一课堂"教学方案设计二等奖。

3. 实现了环保理念践行

　　水技术与环保实验室群在尽自己的绵薄之力改善虹江河，改善周边的环境，节约水资源。正是这种保护周围环境、节约水资源的责任意识与积极行动，让学校中的每一位师生逐渐培养了环境意识与环境责任感，并自觉践行绿色健康的生活方式。

学生组成志愿者护河队　　　　　　　　学生在饮水间安装节水展示牌

4. 加强了学校对外交流

　　实验室向来自兄弟学校的师生开放，"水技术与环保"课程已经成为区域共享课程。实验室平均每年接待来自本市和外省市学校校长、骨干教师团队 30 次。此外，我校也接待了来自德国、韩国、法国等国的友好学校到湿地参观交流，与英国高登思中学开展了"中英伙伴学校交流计划种子基金项目——水技术与环保课程"。我们与国内外的专家、同行深入地交流探讨，让大家共同参与到实验室的开发与探索中，实现了优质资源的互惠互利。

学生向专家介绍人工湿地　　　　　　　　与国际学生同项目异构

邂　逅

　　记得 2014 年深秋被招入曹杨中学做"环境素养培育"特色教师时，人事科老师对我说，学校的水技术与环保创新实验室设备非常齐全。起初，我并不相信，觉得一所高中不太会有什么先进设备，哪怕有，学生可能也难以亲近，未免曲高和寡。

　　在我实习的那个学期，正巧有一个项目，让我和这个创新实验室有了一次美妙的邂逅。

　　高二的陈康同学在水技术与环保创新实验室发明的"多功能模块化水质监测与利用系统"，在得到上海市青少年科技创新大赛一等奖之后，入围了第 13 届"赛莱默"杯全国中学生水科技发明比赛暨斯德哥尔摩青少年水奖中国地区决赛。这个比赛不仅对作品要求很高，还要求学生用英语进行展示，而陈康同学的英语基础并不扎实，所以，需要我和张老师为他在技术及专业英语上提供指导。

　　见到陈康同学的第一眼，完全印证了我对他的猜想——技术宅，憨厚老实，其貌不扬，不善言辞。当我进入实验室后，注意力完全停留在了创新实验室的设备上，不得不说，这个实验室的仪器可以与自己大学时的实验室相媲美。

　　为了能够更好地进行指导，我和陈同学就项目的细碎点滴进行了交流。

　　陈同学告诉我，他参加水技术与环保课程是因为他小时候就目睹苏州河的污染，想为上海的水更清做些什么。要不是看到他和我对话时真诚的眼神，我真以为只是假大空的说辞。他继续告诉我，他选修这门课程的时候，被各式各样的先进仪器所震撼，在进行实验的过程中对其原理产生了疑问，总是缠着李老师为他解答，但李老师只能从化学角度上解释反应的原理。这些原理对于那时刚刚适应高一学习的他来说有些深奥，加上对仪器运作的好奇，于是就利用每天的课余时间自己学习相关知识。

　　说到这儿，他笑了一下，说，"说出来你可能不信，我之前的物理和化学学得都挺不好的，刚进入高中不适应嘛，然后自学的时候，许多东西都不懂，只能一个一个专业名词地去抠，在创新课程（水技术与环保课程）上就去实践自学到的知识。折腾了大半个学期之后，突然发现，其实理化也就那么回事，并不难。"接触一个多小时以后，我第一次在他脸上看到了自信。

"后来用实验室里的这些仪器久了，我想到了一个问题。这些仪器虽然已经足够便携，但是在家中应用的话还是有点复杂，我能不能自己设计一套装置，突破目前市面上的整套装置，转而变成可以分解成若干个模块，能根据实际情况进行类似于积木组装式的系统。"陈同学的语速突然快了起来，和前面那个与我聊基本情况时支支吾吾的少年判若两人，"我用积攒下的零花钱买了一堆单片机的元件，自学编程，完成了现在这套集监测、分流、净化、回用于一体的装置，之后还受到物联网的启发，给它加上了蓝牙功能，得以让使用者在手机上就能实时了解其工作情况。来，我给你演示下。"

正当他眉飞色舞地给我描述他的宝贝作品时，我忍不住打断了他："你是说这么多模块，这么多功能，它们的程序都是你自己编的？""对啊，李老师知道了我这个想法之后，特批我可以随时使用这个实验室，实验室里没人打扰我，我在这里就自己边摸索边调试。"他说着就打开了软件，瞬间在我眼前呈现的是几百行的代码，对我而言与天书无异。我注视着眼前的少年，难以想象这是他一个人的作品。"老师，其实这个没有你想象的那么复杂，只要静下心自己折腾，几天就能弄出个大概。"他似乎看出了我的惊讶，略带得意地给我做了个解释。

后来的事，就如许多小说中的一样，我和张老师给他培训了相关的专业英语。一个星期的时间，我们指导他将自己的研究成果翻译成英语，制作成展板，加以润色。在准备的过程中，我们又重新精简了代码，并查找文献，使其对净水、中水、污水的判断更加科学。陈同学更是住在了学校，用他蹩脚但真诚的口语准备着展示时的演讲。

可惜我不得不回校完成我的毕业论文，没机会带他去宁波参加比赛。好在他带了好消息回来，一等奖。

对我而言，更好的消息是他的数学老师告诉我，陈同学从宁波回来之后，他并不擅长的语文和英语，成绩突飞猛进。他说自己在准备比赛中意识到，哪怕作为一个技术宅，没有扎实的语文和英语功底，就没有办法获取更多更高端的信息以及更好地将自己的想法传达给别人。

时至今日，我在曹杨中学正式工作快一年了，有时经过水技术与环保创新实验室，看到新一批的学生在忙着自己的作品，我都能看到他的影子，会想起那天他问我的问题："老师，同济的环境学院好吗？考进去容易吗？"当时的我没有给他答案。今天，我想告诉他，他在创新实验室中收获的这些能力，足以支撑他践行一个又一个的梦想。进入名校，无非是成长后的水到渠成。

我很庆幸能够在邂逅创新实验室时，邂逅陈同学，以及其他一些像陈同学这样原本被传统教育定义成"差生"的学生。他们在创新实验室中不断蜕变，自主学习，寻找到学习的乐趣，在"不务正业"的同时，成绩不降反升，我想，可能这就是杜威提出的"在做中学"。学习本身就不应该拘泥于教室之中，束缚于试卷之上，有时，对创新实验室不经意的一瞥，也能邂逅一场精彩的学习之旅。

（执笔：张明晓　袁胜轶）

音乐创造精彩人生

——上海音乐学院附属安师实验中学多媒体音乐创新实验室

 ## 实验室建设理念

音乐是人类的第二语言，它伴随着我们的一生，助我们启迪智慧，促我们发展智力，培养我们的创造性思维。上海音乐学院附属安师实验中学作为一所音乐教育特色学校，以"爱音乐、爱智慧"的办学理念成为实现学生音乐梦想的摇篮。创新素养的提升是卓越发展的核心，学校的音乐特色课程正是让创新素养得以陶冶、熏染的重要途径，是让学生用音乐创造属于自己精彩人生的基石。

多媒体音乐创新实验室掠影

创新人才的培养是一个不断积累的过程，高中学生已经初步具备了一定的认知理解能力，在知识的应用、能力的创新等方面都有了质的飞跃，在这一阶段使学生的创新精神和实践能力得以可持续发展是相当重要的。"多媒体音乐创新实验室"就是在这样的背景下应运而生的，它由专业公司设计，汇集集体智慧共同建设而成。创新实验室及其课程开发，基于"专业学习结合创新实践，应用技术结合创新实验"的设计理念与教学宗旨，在教授给学生较为全面的音乐理论知识的同时，着力培养学生的作曲、音乐制作、录音、音乐鉴赏等多方面的能力；立足于全新的现代多媒体艺术形式，丰富情感体验，激发创新思维，培养以音乐创新能力、想象力、实践能力为核心的艺术人才。

 ## 实验室学习环境建设

 ## 课程设置

"让师生过有音乐的教育生活"是我们学校的办学愿景。我们与上海音乐学院、上海师范大学音乐学院、上海戏剧学院、中国美术学院传媒动画学院、浙江传媒学院音乐学院、浙江音乐学院等音乐工程专业、录音专业对接，实现了高校音乐专业课程向高中课程的延伸。多媒体音乐创新课程就是以各知名高校录音艺术学科设置的课程为坐标展开，结合高中阶段学生的学习特点，通过富有层次的、整合的课程体系为学校以及区域内具有音乐和计算机爱好与特长的高中生提供更前瞻、更专业、更独特的学习经历和体验过程，最终实现以音乐创新能力、想象力、实践能力为核心的能力培育。以上海音乐学院为例，它的音乐工程系有"音乐设计与制作""录音艺术"和"音乐科技与艺术"三个专业，我们将这三个专业的部分内容融合到多媒体音乐创新课程体系中，使学生在接触→了解→理解→热爱的基础上能有意识地选择自己喜爱的一门课程进行学习，为将来进入高校学习该专业做好先期准备。

我校课程体系中的多媒体音乐创新实验课程分为基础课程和专业课程两类。基础课程是为学生了解音乐知识、培养音乐欣赏能力及乐感而设计的，是知识、技能和素养得以创新与可持续发展的基石。专业课程是为激发学生的音乐创作激情而开发设计的，是借助专业的音乐制作设备把学生的想象力、创造力发挥到极致的实践探究课程。创新课程的学习分为两个阶段：第一阶段课程主要针对高中一年级的学生，进行音乐及创新实践基础课程的学习，包括乐理、视唱练耳、钢琴、多媒体音乐设计与制作基础、声音鉴赏等课程。第一阶段课程结束后进行专业测试，通过测试的学生进入到第二阶段的学习。第二阶段主要针对高二、高三年级的学生，以创新多媒体音乐所涵盖的知识点为坐标展开，进行创新实践专业学习，包括计算机音乐制作、应用作曲基础、和声、音乐与声音创作等。这一阶段主要帮助学生学习多媒体音乐创作的知识和技能，完成所有课程总学时的学生，能够适应器乐化的单旋律写作、歌曲写作、基本的计算机音乐制作，具备一定的录音、声音鉴赏等多媒体艺术创作能力。

多媒体音乐创新课程计划（课时安排）

课程类别	课程对象	课程名称	学期数	总课时	第一学年		第二学年		第三学年	
					上	下	上	下	上	下
基础课程	全体音乐特长学生	钢琴（钢琴特长学生免修）	2	64	2	2				
		视唱练耳	5	160	2	2	2	2	2	
		乐理	5	160	2	2	2	2	2	
专业课程	部分音乐制作特长学生	多媒体音乐基础——音乐设计与制作	1	16	1					
		音乐试听	1	16	1					
		多媒体音乐基础——录音基础	1	16		1				
		合唱与合奏	1	16		1				

（续表）

课程类别	课程对象	课程名称	学期数	总课时	第一学年		第二学年		第三学年	
					上	下	上	下	上	下
专业课程	部分音乐制作特长学生	计算机音乐与作曲	2	32			1	1		
		和声	2	32			1	1		
		音乐与声音创作	2	32					1	1
		歌曲写作	2	32					1	1

📍 场地设备

多媒体音乐创新实验室由多媒体音乐制作室、录音室、视听室和音乐厅构成，设备先进，功能齐全。实验室可以进行音乐制作、录音合成、剪辑制作、音乐欣赏、演奏演唱训练及表演、全方位影像合成等创新课程的实践与体验。

多媒体音乐制作室设备清单

序号	名称	型号	单位	数量
一	教师设备			
1	音乐制作软件（完整专业版）	Cubase Pro 8	套	1
2	监听耳机	K701	副	1
3	监听音箱	Egg 150	套	1
4	音频接口（支持录音与制作／含 MIDI 接口）	AudioBox 22VSL	台	1
5	计算机	A740	台	1
6	数码钢琴		台	1
二	学生设备			
1	计算机	B5040	台	1
2	音频接口（支持录音与制作／含 MIDI 接口）	AudioBox 22VSL	个	20
3	监听耳机	K240 MKII	副	20
4	数码钢琴		台	20
三	软件与教学			
1	音乐制作软件（完整专业版）	Cubase Pro 8	台	20
四	视频设备			
1	投影机	D968U	台	1
2	投影幕	电动 120 英寸	块	1
3	吊架	定制	套	1

教学变革

多媒体音乐创新实验室已经开设的课程有"多媒体音乐基础——音乐设计与制作""音乐试听""多媒体音乐基础——录音基础""合唱与合奏"等。

"多媒体音乐基础——音乐设计与制作"课程的教学，首先由教师概括性地讲述声音数字化过程及相关的技术化应用，并详细地讲授进行专业性的制作所必须掌握的基础知识。针对完全没有任何音乐制作基础知识的学生，从最基础的理论知识开始，以最浅显易懂的语言来讲解专业性极强的多媒体音乐设计与制作理论与实践，这个过程的学习需要6课时。接着，学生在基础理论知识指导的基础上进行简单的音乐片段

学生正在制作编辑音乐

创作、声音数字化编辑以及音乐制作实践，让学生初步学会将心中所想、手中所演奏的音乐用数字化手段记录并呈现出来，这个音乐设计与制作的过程需要8课时。最后，每个学生展示自己设计与制作的音乐铃声，交流设计思路、创作过程得失及体验与收获，教师对学生的作品从技术上作出点评与评价，为学生后续的学习提供指导。这个分享与评价的过程需要2课时。

长号演奏录音

"多媒体音乐基础——录音基础"课程以音乐录音（包含器乐与声乐）为载体。首先，教师概括性地介绍录音发展史、录音声学基础、录音设备和录制技术的进步与革新及相关的技术化应用；其次，以实际录音流程为学习线索，从录音软件、调音台的发声原理及基本操作、录制声音的要求与界定、拾音话筒的介绍与选择，一直到进行专业性录制所必须掌握的基本原理与基础知识；最后，学生在掌握基本理论知识的基础上，以小组为单位，独立使用计算机、声卡、调音台、麦克风、话筒放大器、监听音箱、耳机、摄像机等设备，完成一段器乐的简单录制。在录制过程中，学生有意识地用耳朵辨别正确的、好的拾音效果，初步学会将自己所演奏的音乐用数字化手段录制并呈现出来。这种理论与实践相结合的教学形式，可以让学生掌握录音系统软硬件使用、话筒摆放、录音方案设计、采集素材的鉴别取舍等音乐录音采集的基本技巧。

【小组录制小提琴独奏音频案例】

（一）组建学习小组

学生自愿组建4人小组并分工：A学生为组长，负责监听和人员安排；B学生进行小提琴演奏；C学生进行话筒的摆放和调整；D学生操作Cubase系统和调音台。

（二）小组合作讨论

1. 选择录制的小提琴演奏乐曲；2. 分析小提琴的演奏法和力度层；3. 录音所用设备与配置方式，包括数字调音台、电脑录音系统、录音软件 Cubase、两只 DPA 小振膜电容话筒、监听音箱一对、三根音频线（一根备用）、话筒架两支等；4. 现场录音线路连接：话筒→墙插→调音台→分别发送给：监听音箱、软件 Cubase 以及演奏者的返听。

（三）组长负责，组员配合，形成具体录音方案

1. 目标：录制清晰同时带有少量自然混响的演奏小提琴声音，以还原接近真实的小提琴声音。

2. 拾音方式：根据声学场地，决定采用一对 SE4 小振膜话筒或一对 DPA 对小提琴进行立体声拾音，采用 AKG414 大振膜话筒近距离进行高清晰度拾音。

3. 具体摆设方案：录音话筒均采用心形指向，均用话筒架架设，使用两支 DPA 小振膜电容话筒，左侧话筒接墙插 1 路，右侧话筒接墙插 2 路，架设在双话筒支架上；以 AB 制式作为主声面，水平向下一定角度分别照射到小提琴中高及中低音区，距离琴弦约 2 米，高 2 米，两支话筒间距约为 30 厘米，避免距离过小导致采集到的声场过窄。

4. 采样精度：16bit；采样频率：44.1kHz。

（四）录音过程部分流程示意图

1. 将耳机与耳放连接，打开电视，为演奏者戴上耳机。确保控制室与录音室的联系以及演奏者的返听，实现控制室与演奏者的交流，演奏者也可以看到控制室的实时画面。

2. 现场录音线路连接

话筒→墙插→调音台→分别发送给：监听音箱、软件 Cubase 以及演奏者的返听。

3. 话筒的摆放和调整

按照（三）3 中的具体摆放方案将话筒放置、调整好。

4. 关闭录音室的门

隔音处理，保证录音环境。录音棚的隔音门是防止录音棚噪声的一个重要环节。

5. 检查 Cubase 软件的设置、调音台的输入输出、话筒的信号、监听等是否正常。

6. 开始录音，建立单声道音频轨，完成录制，剪辑并导出音频文件。

连接耳机与耳放

为演奏者戴上耳机

连接录音线路

调整话筒位置

| 检查软件设置 | 开始录音 | 完成录制 | 导出音频文件 |

（五）组长负责，组员配合，完成录音报告

（六）组长代表小组作录音报告交流，教师点评并评价

📍 运行机制

1. 组建专业的课程管理团队和专家团队

多媒体音乐创新实验室建设项目由校长亲自分管，并成立了学生音乐中心负责音乐创新课程的开发和管理工作。学校还组建了强大的专家教师团队，聘请上海音乐学院音乐工程系主任陈强斌教授为课程专家，上海音乐学院音乐工程硕士生、中国美院传媒动画学院录音艺术专业陈佳老师为课程组长，上海音乐学院音乐工程博士生谢浚老师、上海音乐学院音乐工程硕士吴斯如老

专家正在指导学生

师、上海师范大学录音艺术硕士祝郁雯老师为任课教师。课程管理团队与课程专家教师团队经过多次研讨，在综合上海音乐学院附属安师实验中学学生的音乐特长和相关高校的专业要求等后，制订了连续性、递进性并重的多媒体音乐创新实验室高中三年的课程计划，并制定相关制度保障课程的开发与实施。

2. 开会动员，遴选学生，保障课程实施

每届高一新生入学后，学生音乐中心就会组织高一音乐班新生进行多媒体音乐创新实验室课程开课启动会，鼓励有音乐基础，又喜欢电脑、喜欢用软件制作音乐的学生选课。启动会后，学生音乐中心管理团队会进行学生遴选和授课教师安排等工作，为保障课程开设做好充分准备。

实验室建设成效

　　参加多媒体音乐创新实验室课程学习的学生，每人都要设计制作一个专属自己的手机铃声，每个小组都要演奏并录制一首器乐音频作品。这样的教学要求不仅激发了学生对音乐的兴趣，而且培养了学生的创造思维和创新能力。

　　学校音乐中心对 30 人次学生进行课程学习问卷调查显示：90% 的学生对课程及教学内容很感兴趣，97% 的学生对课程及教师评价很好，100% 的学生很喜欢老师的授课方式。

　　陈亦新同学说："我相信所有的同学最感兴趣的就是其中的音乐制作课了，戴着耳机，坐在电钢琴和计算机前，制作出属于自己的曲子，每个人的心里都是激动的、兴奋的；在音乐创新课程中，我想我学到最多的就是如何运用 Cubase 给后期音乐加工和自主原创歌曲的创作，这让我在平常的生活中更加畅快地编排和制作自己喜欢的曲子，也可以在有灵感突显的时候将想到的旋律及时地录制和保存，以便日后的修改。"

　　周媛媛同学曾这样说："音乐试听这门课对我的专业也很有帮助，以前的我弹琴只想着把它弹顺弹完就可以了，如今我也开始注意，不同时期不同作家的乐曲演奏起来有不同的特点；音乐制作课的第一个作品是制作一段 10 秒钟左右的手机铃声，大概花了 4 节课的时间才基本制作完毕。在体验了制作过程后发现，音乐制作就像建造房屋一样，是一个庞大复杂的工程，要一层层、一步步细心去做，做完后还要去修饰完善它，才能让它成为一条动听的音乐。"

　　陈思文同学的话："很庆幸，我后来被选中了参加这门课程的学习，非常感谢学校给了我这次学习的机会，每次课都有吸引力，我越来越喜欢它了。学校设备也很完备，老师体贴负责，课堂生动有趣。无论是高考选择这条路还是只是作为自己的音乐业余爱好，我都十分珍惜这样的课程，在多媒体音乐设计与制作和音乐试听课程中我很享受这样的过程，每次上课都是充满着积极性，因为我喜欢这个课程！"

　　学生们的良好反馈让学校更有责任进一步开好后续的创新课程，不断反思，积累课程开发与实施经验，为下一学年、为区域内更多有音乐创作热情与梦想的高中学生，呈现更完善的音乐多媒体创新实验室课程，提供共享的创新资源和平台。

我喜欢的创新实验室课程

2018 届学生　　陈思文

　　早在高一第一学期开学，我就听说学校安排有拓展课，但是在学长学姐推荐的课表中并没有发现自己喜欢的课程，因此很失望。后来，学校通知说这一届会有两门新的课程："多媒体音乐设计与制作"和"音乐试听"。

这简直就是专门为我设计的，因为我一直都想学习如何自己作曲编曲，可以拥有自己的作品，而且音乐试听课可以拓展自己在音乐方面的知识，毕竟以后是要走音乐这条路，学习更多的音乐知识与技能必定是有利的。

首先是"多媒体音乐设计与制作"课程，它充分激发了我们的创新意识。多媒体音乐设计与制作是一种以计算机为控制中心、以 MIDI 技术和数字音频技术为控制手段和信息交流语言、以合成器和采样器等电子乐器为音频终端的音乐创作方式。最重要的是，多媒体音乐采用了更为开放的创作状态，允许除创作者以外的其他元素一起加入到创作过程中来，这些元素可以是影像、舞蹈、布景、灯光等，当然也包括听众。也就是说，在多媒体技术的帮助下一切声音本体都可以参与到音乐创作中来。广义的多媒体音乐设计可指一切诉诸耳朵的艺术形式，法国作曲家瓦列兹曾说过："新的传播媒介已带给作曲家几乎无尽的表现可能。"

录音中

在这门课程中，我了解到许多从前从未想过的东西，比如风声、水声、鸟叫声这些大自然的声音，以及日常生活中马路上汽车的鸣笛声、高跟鞋走路的声音，甚至课间操场上的噪声都可以参与到多媒体音乐作品的创作中来。例如，可以用手机收集一些公交车上的声音样本然后进行编辑与再创作，录下来的声音样本给了我们很大的惊喜，这些声音听起来非常有意思，既熟悉又陌生，熟悉是因为它就发生在我们身边，陌生是因为之前从来没认真聆听过这些声音。这个作品创作实践的过程也使我们开始关注身边的声音，没想到公交车上的声音资源这么丰富，有上车刷卡的声音、投硬币的声音、报站的声音、人们交谈的声音、车上打电话的声音、刹车的声音等，最后我们将这些声音素材在音乐工作站软件里进行了剪辑、拼贴，并与一些乐器的声音组合在一起，形成了全新的声音作品。这些小的创作实验打破了我们以前对创作音乐作品的固定印象——以为音乐作品的创作必定是一头连着各种乐器另一头连着作曲家的纸和笔，从而大大开阔了我们的视野，启发了我们的创作兴趣，提升了我们的创新意识。多媒体音乐设计与制作课程在传统作曲的基础上让我们知道了更多关于音乐创作的新手段和新方法，在老师和同学的热情帮助下，我也终于做出了自己的第一首音乐作品，自己还是非常满意的。

　　再者就是"音乐试听"课程。我很喜欢这门课，因为我本身就十分喜欢欣赏音乐，无论是古典的还是流行的。但毕竟自己对音乐欣赏有一定的局限性，在这里我可以尽情地徜徉在音乐的海洋里。不仅如此，还有老师对每部作品深刻而完整的介绍和解释，以及从音响层面作出的分析。音乐是一门听觉艺术，所以不同时期、对不同风格的听觉艺术作品的积累是很有必要的。在学习期间，老师带领我们通过听、唱、读、分析等各种形式，获得尽可能广的音乐文化经历，使我们对音乐文化的发展也有了一个整体性、框架性的认识，逐步积累起基础坚实、范围广泛的音乐听觉能力。除了音乐听觉能力，我们的音乐试听课程还加入了技术听觉能力的训练，这是我们之前从没接触过的。这使我们的耳朵变得跟刚开始听音乐时"不一样"了，除了能驾驭更多的音乐类型，还为我们的耳朵建立了对声音本身更"严苛"的审美标准，让我们不仅会听音乐，还学会了如何"听声音"，这样在创作自己的作品时我们就有了更高的起点。

　　第二学期的"录音基础"课程，我也充满了期待。第一次接触录音，第一次进入录音室，第一次自己给别人录音，好多第一次，完完全全已经满足了我十足的好奇心。我们系统地学习了录音系统软硬件的使用、话筒摆放、录音方案设计、采集素材的鉴别取舍等录音采集的基本技巧。录音是个大工程，若有少许不注意，整个流程就会被打乱，因此在做每个步骤时都必须万分仔细和百倍小心。此外，我也从这个学期的团队合作中懂得了分工和团结的重要性，每个录音的准备都需要大家的齐心协力和积极配合。

　　需要齐心协力、配合默契的还有"合唱与合奏"课程。合奏是几种乐器或几组乐器，分声部演奏同一乐曲。每次合奏都感觉乐在其中，和小伙伴们其乐融融。这个课程使我们能作为乐手或现场聆听乐手演奏的方式，亲身参与到之前学习的音乐制作及录音的对象中来。这些乐器以创新实验室中的电钢琴作为载体，与计算机及数字音频工作站软件相连接，使我们能以动手实践的方式从对象的角度出发理解分轨录音、扩音及音乐制作的基础知识；用分声部合奏的形式让我们对多声部器乐作品中的织体写法、记谱法、乐器法、和声纵横关系、和声语言、和声功能结构等有所了解，并能利用电子键盘进行演奏，身临其境地感受多声部器乐作品的魅力。这些都是只学习一种乐器的我们之前不可能感受到的，我们开始关注多种声音的排列组合，原来声音也有那么多的色彩可以像颜色一样进行调制、搭配，这为今后我们追求新的音色、创造新的声源做好了前期准备。

　　创新实验室课程给予了我不一样的学习经历，从课程内容到学习方式都不断地激发我创作出属于我自己的音乐作品。

很庆幸，我成为学校创新实验室课程的第一批学生，非常感谢学校给了我这样的机会，非常喜欢这些课程，每一门课程都富有吸引力。学校设备也很先进，老师更是体贴负责，期待着后续更有意思的计算机音乐制作课程。

（执笔：孙　芸）

白浪飞舟　百舸争流

——上海市吴淞中学方舟模型实验室

实验室建设理念

2015 年随着吴淞中学道尔顿工坊的建成,方舟模型社团成为首批入驻的学生社团,也是首批投入运行的创新实验室之一。在新的教育改革形势下,方舟模型社团不断优化与改进科技模型活动课程内容和实施手段,拓展、提升探究学习的模式,搭建多层次评价平台,让每一个在"方舟模型实验室"学习的学生都具有执着的工匠精神和完善的人格魅力。方舟模型社团的学习和活动对于培养学生面向未来的"核心素养"有着巨大的促进作用,其具体表现为:

1. 学会学习、实践创新、科学精神

作为一项综合性的运动项目,航海模型设计、组装和调试过程中的每一个细节都会影响最终的运动轨迹。追求完美的航模是一个规划性的过程,在繁重的学业中合理安排时间、科学规划自己的比赛项目、在训练和比赛中发现并解决问题,这些都是一个成功者的必备素养。方舟模型社团的活动锻炼了学生平衡学业和课外活动的能力,这对于他们未来的学习大有裨益。

动手能力和自主思考能力一直是中国学生的"短板",而航海模型项目恰恰需要学生具有自己独立的见解和较强的动手能力,参加这个项目弥补了学生在这方面的不足,培养了他们的实践能力和创新意识。

与此同时,学生在模型装配、调试和比赛的实践中学会了尊重知识、尊重科学,学会了科学合理地使用工具,这些对于培养他们形成实事求是、专注细节、攻坚克难的科学精神功不可没。

2. 身心健康、审美情趣、人文底蕴

航海模型也是一种修身养性的运动。无论是激烈的动力艇项目,还是需要静心细活的

仿真项目，还有需要运筹帷幄的遥控帆船项目，都在无形中引导学生形成健康的人格，在训练和比赛的磨砺中日趋完善自己：尊重知识、尊重能力、尊重对手，团队协作、遵守规则、服从大局、学会感恩，拿得起、放得下。在这些实践活动中，学生的审美情趣和人文底蕴也逐步提升。相信这段经历能让方舟模型社团的每一个成员将来都顺利跨入社会，走向具有领导力的岗位。

 ## 实验室学习环境建设

 ## 课程设置

1. 课程目标

（1）通识目标

了解船（模型）的一般构造，会根据图纸组装一般模型套材、安装动力及电子控制系统，能做一般的维护工作，了解普及型竞赛规则，有选择地参加相应的系列比赛。

（2）专业目标

了解世界航海模型联合会的各项目规定，了解无刷电机动力系统、内燃机动力系统、风帆动力系统的工作原理及结构组成，会做相应的维护工作，在全国青少年航海模型锦标赛、全国航海模型锦标赛和国际性比赛中获佳绩。

2. 课程内容

课程既涵盖关于航海模型的理论知识，又囊括了航海模型的组装、调试、比赛等实践环节；既领先国内同类项目，又与国际前沿的先进理念接轨。主要包括 7 个内容：

（1）中天"极光"号"自由"号遥控动力艇模型的组装、调试、参赛培训和升级改装课程。

（2）中天"白马湖"号遥控帆船的航行及比赛规则。

（3）ECO-MINI、ECO-EXP 国际级项目的学习。

（4）MONO-MINI、MONO-1 国际级项目的学习。

（5）FSR-E 国际级项目的学习。

（6）F5-E 项目的学习。

（7）船体 3D 建模打印。

 ## 场地设备

方舟模型实验室是吴淞中学道尔顿工坊众多创新实验室之一，面积约 50 平方米，功能区划分如下。

方舟模型实验室功能区

方舟模型实验室功能区用途

功能区	用　　　途
文案区	考勤记录、赛事发布、规程规则张贴、比赛成绩记录
信息技术区	信息收集与处理、网上报名、网上采购
充电区	训练、比赛锂电池组储存与充电
荣誉展示和储存区	历届比赛的奖杯、奖牌展示区，常备消耗材料的储存
细节加工区	3 台磨床，用于模型细节打磨加工
茶水区	备有电热水壶和咖啡壶，工作休息时使用
多媒体区	视频教学，训练和赛事研讨，项目介绍
创新项目工作区	水上环保船的设计、制作、调试
普及项目工作区	中天"极光"号、"自由"号模型
MONO 项目作区	MONO-1 和 MONO-MINI 项目
ECO 项目工作区	ECO-EXP 和 ECO-MINI 项目

方舟模型实验室设备清单

序号	名称	数量	说明
1	计算机	3 台	2 台台式计算机，1 台笔记本电脑，均可上网
2	70 英寸液晶屏	1 台	视频显示，PPT 演示
3	微型雕刻机	3 台	模型细节打磨

序号	名称	数量	说明
4	五金工具	3 套	用于组装、拆卸
5	焊接台	4 台	焊接各种接插件、连接件
6	充电器	6 台	用于锂电池组、镍氢电池组的维护
7	遥控设备	12 套	2 套 FUTABA T8，5 套 FUTABA T6EX，5 套 FUTABA T6J
8	多功能车床	1 台	西马特 MJ9526 用于小金属件加工（专用工作室）
9	激光雕刻机	1 台	用于板材切割（专用工作室）
10	3D 打印机	1 台	用于创新项目模块打印（专用工作室）

教学变革

方舟模型实验室紧跟素质教育的发展潮流，主动探索新的教学方法。

1. 依托社团，走出课堂，创新教学形式

每周二的下午 15:05—15:35 是社团活动的"法定"时间，在这个时间段，任何人和事都不能干扰学生的社团活动。在这段"珍贵"的社团活动时间内，学生可以根据自己的航海模型项目，对模型及相应的辅助器材进行

方舟模型实验室社团活动

维护、升级、改造，其科目涉及金工、电子技术、美化装饰等。社团社长、副社长负责考勤、材料和工具发放、基本技能辅导等工作，并统一收集活动中出现的自己无法能解决的问题，汇总后上报辅导教师，由辅导教师根据不同层面的问题逐一解决。

2. 充分利用校内外资源，分层指导，以赛带练

航海模型

在社团活动期间，指导教师根据学生的先期安排，分批分期地对各个学生进行分层辅导。在利用本校教师进行基础教学的基础上，我们还聘请了校外辅导员进行外场训练，并邀请动力艇和帆船项目的世界冠军对突出社员进行个别指导。根据学生的实际情况，社团选送具有不同技术的学生参加全国或国际性比赛，如"我爱祖国海疆"全国青少年航海模型教育竞赛总决赛、全国青少年航海模型锦标赛、全国航海模

型锦标赛和世界航海模型专项锦标赛等。

3. 将社员表现纳入综合素质评定系统

及时对训练和比赛中表现优异的选手进行表彰，利用数据平台和有关素质教育基地，记录到综合素质评定系统。例如每年的全国青少年航海模型锦标赛前 6 名选手，国家体育总局和上海市体育局会及时将相关获奖情况录入该学生综合素质评定系统个人平台；获得二级运动员以上技术职称的选手也可在该平台的"体育特长"栏目中看到自己的获奖和技术等级记录。每年我们都会组织优秀社员参加各种与科技模型有关的社会公益活动，上海市军事体育俱乐部、上海市长江河口科技馆等素质教育基地单位，均会将参与者的活动情况录入该学生综合素质评定系统平台中的"志愿者服务"栏目。

📍 运行机制

方舟模型实验室在设备和资金投入上 80% 依靠学校、20% 学生自主，这既保障了实验室的正常运作，又让学生具有一定的责任感。在师资配备上，日常运作以学校在职兼课教师为主，承担社团管理、课程操作、赛事与活动组织等工作；在高级别比赛集训期间，聘请上海市军事体育俱乐部世界冠军进行个别指导，以突出成效。

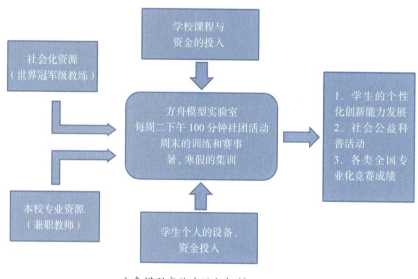

方舟模型实验室运行机制

 ## 实验室建设成效

方舟模型实验室一直是吴淞中学开展学生课外活动的"标杆基地"，无论是校园科技节，还是宝山区科技活动展示都离不开从这个实验室走出去的团队、拿出去的作品。各种级别的赛艇模型一溜排开就足以夺人眼球。

至今，在全国青少年航海模型锦标赛、"我爱祖国海疆"全国青少年航海模型教育竞赛总决赛、全国青少年建筑模型竞赛中，方舟模型社团的成员共获得 16 枚金牌，有 5 人获得过一级运动员称号。特别是 2015 年在波兰举办的第 18 届世界航海模型动力艇锦标赛上，陈安生同学获得了 F1-E+1kg 青年组冠军，并以 10.62 秒的成绩打破了该项目 11.29 秒的世界纪录。

方舟模型实验室是吴淞中学道尔顿工坊建成后第一批入驻的学生社团实验室之一，不仅在社团活动、科技体育竞赛、教学成果展示活动中起到了引领作用，在社会科普公益活动中也频繁出镜，参加了上海长江河口科技馆的世界海洋日科普宣传活动，以及上海市伙伴公益日活动航海模型体验志愿者服务。在这些社会公益活动中，社团成员用自己的知识和技能宣传、普及了航海模型运动，展示了自己的正能量，凭着专业技能、敬业精神和一颗感恩社会的心，方舟模型社团被上海市团市委评为 2015 年上海市中学生十大"明星社团"。

从道尔顿工坊里走出来的第一个世界冠军

【新民晚报·新民网】近日，第 18 届世界航海模型动力艇锦标赛在波兰肯杰任科兹莱落幕。在中国队获得的 16 枚金牌中，上海选手共获得 12 金，并 5 次打破世界纪录。

值得一提的是，青年组选手来自上海各所中学，不少学生还是第一次参赛。来自吴淞中学的陈安生是本次比赛唯一一位打破世界纪录的女选手，也是中国队唯一一名女将，获得 F1-E+1kg 项目冠军并打破世界纪录。此外朱钱晟获得 F3-V 项目冠军，蔡令贻获得 F3-E 项目冠军，杨牧凡获得 MONO-I 项目冠军。

—— 记者：陶邢莹 2015-09-04 16:28

陈安生，上海市吴淞中学 2017 届学生，2014 年考入吴淞中学，目前是吴淞中学道尔顿工坊方舟模型实验室学生社团的社长。她曾获得 2014 年全国青少年航海模型锦标赛（银川）ECO-EXP 项目亚军、2015 年全国航海模型锦标赛 ECO-EXP 和 F1-E+1kg 项目第四名。一个小女孩在高手如林的没有性别组别的全国航海模型赛事和世界锦标赛上能取

四年级时的陈安生在制作模型

四年级时的陈安生与方舟模型社
团其他队员一起参加比赛

得如此成绩，实属不易。

陈安生从小就展现出与众不同的一面，对于机械、桥梁结构等颇感兴趣，四年级就开始参加各种工程类科技活动，尤其喜爱航海模型运动。从最初的遥控动力艇模型到遥控帆船模型，凭着热情和执着，陈安生把大部分业余时间都花在模型实验室和外场训练上，在上海市的很多大型赛事上经常可见她黝黑的身影。2009年夏天，只有小学四年级的陈安生加入了吴淞中学方舟模型社团这个团队，与当时的大哥哥们一起备战全国青少年航海模型锦标赛。作为小小工程师和运动员，她夜以继日地在方舟模型实验室里组装、调试模型，与年长她五六岁的大哥哥们一起早出晚归，在军体水池训练，体验着其中的艰辛和快乐。在内蒙古包头的比赛中，她获得了ECO-MINI遥控三角绕标追逐赛的季军，这也是她在航海模型运动事业上的起点。

进入初中后，陈安生把项目改成了遥控帆船模型。这个项目虽然不是她的强项，但在意志力、全局掌控力以及体能锻炼上给予了她很大的提高。每个寒暑假、节假日，小小年纪的她就背着比她身体还大的帆船模型，周转于上海周边的各大湖泊，与小伙伴、成年人、世界冠军一起同场竞技，虽然很苦，但却极大地锻炼了心智，使她愈发走向成熟。

初中时的陈安生在练习

由于从小和方舟模型实验室以及社团大哥哥们结下的模型情缘，2014年陈安生毅然报考了吴淞中学，并于报考的当年暑假就代表吴淞中学参加了在银川举行的全国青少年航海模型锦标赛，并在比赛中和学长一起为上海队赢得一金一银一铜的好成绩。

成熟的心智使陈安生很快成为方舟模型实验室学生社团的社长。心灵

陈安生在制作航海模型

手巧的她还是一个篆刻爱好者和家庭创客。在她的带领下，方舟模型社团成员对航海模型运动的热情日益高涨，方舟模型实验室成为成员们除了自己教室以外的活动"据点"。大家不仅在上海市举行的一系列航海模型比赛中彰显能力和水平，还参加了许多公益活动和社会活动；特别是以世界冠军陈安生领衔的吴淞中学方舟模型社团在2016年元旦参与了世界公益伙伴日活动，为上海市民展示了航海模型运动的魅力与乐趣；同样在她的带领下，方舟模型社团参加了2015年上海市中学生十大明星社团评比，并成功入选。

陈安生在改造航海模型

陈安生接受采访

没有方舟模型社团的经历，就没有如此优秀的陈安生。方舟模型社团不仅给了她接触并深入了解船模的机会，也给了她挖掘自身潜力、发挥自身天赋的平台。社团大家庭成员间的团结协作也极大地启发、帮助、鼓励了她坚持自己的梦想，保持初心，在航海模型领域取得令人瞩目的成绩。

陈安生只是方舟模型实验室走出的众多优秀学员中的一员。在祖国的大江南北，在世界的大洋彼岸，她的学长们都在各自的岗位谱写着灿烂的人生。

（执笔：邹　斌）

建模走向创新，创新成就梦想

——上海市实验学校∑M数学建模中心

 ## 实验室建设理念

数学建模是对现实世界现象的理想化、抽象化，通过建立数学模型，可以分析日常生活中发生的现象，再对某些变化进行预测。数学建模课程是我校的传统优势课程，可以培养学生的逻辑思维能力、创新能力、分析问题的能力、团队合作的能力以及应对论文书写和答辩等实战能力。其主要对象是少数学有余力且思维能力出众的学生，他们组成若干研究团队，在数学建模领域进行专业化的训练，参加数学建模比赛、完成课题，从而取得具有影响力的成果。

∑M数学建模中心

"∑M数学建模中心"的指导教师有较高的专业素养，他们早在2003年就参与数学建模竞赛并于2011年正式引入作为我校高中生一门选修课程。课程旨在通过解决若干个实际问题，加深学生对数学学科的进一步理解，提高学生通过建立数学模型来解决实际问题的能力。此后5年，数学建模课程的场地从常规教室发展为专用实验室，再到现在科创楼的一整个楼面；数学建模课程本身从单一的拓展课发展为拓展课、特需课、社团课等系列课程。在这个过程中，实现了课程发展与学校发展的良性互动、相互促进。至今，实验室的参与学生纵跨5个年级（八年级至高三），核心成员的规模达40多人。

实验室学习环境建设

课程设置

数学建模系列课程根据教学时间段和参与成员的不同，可以分为数学建模拓展课（1h）、数学建模特需课（3h）、数学建模社团（3h）以及数学建模竞赛（36h+96h+120h）四个部分。

在拓展课中，我们面向的是有兴趣且有一定特长的学生，主要完成对数学建模的基本模型、常见问题的处理方法和建模论文的格式进行普及型的介绍；在特需课中，我们对不同类型的选手（主要面向数学建模队的成员）进行更加专业化的培养，每个成员在这里都有自己的专业方向；社团是我们对外联系和展示的窗口，面向全体学生，主要功能是进行建模思想的普及；数学建模竞赛主要包含 36 小时的美国高中生数学建模竞赛（HiMCM），96 小时的美国大学生数学建模竞赛（MCM）和 120 小时的国际数学建模挑战赛（IMMC）。

数学建模课程根据教学内容的不同，可以划分为模型建立、程序编写和论文写作三个部分，同时也是数学建模活动和比赛中不可缺少的三个部分。学生按照各自擅长的领域分为模型选手、程序选手与论文选手，各自进行有针对性的专业化课程学习。下表给出了各类课程的主要内容和面向的主要对象。

数学建模课程的主要内容和面向对象

课程类型	面向对象	课程地位和内容
模型建立	模型选手及所有队员	模型是数学建模的核心。课程内容主要包括数学建模思想方法、基本数学模型、高等数学、线性代数、概率论与数理统计等数学工具的运用。
程序编写	程序选手	程序是求解数学模型的重要手段。课程内容主要包括算法、数据结构、MATLAB 语言的运用等。
论文建立	论文选手	论文是建模比赛和课题成果的主要呈现形式。课程主要包括科技论文的（中、英文）写作、论文的 Word 以及 LaTex 排版等。

场地设备

本中心面积约为 400 平方米，位于我校 12 号楼科创楼 6 楼。

工作室 1～6：日常学习与队员比赛区域，服务人员 3～4 人。

配置：高性能服务器 2 台，台式机 2 台；沙发床 1 张，连续比赛时使用。

数学建模中心内景

教学变革

数学建模课程,包括拓展课、特需课和社团课系列,以及比赛和项目系列,平均每周8 小时左右的学习时间。前三类课程以学生自主学习与教师授课为主,在前三类课程的基础上,学生以团队的方式参加数学建模的各项赛事,为实战做准备。

公共大教室:建模公共课程、赛后论文交流与讲评场所

教师办公室兼小范围课程与单独指导场所

学生大致按照"1 名模型选手 +1 名程序选手 +1 名论文选手"的方式分为若干基本的三人小组(即核心三人组),以组为单位完成自主学习、课题研究和比赛。在自主学习和比赛方面,数学建模教学主要遵循"跟队制度",即高年级的、在建模团队中学习年限较长的队员(即正式队员)带领经验相对较少的新队员(即跟队)学习和比赛。在日常的学习中,除了教师授课之外,跟队主要通过所在的正式队员获取数学建模经验与知识。而在比赛

中，跟队跟随正式小组参加比赛，一般做一些次要的事，不在参赛队员中署名，通过参与实战的方式对建模、程序、论文等方面水平进行提升。建模团队的每名队员平均有约一年的跟队经历，经过中期裁员之后即可以正式队员身份参赛与学习。跟队由同一专攻方向的高年级的队员负责直接指导，比如论文的跟队，其跟随的正式队员也是做论文的，模型和程序也一样。在具体的指导过程中，指导教师给出各个方向（模型、程序和论文）的阶段性任务，由跟队的指导（正式队员）负责细节方面的要求和检验。

运行机制

数学建模学术指导委员会由指导教师、社长和各组组长组成，负责阶段性的验收工作，并对各个新队员（跟队）和正式队员（指导）提出具体的改进措施，然后进行下一轮工作。

由于比赛大多集中在每学年的第一学期，第二学期团队主要致力于课题与项目研究。课题由每个团队分别选取实际生活中待解决的问题（如新高考背景下上海市实验学校六选三课表安排研究、上海高架道路拥堵缓解研究等），在一个学期之内通过建立数学模型、程序仿真、实地采集数据等方式完成论文。论文成果主要服务于实际的学校教学工作，或参加科技创新大赛以及课题申报等。

在进行课题研究和参与 IMMC（国际高中生数学建模挑战赛）比赛时，有论文答辩的要求。答辩的准备过程对于学生能力的培养也有突出的效果。

实验室建设成效

本中心自创建以来，深受对数学建模感兴趣、以理科思维见长的学生的关注和喜爱。平均一名学生高中三年在数学建模课程上花费 1000 小时的学习时间，在大量的时间精力投入之后取得了出众的成果。

我校数学建模中心已经参加过的国际赛事有 HiMCM（美国高中生数学建模竞赛）、MCM（美国大学生数学建模竞赛）和 IMMC 三项。比赛之前，会进行校内模拟赛。截至2016 年 6 月，我校建模团队已经参加 HiMCM 比赛 5 届，每次比赛时长 36 小时；MCM 比赛 5 届，每次比赛时长 96 小时；IMMC 比赛 1 届，每次比赛时长 120 小时。比赛是我校建模课程教学的重要组成部分，对学生创新实践能力的提升有积极的促进作用。

最近 5 年，我校获得国际中学生特等奖 2 项，国际大学生一等奖 4 项，其他各级各类奖项 20 余项；两个课题获得上海市科普教育基金会 2 万元资助；完成学校"3+3"分层走班课表的设计。

部分数学建模中心毕业学生的去向

学生姓名	获奖及成果	就读大学及专业
徐晓骏	2013 HiMCM 特等奖	上海交通大学致远学院
庄泽浩	2013 HiMCM 特等奖	北京大学计算机系
李嘉	2013 HiMCM 特等奖	浙江大学
顾昊天	2013 HiMCM 一等奖	香港大学
张恒嘉	2013 HiMCM 一等奖	上海交通大学密歇根学院
叶沁媛	2015 MCM 一等奖	清华大学自动化系
尹秋阳	2015 MCM 一等奖	清华大学自动化系
常辰	2015 MCM 一等奖	北京大学数学学院
李一鸣	2013 HiMCM 特等奖	北京大学生命科学学院
戚岚罡	2014 HiMCM 一等奖	上海交通大学数学系
吴明轩	2014 HiMCM 一等奖	中国人民大学经济学系
黄泽宇	2015 HiMCM 特等奖提名	清华大学机械类
董政元	2015 HiMCM 特等奖提名	上海交通大学电子信息类
戴旻微	2015 MCM 二等奖	北京大学
赵涵洋	2015 MCM 二等奖	复旦大学自然科学试验班
王韧	2015 MCM 二等奖	上海交通大学电子信息类
施懿睿	2015 MCM 二等奖	复旦大学数学类
谈易伟	2016 ICM 一等奖	上海交通大学数学与应用数学
赵思翀	2016 ICM 一等奖	南加利福尼亚大学计算机系

数学建模，成就梦想的捷径

　　Monomania 建模组是数学建模中心的一支新兴力量，这是体现上海市实验学校学制特色的一个团队，组内有 10 年制、11 年制和 12 年制三类学生。刚刚完成高一一年学习的他们，已经在数学建模领域崭露头角，在比赛与课题研究等各个方面显现出巨大力量。

施朱泽翾是 Monomania 建模组的组长，12 年制学生，16 岁。他是一位十分优秀的学生，以理科见长，数学思维非常突出，在我校高中部的自主招生考试中，他以优异的成绩脱颖而出，获得了数学建模中心社长和指导教师的青睐。经过面试，他顺利地进入数学建模中心学习。根据他的所长，指导教师给他分配了模型选手的身份。模型选手需要很强的理科思维能力和大局观，尤其后者是未经过数学建模专业训练的普通的"优等生"所缺乏的。作为数学建模中心少数非本校初中部直升的学生，他是在高一年级加入数学建模最晚的一批学生之一，但却丝毫无法掩盖他的兴趣与才华。仅仅半学年的跟队，他就熟练地掌握了数学建模的思想方法以及基本数学模型的运用。他还在课余自学高等数学，计算能力也非常突出。第一学期他就自己带领团队，完成了从跟队到组长的顺利转型。作为组长，他组织能力强，顾全大局，将团队安排得井井有条，与初进建模中心的稚嫩少年判若两人。

刘一芃是组内的程序选手，10 年制学生，14 岁。从上海市实验学校小学部直升，他在刚进入建模中心学习的时候年仅 11 岁。在我校 Pascal 课程学习的时候他展现出了非凡的计算机天赋，被编程教师鼎力推荐来到数学建模，开始了长达 3 年的学习，如今已经是一名经验丰富的程序选手。他对计算机和编程十分精通，写代码信手拈来，精通 MATLAB、Pascal 等多种编程语言，在解决复杂数学问题的时候能熟练运用各种算法，给出时间和空间复杂度最优的程序。操作服务器、独立解决各种各样的计算机问题更是不在话下。

龙晓琪是团队中的论文选手，11 年制学生，15 岁。她擅长英语写作，语言组织能力强。拥有较好理科思维的她能够轻松地理解模型的思路，并用自己的语言进行清晰的表达。为了将团队的论文尽可能完美地呈现，她努力学习 LaTeX 排版语言，花费两个星期的时间熟练地掌握了这一学术论文的专业排版软件，并在比赛中投入实际运用。她具有较好的团队合作能力，能及时化解其他两名队员之间由于模型争议产生的种种矛盾，使合作效率达到最高。如今，她已经在带领两名中三的跟队进行论文写作方面的学习。

本学期，Monomania 建模组第一次以正式小组的身份参加 IMMC 国际高中生数学建模挑战赛，首战即获得中华赛区特等奖的优秀成绩。本次比赛让他们第一次体验到了参加学术论文答辩的过程。在准备答辩的过程中，数学建模中心全体团队出动，为他们提了无数的意见与建议。在数学建模团队的倾力相助下，他们终于摘得桂冠。数学建模从来都不是一个人、一个小组的事，而是整个团队作为一个集体，解决各种疑难问题，共同奋进，共同成长。

希望 Monomania 建模组和其他学生能在日后的学习中取得更大的收获。在这里，我们分享一位团队成员的成长历程。

我是龙晓琪，Monomania 建模组的论文选手。

初来到数学建模，我怀着无比复杂的心情，期盼而又不安。作为一名以文科见长、理科并不十分突出的学生，"数学建模"四字听上去就让我望而生畏，周围的"理科学霸"们给我一种无形的压力，生怕自己平时学习会跟不上。36 小时、96 小时的连续比赛更让我感到一丝紧张与恐惧。

最终，我选择来到建模中心，可能是出于对科创的向往，内心对数学的景仰，或是对于一个优秀团队共同成长的经历的渴求。

于是，我战战兢兢地开始了建模之路。因为周围同学的优秀，因为害怕落后，我开始刻苦地补短板。我先从看论文开始，从我校学长的特等奖论文到历年 MCM 的 Outstanding 奖，我在半个学期中看完了近 20 篇论文。起初很困难，连英文单词都要时时逐个查，更别说庞杂的数学公式了。后来经历了第一次跟队比赛，亲手写了一些论文，方才觉得读论文容易了一些，切实地体会到比赛是对建模综合能力提升最快、最有效的课程活动。阅读的论文渐渐多了，数学模型就变得可以理解了。到寒假跟队参加 MCM 比赛的时候，终于对数学建模和建模论文有了一个整体的了解，也算是正式入门了。

经历了两次 MCM 比赛，一次模赛、一次正赛，都是跟队活动。虽说是跟队，却是对我能力提升最大的两次活动。与组长讨论赛题的过程中，让我认识到了优秀模型的建立过程；带我的论文选手帮我一次次改论文，让我学会了标准数学论文的英文写作；程序选手使用的排版工具让我第一次见到了 LaTeX 这个功能强大的排版软件。96 小时乘以 2 的比赛时间，却是无数次补课也换不来的成效，每次从科创楼出来，放下疲惫的身心，抬头，想到四天的收获，只觉得天又升高了……

到了第二学期，我终于加入了自己的团队，要为自己的团队负责了。于是面对空荡荡的文稿，我决定自学 LaTeX 语言。虽然有一点点程序基础，可毕竟远远不够，而且学长没有留下可供参考的源代码，我只得拿着一本书自己摸索。从导言区的建立，到后来的制图语言、制表语言，纷繁复杂的文献交叉引用，两个星期的时间，我沉浸在其中，感到之前从未有过的自主学习的辛苦与快乐。终于，按下 run 键，一篇论文排出来的那一刻，心酸和成就感交织……

第一次和新团队参加 IMMC 比赛，我发现独立写作一篇论文和跟队写论文又大有不同。没想到运气那么好，竟然收到了参加中华赛区轮答辩的邀请，我们组便开始着力准备。"Outstanding 奖项，颁发给上海市实验学校！"当听到组委会主席在颁奖晚宴上宣布这个喜讯时，我的内心不仅是欣喜，更多的是感慨和动容。在领奖台上，主席递来奖状，与教授合影，灯光闪烁，人影攒动；我眼前浮现

团队获奖合影

的却是比赛时为一个系数的确定争执不休，凌晨时分论文一遍遍地重审，代码一行行地修改，整个数学建模社为了答辩的各种细节激烈争吵

比赛答辩

的那个下午，准备答辩问题，深夜十点半学校斑驳阑珊的月色……尽管国际轮的评审不尽如人意，也是我们目前水平和能力的客观反映，更何况，我已经在这场比赛和答辩中学到了太多。

答辩结束，回到日常课程中，我们组又做了一个关于地铁换乘的课题，并且经历了一次校内答辩。多次的合作使我们组渐渐有了默契，也成了一个比较成熟的小组。如今，我们小组已经有了三名跟队，看着他们孜孜学习的身影，仿佛看到一年前的我。建模就是这样，一届届何其相似，老师牺牲自己宝贵的休息时间精心培养我们，将我们一届届引向正轨。而我一路走来，收获的是难以言表的感动。团队合作，学术研究，自主学习，这些都是一般的应试教育无法带给我们的，是建模向我展示了一个全新的世界。现在，我也终于明白了当初决定进建模中心的正确。

感谢特需课程，感谢数学建模中心，感谢我的指导老师。青春能有一样执着的追求当属不易，在建模度过的和即将度过的 1000 个小时里，无悔，珍惜。

数学建模给了我们很多新的机遇与挑战：在这里，面对的问题不再有固

实验室掠影

定答案，需要给出的是一整套解决方案；在这里不再有个人英雄，只有更好的倾听、理解和默契的优秀团队；在这里，有着更加严谨的学术要求，让每一个成员自发有了敬畏之心，对自己也有了更高的要求。

值得一提的是，数学建模让我们看到了更多热爱科研和有创新意识的同学涌现，通过数学建模，也许可以开出更多的创新之花，结出更多的通向梦想之果。创新成就梦想，建模走向创新。

（执笔：陈夏明）

中西融合打开教育国际化视野

—— 上海师范大学附属中学剑桥化学创新实验室

实验室建设理念

"剑桥化学创新实验室"以我校的优秀拓展课"剑桥化学实验"为载体，通过研究和引入英美等西方发达国家的中学化学实验课程和实验室建设方案，并结合国情、校情建造而成。实验室旨在培养学生具有宽阔的国际视野和参与国际学术交流的能力，具有强烈的创新意识和积极健康的创新心理，更重要的是培养他们具有批判性思维、发散性思维等创新思维方式，以及发现问题、科学假设、动手实践等创新能力。

实验室课程注重把发展学生批判性思维、创造性思维贯穿到实验教学全过程，在教学中侧重培养学生做科学的能力，让学生具备国际交流、理解、合作、竞争能力。这些实验课程学习和借鉴英美等西方国家的化学实验教学，并将之进行本土化改造，融入我国的化学实验教学课程体系，为我们的课程和教学改革提供了宝贵的经验。

实验室学习环境建设

📍 课程设置

"剑桥化学实验"的课程内容选用英国皇家化学学会认可的经典学生实验和欧美优秀实验，参考英国剑桥考试中心的 A-level 和 IGCSE 课程标准，教学中使用英文原版教材，部分内容使用英语授课。该课程不仅吸收了国外实验教学的优点，还根据我国教育的特点对其进行了本土化改造。"剑桥化学实验"课程具体为学生开阔化学实验视野、培养科学素养、提高实践和创新能力提供了一个良好的平台。

"剑桥化学实验"课程具体内容如下表所示。

"剑桥化学实验"课程内容

（1）Chemistry Safety Rules and the scientific method（blue bottle experiment）化学实验室安全规则和科学方法（蓝瓶实验）

（2）Colorimetric determination of a copperore 比色法测定铜矿石的含量

（3）Beanium Experiment—Learning About Isotopes 豆元素实验——学习同位素

（4）The migration of ions 离子移动

（5）Chemistry and electricity 化学和电（电解饱和食盐水的微型实验）

（6）Separating a mixture of sand, salt, iron fillings and benzoic acid 分离沙子、盐、铁屑和苯甲酸的混合物

（7）Producing a foam 做泡泡

（8）Diffusion in liquids 液体中的扩散

（9）The effect of concentration on a reaction rate 浓度对反应速率的影响

（10）Catalysis and Testing for enzymes 催化剂和酶

（11）Fruit cell 水果电池

（12）Electricity from chemicals 化学物质中的电

（13）The reduction of iron oxide by carbon 用炭还原氧化铁

（14）Neutralization of indigestion tablets 中和消化不良药片

（15）Thermometric titration 温度滴定法

（16）Redox titration—Analysis of the iron content in fertilizer and make standard KMnO$_4$ solution 氧化还原滴定——分析铁肥中铁的含量

（17）The volume of 1 mole of hydrogen gas 测定 1mol 氢气的体积

（18）Solubility of nitrates, chlorides, sulfates and carbonates of some common cations 一些常见阳离子与硝酸根离子、氯离子、硫酸根离子、碳酸根离子的溶解度

（19）Investigating the equilibrium in solution 探究溶液中的平衡

（20）Crystal garden 水晶花园

（21）The rubber band 橡皮筋实验

（22）Energy values of food 食物的能量

（23）The change in mass when magnesium burns 镁条燃烧时的质量变化（氧化镁的经验化学式）

（24）Factors affecting the corrosion of iron 铁腐蚀的因素

（25）Making a plastic from potato starch 用土豆淀粉制作塑料

（26）Making soaps and detergents 制作肥皂和洗涤剂

（27）Polymer slime 聚合胶

这 27 个典型实验，基本涵盖了我国高中化学的主要实验操作和化学原理。其涉及的实验基础操作技能，如混合物的分离和提纯（分离沙子、盐、铁屑和苯甲酸的混合物），配制一定物质的量浓度的溶液（配制标准硫酸铜溶液），离子的检验（一些常见阳离子与硝酸根离子、氯离子、硫酸根离子、碳酸根离子的溶解度），酸碱中和滴定等。这些实验包含了高中化学绝大部分的原理，如原子结构（同位素模型实验），电解质溶液的性质（离子移动），化学反应速率和化学平衡（浓度和催化剂对化学反应速率的影响、橡皮筋实验、探究二氧化碳在溶液中的平衡），氧化还原反应（电解"化学和电"、电镀"电解硫酸铜溶液"、原电池"柠檬电池"、金属活动顺序"化学物质中的电"），物质的量（测定 1mol 气体的体积）等。

场地设备

在实验室硬件建设的过程中，我们博采众长，吸收国内外化学实验室的最新优点，根据我校教学实际建造了一间功能创新的新型实验室。

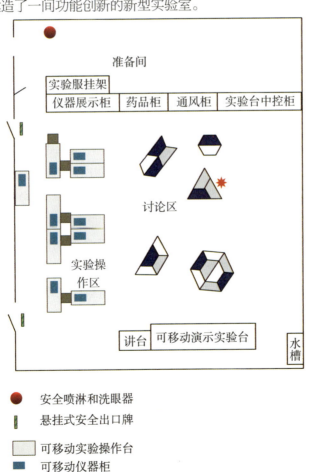

剑桥化学创新实验室的布局图

实验操作区

与传统实验室相比，这间实验室硬件有两个亮点区域：可移动的学生实验区和讨论区。实验操作台使用了上进水系统，进水、出水、供电、抽风都从天花板上的吊箱中运行，地面无须铺设管道。可拆卸的软管连接吊箱和可移动的水槽。我校根据教学实际需要，设计了可以移动的实验操作台和仪器柜，实验操作台根据实际情况灵活组合成多种形状。一个实验操作台配一个活动仪器柜。仪器柜包括竖柜和抽屉。常规的实验仪器，如试管、烧杯、铁架台等，按类摆放。实验安全用品，如乳胶手套、护目镜等也放在抽屉中。如果进行学科理论教学，可以迅速移走水槽和仪器柜，实验台摆成排形的课桌，实验区域就变成了传统的理论学习区域。

这间实验室还为学生专门开设了学习讨论区，设计的使用人数是 20 人。学习讨论区和实验区分开，可以确保实验安全。讨论区设置了移动 T 形桌子和带轮子的椅子，它们可以根据学生的需要任意组合。讨论区还配有书架，上面摆放了与实验相关的书籍资料和一些点阵式模型，既可以帮助学生自学，同时也渲染了学科特色。

实验区和讨论区的可移动装备设计，秉承了"以学生发展为中心"的教学理念。它让学生即可以环形坐讨论又可以排排坐聆听，融合了中西方教学的优势。此外，实验室中的通风橱、安全海报、安全指示灯、安全喷淋、实验服衣柜等安全防范设施，增强了实验的安全系数，确保了师生的实验安全。学生们十分享受这种实验环境。

📍 教学变革

我校的"剑桥化学实验"拓展课选取了很多优秀的英国实验教学案例。这些实验设计新颖，构思巧妙，以探究为主，体现了东西方思维的巨大差别。课程通过对这些实验案例的本土化改进与创新，既吸收了英国实验的精髓，又发扬了我国化学教学的优点，受到了学生们的好评和欢迎。

1. 实验技法多样并侧重实用性

每个实验根据自身的要求选取不同的技法。例如，对于过滤技法，在"测定食盐和沙子混合物中食盐的质量百分比"时，操作必须严谨，以确保其较高的精确性，过滤技法为"一贴，二低，三靠"。对于实验精确度要求较低的实验，则采用简单搭配。如"分离沙子和食盐的混合物"仅要求分离两种物质，漏斗直接放在锥形瓶上；"重结晶法提取粗明矾"中，粗矾溶液加热后再过滤蒸发，蒸发皿发挥了承接滤液和蒸发结晶的双重作用；"活性炭过滤分离高锰酸钾溶液"时，漏斗搭在试管架中的小试管上，操作便捷，试剂消耗较少。这些多样的过滤技法操作有效地适应实验内容。

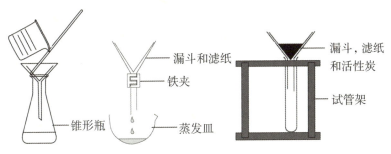

英国实验的过滤技法

实验技法要为实验内容服务，注重实用性。如胶头滴管一般用来吸取液体，英国实验却改变思维，用它吸取二氧化碳气体，再把气体注入少量的澄清石灰水溶液底部，便捷地检验了二氧化碳气体。技法标准化易造成思维僵化，灵活实用的技法才能解放学生的创造力。

2. 注重实验过程和方法的完整性

如"酸碱中和滴定"滴定后，蒸发氯化钠溶液结晶出白色的氯化钠晶体，以客观实物表明滴定实验的化学物质变化。实际制作晶体时，如果酸或者碱过量，长时间蒸发后仍然不能得到晶体。"酶对化学反应速率的影响"中不仅观察到双氧水被猪肝催化分解的气泡，而且还要验证气体为氧气。"善始善终"的实验过程不仅检验实验设计方案的可行性，还帮助学生建构完整的科学探索经历。

3. 注重数据的分析和处理

例如，对于"浓度对化学反应速率的影响"，中英实验的内容和操作方法基本相同，过程却有差别。上海"二期课改"教材记录数据后就直接得出结论，学生对实验的分析介于感性与理性之间。英国实验多了绘图处理数据的步骤：绘制浓度和时间的曲线，根据图形分析结论，直观理性地得出实验的结论。这建立了图形分析实验数据的概念，有效消除误差的影响。只有科学地处理数据，才能得出客观理性的实验结论。分析实验数据是科学探究必不可少的环节，它使化学实践行动上升为思维和理论，有利培养学生的严谨科学态度和批判性思维。

4. 注重实验的联系性和观赏性

英国很多实验不仅有探究功能还兼备多种特点，如重视科学技术和社会（STS）的关系，体现化学实验技能的运用。"比色法测定铜矿石中铜的含量"把中学基础化学实验技

学生在做龙卷风实验

拼装碳-60 模型

"配制一定物质的量浓度的溶液"、比色法和开采铜矿联系在一起。很多实验有悦目的观赏性。如"纸层析法分离食品染料"用水作扩展剂在滤纸上分离食品染料，五颜六色的染料在滤纸上分离出各色的"彩带"，实验不仅环保而且美观。单个实验案例就能激发学生的探究兴趣，充分发挥实验的多种教学功能。

"剑桥化学实验"拓展课给我们很多启示。化学实验教学改革是循序渐进的动态发展过程。化学实验教学要以学生发展为中心，关注学生个体的认知和成长，关注化学的自然科学本质。英国等西方国家的化学实验侧重探究，拥有成熟的实验教学理论、丰富的案例和实验考核方法，给我们带来很多值得借鉴的内容：实验案例设计装置要简单、易操作；探究的化学学科内容不易过窄过深；要重视实验数据的记录和分析；化学考试时增加实验过程的考核内容，如数据处理；选择最有效的仪器和技法，不要过分追究误差分析等。

 ## 运行机制

"剑桥化学实验"拓展课的上课时间为每周四下午，两节课连上。选课的学生来自高一和高二。每批学生在第一节课时必须接受实验室安全规则培训，签署安全合同。学校提供护目镜、乳胶手套、白大褂等安全保护装备。实验的大部分仪器和试剂属于高中常规用品，少量需要额外添置。这门课由专门的教师带教，有时会邀请专家前来指导或开设讲座。学校以科研项目引领，推进这个实验室对国外化学实验教学的深入研究，经常不定期对外展示公开课和实验室。学校经常会采购一批英美国家的最新常规仪器，紧跟英美国家的最新化学实验教学动态。

 ## 实验室建设成效

1. 培养了学生的科学素养和创新能力

剑桥化学创新实验室是培养学生科学实践能力和创新精神的重要场所，为学生综合素质的提高创造了一个良好的平台。教师在上课过程中，大多数实验是让学生先自己动手做，然后根据现象分析推断理论，帮助学生带着疑问分析结果，这大大激发了学生的好奇心和质疑能力。学生在和谐的实验环境中独立思考、合作实验，拓宽了思维的广度，加强了思维的深度，学会了科学的研究方法，为以后的长远发展奠定了扎实基础。剑桥化学创新实验室培养了多名学生在上海市化学类和科技创新类竞赛中获奖，为学生进入国内外知名大学深造学习提供了条件和机会。

2. 提升了教师的专业化水平和科研能力

剑桥化学创新实验室是我校实验教学的重要基地，它帮助教师在教学中充分体现国外实验的特点，为教师提供了改进国外优秀化学实验的实验条件。教师的专业水平和科研能力得到了很大提升，许多创新实验案例和论文获得全国一等奖，多篇论文在专业核心期刊上发表。如2012年，化学创新实验作品《离子在电场和磁场中的定向运动》获中国化学教育委员会第十一届全国化学实验教学创新研讨会全国一等奖。该作品又在2014年获中国教育装备行业全国中小学实验教学优秀案例全国一等奖。教师参与了市级重点科研课题"中英高中科学实验教学的对比研究及整合实践"，参与广东省2014年高中教师职务培训化学学科课程开发，课堂录像"比色法探究铜矿石的含量"被采用，成为国家化学骨干教师培训实验范例。

3. 推进了化学课程的教学改革

剑桥化学创新实验室是我校化学课程改革的重要内容。实验室硬件建成之后，对于学校的化学课程改革是一个很大的推进，尤其是在实验内容方面。教师在课程教学中增加了一些我国教材中没有出现的实验，如用比色法分析物质的含量（比色法测定铜矿石的含量）。或对我国传统化学实验进行了适当拓展、有益补充，如在滴定实验中增加了热滴定（温度滴定法）、氧化还原滴定（分析铁肥中铁的含量），与传统实验形成互补。这有助于构建完善的实验教学体系，是对传统化学课程在内容、方法、理念上的丰富和革新。

改进英国实验"离子在电场和磁场的定向运动仪器盒"

4. 加强了学校的对外合作交流

剑桥化学创新实验室也吸引了来自国外的、全国各地的教育专家、领导和教师前来参观学习和交流。有些全国知名的公办学校和上海的国际学校拷贝了这间实验室的格局。这使得它成为上海教育国际化展示和交流的一个重要窗口和平台。

记录实验数据

耳目一新的化学实验课

2017届学生　朱怡文

本着对化学实验的好奇与热爱，我在高一时选择了"剑桥化学实验"的选修课，在丰富有趣的实验中感受到了科学实验与理性分析的魅力，也发现了国内外实验授课的不同。

首先是课堂授课有新意，偏重思想略轻理论。

因为我们使用的是国外教材，所以孙老师不仅使用原版的实验资料，更在课堂授课中坚持用英文PPT和部分英语进行教学，配合着学校干净整洁的实验室，真让我有身临国外实验课堂之感。更惊奇的是，在每次孙老师介绍完实验目的之后，她总会问我们对于这个实验的想法，并向我们征询实验方法。第一次上实验课可把我们难住了，大家面面相觑都不敢吱声，这可是从来没有人问过的问题！从一开始的沉默不语，低头回避，到在孙老师的鼓励引导之下开始各抒己见，存疑质疑，这已然是一种成长。在实验课中，孙老师注重的不是实验成功与否，而是我们思想的培养。即使很多年后实验理论全部忘记，我也忘不了孙老师"没关系，不分对错，有想法就提出"的鼓励，忘不了在课堂上提出自己想法的激动与自豪。

其次是实验，国外的教材中有很多的模拟实验，将抽象的概念具体化，眼见为实，帮助理解理论知识。

比如"豆元素实验"，将豆子看作一个新元素，分别以红豆、黄豆和黑豆作为其同位素，通过三次实验避免误差，求出每种颜色的豆子的"丰度"，并计算出每种豆子的"相对原子质量"，最后求出豆元素的相对原子质量。这个模拟实验，简单有趣，我们用烧杯取豆子，耐心地数几百颗豆子，不厌其烦地重复实验、记录数据。大家两人一组合理分工，操作时严肃认真，得出结果后欢欣雀跃，我觉得这才是实验的目的：在快乐和过程中获得知识。对于微观化学中较难理解的"元素相对原子质量"知识，"豆元素实验"将肉眼看不见的各种同位素原子转化成有形的生活物品，似乎复杂的质量比值转换和加权平均值公式也都在脑海中用形象的豆子得以理解——对于我一个理论化学很弱的学生来说，这个实验、这种转换建模思想使我受益匪浅。

再如"测定1mol气体体积"的实验，国外的实验方法竟然将滴定管倒置，并用稀盐酸与镁带反应放出氢气，再用排水法测得气体体积！对比国内教材中三个相连的瓶子，不知道简洁快速了多少！虽然国外实验上误差略大些，但他们不拘泥于精确的仪器使用，不刻板，反而灵活巧妙，令我叹服！但我们学生也不甘示弱，有同学提出针筒称重的实验方法更是获得大家的一致好评！孙老师竟然因此特意为我们准备了一系列仪器，与我们一起将理论转变成实际，我们不断摸索，不断改进，甚至拜访了物理老师！这才是真正的实验啊，自己设计，自己改进，创新意识也跳脱出书本而在实验中得以体现！

还有有趣的泡泡实验、水果电池实验，好看的晶体花园实验，实用的天气瓶，还有电解饱和食盐水、离子检验、探究金属腐蚀因素，等等，做过的实验简直数不胜数！

最让人印象深刻的应是国外教材中对实验报告的设计。除了基本的实验介绍、目的与过程，更是添加了实验后的问题、改进与总结，而且举一反三，从一个实验中引申到更深层次的问题。比如热滴定实验报告的后页，设计了绘制图表的方式进行数据分析，开动脑筋自己设计单位长度画出大小合适的图形；引申实验便是探究滴定后的产物，一个实验变成多个实验，内容丰富！

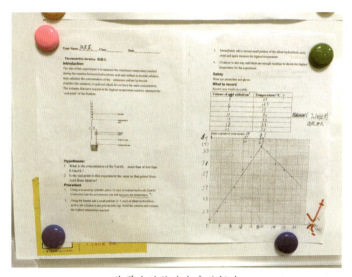

某学生的热滴定实验报告

中西结合，经验互补，这门从剑桥课程体系中引进的化学实验课，不局限于国内课本，给了我更广阔的视野，也锻炼了我的动手能力，启迪了我的思想。

在快乐中学习，在实验中进步，我认为"剑桥化学实验"做到了。

（执笔：徐　明　孙黎颖）

工程教育筑梦工匠精神

——上海市洋泾中学工程教育中心

 ## 实验室建设理念

上海市洋泾中学"工程教育中心"由四个工程实验室和一个数字化加工中心组成，以"创意—设计—制造"作为工程教育的特色，整合各类资源，努力探索课程建设和人才培养的新模式。洋泾学子通过系统地学习多门"2+3"工程创新课程，体验"工程创意—工程设计—数字化制造"这一现代工程技术的全过程；通过项目任务驱动，在一项项设计任务的完成、一个个技术问题的探究解决和作品数字化加工制作中，培养创新意识、创新思维和创新能力。

洋泾中学有80多年的办学历史，具有优良的办学传统，形成了独特的工程教育课程体系。校友中涌现了一大批工程科技精英，是在我国重工、军工、航天、机械、电子

工程教育中心楼掠影

自动化等工程领域作出杰出贡献的高端科技骨干和栋梁，例如担任"歼八"战斗机总设计师的中国工程院李明院士等。工程教育中心以工程教育课程群（包括"工程创意设计""三维工程制图""单片机设计与应用""机器人工程"等）为载体，为创新素养培育提供了灵活多样的选择和平台支撑。这一培养理念和新高考改革的"综合素养评价"是高度一致的，从更高层面来看，是为国家"创新驱动、转型发展"的战略培养高素质创新人才。

 ## 实验室学习环境建设

 ## 课程设置

工程教育课程是信息科技的编程、劳动技术的绘图和电子技术的拓展与延伸，可以促进学生多元化、个性化的发展。根据多元智能理论，很多学生都具有动作技能、操作技能、

技术思维方面的潜能和优势，而且工程技术并不是雕虫小技，它蕴藏着大智慧。工程教育课程可以使对学术性课程并不敏感，但在技术方面、技能方面具有特长和天赋的学生得到富有个性的发展，有利于培养他们的创新精神和创新能力。

工程教育课程的学习往往是基于工程技术问题的解决，在解决问题的过程中，要超越简单的技术模仿和技术训练，学生就必须充分发挥个性化的想象力和创造力，从而掌握解决技术问题的思想和方法，提高创新意识和创新能力。在一项项工程任务、一个个技术问题的探究和解决中，学生的创造性思维能力、想象能力和创造品质会得到不断发展。

目前工程教育课程群中有 4 个相对成熟的课程，分别是"工程创意设计""三维工程制图""单片机设计与应用""机器人工程"。这 4 个课程既相对独立，又相互协作，为工程创新教育提供了灵活多样的选择。工程教育课程设置为"2+3"模式，既有针对基础班学生的课程，面向全体学生开放，学时 2 年，并且纳入课表作为校本必修课；也有针对科技竞赛的辅导培育课程，选拔优秀学生纳入"专长"创新培育的 3 年课程计划。

以"工程创意设计"的"2+3"课程为例，具体概述如下。

班级授课课程计划

模块名称	模块一基础绘图	模块二模型制作	模块三计算机辅助设计	模块四钳工	模块五车、铣、刨床使用	模块六数控机床操作
目标	会用三视图表达，能读懂三视图	能读懂图纸并且根据图纸完成模型制作	会用计算机辅助设计软件绘制图纸，并画出三维效果图	认识各类钳工工具，并能利用合适工具制作简单零件	会操作车、铣、刨床，并能加工教师指定的零件	会设定数控机床参数
课时	2	2	2	1	1	1
结果评价	能对三视图进行读图、识图	根据图纸制作模型	利用 CAXA 辅助设计软件绘制效果图	能选择使用合适的工具制作零件	熟悉并能使用各类机床	会简单操作使用数控机床

科技竞赛课程计划

模块名称	模块一钳工	模块二车、铣、刨床使用	模块三数控编程及数控机床操作	模块四自主选题创新训练模块	模块五三维机械设计实践
目标	熟练操作各类钳工工具，能利用钳工工具制作模型	熟悉各类机床作用功能并会操作	会根据要求编写数控程序	根据设计要求对零件进行加工制作	能利用数控设备自行编程、制作零件
课时	2	2	2	2	3
结果评价	合理使用工具制作零件	熟练运用各类机床	能根据零件要求编写数控程序	合理运用各类工具，完成零件加工制作	利用数控设备对零件进行加工制作

班级授课两年学程安排

学期	学习活动名称	目标	内容（包括理论学习和动手实践两方面）	评价	需要完成的作品，研究课题、论文的名称
高一第一学期	模块一、二、三	读图识图，并能根据图纸搭接模型。根据设计要求利用CAXA计算机辅助设计软件绘制三维效果图	线条绘制，三视图绘制，三视图立体图转换。CAXA实体设计软件	1. 三视图线条绘制是否标准；2. 模型制作完整美观；3. CAXA软件表达设计要求准确无误	1. 工业零件三视图绘制；2. 房屋模型；3. 咖啡壶绘制
高一第二学期	模块四	认识各类钳工工具，并能利用合适工具制作简单零件	了解各类工具用途功能并制作瓶起子、小榔头。	制作零件功能完整，外观平滑	制作瓶起子、小榔头
高二第一学期	模块五	会操作车、铣、刨床，并能加工教师指定的零件	熟悉并能使用各类机床	能根据图纸制作完成零件且尺寸准确	制作指定尺寸螺丝螺母、指定尺寸零件若干
高二第二学期	模块六	会设定数控机床参数	会简单操作使用数控机床	数控编程	齿轮制作

科技竞赛三年学程安排

学期	学习活动名称	目标	内容（包括理论学习和动手实践两方面）	评价	参加何种竞赛的名称
高一第一学期	模块一	熟练操作各类钳工工具，能利用钳工工具制作模型	复杂螺栓工作制作	尺寸准确、外观平滑	上海市中小学航天模型比赛，区级"通用劳技"竞赛
高一第二学期	模块二	熟悉各类机床作用功能并会操作	步行机器人零件制作	步行机器人机械性能良好	市级"通用劳技"竞赛，陈嘉庚青少年发明奖评选
高二第一学期	模块三	会根据要求编写数控程序	复杂形状零件数字化制作	能准确编程、制作零件与图纸表达一致	市、区"未来工程师"大赛，市优秀发明选拔赛
高二第二学期	模块四	根据设计要求对零件进行加工制作	学生自拟	零件具有创新意义	市创新大赛

创新实验室里的成长轨迹

学期	学习活动名称	目标	内容（包括理论学习和动手实践两方面）	评价	参加何种竞赛的名称
高三第一学期	模块五	三维机械设计实践	学生自拟	零件具有创新意义	市、区"明日科技之星"大赛
高三第二学期	模块五	三维机械设计实践	学生自拟	零件具有创新意义	全国青少年车辆模型竞赛上海地区选拔赛，全国中学生创新大赛

📍 场地设备

工程教育中心由"工程创意设计""三维工程制图""单片机设计与应用""机器人工程"四个工程实验室和一个"数字化加工中心"组成。工程教育中心安排在一个楼面，可以体验"工程创意—工程设计—数字化制造"全过程。

1. "工程创意设计"实验室

"工程创意设计"实验室配备有原木工作台、台虎钳、木工曲线锯、台钻、全套气动工具和博世电动工具、工具墙板等设备。可以满足绝大多数的创意设计模型打样制作。

"工程创意设计"实验室

"三维工程制图"实验室

2. "三维工程制图"实验室

配备有 24 张专业级背照式玻璃三维制图桌、专业制图投影仪、全套专业工程设计制图工具，可以实现小班化工程制图教学。

3. "机器人工程"实验室和"单片机设计与应用"实验室

可以同时容纳 24 人，同时具有工程自动控制的软件设计和硬件调试这两项互补功能。配备 4 张 2.8 米工作调试台和 8 台调试台式计算机，配置大学电子工程实验设备和机器人舵机等套件，实现了人工智能的再设计。

"机器人工程"实验室

数字化加工中心

4. 数字化加工中心

配备 3D 打印件、数控机床、激光雕刻机、车床、钻铣床、热折边机等大型加工设备，可以完成金属板、木材、有机板材等材料的数字化加工。

📍 教学变革

学生讨论中

每一位学生在高中两年内至少完成 40 课时的工程基础课程的学习。工程教育中心在高一第一学期开设"工程创意设计"，高一第二学期开设"三维工程制图"，高二第一学期开设"单片机设计与应用"，高二第二学期开设"机器人工程"，每个课程均为 10 课时。同时，每一位学生必须完成一项实物作品：高一第一学期提出设计，1 年实施制作，高二第二学期完成作品结题。

最终，作品和论文要放入学生"综合素养"资料袋（2018 届学生已经于 2015 年 9 月开始实施），过程学分计入学生实践项目学分。

在基础必修课程开展的同时，学校通过每学年的科技节竞赛等方式，筛选出优秀创意，发现有专长的学生，纳入"专长"创新培育的 3 年课程计划。对于这些专长生，导师利用每周的选修课程和社团活动课程指导他们学习，鼓励他们参加创新大赛。

实验室掠影

以"创意—设计—制造"为导向的教学实践，如下图所示。

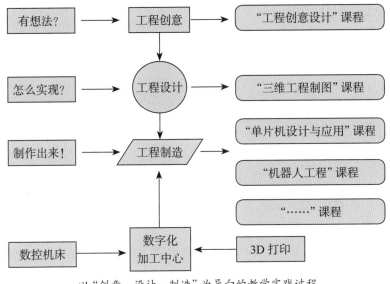

以"创意—设计—制造"为导向的教学实践过程

🔲 运行机制

　　学校整合现有资源，组建"工程教育中心"，统筹协调工程教育的设计和实施。为保障工程教育"2+3"课程有序进行，组建工程教育导师团队。聘请高校、科研机构的专家、教授，与本校教师共同构成导师团队。

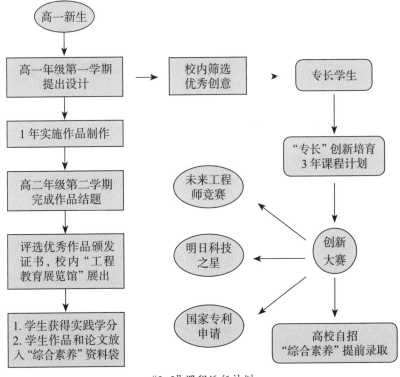

"2+3"课程运行计划

实验室建设成效

本着服务于全体学生的理念，以"纵向到底，横向到面，梯度发展"为实施策略，工程教育中心整合了校内已有的十几个科技类研究型课程资源和师资资源，设计了3年培养计划。这一培养计划已经在2018届学生中开始实施：从新生入学的研究型课程选择，到高中阶段的"综合素质评价系统"实践研究项目的确定，直到毕业生"高招综合素养测试"的准备，都依赖于工程教育中心这一创新平台。

遵循开放、共享的原则，我们承诺实验室的资源、信息、经验、成果实现互通与分享，让更多的学校了解和参与进来，分享实验成果。工程教育中心已经为洋泾教育集团（6所初高中）师生共享使用，体现了项目的"示范性"。例如洋泾外国语中学（初中）把"工程创意设计"也作为学校特色课程，每学期安排学生到工程教育中心参加2课时的学习，他们学校的科技教师也可以直接参与洋泾中学的教研活动。

借助工程教育中心这个平台的资源整合、协调运行，我校成功举行了院士专家讲坛和上海市科普大讲坛等颇有影响力的活动，邀请中国科学院储君浩院士等来我校作科普报告。学生和教师在"明日科技之星"和"科创大赛"等竞赛活动中屡获嘉奖。例如在第十三届上海市青少年"明日科技之星"竞赛中荣获一等奖，在第一届上海（国际）青少年科技创意大赛中荣获一等奖。

梦想终会实现

——"全自动高效消防救助救护机器人"研制纪实

2015届学生　金惠强

我是已经毕业的洋泾学子金惠强，"全自动高效消防救助救护机器人"是我成功研制的一个工程方案，并且在上海市"明日科技之星"评比中获得二等奖，其中的艰辛自不用说，重要的是我通过"工程创意—工程设计—数字化制造"三个步骤，把我的设想变为了现实！

设 想 由 来

当今城市，高楼林立，火灾频发，如"11·15胶州路特大火灾"，造成了严重的人员伤亡和经济损失。看到如此令人悲痛的消息，作为中学生的我感到了一种社会的责任感和使命感，我想用自己的微薄之力为消防作出一点贡献。

现有的消防机器人，大都依靠人工操控，且使用范围有限，受楼高、风向、道路等多方面的限制，往往发挥不了救火救灾的真正效用，而消防员用生命挑战灾难，往往也是十战九负。

在学习了工程制图、工程创意建模以及工程自动控制技术课程后，我就想制作一种全自动高效消防救助救护机器人。当我把这个想法告诉工程教育中心的徐老师时，他就鼓励我利用实验室的有利条件实现它，他相信我一定会成功！

设计方案的确定

为了弥补现有消防机器人的缺陷，我设计了救人和救火两种类型的消防机器人。救人机器人又分为建筑外壁垂挂和建筑内部搜救两种。三款机器人都有独立的判断能力，能无控制地全自动完成任务，而消防员只需通过机器人携带的摄像机监控即可（哇，好高级）。

"机械蜘蛛"

首先介绍一下救火机器人，它有很强的行动能力，可上下楼，以及原地转弯，而且还有跨越障碍、绕行等能力。机身带有光感仪器，可在高温中准确找到火源，并用携带的灭火器灭火。灭火后停留原地，监控火情，避免再次燃烧。

救人类型中的建筑外壁垂挂装置，被形象地称为"机械蜘蛛"（嘿，是不是有点像Spiderman）。作为专门营救高楼居民的装置，它会先从楼顶出发，沿着墙壁行驶，利用光感仪器进行外墙扫描，当它发现窗户时，会打开位于底座的救生舱。被困在高层的居民可以进入救生舱，与"Spiderman"一同到达地面。机器人尾部的钢缆连接在楼顶，机身上的电

调试"机械蜘蛛"

机转动使机器人能够下滑。光感仪器安装在机器人的前部，以便能够及时地找到窗户。救生舱及机器人本身由防火材料构成，且有通风结构，能使救生舱内有充足的氧气，以保证被救居民能够安全到达地面。

救人类型中的建筑内部搜救机器人是这三个机器人中的核心，也是最重要、最高端的。其结构与救灾机器人大致相同，但不同的地方在功能。救人机器人上载有隔热防火的座舱，用于搭乘伤员，内有安全带，保证伤员的安全以及防止救援过程中的颠簸（就像坐车，不是吗）。

工 程 制 图

作品设计过程中,也遇到很多困难。借助网络、媒体,我参考了许多现有的消防机器人,由于乐高材料的局限性,参考价值并不大,但也让我有了大致的设计方向。凭着大脑的构思,我完成了设计初稿,在给辅导老师看过后,他指出机器人中作为核心环节的爬楼结构有待改进。在没有任何结构参照的情况下,我苦思冥想,

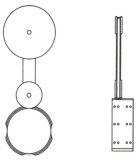

单轴行星齿轮结构设计图

以及在辅导老师启发下,我发现了"行星齿轮结构",加以变化,设计了"单轴行星齿轮结构",将原有的四轴全环绕改为单轴半环绕,代替了第3代机器人采用的绳子方案(绳子会晃动,导致前肢不稳,于是被挂在了外壁上……),实现了平面的90°抬升,完成了爬楼的动作。在设计方案确定后,最终完成了作品设计图纸,它们真正成了英勇的"消防员"!

数字化加工制作

大楼简易模型

我设计的全自动高效消防救助救护机器人需要实现以下优点:一、避免消防员用生命挑战灾难。二、机器人工作高效而可靠,不会受高温、烟雾的环境影响。三、机器人拥有灵敏的传感器,在某些方面更易于救护。四、机器人可大批生产,且成本较一般机器人相对便宜,由消防局统一分配至各大主要住宅区、商业区,使消防行动开始的时间提前。

全自动高效消防救助救护机器人要强调"全自动""高效",这是目前消防机器人达不到的,也是现有许多机器人的不足之处。

在接下来的模型制作过程中,我找来几个纸箱,裁剪、拼贴,做出了大楼的简易模型,而大楼的尺寸也经过测量,达到最适合机器人运动的长、宽、高。后续工作便是美化,我用银色窗花贴包裹整个模型,并画上窗户,等等,力求形似,我认为既然要做,就要做到完美,细节也不能省略!

如果像以前手工制作模型,一个方案的制作就要耗时两周以上,加上测试再调制,重新到外面请人加工零件,时间成本来不及啊!好在有强大的"数字化加工中心"的有力支持,在用3D打印机制作塑料零件,

用数控机床加工有机板材，还有全套的气动工具支持。短时间内，我先后制作了 4 个模型，进行功能比较，最后确定了最佳设计，制作完成。前后不过一个多月的时间！

工程测试设备的有力支持

在制作过程中，需要数据的大致范围，这些计算十分复杂，不仅数据难以获取，而且即使获取，也需要多次测量取平均值保证数据精度。这让我想起了我国数学家陈景润，他光草稿纸就有满满 3 大箱，让我钦佩无比。现在我面对的数据仅是冰山一角，又有何资格说复杂呢！于是，我坚持着科学精神，借助"单片机设计与应用"实验室的测试设备，很快计算出了舵机扭力以及行星齿轮的速度，为后期制作提供了数据参考。

之后在一旁"机器人工程"实验室内，反复实践测试，最终研制成功。所以比起数据和理论，"实践出真知"显得更为重要。

进一步完善的设想

人无完人，机器人也无完机器人。全自动高效消防救助救护机器人虽说是全自动、无控制，但毕竟受条件限制，有许多工作无法完成，还有许多地方有待改善。

1. 机器故障，谁都难保机器人不发生故障。为此，我想设计一个程序，当故障发生时，程序立刻启动，机器人发出故障报告信号，并且回缩，保护自己不被大火伤害，等待消防员回收。

2. 自身程序的局限，机器人没有像人一样高超的自我判断能力，如遇到程序是涉及的突发状况，难以采取应急措施。对此，我的设想是让机器人多安装传感器，将实时数据发到监控中心的电脑上，通过对数据的分析，采用远程应急遥控的方法，控制机器人处理问题。

3. 对环境的适应能力。不同大楼有不同的楼型，其地面、楼梯等都难以用一种结构统一应付。为此，我希望建立一个数据库，将机器人每次救灾时的环境数据收集起来，并通过分析、计算，得到每种情况下机器人最好的装备和程序。如此，在每次出动前，更换最合适的配件和程序，达到"万能"的执行效果。

思考是基石，技术是支撑，没有工程技术科学，人类就不会进步，梦想就不会实现！

（执笔：李 莉 肖 斌）

建设地理实验课程
搭建学生筑梦舞台

——上海市七宝中学地理创新实验室

 ## 实验室建设理念

地理学科兼跨文理，在日常教学中并没有配置实验室的具体标准和要求。但是，近年来，由于学生个性发展的多样化，越来越多的学生渴望对地理学科进行深入研究，将高中生适切的地理实验项目纳入课程建设成为一种内驱需求。另外，我校提出了"平民本色、精英气质"的育人目标，着力打造研究型高中，因此我们从地理学科的角度出发，挖掘地理类探究资源，加强地理课题研究，为地理特长生的培育构建坚实的发展平台。

仇忠海校长与测绘院领导
为学生地图俱乐部揭牌

鉴于自然环境与社会本身就是地理学科最强大的天然实验室，因此"地理创新实验室"建设不同于一般的理化生实验室，它力图实现以下 6 个功能：①提供地理野外数据的计算与分析处理；②地理经典实验的再现（相关仪器设备）；③大范围地理现象模拟实验的开展；④地图和地理信息技术的分析空间；⑤提供电子化与纸质化的地理基础研究资料；⑥地理课题的孵化与研究枢纽。

由此可见，地理创新实验室担负了多重角色，不仅是对现有基础型课程所缺失的实验的弥补与拓展，而且也是地理创新素养的培育中心、地理课题的孕育中心。这里所有的资源都不是简单地陈列、展示的，而是给学生活动、运用与操作的。

建设地理创新实验室的目的，就是在传统的地理基础型课程之外，以实验室为平台，打造具有浓厚地理特色的校本系列课程，为爱好地理的学生开辟一条实现个性发展的通路，弥补目前地理基础型课程在学生地理创新素养培育上的短板，更好地实现七宝中学"研究型高中"的建设目标。

实验室学习环境建设

📍 课程设置

地理创新实验室开发的课程囊括了基础型课程、拓展型课程、研究型课程，以及学生社团、创新素养培育特需课程等诸多领域，成为七宝学子最喜爱的课程之一。创新实验室也因此成为学生学习地理知识的理想空间、探究地理课题的适宜场域。

地理创新实验室课程概况

课程类型	课程名称	课程内容	开设时间	周课时
拓展型课程	地理科学研究入门	地理经典实验与拓展实验、地理研究方法、地理软件	每周三下午	2
研究型课程	地理项目研究	根据学生自拟的研究课题开始地理研究，教师指导	每周五下午	4
学生社团	HUB 探索者与学生地图俱乐部	地理热点问题研讨、地图鉴赏、地图绘制与数据分析	每周二下午	1
创新素养培育特需课程	地理创新特需课程	为参加比赛的学生进行研究项目的特需辅导	寒暑假	不定

以上课程针对不同群体的学生开设。拓展型课程面向高一学生选修，目前课程受益学生达到 90 人；研究型课程面向参与地空平台课题研究的高二学生，目前每年课题数量在 35 个左右，辐射高二学生达到 70 人；学生社团主要涵盖高一和高二的学生，目前规模已经达到 50 人；创新素养培育特需课程主要针对参加市级及以上比赛的学生。

下面以"地理科学研究入门课程"为例，进行简要介绍。

1. 课程简介

本课程属于学生创新素养培育的第二层级课程，面向有地理学习兴趣的高一学生开设，对接高二地理类研究型课程的专项课题研究和学生科学院地空平台的创新课题研究，培育学生的地理研究兴趣和研究能力，进一步培育学生的地理素养，甄选有潜力的学生。

由于课时和内容设置的原因，地理基础型课程缺乏实践（实验）的环节，因此本课程希望通过地理实验和微型地理项目的研究实现下列目的：（1）让学生经历更为丰富的地理学习过程，感受地理研究的魅力；（2）为有志于进行地理课题研究的学生提供地理研究技能、方法和手段，为今后地理课题的实施打好基础。

2. 课程目标

（1）与地理基础型课程相配合，对有发展性的模块进行拓展，激发深度探究兴趣。

（2）理解地理兼跨人文和自然的特点，初步掌握地理研究的基本方法。

（3）增强观察与发现地理问题的能力，培育对现实地理问题的反思与质疑的思维品质。

（4）借助地理实验与实践考察，加强对空间思维、逻辑思维、综合思维和批判思维的培育。

（5）能选择合适的研究方法与手段，通过思维构建对较为简单的地理问题的解决提出可靠的技术路线。

3. 实施计划

实施时间：周三下午"走进学生科学院"拓展课；野外考察安排在双休日和寒暑假期间，一个学期两次。

实施方式：采用项目管理方式，采取个体和小组合作相结合的方式实现。

4. 课程内容

（1）第一部分　地理研究基础（6课时）

① 学习地理学科常见仪器、设备的使用方法，包括罗盘使用、地形图阅读、GPS数据采集等。学生活动：在闵行体育公园利用地形图和罗盘进行野外考察、测量坡角、GPS足迹采集等。

② 绘制意向地图，培养学生用示意图表示事物空间关系的地理技能和思维习惯。学生活动：绘制校园的平面图（意向地图）或通过实地调查对地形图上的错误进行修正。

（2）第二部分　地理研究方法（20课时）

地理研究方法主要涉及三大内容：地理经典实验重建、地理实验设计及地理微课题研究。

地理经典实验重建

实验定位	重复经典地理实验，了解地理实验过程和地理研究的基本思维特征
实验要求	根据给定的实验器材和实验步骤进行实验，得出结论，判断数据的准确性及其误差原因
实验列举	立竿测影
实验评价	1. 正确使用器材 2. 实验过程科学 3. 实验记录完整 4. 实验结论准确

地理实验设计

实验定位	设计实验模拟地理基本原理和现象，观察学生对地理原理的理解、运用和知识迁移能力
实验要求	根据实验目的和相关的实验器材，自行确定实验方法，设计实验步骤，实验现象明显，结论正确
实验列举	海陆热力差异、测量某地经纬度
实验评价	1. 正确搭载器材 2. 实验过程科学 3. 实验记录完整 4. 实验结论准确 5. 多途径解决问题

地理微课题研究

研究定位	熟悉不同地理研究方法的特点,学会根据不同需要选择合理的研究方法解决简单的问题
研究要求	根据研究目的,自行确定研究所需材料和研究方法,设计研究步骤,学习数据采集和分析,相互质疑和反思研究结果。研究可操作性强,结论可靠
项目列举	车流测量与统计;学生出行方式和空间距离关系研究
研究评价	1. 方法选择恰当 2. 研究过程科学 3. 实验记录完整 4. 实验结论准确 5. 多途径解决问题

（3）第三部分　地理创新思维（10课时）

内容：①地理创新研究案例分析；②地理创新研究课题的立项。

实施方式：①对既往的优秀地理创新研究课题进行分析和评价,学习研究过程中的思维发展过程,认识地理课题研究的基本过程和要求；②结合自身的兴趣特长提出有研究价值的研究课题,提供较详细的研究规划方案,进行立项答辩。

📍 场地设备

地理创新实验室重在内核的建设,同时也充分考虑目标实现所需要的硬件支持以及实验室本身研究环境氛围的打造。

地理创新实验室的内核是地理研究的基础数据和资料,包括地形图、地图、分析数据等,以及相关的分析软件与制图软件。配套的硬件包括计算机、彩绘仪、扫描仪,以及用于地理模拟实验和经典实验再现的相关仪器设备。

彩绘仪

实验室注重外部环境氛围的打造,除了一般地理教室所配置的世界钟、普通挂图外,还在墙壁上配置了气温计、气压计和湿度计等设备,让学生能随时读取教室的"天气"实况,同时凸显上海的"本土"元素,呈现了上海不同时期的城市地图。实验室还注重凸显学生的主体地位,强调活动性。例如,将学生的经典作品陈列在墙面上,供后续的学生学习,具有很好的示范和激励作用；教室采用菱形课桌,既方便书写与听讲,也方便学生之间互相研讨交流,菱形小桌还可以不同方式拼接,形成不同规模的学习小组；电脑区设有两个圆桌的交流平台,一台主机带动三台显示屏,以方便小组成员沟通交流。

地理创新实验室及学生学习场景

教学变革

学生在比较分析地图

　　地理创新实验室改变传统的讲解、练习、讨论的教学方式，强调动手做，在"做中学"，让知识在不断生成过程中得到发展与升华。例如，通过手绘校园平面图的活动强化地理的空间结构，认识地理事物空间关系表达的方法；通过不同版本地图的比较分析，学习地图鉴赏与地图绘制中的基本方法与要领；通过对上海不同历史时期地图承载内容的比较分析，认识城市空间的扩展；通过亲手绘制各种地图，理解地图中色彩、图例和内容载荷之间的奥秘。

　　同时，在自由民主的学习氛围中，也不强调唯一固定的答案，而是强调"可能性"，让学生有充分的想象和创新空间，使他们的创新思维得以有效激发。

运行机制

　　地理创新实验室由地理教研组与学生科学院地空平台共同管理，由地理教师负责日常管理和课程开发工作。

　　根据学校教师一专多能的发展要求，让地理教师在基础型课程的教学之余，也根据自己的特点选择特色发展项目，使实验室课程的开发与基础型课程形成了良好的互动对接。目前，地理创新实验室已经用于拓展型课程、研究型课程和学生社团活动，每周共计有 6～8 课时。

 ## 实验室建设成效

　　实验室建成以来，逐步聚集起一批地理爱好者，成为他们实现梦想的场所。三年来，实验室开设区级以上公开课 3 节，接待过各类参观学习 30 余批次，并于 2015 年暑期的全国网络地理教育年会中对该实验室进行了重点介绍与推广。

三年间，在该实验室孵化出一大批地理课题，并参加全市及以上级别的比赛，屡获大奖。其中，获得上海市科创类一等奖 10 余项，二等奖和三等奖近 50 项，另有各类专项奖 10 余项。在全国科创比赛和明日小小科学家比赛中，也获得过一、二、三等奖，并有研究项目代表中国选送国际青年科技论坛。

在这个实验室里，诞生了我国第一张由高中生自己设计、绘制，并获得测绘管理机构专业审图号的地图产品。在这个实验室里面，诞生了凝聚七宝中学学子心血的手绘校园地图，见证了学生成就自我、探索地理梦想的实现。

上海无轨电车地图诞生记

2014 年的暑假，地图社的社员曹放和其他一群同学，在 7 月初到上海市测绘院进行了为期一周的职业体验，从中学习了地图制图的一般方法。曹放同学作为一名地图爱好者，有了制图的技术就等于如虎添翼。

2014 年 11 月，上海即将迎来无轨电车运营 100 周年之际，它是全球最长寿的公交系统，曹放同学想制作一份地图来纪念这个特殊的日子。于是，他在接下来一个月的时间里，全身心地投入到地图的设计和制图上，几乎天天都和老师一起在城市无轨电车的线路间穿梭，在学校的实验室里研讨和试制地图。

七八月份的上海，骄阳炙烤着大地。曹放同学逐一考察了 12 条无轨电车的走向和站点，经过哪一个路口，站点在路口的哪一侧，他都用照相机配合手绘示意图翔实地记录下来，为地图制作积累了最准确的原始材料。中午他就在路边的餐饮店随便吃上一客盒饭或者一碗面，还不忘随时拿出早已被汗水润湿的、皱巴巴的稿纸核对信息。

为了能全面展示 100 年来申城电车线网规模的变化，曹放同学还要完成一项前人没有做过的事情，就是找出几个最能代表上海电车发展的时期，并将当时的线路还原出来！说起来容易，但其实工程浩大。他先后查阅了上海市测绘院的历史地图资料库、上海市图书馆的地方志库、上海巴士电车公司的线路运营档案，甚至联系到了民间的地图收藏者和公交爱好者，在错综复杂、浩繁甚至相互矛盾的数据资料中挖掘真实的信息，最终锁定了四个典型时期作为绘制对象。

在还原这些历史地图的环节中，他先将破烂不堪的老地图小心翼翼地扫描到数据库中，剪辑图形数据信息。但是不同时期的地图，采用不同的地图投影手段，有的地图甚至是手绘的。如果简单地清绘，读者面对不同表达形式的地图，根本无从比较不同时期电车线路走向的变化和线网的特点，而且图幅效果也不甚理想。为此，曹放同学最终决定采用一个大胆的设想：在一幅标准基础图上，将这些不同时期的线网逐一重新清绘！

运用实验室里专业化的计算机地图制图软件和大型彩绘仪，曹放同学离自己的梦想越来越近。色彩的调配、点线面的处理、专题符号的设计、图幅承载量的反复计算，曹放同学在实验室里不停地重复着上述工作，考验的是耐心、毅力、细致与创意。他将打印出的一幅幅设计样稿张挂起来，不停用视觉进行对比，每一条线条的粗细、每一个色彩的差异、每一个符号的大小，都经过一遍遍的视觉测试反复推敲。图幅的组成，内容的排版，从细节到整体，曹放同学的作品在实验室里逐渐从稚嫩走向成熟。

当样稿呈现在测绘院专家的面前时，颇为挑剔的专家也对该图赞不绝口。最终，曹放同学的这张地图顺利通过上海市测绘管理办公室的审查，成为第一张由中学生绘制的公开版地图。

从学生地图俱乐部走出来的地图"小专家"

姚奕浩同学自幼喜欢地图，也收藏了不少地图。在进入地理创新实验室之前，他只是一位地图的普通使用者和收藏者。

进入七宝中学以后，得知我校有专门依托于地理实验室的学生地图俱乐部时，他内心的激动变成了向往。在测绘院专家和我校教师联合授课的学习环境中，姚奕浩同学懂得了地图的制图原理、地理信息表达的特点。姚奕浩同学借助地理创新实验室中大量的地图资源进行比较与分析，尤其关注地图制图的历史沿革以及国外地图制图的最新动态。在测绘院的地图测试环节中，姚奕浩表现优异，成为一位会鉴赏地图、评估地图的"小专家"。

由于其优异的专业表现，姚奕浩被社员们一致推选为"学生地图俱乐部"的社长。他带领着社员不断进行各类地图的鉴赏与比较分析，通过电脑绘图制图的训练，掌握了基础的制图技能。

2015年暑假，在测绘院举办的一次关于地图发展的专家讲座中，当专家作出"未来的纸质地图将消失，最终被电子地图所取代！"的断言后，姚奕浩同学马上举手发言，反驳道："我在国外旅游，在机场总会拿到免费的纸质地图，在国外高度信息化的城市环境中，纸质地图依然有其生存空间，而且使用者数量巨大。因此，纸质地图和电子地图将并存!"但是专家随即问道:"电子地图可以随着图幅的缩放,信息有不同的详细程度,纸质地图行吗?"姚奕浩仍然不依不饶:"但是电子地图在缩放过程中,存在着整体感和详细程度——鱼和熊掌——不可兼得的情况。"

讲座结束后,姚奕浩同学与地图制作的专家继续讨论,并由此产生一个问题:要是在同一幅地图中,将重要的、信息量大的地区采用一种"放大"呈现,而将次要的、信息量小的区域采用一种"缩小"的呈现,最终达到整体图幅信息的平衡,在不失整体感的情况下将重要信息一网打尽,对于不要求高精度比例尺的需求者而言,这难道不是一种两全其美的解决方法吗?

带着这个问题,他学习了地图学基础,对地图投影原理进行深入研究,同时利用专业的学术网站查找地图制图变形技术的最新研究成果,最终提出了用多焦点变形方法取代单焦点变形,以解决单一比例尺地图因空间信息不均衡而影响读者使用体验的难题。该研究的一项重大意义在于,将手绘地图在计算机环境下用空间模型的方法更科学、更简便地实现。

在获得测绘院专家的高度肯定后,姚奕浩同学在柳英华老师的指导下,不断尝试不同的变形技术,通过公式变换、模型构建、变量调节等实验,以及大量样图的出图比较分析,终于得到了令他满意的结果。这一方法,被测绘院专家认为具有很强的现实意义!

他以此撰写的研究论文,获得2016年上海市青少年科创大赛一等奖,并获得选送全国比赛的机会。

在地理信息技术实验室内,我们正在见证学生自我成长的一个个奇迹。今年,我们的学生正在设计第二版三维实景校园地图。让我们的学生在自己的乐土上不断收获着梦想!

(执笔:柳英华)

苍穹之上　天地之"间"

——上海市松江二中数字天象馆

实验室建设理念

数字天象馆外景

松江二中地理创新实验室（含地理学科专用教室、地理信息技术实验室、数字天象馆）是松江二中"创新素养培育 MATHIS 实验苑"的组成部分，是"数学与科学试验中心（M·S）"下属的核心实验室之一。"数字天象馆"专为满足学生对于地理课程中天文知识的不同层次学习需要而创设，适用于基础型课程、拓展型课程和研究型课程。数字天象馆借助于新一代数字天象仪，为学生营造出逼真的虚拟星空和宇宙图景，使学生产生身临其境的感觉，从而直观地了解普通平面媒体难以呈现的天体运动现象及其规律。数字天象馆所呈现的宇宙的深邃、辽阔、壮丽、神秘等特征，也对学生陶冶情操、培育美感、促进创新思维具有潜移默化的作用。

实验室学习环境建设

📍 课程设置

神秘的宇宙、壮丽的星空，对青少年学生总是具有无穷的吸引力。高中阶段没有设置专门的天文学课程，少量的天文学知识主要在地理课程中呈现，是为了说明地球所处的宇宙环境对地球本身的表层地理环境以及生命系统的发展、演化所起的作用，因而也主要是为学习地理课程服务的。

尽管只是天文学入门级的基础内容，但是其中涉及的球面空间、天体运动等知识，对于尚未学习立体几何的中学生而言还是具有不小的难度。另一方面，学生的兴趣又不会停留在只是为了学习地理课程而设置的天文学内容之上，他们思维的触角势必冲出地理学的

"大气层"，延伸向更加广袤的宇宙学的"天空"。

因此，依托于数字天象馆的课程开发，必须着眼于满足上述两个方面的需求，既要为学生更加直观、便利地学习与地理课程有关的天文学内容提供支持，也要为对天文知识有特殊兴趣爱好的学生开展专项学习、探究提供帮助。

依托数字天象馆而开发的课程如下表所示。

数字天象馆课程开发统计

课程类型	课程名称	课时	对象
基础型课程	天体与天体系统	1	高一全体学生
	月相变化	1	
	恒星日和太阳日	1	
	黄赤交角	1	
	季节变化	1	
拓展型课程	四季星空	2	高一部分学生
	行星探秘	2	
	诗意月球	2	
	二十四节气	2	
	中国历法	2	
研究型课程	天球坐标	4	高二部分学生
	太阳周年运动	6	

📍 场地设备

数字天象馆的设施，其硬件部分主要是圆形穹顶和数字天象仪及其操控设备，软件部分主要包含操作系统、Stellarium 软件、多种球幕影片节目和教学课件等。

圆形穹顶直径 10 米，代表地平圈以上的天球，内壁为银幕，可将各种天体的影像投影在上面，直观地模拟天体的位置及其运动规律，解释各种天文现象。

数字天象仪是天象馆的核心设备。数字天象仪基于 Windows 系统，可以通过无线操作内置的专业天文时实星空演示系统，将地平线以上的星空投射在半球天幕上，从而模拟出任意纬度、任意时间的真实星空环境。它还可以播放高清的动态球幕天象节目，将观看者带入令人震撼的宇宙之中。

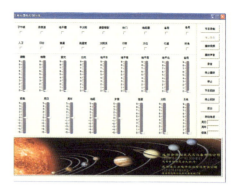

天象仪　　　　　　　　　　　　　　　　　天象仪控制系统电脑界面

　　Stellarium 是一款虚拟星象仪的计算机软件。它可以根据观测者所处的时间和地点，计算天空中太阳、月球、行星和恒星的位置，并将其显示出来。它还可以绘制星座、虚拟天文现象（如流星雨、日食和月食等）。

星座图案　　　　　　　　　　　　　　　　　春分日太阳位置

📍 教学变革

　　天象馆的设立使得学生能够更加直观、便利地理解天体的运行规律，其中最重要的是太阳、地球和月球三者的运行规律及其对地球地理环境的影响。这里，中学生面临的最大困难在于，地球围绕太阳的公转轨道和月球围绕地球的公转轨道不是位于同一个平面上，而是分别位于彼此相交的两个平面。在传统的平面媒体（教科书、地图册）当中，只能用二维图像来反映这种三维关系，给学生的理解造成困难和障碍。

　　以"月相的变化"和"日食与月食"这两个知识点为例。通常教科书中对这两个知识点的图解，以下列两幅图最具代表性。

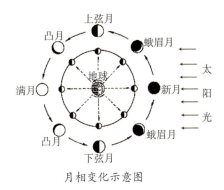

月相变化示意图

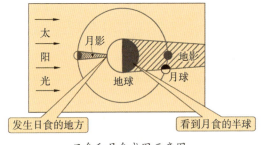

日食和月食成因示意图

对这两幅图的解读，学生普遍形成以下错误认识：

"月相的变化以 1 天为周期，原因是地球的自转运动。"

"每次新月都会发生日食，每次满月都会发生月食。"

而用月食的原理来解释月相变化的学生也不在少数。

显然，导致学生产生这些错误认识的根源就在于传统的"用二维图像来反映三维事

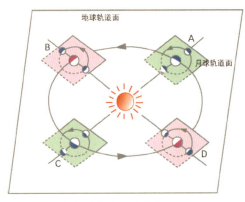

日食与月食发生的条件

实"的解释方法，这是平面媒体难以克服的缺陷，即使运用了透视技术，所绘制出来的图像对于大多数尚未学习立体几何的中学生而言，依然是难以奏效。如上图所示，很少有学生能够正确想象月球轨道平面与地球轨道平面两个面相交的情形，所以他们依然认为，在ABCD 四个位置，日月地三个天体均位于同一条直线，因此必然发生日食和月食。

在天象馆中进行学习就不会产生此类错误。天象馆是一个微缩的天穹，日月星辰按照其相对于观察者的真实位置布列于球幕之上，通过操作系统可以任意设置时间及其流逝速度，因此也就可以用较短的时间快速浏览原本需要一天、一个月甚至一年时间才能完成的星象变化。仍然以"月相的变化"为例，通过设定一天当中的某一时刻，可以将太阳"固

上弦月

定"在天空某一位置（如黄昏时太阳位于西方地平线），再以一天为单位增加或减少日期，就可以看到月球位置的变化，以及在不同位置上的月相；也可以设置固定的日期，以小时为单位呈现月球在一天之内在天空的位置变化，用以区分以月为周期的月球公转运动和以日为周期的月球周日运动。前者是月相变化的周期，后者实际上是地球自转的反映，对月相几乎不产生影响。

再以"日食和月食"的发生条件为例。日食和月食的发生需要严格的条件,即日、月、地三个天体位于同一条直线上,或者说只有当日、月、地三个天体均位于黄道(地球公转轨道)和白道(月球公转轨道)的交线上时,才可能发生日食或月食现象。日食发生时,月球正好位于太阳和地球之间,月相为新月;月食发生时,月球正好位于日地连线的延长线上,月相为满月。由于黄道和白道分别位于两个不同的平面上,所以并非每次新月都发生日食,也并非每次满月都发生月食。但是黄道与白道的这种两个面相交的情形,中学生在学习立体几何之前实在难以想象。

在天象馆中,可以直接呈现出黄道和白道,两者之间的交叉关系一目了然。并非每一次新月或满月都发生在黄道和白道的交点之上,这也就说明了并非每次新月或满月都会发生日食或月食。

太阳的运行轨道(黄道)
和月球的运行轨道(白道)

新月发生时,如果月球没有位于黄白
交点之上,就不会发生日食

天象馆引入教学,不仅解决了学生因空间想象不足而产生的认知障碍,而且由于其逼真的效果,而激发起学生极大的学习兴趣和探究意愿,使学生学习的主动性和有效性得到极大提升。

运行机制

天象馆既承担基础型课程的教学任务,也承担拓展型和研究型课程的教学任务。三类课程在时间上合理安排,如基础型课程一般安排在上午或中午,拓展型和研究型课程安排在下午,保证了天象馆的有序利用。在管理方面,采用教师和学生共同管理的模式,由两名专职教师和若干学生(从学生社团中选择,定期轮换)负责仪器的使用、维护,以及整个场所的保洁工作。这样既锻炼了学生的动手能力,也培养了他们认真负责的工作态度。

 ## 实验室建设成效

我校天象馆最初于2007年落成,2015年进行了数字化升级改造,成为现在的规模。

自落成以来，一直承担本校基础型、拓展型和研究型地理课程的教学、研究任务，在使广大学生更加轻松愉快地掌握知识的同时，也极大地激发了学生学习天文知识，探索宇宙奥秘的热情。天文社团多次获得校级"明星社团"的荣誉称号。由天象馆指导教师和天文社团学生共同设计的微课程"初识天文"，在上海市教委教学研究室和上海市地理学会共同举办的"走进校园地理"小课程评选活动中获得二等奖。

天象馆除了承担校内教学任务以外，也经常性地举行对外开放活动。2012 年天象馆入选"松江区青少年社会活动基地"，是松江区的新名片之一。依托天象馆而设计的课程方案在上海市青少年学生校外活动联席会议办公室举办的"行知上海，探寻社区"上海市学生社区实践指导优秀案例征集活动中获得三等奖。

明月几时有

——天象馆教学教师手记

作为一名高中地理教师，我深深感到，高中地理第一篇"宇宙与地球"是学生最感兴趣的内容，也是学习难度最大的内容，特别是其中的"月球"与"地球的运动"两个专题，其难点之多，难度之大，在高一开设的全部课程之中稳居冠军。许多原本对地理学科满怀兴趣与信心的高一新生，在学完这两个专题之后，饱受打击，以至于"内心崩溃"，对地理敬而远之。

"老师，我被你搞糊涂了！"

这是我在根据教材当中的"月相变化示意图"（见月相变化示意图）讲授月相变化过程时，听到的最多的反馈。

"哪一点让你感到困惑呢？"

"老师你看，新月时，月球正好位于太阳和地球之间，那不就会发生日食吗？满月时，月球正好位于地球的影子里，那不就会发生月食吗？也就是说，我们应该每个月都会看到日食和月食了。可是事实上并不是这样啊。"

"还有，月亮不是等太阳下山以后才出来的吗？你怎么一会儿说正午升起，一会儿又说半夜升起？"

"还有，这个弯弯的月亮我明白，缺的部分是被地球的影子遮住了。可是这个凸起一块的月亮是怎么回事？地球的影子不是圆的吗？"

学生们纷纷提出自己的疑问，每一个疑问提出来，都有不少学生点头附和。

我知道了。导致学生学习困难的原因，主要在于：

第一，学习内容所涉及的日、月、地三个天体的相对运动，需要学生有较高的空间想象能力，这对于刚从初中升入高中的学生而言的确有不小的难度。而教材采用二维平面图像来反映三维立体现象，更加不利于学生开展想象。

第二，学生原本就具有关于太阳、月球、地球的运动的经验性知识，这些经验性知识有些存在很大的不完善性，有些甚至根本是错误的，但它一旦形成，就会在学生大脑中形成根深蒂固的印象，对学生学习新内容造成较大的负面影响。

因此，要解决学生的困惑，首先需要帮助学生进行三维空间的想象，或者直接在三维空间里向学生呈现相关的概念和原理；其次，要打破学生原有的错误观念，澄清学生原本比较模糊的认识，将学生头脑之中颠倒的世界重新颠倒过来，使一些重要的基础概念——例如空间的"东西南北"、时间的"子午晨昏"——重新建立在坚实的科学事实的基础之上。

为了实现这两个目的，天象馆闪亮登场！

"我终于明白了！"

天象馆内，灯光渐暗，黑夜降临。伴随着 Bandari 舒缓悠扬的乐曲，越来越多的星光在穹顶之上闪耀。

"哇……"初次领略此情此景的学生们发出情不自禁地赞叹。

稍后，穹顶上显示出太阳和月球的轨道——黄道和白道，将太阳设置在西方地平线的位置上，时间是一天之中的黄昏。控制月球的位置，最初将其放置在太阳的同一方向，由于黄白交角的存在，两者并不重合，因此不会发生日食。但在地球上，看不到月球被太阳照亮的部分，这就是新月。

然后，以太阳日（24小时）为时间单位，控制月球向东公转，随着日月张角的增大，月球被太阳照亮的部分也渐渐越来越多地显现出来，月相逐渐从新月到上弦月，再到凸月，直到日月分列观察者东西两侧，月球正对太阳的一面（也即明亮的一面）同时也正对地球，一轮晶莹皎洁的明月呈现在面前，连其上的环形山也历历可见，学生再次发出由衷的赞叹。

然后，再以每一种主要月相为例，详细地演示其在一天之内升起和落下的过程，要求学生重点关注升落的时间。

创新实验室里的成长超越

"原来月相缺少的部分不是被地球的影子遮住了,而是根本没有被太阳照亮!"

"原来月亮每天升起的时间都不一样,只是有时它升起时天空还很亮,我们看不见而已。"

"我懂了!"

"我也明白了!"

到底真懂了,还是假懂了?我决定对学生进行测试。

"丰子恺画错了!"

"在我国浩如烟海的诗词、画作之中,月亮是一个非常重要的主题。我们来欣赏其中的一小部分,看一看它所描绘的是什么月相。"

"一道残阳铺水中……露似珍珠月似弓。"

"蛾眉月!"

"月落乌啼霜满天……夜半钟声到客船。"

"上弦月!"

"月上柳梢头,人约黄昏后。"

"满月!"

"今宵酒醒何处?杨柳岸晓风残月。"

"蛾眉月!"

……

"大家再来欣赏这幅画作,《人散后,一钩新月天如水》。它的作者是丰子恺,民国时期著名书画名家。丰子恺老先生还是我们松江二中的前身——江苏省立女子中学——的教师,他可是我们的老前辈哦。"

丰子恺的《人散后,一钩新月天如水》

一个学生说:"画家都说了,是新月嘛!"

另一个学生说:"不对,新月是指看不见的月相。应该是新月过后不久的上蛾眉月。"

又一个学生说:"可是,从画出来的月亮的形状来看,应该是快要消失的残月,也就是下蛾眉月。"

"对的,对的。下蛾眉月又叫残月,残字的拼音是Can,首字母C的形状,就是残月的形状。"一个学生对自己的"发现"兴奋不已。

"可是画的题目明明是新月啊!"

一时间众说纷纭,终于一个学生大声宣布:"肯定是丰子恺画错了!"大家才信服地点头称是。

"不错，大画家也有摆乌龙的时候，但这丝毫无损于他的声誉。"我趁机说道，"但是更令我满意的是，大画家的小小瑕疵竟然被我们同学们发现了，这足以证明，大家对月相变化的知识理解得更加深刻，而且具有了尊重事实，不迷信名家、权威的科学精神，值得赞赏。"

　　关于月相的难点，就这样在天象馆中，在师生之间的欢声笑语之中轻松逾越。我非常喜欢苏轼的一首词："明月几时有，把酒问青天……"在经历了这样的教学过程之后，我对这首词又有了新的理解。我们对于教学中碰到的种种问题，也要像诗人一样，不断地追问、探求，哪怕是"月有阴晴圆缺"，哪怕是"此事古难全"，只要我们常怀"千里共婵娟"的美好理想，那如满月一般通明澄澈的教学境界就一定会实现。

（执笔：吴玉峰）

在"中科院"培育学术素养
——上海市金山中学现代仪器分析化学实验室

 ## 实验室建设理念

　　"现代仪器分析化学实验室"是金山中学学生科学院十大创新实验室之一，是为践行金山中学"科学高中"办学理念、以初步培养学生"学术素养"为主要目标的功能型实验室。实验室以拓展型课程和研究型课程为依托，通过选拔对化学实验类课题有浓厚兴趣的学生，组建课题研究小组，悉心辅导，将学术素养的培养目标分解于具体的研究任务之中。

金山中学学生科学院掠影

　　在这里，"学术素养"的培养目标具体表现为：激发较为浓厚的研究兴趣，能合理地选择研究课题，掌握文献查阅的常用方法并初步学会如何撰写文献综述，能设计和实施实验方案，具备操作特定功能仪器的技术，会分析与处理实验数据，规范地撰写研究报告，善于展示与交流研究成果，尝试发表研究论文，能对课题进行终期答辩等。为了落实"学术素养"的培养目标，实验室开发、建设了较为完善的校本课程，利用先进的仪器设备和"点单式"实验课题教学模式，提高科学研究的能力，为学生后续学业的深入发展和专业选择、职业意识的萌芽服务。同时，这也是对落实金山中学"科学高中"办学理念的有力支撑。

 ## 实验室学习环境建设

📍 课程设置

　　现代仪器分析化学实验室配备的功能仪器特征明显，指向性强。因此课程设置考虑的核心问题是如何以课题研究为载体，利用功能仪器进行研究性学习以凸显化学学科核心素养的培育。由于学生初期难以发现和遴选优质的研究课题，因此实验室常常由课题指导教师给出"课题菜谱"，学生选择感兴趣的课题进行深入研究。"课题菜谱"是指教师根据自己专业所长，有意识、有目的、广泛地发掘和遴选一批可以作为研究项目的学生小课题，建立学生课题研究库，如同"菜谱"一样供学生选择和研究。这种"课题菜谱"同时广泛吸收学生提出的适切新课题并纳入其中供下一届学生选用。

本实验室课程建设围绕每一种功能仪器展开，课题指导教师开发研究范例以供学生自主学习，启示学生寻找研究方法、设计研究方案、开展实验研究、测试数据、形成研究报告并进行答辩。这些仪器主要针对对化学特别感兴趣的学生。他们常依据共同的研究兴趣或相近的研究方向组建学生课题研究团队，相互协作开展为期 1~2 年的课题研究。这部分学生经过本实验室及指导教师的培养，在其选定的课题及研究过程中表现出来的学术研究能力和研究品质明显高于同龄人，甚至取得较高水平的研究成果并产生一定影响力。以往实践表明，这种培养模式在一个研究周期中既能完成具体的研究任务，又能较好地达成课程预设目标。

现代仪器分析课程由若干研究项目组成，这些项目基于三个视角予以开发，这三个视角分别为：定性实验定量化、定量实验仪器化、实验设计创作化。目前品质较高的研究项目如下表所示。

现代仪器分析课程研究项目

开发视角	项目序号	项目名称	课时
定性实验定量化	项目 1	不同溶液质量分数与其密度间的定量关系研究	6
	项目 2	不同实验条件下乙酸乙酯合成产率的定量研究	10
	项目 3	乙酸丁酯合成实验中不同原料配比下 1-丁醇转化率的定量研究	6
	项目 4	不同条件下溴乙烷制备实验的定量研究	12
定量实验仪器化	项目 5	不同净水剂净水原理与净水效果的比较研究	6
	项目 6	邻二氮菲分光光度法定量测定柘湖水中铁元素的含量	6
	项目 7	不同品牌面粉中过氧化苯甲酰含量的定量检测	6
	项目 8	凉皮中铝含量的方案设计与定量检测	8
	项目 9	复方乙酰水杨酸含片中乙酰水杨酸含量的定量检测	6
实验设计创作化	项目 10	模拟污水处理厂污水处理装置的设计与改进	6
	项目 11	"金佛手"的设计与制作	6
	项目 12	"防爆燃烧管"的设计与制作	8
	项目 13	"抱壁子母管"的设计与制作	8
	……（未完待续，后续项目尚在不断开发中）		

📍 场地设备

现代仪器分析化学实验室的特色之一体现在实验室环境方面。实验室面积约56平方米，划分为多媒体教学区、标准实验台区、防爆实验台区、功能仪器区、储存区。实验室设计简洁大方、区域划分明显，有利于维护研究小组的专用实验台、快速找到功能仪器进行实验研究、收纳和保管辅助器物等。功能仪器区域有多台特定分析仪器，如SJ-系列多功能食品分析仪、紫外-可见双光路分光光度计、高校液相色谱仪、Verner系列传感器。各区域主题设置空间相对位置如下图所示。

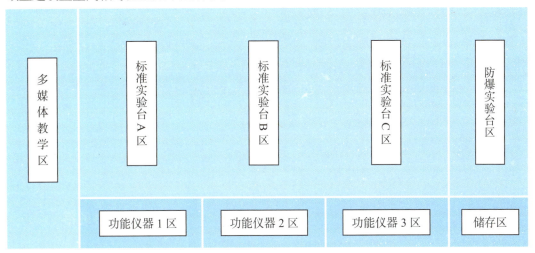

现代仪器分析化学实验室功能区

区域功能说明

多媒体教学区：主要安置投影仪、计算机、复印设备，供教师教学、交流用。

标准实验台区：学生预处理试剂、配制溶液及放置常规药品。

防爆实验台区：学生在这里完成有毒有害或有一定危险性的实验。

功能仪器区：主要放置SJ-系列多功能食品分析仪、紫外-可见双光路分光光度计、高校液相色谱仪。

储存区：存放实验服、实验耗材及常规玻璃仪器。

实验室内景

设备清单

序号	设备名称	数量	说明
1	SJ-系列多功能食品分析仪	1台	用于食品中常见添加剂含量测定
2	美谱达紫外-可见双光路分光光度计	1台	常用于水质分析
3	高效液相色谱仪	1台	常用于有机物含量分析
4	传感器探头	1套	6种不同探头
5	离心机	3台	
6	旋转蒸发仪	2台	
7	精油提取器	1台	
8	双排装置	1套	
9	氮气瓶	1瓶	
10	蒸馏水发生器	1台	小型
11	消解器	1台	
12	机械搅拌器	1台	
13	粉尘测试仪	1台	
14	甲醛测试仪	1台	

教学变革

在实验室建设之初,我们就确定了课程开发的原则是有利于学生进行课题研究及学术素养的培育,因此在教学上我们也采用了较为成功的"课题化"实验教学形式,即参照专业研究者进行科学研究的方法,以"学生课题"为载体开展实验教学。一个学期或者一个学年的实验课程就是一个课题,学生围绕选定的课题开展学习。鉴于学生的兴趣、智力、性格、专长各有不同,为更好地激发学生参与课题研究的热情,我们提供了若干课题(选题)组成学生课题菜单,教学形式因此被称为"点单式"实验课题教学模式。虽然学生选取的课题方向、内容、指导教师各不相同,但是课题研究还是有一些共性的部分,如果对这些共性的内容做一些辅导,就可以大幅提高教学效率。一个课题的研究步骤大致如下:

第一步,在每学年的第一周内,教师或学生提供可以研究的课题意向题目,上报课程与教学管理部门。

第二步,负责教师汇编成课题项目列表,打印并下发至各班级张贴。

第三步,为学生统一做课题选题指导,使学生明白做课题的目的、意义以及使用的方法。

第四步,学生选定课题,选定课题指导教师,汇编学生课题电子列表,打印,下发至各班级张贴。

第五步，作开题报告讲座，使学生明白开题报告的目的和意义，明确开题报告的构成要素和写作技巧。

第六步，学生在指导教师的辅助下，填写学生课题手册，完善课题方案。

第七步，各课题小组在指导教师的辅助下，展开为期一学年的课题研究，按进度完成课题，记录课题过程、细节及结论。

第八步，各课题组在教师指导下撰写课题研究论文，形成较为规范、较高质量的研究论文或调查报告。

第九步，提交课题研究报告或论文，进行课题终期答辩，评定课题研究等级。

第十步，遴选优秀课题的研究报告或论文，进行颁奖并公示获奖研究成果。

📍 运行机制

实验室的运行采取导师指导下的学生自主管理模式。学生的研究项目以项目管理方式实施，导师给予必要、及时的指导，以督促学生开展课题研究的进度和规范。课题研究所需要的药品由学校提供，并提供专项资金登记入账。

实验室建设成效

本实验室自 2011 年建设以来，深受对食品分析、水质分析、有机合成、化学实验教具设计感兴趣和有较高要求的学生的持续关注和喜爱。他们在实验室中学习化学现代仪器分析技术，交流思想、激发思维、学做课题、撰写研究论文、培育学术精神、初步选定专业发展方向，取得了不错的成果。目前仅学生提出的课题数就达 60 多个。

学生参加比赛

部分优质课题信息汇总

学生姓名	研究起止时间	课题名称	获奖等第
胡 C	2012.9—2013.8	紫锥菊叶提取物对 U937 人白血病细胞影响的研究	第 27 届上海市青少年科技创新成果一等奖
高 ZQ	2013.9—2014.8	基于 GC–MS 苹果标签有机物迁移测定	上海市第 28 届青少年科技创新二等奖
周 J	2011.9—2012.8	夹竹桃酒精提取物对稻瘟病菌生长抑制作用研究	上海市金山区 2012 年度创新素养课题二等奖
许 HN	2011.9—2012.8	自制杀虫剂（沙蚕毒素）对蚰蜒杀灭作用初探	上海市金山区 2012 年度创新素养课题一等奖

学生姓名	研究起止时间	课题名称	获奖等第
王 SR	2015.9—2016.8	不同品牌面粉中过氧化苯甲酰含量的定量检测	校级优秀课题
吴 MH	2015.9—2016.8	"干法"与"湿法"腌制咸鸭蛋的速率和效果比较研究	校级优秀课题
吴 SY	2015.9—2016.8	不同因素对于二氯化钴水合物溶液颜色变化的影响	校级优秀课题
徐 XN	2015.9—2016.8	葡萄酒酿制过程中酵母菌含量与甲醇浓度的关系研究	校级优秀课题
张 XY	2015.9—2016.8	酸奶的发酵条件以及对口感的影响研究	校级优秀课题

在这里我们追寻研究的快乐

2017 届学生 王偲睿

　　课题研究，对进入高中以前的我来说，是一个从未听说过的名词。而在进入金山中学的第二个星期，我们就被告知在高中期间必须完成一项课题研究，对此我既高兴又担心。高兴的是感觉课题研究应该很有趣，也有点神秘；担忧的是怎么做研究，以前可从来没经历过。好在向学长、学姐们咨询后有所了解。鉴于自己及研究小组的兴趣，在开始选择课题时，我毫不犹豫地选择了实验性研究课题"不同品牌面粉中过氧化苯甲酰含量的定量检测"，既为一睹学校创新实验室的真容，也希望能在创新实验室进行实验研究。最终，我如愿以偿。

　　刚进行课题研究时，原本以为会像正常上课一样，大多数时候老师讲授、自己领悟。哪知在第一次课题研究小组会议上，辅导老师只给我们讲解了一下课题研究的一般方法和流程，接下来便带领我们参观现代仪器分析化学实验室。第一次进入这种创新实验室，相当兴奋、激动与好奇，对于实验室中的一切设备，如 SJ- 系列多功能食品分析仪、紫外－可见双光路分光光度计、高校液相色谱仪、Verner 系列传感器，都感到非常新奇。通过管理老师的介绍和讲解，我们清楚了解到实验室分为几个不同功能的区域，不同的区域配备了不同设备。我们小组进行课题研究将要使用的功能仪器是 SJ- 系列多功能食品安全检测仪，虽然只是近距离地观察这些科研设备，并没有亲手操作，但仍使我们增长了见识。在参观实验室之后，实验室的氛围和科研设备使我们对于这次的研究性课题更加充满了期待。课题指导老师给我们一项研究任务：在两个星期内，查阅食品添加剂"过氧化苯甲酰"的相关信息及其已有的检测方法，经过梳理、归纳后制作成PPT，并在下一次课题研讨会上予以交流。我们小组立即采取行动，在网络上搜集"过氧化苯甲酰"的相关资料，很快就完成了任务，并制作好PPT。

原以为我们高效地完成这一研究任务应该会得到老师的表扬，可是两星期后交流汇报时，老师说我们查阅的信息太少，只是简单复制一般网页上的文字而已，不是文献研究。这令我们很尴尬，也有点懊恼。辅导老师看出我们的心思，鼓励道："之前之所以没有告诉大家该怎样做，是因为研究性学习是源于自己的兴趣和责任，尤其重要的是不知道该怎样做的时候多主动求教。这一点上大家还需很大努力，两周时间内没有一个人来向我请教如何做文献研究，如何制作主旨明确、观点明晰、格式规范的PPT。"随后，辅导老师让我们利用创新实验室的计算机进入不同文献检索平台重新检索"过氧化苯甲酰"，进入词条后，逐条教我们怎样选择和下载所需要的信息。我们查阅了过氧化苯甲酰的很多内容，如理化性质、结构、检测方法、面粉中加入增白剂的原因、可能带来的危害，使得我们对于这种食品添加剂有了更深入的认识。通过这次文献检索示范，我们第一次知道了"中国知网""万维期刊网""道客巴巴论坛""百度文库"等专业文献下载平台，想想我们之前搜集的那点资料，自觉十分可笑，原来辅导老师的用意是希望我们在实践中学会交流技巧，摸索研究方法。在随后的课题研究小组会议上，辅导老师着重向我们介绍了查阅文献的目的、意义以及文献查阅的常用方法和网址，并指导我们小组对接下来的研究方案、流程步骤、具体操作进行了细致讨论。这次课题交流讨论会对我们触动很大，让我们感受到这种学习方式与课堂学习的不同，大家决心要把这个研究课题做好。

有了第一次文献研究的经验和启示，大家研究的主动性和交流日趋活跃，遇到不明白的地方，查资料、讨论、向辅导老师请教逐渐成为习惯。在接下来的几个月时间里，小组成员分工按计划到大型超市对面粉品牌、价格、重量、生产厂家、面粉袋上是否标注"不含增白剂"进行了现场调查记录，并撰写调查报告。随后，我们购买不同品牌的面粉，到现代仪器分析化学实验室进行仔细、精确、严格、科学的实验。最让我印象深刻的一次实验是：利用晚自修的时间，我们小组成员来到实验室进行课题最为关键、重要的一个环节——实验操作。又一次进入实验室，又有了全新的体验和心境，感受到实验室严谨的科研氛围，成员们稍稍收敛了心中的欣喜与激动，以端正的态度和科研精神投入了实验中。在辅导老师的指导下，我们仔细阅读了SJ-系列多功能食品分析仪的使用说明书，按照文献上的监测方法，一次次地进行精确称量、无水乙醇溶解、过滤、空白液配置、样品液测试。得出测试数据的那一瞬间，我们异常兴奋。虽然实验操作难度不大，但由于是定量检测，对于精准度的要求非常高，所以实验重点就在于如何做到实验过程中的细心操作、精准测量、耐心等待以及最后实验结果的准确。通过使用电子天平进行样品称量、搭装过滤装置进行样品溶液的过滤、使用一次性针筒量取待测清液、使用胶头滴管滴加试剂等一系列的样品处理之后，我们使用了实验室的现代化仪器——SJ-系列食品安全检测仪和比色皿——测定了样品中待测物质的含量，并记录下数据，与国家标准一一比对之后，得出结论，完成第一个品牌面粉中面粉增白剂含量的监测。在积累了第一次实验的经验后，我们研究小组又测定了另外7种不同品牌面粉中的过氧化苯甲酰含量，得到一些实验数据，通过分析、比照得出研究结论。在研究的后期，在辅导老师的悉心指导下，我们尝试撰写研究论文，从研究背景、研究方法、研究历程、实验过程、实验数据与分析、实验结论与启示方面谋篇布局，精心修改3遍；在答辩时，根据课题老师建议，并制作精美的PPT，推选课题答辩人，进行答辩。我们的研究成果获得评委的一致认可，被评选为校级优秀学生课题。这给予我们研究小组极大的鼓励，也激励我们小组的每个成员在以后的学术研究道路上不断前进，愿意做一个有探究精神的"学术达人"。

通过课题研究，我们对创新实验室有了直观的体验，也感受到实验对于科学研究的重要性和有效性。这次研究，于我们而言，带来的是研究能力非常大的提高和学术素养的初步培养，我们学会了如何查阅文献、如何解读文献、如何设计研究方案、如何调查研究、如何选择合适仪器进行实验、如何撰写论文，让我们有了像科学家那样在研究的感觉。我也体会到研究过程中的吃苦耐劳、细心发现、实证精神、分析精神、开放精神、民主精神、科学精神是多么重要。不仅如此，在实验过程中，我们发现实验室中的每一台设备都有自己独特的作用，每一个人都有自己独到的见解，在实验过程中，大家可以互相学习，互相帮助，互相促进和提高自我。对于实验室，我们仍充满向往和期待，希望未来还有机会进行其他课题研究，再次体验创新实验室给予我们研究的乐趣，让研究能力和学术品质更进一步。

（执笔：罗　兵）

探索生命奥秘的小小农科院

——上海市奉贤中学多元创新阳光温室

实验室建设理念

上海市奉贤中学作为一所快速发展中的现代化高中，"奉贤、至诚、明朗、力行"的校训不断激励着奉贤中学人，培养具有创新素养和实践能力的 21 世纪接班人成为每一位教师的责任。秉着"提供学生和谐发展的优质资源，满足市民优质的高中教育需求"的办学宗旨，让每一个学生都能找到适合自己发展的契机，"多元创新阳光温室"就是这样一个为学生提供科学探究的实验平台，使得学生在体验生命科学先进性和实用性的同时，也能培养创新实践能力。

多元创新阳光温室于 2015 年建成，它集合了土培、水培、基质培、倒挂栽培、立柱栽培、平面水培、阶梯水培等多元化的培养方式，并实现了温度、湿度、光照的自我调控。结合奉贤当地特色，利用上海市农业科学院、华东师范大学、上海师范大学等相关资源，多元创新阳光温室对课程进行了整合，提出了分层设计的课程模式，让学生走进、体验奉贤飞速发展中的现代化农业，同时引进适合高中学生开展的课题以培养科学探究实践能力。

阳光温室

实验室学习环境建设

 课程设置

实验室课程采用分层设计模式，分为通识教育课程、见习考察课程、创新实践课程三个层级。课程设计注重基础教学的校本化、社团课程的多样化、课题研究的专业化，从学生的兴趣出发，精心选取课程内容，联系生活，接轨社会，并制定科学合理的教学计划和评价体系。

实验室课程设置

课程层级	课程内容	课程目标	实施年级
通识教育课程	以生物拓展实验社为依托，结合学校特点，挖掘与基础型生命科学教材紧密联系的教学内容，培养学生关于生物学的一般知识	发展学生的基础型学力，形成良好的知识结构，提升学生的科学素养和人文素养	高一年级第二学期
见习考察课程	参观高新技术企业，体验高校的物理、化学、生命科学等学科的小课题研究	体验研究过程，掌握研究方法，形成研究志趣	高一年级第二学期
创新实践课程	以萌芽生物学社、葡萄社、太空育种社、组织培养社、自然水景艺术社为依托，围绕动物学、植物学、微生物学、生物化学、环境科学、社会科学等开展课题研究	体验科学研究的一般方法，学习先进仪器设备的操作和维护，体验科学研究的艰辛与乐趣，形成研究成果	高二年级第一学期

部分学生研究课题

编号	课题名称
1	研究三原色光对各类植物催熟效果
2	音乐旋律对农作物的影响
3	探究生活可饮用残液对农作物是否真正起化肥作用
4	辐射强弱对植物生长的影响
5	如何延长不同种类玫瑰花的花期及引申
6	重金属污染对叶菜生长情况的影响
7	不同贮藏温度对番茄果实品质的影响
8	蔗糖对盐胁迫下生菜幼苗生长的影响
9	抗生素用量及用法对微生物抗药性产生的影响
10	如何减少摄入农产品中的农药残留
11	上海地区重金属超富集植物选择和种植的最佳方案
12	硝酸盐在叶菜生长过程中各部位含量
13	水生植物对水体的净化作用与自净作用
14	土壤盐碱度对种子发芽的影响
15	番茄腐烂后番茄红素含量及使用价值

场地设备

1. 阳光温室

玻璃温室 1 座，建筑面积 800 平方米，包括温室附属土建、温室主体结构、电动内外遮阳系统、室内供水系统、强制通风降温—风机—湿帘系统、补光系统、配电系统等。功能区划分如下：

（1）学生实验室

配备基础实验工具和器材，供学生进行实验操作。

（2）育苗动手区

配置 3 块面积均为 7 平方米的育苗区，可供学生培育幼苗，以备移植栽种。

学生实验室

（3）景观区

景观区配置了水景观、叠水景观、水幕墙、家庭园艺、移动报架、移动立柱等设施，用以展示不同类型的现代园艺。

（4）栽培区

栽培区划分成 6 块区域，分别用于树型栽培、倒挂栽培、立柱栽培、平面水培、阶梯水培、补光栽培。

树型栽培：可做水培和基质培的对照研究，共 4 株。倒挂栽培：可做自然条件和补充二氧化碳对照研究。立柱栽培：可做配方不同的营养液对比研究。平面水培：可做配方不同的营养液对比研究，配置 2 块面积均为 7 平方米的区域。阶梯水培：可做不同品种的阶梯式比较研究。补光栽培：可做日光、红光、蓝光、红蓝交替对照研究。

2. 植物组织培养室

植物组织培养室包括准备室、洗涤灭菌室、无菌操作室、培养室、缓冲间等，配备各类基本的仪器、药品和设备。

3. 其他实验室

我校与上海市农业科学院、上海交通大学等多所著名高校和科研机构的国家重点实验室合作开展创新人才培养项目，并签订了合作协议。这样可以让我们的学生走进大学校园，走进一流的科学实验室，走进科技创新的前沿领域。

学生在无菌操作室内接种

📍 教学变革

1. 拓展基础实验，深化课堂教学

课堂教学中

在生命科学基础型课程教学的基础上，我们结合学校现有条件，对部分基础实验进行拓展，让学生在实践中深化对生命运动规律的认识。例如，高中生命科学基础型教材中有一个实验"探究光合作用的影响因素"，该实验在常规教学条件下只能探究二氧化碳、温度和光照强度对某一植物光合作用的影响。而在阳光温室中，不仅能将这一实验更加精细化，所探究的实验因素也增加了，如不同物质对植物生长的影响。又如"胚芽鞘的向光弯曲生长"实验中，除了可以研究单侧光对植物生长的影响外，还可以研究重力因素的影响。

2. 组建学生社团，体验探究创新

学生社团是提高学生生命科学素养的重要抓手，也是阳光温室实验室的主阵地，组建一支乐于探究、团结协作的学生社团能更好地让学生进行自主体验、自主探究和自主创新。我校原有多个生物类社团，如生物拓展实验社团、植物组织培养社团、太空育种社团、葡萄社、生物萌芽社、自然水景艺术社等，原有社团与创新实验室项目相结合，进一步拓展了学生体验探究的广度和深度。

例如，生物萌芽社围绕阳光温室的主要功能来开展探究学习，在社团课的第一阶段中，学生的主要任务是：认识植物、动物、微生物；学习显微镜、分光光度计等仪器的使用；制作酸奶、酒酿、葡萄酒；进入阳光温室后，认识植物的各种栽培方式等。这一阶段主要是让学生通过体验对生命科学形成一个初步认识。到了第二阶段，学生开始根据自己的兴趣分组，对温室调控和作物生长的关系进行专题研究。当温室内的作物生长到一定时期，一方面对温室环境进行调控会影响作物的生长，另一方面作物光合作用、蒸腾作用的改变又对温室内的环境因子产生新的影响，从而形成一种反馈作用机制。如果能同时对温室内的温度、光照、二氧化碳浓度等进行智能调控，并能考虑到作物反馈作用机制，那么这种调控方式既节约资源又提高生产效率。研究温室环境控制的现状及发展趋势，不仅可以提高作物的产量和降低温室能耗，而且对未来温室环境调控的发展具有重要的指导意义。当然，要使阳光温室达到效益最大化，还需要教师对课程进行详细规划和开发。

3. 依托课题研究，引领科学探究

我校学生在校期间至少要完成一项课题研究，而开展课题研究则是学生个性化、自主化地全面使用阳光温室的最好抓手。学生根据兴趣爱好和志向不同，可以自行组建研究小组，确立相关课题并开展研究，包括理论研究、调查研究、相关实验的设计及实施、结果的分析与讨论等。教师作为指导者，主要任务是帮助学生确立好课题研究的主题与方向，注重学生创新意识的培养，关注学生研究过程中的准确性与科学性、结果分析的合理性与针对性。另外，我校还会聘请相关专家，介绍课题研究相关知识。

学生小组讨论中

实验室聘请的专家

序号	姓名	单位	级别	讲座题目
1	方军	上海市农业科学院	副教授	现代生物技术概述
2	郝前进	复旦大学	环境科学与工程系副教授	社会科学研究方法
3	王远弟	上海大学	数学系副教授，财务处处长	生活，创新课题的源泉
4	孙瑞艳	上海交通大学	农生学院副教授	千里之行，始于足下——谈中学生如何确立研究课题
5	乔勇进	上海市农业科学院	林果所教授	自然科学研究方法——如何在研究中找到和解决有意义的科学问题
6	金田则	奉贤区青少年活动中心	副主任	研究性学习与小课题研究
7	夏爽	上海市奉贤中学	博士	CNKI 文献检索介绍
8	刘清华	上海市奉贤中学	博士	高中生如何开展课题研究
9	华丽	上海市奉贤中学	博士	科技论文如何撰写

📍 运行机制

多元创新阳光温室的日常运行由学校课程中心统筹协调，生命科学教研组作为主要管理团队，学生社团作为辅助管理团队，大学教授、研究机构研究人员、外聘教师作为技术指导团队。在实验室运行过程中，我们注重发挥学生自主管理的优势，利用各种手段充分调动学生参与管理工作的积极性和主动性。例如，学生以小组为单位，负责阳光温室的日

常管理及情况记录，收集阳光温室的温度、湿度、植物生长情况等相关数据，并对阳光温室做好日常养护。

 ## 实验室建设成效

学生正在做课题

自多元创新阳光温室运行以来，学生对生命科学的学习热情明显高涨，参与科学研究的意识和能力得到了显著提高。实验室的创新课程也在实践过程中得到不断的开发、完善和提升。

我校学生在各类比赛中获奖颇丰。在第30届上海市青少年科技创新大赛中有18个研究课题（45名学生）获奖。其中"青少年科技创意"板块有1个课题获三等奖；"青少年科技创新成果"板块有2个课题获一等奖（其中1个课题同时获得两项专项奖），5个课题获二等奖，10个课题获三等奖。在第31届上海市青少年科技创新大赛中有31个研究课题（87名学生）获奖，其中"青少年科技创意"板块有2个课题获一等奖，且2个课题均被推荐参加全国赛；"青少年科技创新成果"板块有3个课题获一等奖，8个课题获二等奖，18个课题获三等奖，1个课题获华东师范大学"夏雨奖"专项奖。我校获两年度上海市青少年科技创新大赛优秀组织奖。

参赛学生合影

部分获奖成果

编号	获奖等第	创意名称	第一作者	奖项
1	一等奖	亲本护理对黄鳝幼苗存活率的影响	瞿一鸣	第31届上海市青少年科技创新大赛各板块推荐全国大赛
2	一等奖	新特优食用菌云耳栽培研究	陶诗雨	
3	一等奖	不同桃系香气物质的研究	彭逸	第31届上海市青少年科技创新大赛"青少年科技创新成果"板块
4	一等奖	探究糯玉米种质资源的果穗性状和淀粉品质特性多样性分析	李崇艺	
5	二等奖	不同桃品种类胡萝卜素含量的研究	夏彬禹	
6	一等奖	月季鲜切花的居家简易保鲜方法研究	姚叶洁	第30届上海市青少年科技创新大赛"青少年科技创新成果"板块
7	二等奖	研究不同温度对番茄品质的影响	范郑懿	

创新·研究·成长

生物拓展实验社团课程，顾名思义，是对基础的生物实验课程的拓展和延伸。如何激发学生的兴趣，如何使内容设计和安排适合学生，如何使社团课对学生有所启发，怎样才能激发学生的动力潜能、学习潜能、智力潜能和创新潜能等，这是值得每一位社团教师思考的。

生物拓展实验社团课的第一阶段是体验和学习。在这一阶段，教师为学生准备多个小实验，提供了具体可行的实验方案以及齐全的实验设备，学生在实验过程中学习课外知识及实验操作技能。第二阶段是开展创新小课题的研究，这也是社团课的精髓所在。其中第一节课选题课，至今让我印象深刻。在给学生介绍完如何发现课题、调研课题的方法之后，我让学生发挥想象力，分小组写出自己感兴趣的或者是想要做的课题。短短的15分钟时间里，有的小组竟然写出来了20多个题目，而且对有些课题还进行了解释说明。原本一张空白的A4纸被写得满满的，这着实让我感到震惊。原本还担心学生不配合，讨论的时间里都是闲聊，事实却告诉我，如果再多留给学生一点时间，可能还会有更多的"奇迹"发生。

"平日在学校里，许多同学都会在课间吃水果、喝饮料。几乎每天都能和这些东西'相处'的我们只是粗略知道其中维生素C（VC）的多少。然而，其中的含量到底是多少？我们平日里喝的富含VC的饮料真正有多少营养价值呢？"

"若是将饮料或水果放置于高温或冷藏的环境中，VC含量会不会受到影响呢？"

经过一番激烈的讨论，其中一个小组决定了此次的研究课题——不同处理下水果和饮料中VC含量的比较测定。既然要进行课题研究，那么首先是实验材料的选取，大家根据自己的爱好，很快就挑选好了各种水果和饮料。接下来，是制定了研究计划，如下表所示。

"VC含量比较测定实验"研究计划

序号	时间	地点	研究活动内容	教师指导内容
1	2015.9.17	奉贤中学实验室	初步测定梨、葡萄、石榴、橘、果汁等在常温下的VC含量	如何使用分光光度计测定VC含量

序号	时间	地点	研究活动内容	教师指导内容
2	2015.9.24	奉贤中学实验室	初步测定梨、葡萄、石榴、橘、果汁等在高温下的 VC 含量	如何进行完整的操作实验
3	2015.10.8	奉贤中学实验室	初步测定梨、葡萄、石榴、橘、果汁等在冷藏下的 VC 含量	如何进一步精确地做实验
4	2015.10.15	奉贤中学实验室	配制 VC 标准液	如何精确配制 VC 标准液
5	2015.10.29	奉贤中学实验室	绘制标准曲线	如何使用计算机绘制图像
6	2015.11.21	奉贤中学实验室	将测得的数据绘制成图像，并分析得出结论	如何根据图像得出结论

　　组员们虽然没有固定的任务分配，但大家也自然而然地选定了自己感兴趣或有能力胜任的工作来做，实验很快就展开了。大家兴致勃勃地带来了各种水果，清洗、去皮、去籽后，分别称取等量的样品开始研磨，一阵叮叮当当过后，教室慢慢安静下来，学生们开始用纱布过滤提取液。时间一点一滴地过去，渐渐地，我从学生们的脸上读出了不耐烦，滤液过滤得很慢，特别是橘子一类的水果，研磨后形成的是浆状物，滤液很难滴下来。又一阵沉默后，终于有一位学生按捺不住，他将纱布取出来，用手挤出了滤液。看到这一幕，我没有批评他，反而为他点赞。做实验要严谨，严谨不等于刻板，遇到问题时，更重要的是变通。学生的这样一个改变，着实加快了实验进程，打破了僵局。

　　接下来，进入到测量阶段，由于大家以前未接触过分光光度计，一番周折后，终于得到了初步结果。各种水果中都含有 VC，其中以橘子中含量最高。然而，另外一个结果却与大家预想得相差甚远，市售果汁中 VC 含量竟远远超过鲜榨果汁。于是，学生们开始怀疑是否是仪器使用时引起的测量误差，可是重复测量了几次，结果都是一样的。接着，又有同学提出是否是 VC 在提取过程中发生了损耗。带着这个问题，大家查阅文献发现 VC 在空气中极易被氧化，尤其是在碱性条件下更快，而在酸性介质中，它受空气氧化的速度稍慢，较为稳定，所以用2%的草酸来配制VC标准溶液可以减慢它的氧化速度，减少实验误差。很快，又一次提取检测试验开始了，实验结果也确实有所不同，每种水果中的VC含量都有一定幅度的提高，说明之前的做法确实有损耗。然而，依然不变的是果汁饮料中VC含量更高。既然实验误差已经降到最低，那么大家就只能再思考其他客观原因，比如，是不是厂家人为加入VC。但是接下来问题又来了，喝果汁饮料是否比吃水果更有营养呢？人为加入的VC能否被人们充分吸收呢？这就需要大家进一步探究，研究是无止境的，只要有善于发现的习惯和敢于思考的大脑。

　　一项课题研究结束了，学生们都成长了很多。在研究过程中，大家遇到过各种难题，困难的时候有小伙伴们的帮助，而成功的时候也有同伴的分享。在社团课里，大家所学到的不仅仅是局限于课本、局限于科学的知识，更多的还是人与人之间的友谊，团队之间合作团结的精神。

（执笔：唐　怡　云　丹）

后记

　　2014 年，"基于课程的中小学创新实验室建设行动研究"被上海市教育委员会列为上海市教育科学研究重点项目。经过近三年的研究与探索，汇聚了部分研究成果的案例集《创新实验室里的成长超越——基于课程的创新实验室之实践探索》与大家见面了。

　　上海市中小学创新实验室是学校实施拓展型、研（探）究型课程和开展学生自主探究实验的场所，是实现学校特色化办学和满足学生个性化学习需求的课程资源。融学习内容、学习方式和设施设备为一体的创新实验室，实现了教育装备与教育教学过程的深度融合，促进了教学方式的转变，为学生的创新实践提供了更广阔的发展空间，有效地激发了学生的创新意愿，提升了学生的创新能力。

　　在课题研究过程中，一大批勇于创新、追求卓越的学校和教师，以锲而不舍的精神不断尝试和实践，为更多的学校和教师提供了宝贵的经验和示范，为上海市创新实验室建设工作奠定了坚实的基础。在此次创新实验室建设案例征集过程中，我们先后收到了经过区域遴选的 200 多个实验室案例。课题组从实验室建设理念、学习环境建设、建设成效等角度综合考察，精心选取了 44 个案例汇编成册。

　　整个编撰过程，对于参与者来说，既是总结的过程，更是学习提高的过程。我们深深感到，创新实验室的建设是一个与时俱进的动态过程，它从无到有、从有到优，为学校创新人才的培育不断积聚并迸发正能量。

　　本书从案例的撰写、照片的征集，到内容的定夺、文字的删减，倾注了编委会的大量心血。部分教育界的专家为本书贡献了卓越的智慧，上海教育出版社编辑给予了精湛的专业指导，精心策划并设计了案例的图文呈现方式，在大家的共同努力下，这本书得以和广大读者见面，在此一并致以诚挚的谢意！

上海市教育委员会教育技术装备中心

2016 年 12 月